Estar vivo

Dados Internacionais de Catalogação na Publicação (CIP)
(Câmara Brasileira do Livro, SP, Brasil)

Ingold, Tim, 1948 – Estar vivo : ensaios sobre movimento, conhecimento e
descrição / Tim Ingold ; tradução de Fábio Creder. – Petrópolis, RJ :
Vozes, 2015. – (Coleção Antropologia)

Título do original: Being alive : essays on movement, knowledge and description
Bibliografia.

6ª reimpressão, 2024.

ISBN 978-85-326-5052-8

1. Antropologia – Filosofia 2. Ecologia humana – Filosofia 3. Percepção geográfica
4. Seres humanos – Efeito do ambiente I. Título. II. Série.

15-04527   CDD-301.01

Índices para catálogo sistemático:
1. Antropologia : Filosofia   301.01

Tim Ingold

Estar vivo

Ensaios sobre movimento, conhecimento e descrição

Tradução de Fábio Creder

EDITORA
VOZES

Petrópolis

Tradução do original em inglês intitulado
Being Alive – Essays on Movement, Knowledge and Description

Direitos de publicação em língua portuguesa – Brasil:
2015, Editora Vozes Ltda.
Rua Frei Luís, 100
25689-900 Petrópolis, RJ
www.vozes.com.br
Brasil

CONSELHO EDITORIAL

Diretor
Volney J. Berkenbrock

Editores
Aline dos Santos Carneiro
Edrian Josué Pasini
Marilac Loraine Oleniki
Welder Lancieri Marchini

Conselheiros
Elói Dionísio Piva
Francisco Morás
Gilberto Gonçalves Garcia
Ludovico Garmus
Teobaldo Heidemann

Secretário executivo
Leonardo A.R.T. dos Santos

Editoração: Maria da Conceição B. de Sousa
Diagramação: Alex M. da Silva
Capa: Felipe Souza | Aspectos
Ilustração de capa: feita sobre foto de Zts | Dreamstime

ISBN 978-85-326-5052-8 (Brasil)
ISBN 978-0-415-57684-0 (Estados Unidos)

Este livro foi composto e impresso pela Editora Vozes Ltda.

É a minha vida.
Zack Ingold (3 anos de idade),
para quem, com carinho,
este livro é dedicado.

Sumário

Figuras

Sou um antropólogo: não um antropólogo social ou cultural; não um antropólogo biológico ou arqueológico; apenas um antropólogo. E neste livro apresento uma visão muito pessoal do que, para mim, é a antropologia. Não pretendo que seja de modo algum representativo; ao contrário, os antropólogos que lerem este livro podem sentir que ele antes divaga longe das suas preocupações usuais, e que o seu centro de gravidade está mais perto de outras áreas, tais como a arte ou a arquitetura. Tem sido de fato parte do meu propósito guinar a antropologia nesta direção, um propósito fundado na convicção de que é insustentável a convenção segundo a qual a antropologia se empenha em observar e descrever a vida tal como a encontramos, mas não em mudá-la, ao passo que a arte e a arquitetura têm a liberdade de propor formas nunca antes encontradas, sem terem que primeiro observar e descrever o que já está aí. A verdade é que as proposições da arte e da arquitetura, na medida em que tenham força, devem estar fundamentadas em uma profunda compreensão do mundo vivido, e, inversamente, que os relatos antropológicos das múltiplas maneiras pelas quais a vida é vivida não teriam nenhum proveito se não fossem levados a basearem-se em inquéritos especulativos acerca de quais sejam as possibilidades da vida humana. Portanto, arte, arquitetura e antropologia têm em comum o fato de observarem, descreverem e proporem. Há, talvez, uma disciplina à espera de ser definida e nomeada na qual esses três campos se encontram, e se alguns leitores prefeririam considerar este livro como uma espécie de manifesto por essa disciplina, então não devo objetar.

Tampouco objetaria se alguém considerasse que o meu esforço estivesse mais próximo da filosofia do que da antropologia; apenas diria que não sou filósofo. Permaneço espantado com filósofos cujas palavras não posso sequer começar a compreender, embora seduzido pela obscuridade com que frequentemente parecem encobrir seus argumentos. Refletindo, no entanto, tenho sido surpreendido pelo fato de que muitos dos trabalhos que influenciaram o meu pensamento vieram de filósofos, e não de antropólogos. Na verdade, uma contagem rápida pela bibliografia deste livro revela que, das obras que podem ser definitivamente atribuídas a uma disciplina particular, há quase a mesma quantidade em filosofia e em antropologia. Mas se o meu tipo de antropologia é na verdade filosofia, trata-se então de uma filosofia que foi lançada para fora de suas tradicionais torres acadêmicas e forçada a pensar tanto dentro quanto com o próprio mundo do qual escreve. Em tal filosofia, a bibliografia de um livro oferece um guia pobre para as fontes reais de inspiração intelectual. Por que reconhecemos apenas nossas fontes textuais, mas não o chão em que pisamos, os céus em constante mudança, montanhas e rios, rochas e árvores, as casas nas quais habitamos e as ferramentas que usamos, para não mencionar os inúmeros companheiros, tanto animais não humanos quanto outros seres humanos, com os quais e com quem compartilhamos nossas vidas? Eles estão constantemente nos inspirando, nos desafiando, nos dizendo coisas. Se o nosso objetivo for ler o mundo, como eu acredito que deva ser, então o propósito de textos escritos deve ser enriquecer nossa leitura para que possamos ser melhor aconselhados pelo mundo e capazes de responder ao que nos está dizendo. Gostaria de pensar que este livro serve a esse propósito.

Em muitos aspectos, o livro é uma continuação da minha coleção anterior de ensaios, *The Perception of the Environment* (*A percepção do meio ambiente*), publicada no ano 2000. Enquanto aquele livro reunia uma seleção dos meus escritos da última década do século XX, o presente volume faz o mesmo com os meus escritos da primeira década do século XXI. Naquela obra apresentei uma concepção do ser humano como um nexo singular de crescimento criativo dentro de um campo de relacionamentos desdobrando-se continuamente. Sugeri que este processo de crescimento equivale a um movimento ao longo de um caminho de vida. Minha obra, desde então, tem sido amplamente dedicada a seguir as implicações desta sugestão. Ao fazê-lo, encontrei-me voltando sempre aos mesmos temas: a ideia da vida vivida ao longo de trilhas, ou caminhadas; a primazia do movimento; a natureza e a constituição do solo; as perspectivas divergentes da terra como solo de habitação e como planeta distante; as relações de terra e céu, vento e tempo; a fluidez e atrito de materiais; as experiências de luz, som e sentimento; o que significa fazer as coisas; desenhar e escrever; e contar histórias. Um dos conceitos-chave que apresento neste livro é o de malha, entendida como uma textura de fios entrelaçados. Mas o próprio livro exemplifica o conceito, na medida em que também é tecido com os fios temáticos que o permeiam. Cada um dos capítulos é um ponto particular. Seguindo os fios eles podem, a princípio, ser lidos em qualquer ordem. Por uma questão de conveniência, no entanto, e a fim de destacar o que penso serem as principais regiões de convergência, agrupei os capítulos em cinco partes.

Estas partes são: "limpando o terreno", "a malha", "céu e terra", "um mundo contado" e "desenho fazendo escrita". Elas são acompanhadas de um prólogo introdutório e de um epílogo final: o primeiro situa o volume no contexto do desenvolvimento do meu próprio pensamento; o último o situa no contexto da história da disciplina antropológica e dos seus futuros prospectos. Quando planejei o livro pela primeira vez, pensei que seria dividido em três partes, correspondentes às três palavras-chave do subtítulo: movimento, conhecimento e descrição. Logo descobri, entretanto, que isso não iria funcionar, já que quase todos os capítulos lidavam com todas as três. A explicação para isso repousa no que suponho poder ser tomado como o principal argumento do livro, ou seja, que se mover, conhecer e descrever não são operações separadas que se seguem umas às outras em série, mas facetas paralelas do mesmo processo – aquele da vida mesma. É movendo-nos que conhecemos, e é movendo-nos também que descrevemos. É absurdo perguntar, por exemplo, se o andar normal é uma maneira de mover-se, conhecer ou descrever. É todas as três coisas ao mesmo tempo. Assim o é pela razão fundamental que está destacada no título do livro. Filósofos têm meditado longamente sobre a condição de estar no mundo. Mover, conhecer e descrever, no entanto, demandam mais do que estar *em*, ou imersão. Demandam observação. Um ser que se move, conhece e descreve deve estar atento. Estar atento significa estar vivo *para* o mundo. Este livro é uma coleção de estudos sobre *estar vivo*.

Antropólogos britânicos, como eu, atualmente encontram-se trabalhando em um ambiente acadêmico profundamente hostil à tarefa de estar vivo. Esmagados por uma avalanche de declarações de missão, planos estratégicos, relatórios de auditoria e exercícios de revisão, ideias nascidas do suor e do trabalho de um compromisso que nada é senão atenção, murcham como plantas sedentas de luz, ar e umidade. A prostituição da pesquisa perante os ídolos gêmeos da inovação e da competitividade reduziu o que já foram tradições finas de aprendizagem a marcas de mercado, a busca da excelência à disputa desleal por financiamento e prestígio, e livros como este a resultados cujo valor é medido por classificação e impacto, em vez de pelo que podem ter a contribuir para o entendimento humano. Tenho a sorte, no entanto, de trabalhar em uma instituição – a Universidade de Aberdeen – que até agora tem resistido aos piores excessos do modelo de negócios da educação superior. É um lugar no qual as ideias ainda contam, e onde a vida intelectual continua a florescer em um espírito de colegialidade. Em poucos outros lugares, se em algum, teria sido possível construir um programa de ensino e pesquisa em antropologia, como temos feito nos últimos dez anos, começando do zero até a atuação movimentada e próspera de hoje. Essa é a década, de 1999 a 2009, durante a qual os ensaios que compõem este volume foram escritos.

Os três primeiros anos foram passados desenvolvendo o programa, o que levou à fundação do Departamento de Antropologia, em 2002. Durante os três anos seguintes eu o chefiei, e durante os seguintes (2005-2008) passei a maior parte em licença, graças à premiação, com uma Bolsa Profissional, recebida do Conselho de Pesquisa Econômica e Social, pela qual sou profundamente grato. A maior parte do trabalho para este livro foi de fato concluída durante o período desta bolsa. Antes mesmo que ela houvesse terminado, no entanto, eu já estava mergulhado no turbilhão da minha posição atual como chefe da Escola de Ciências Sociais da universidade (que inclui Antropologia, Sociologia e Política, e Relações Internacionais). Uma vez mais, minha leitura, pensamento e redação foram atrofiados pelas exigências insistentes e implacáveis da exigente administração. Isso tem sido imensamente frustrante. Toda vez que eu pensava que os céus poderiam se abrir para me permitir apenas alguns dias de redação, as nuvens fechavam-se novamente e bloqueavam a luz. Por fim, e em algum desespero, apressadamente juntei um maço de papéis, os embalei em uma mala, e me retirei com minha família durante três semanas em um chalé às margens do Lago Pielinen, ao leste da Finlândia. Isso foi em julho de 2010. O lugar é bem conhecido e muito querido para nós: temos ido para lá, de vez em quando, durante os últimos 25 anos. É um lugar onde posso escrever sem ser perturbado a não ser pelo sussurro do vento nas árvores, o canto dos pássaros, e, claro, a coceira de picadas de mosquito, que pelo menos tem a vantagem de me manter alerta.

Graças ao lugar, ao chalé, e à paciência da minha família – que não manteve em segredo sua desaprovação do fato de eu estar continuamente "trabalhando" quando deveria estar de férias – fui capaz de, nessas três semanas mágicas, converter meu desorganizado maço de papéis em um livro praticamente concluído. Ao contrário do lugar, e do chalé, minha família, obviamente, tem sido uma fonte de apoio contínuo, e não apenas nas férias. Minha esposa, Anna, que precisou tolerar um marido muitas vezes tão encasulado em seus próprios pensamentos ao ponto de estar inacessível por quaisquer meios conhecidos de comunicação humana, tem trabalhado incansavelmente para manter-me pelo menos marginalmente em contato com a realidade, enquanto minha filha, Susanna, que cresceu de uma menininha a uma jovem adulta ao longo dos anos durante os quais estes ensaios foram escritos, nos tem animado a todos graças ao seu espírito indomável e a um regime regular de abraços de família. Mas durante este período o Departamento de Antropologia também cresceu, não só através de novas nomeações, mas também através da chegada de muitos filhos, os quais – pais e filhos – trouxeram todos uma vitalidade especial para uma comunidade antropológica excepcionalmente feliz e vigorosa. Agradeço a eles todos, especialmente aos filhos, por manterem-me jovem, como agradeço aos muitos alunos com os quais tenho tido o privilégio de trabalhar. Seus questionamentos, críticas e *insights* têm sido uma fonte infalível de inspiração. Finalmente, agradeço ao meu violoncelo, que tem sido um companheiro constante, embora temperamental, durante mais anos do que sou capaz de me lembrar. Durante esse tempo, ele tanto tem se tornado uma parte importantíssima de mim e da minha maneira de ser, que, quando penso em escrever, ele pensa e escreve em mim. Ele é, portanto, verdadeiramente um coautor deste livro.

A maioria dos ensaios que compõem o livro foi publicada anteriormente. Todos, no entanto, foram mais ou menos extensivamente revisados para o presente volume, principalmente a fim de remover sobreposições ou duplicação de material.

O **capítulo 1** ganhou vida como uma conferência apresentada à Divisão Geral de Antropologia (DGA) da Associação Americana de Antropologia durante os seus encontros na Filadélfia, em 4 de dezembro de 2009. Uma versão altamente abreviada da conferência está publicada no Boletim da DGA, *Antropologia Geral* (Vol. 17 (1), 2010, p. 1-4). Sou grato ao comitê da DGA, e, especialmente, a Emily Schultz e Pat Rice, por me convidarem para apresentar a conferência.

O **capítulo 2** evoluiu a partir de uma palestra apresentada originalmente como parte de um curso avançado de graduação na Universidade de Aberdeen, *Os 4 As: Antropologia, Arqueologia, Arte e Arquitetura*, e agradeço aos alunos participantes do curso pelos seus inspiradores comentários. Também quero agradecer a Stephanie Bunn, cujas ideias influenciaram muito as minhas, e que tem sido generosa em compartilhar seu conhecimento e experiência como artesã nas oficinas que ofereceu ao longo dos anos como parte do curso dos *4 As*. Tendo convertido a palestra em um trabalho acadêmico, eu inicialmente o apresentei na conferência de 2004 do Grupo de Arqueologia Teórica da Universidade de Glasgow, e, posteriormente, no seminário sobre *Materialidade na sociedade e na cultura*, realizado na Universidade de Oslo em novembro de 2005. Agradeço aos participantes em ambas as ocasiões, bem como aos funcionários e alunos do Departamento de Arqueologia da Universidade de Stanford, com quem discuti a comunicação em fevereiro de 2006, pelos seus úteis comentários. Fui apresentá-la, no que à época senti como uma missão intelectual suicida, no seminário de cultura material na University College London. Embora meus argumentos tenham sido implodidos, eu sobrevivi, e a comunicação acabou sendo publicada como um artigo de discussão "Materials against Materiality" (Materiais contra materialidade), no jornal *Archaeological Dialogues* (Vol. 14 (1), 2007, p. 1-16), juntamente com comentários críticos de Christopher Tilley, Carl Knappett, Daniel Miller e Björn Nilsson, e da minha resposta. Sou grato a todos os quatro comentaristas por suas críticas perspicazes, ao editor associado da revista Peter van Dommelen e a dois revisores anônimos por seus excelentes conselhos, e à Cambridge University Press pela permissão para reproduzir o artigo na sua forma atual. Também agradeço a David Nash por fornecer e me permitir usar a foto que aparece como a figura 2.2. As fotos para as figuras 2.1 e 2.3 foram tiradas por Susanna Ingold.

O **capítulo 3** foi originalmente escrito e apresentado como a Conferência Beatrice Blackwood no Museu Pitt-Rivers, de Oxford, em 16 de maio de 2001. Sou muito grato aos Amigos do Museu Pitt-Rivers, e, especialmente, a Rosemary Lee, por me convidar para apresentar a conferência. Posteriormente ela foi revista e publicada na Revista *Material Culture* (Vol. 9 (3), 2004, p. 315-340). Sou grato a Sage pela permissão para reproduzir o artigo em sua forma atual. Ao revisá-lo para publicação beneficiei-me do conselho de muitas pessoas, inclusive David Anderson, Hastings Donnan, Brian Durrans, Junzo Kawada, John Linstroth, Hayden Lorimer, Katrin Lund, Edward Tenner e Jo Vergunst, juntamente com dois leitores anônimos. Meus agradecimentos a todos.

O **capítulo 4**, assim como o capítulo 2, evoluiu a partir de uma palestra para o curso dos *4 As*, e foi posteriormente apresentado em um seminário de pesquisa sobre *Tecnologia e suas formas sociais*, realizado na Universidade de Bergen, na Noruega, em março de 2006. Foi escrito para publicação como um capítulo no volume editado por John R. Dakers, *Defining Technological Literacy: Towards an Epistemological Framework* (Definindo a educação tecnológica: rumo a um arcabouço epistemológico), publicado em 2006. Por ideias e conselhos, sou grato a Brenda Farnell, Charles Keller e François Sigaut, e pela permissão para reproduzir o capítulo agradeço à editora do volume, a Palgrave Macmillan (Nova York).

O ensaio, que agora compõe o **capítulo 5**, foi apresentado pela primeira vez em um simpósio especial em Estocolmo, para marcar o *Vega Day*, em 24 de abril de 2004, organizado pela Sociedade Sueca para a Antropologia e a Geografia, ocasião na qual fui premiado com a medalha de ouro da Sociedade de Retzius. Tenho me beneficiado muito de conversas com os meus colegas contribuintes do simpósio – Alf Hornborg, Nurit Bird-David e Colin Scott – e agradeço-lhes pelo seu apoio. O ensaio foi publicado pela primeira vez, juntamente com outros três trabalhos do simpósio, no jornal *Ethnos* (Vol. 71 (1), 2006, p. 9-20). Agradeço à Editora Routledge pela permissão de reproduzi-lo em sua forma atual, e à Agência Altitude pela permissão para reproduzir a imagem na figura 5.1, a partir do trabalho do fotógrafo aéreo Yann Arthus-Bertrand.

O **capítulo 6** foi escrito para a conferência *Neurobiologia do "Umwelt": como os seres vivos percebem o mundo*, patrocinada pela Fundação Ipsen, e realizada em Paris, em 18 de fevereiro de 2008. A conferência foi um evento um tanto quanto frustrante. Supostamente, seu objetivo foi revisar o conceito de *Umwelt*, originalmente introduzido na biologia nas primeiras décadas do século XX através dos escritos de Jakob von Uexküll, à luz dos recentes desenvolvimentos em neurociência. No entanto, salvo uma exceção – a filósofa Anne Fagot-Largeault – nenhum dos outros contribuintes parecia ter lido ou entendido a obra de Von Uexküll. Tomando equivocadamente *Umwelt* por uma representação mental interior, eles não conseguiram apreciar o desafio que a abordagem de Von Uexküll da percepção coloca para a principal corrente do neurocognitivismo. Como o único antropólogo entre os palestrantes, minha contribuição foi muito desajustada das outras. Sou, no entanto, grato pela oportunidade que a conferência me deu de corrigir minhas ideias sobre a percepção como um processo da vida. Minha contribuição foi posteriormente publicada em 2009, como o capítulo final (p. 141-155) de um volume com o mesmo título que a conferência, editado pelos seus organizadores, Alain Berthoz e Yves Christen. Sou grato aos editores do volume, Springer Verlag (Berlim e Heidelberg), pela permissão para reproduzir o capítulo na sua forma atual.

O **capítulo 7** foi originalmente escrito como uma piada. Eu havia sido convidado para escrever um epílogo para uma coleção de artigos sobre o tema da "agência material", reunido por Carl Knappett e Lambros Malafouris. Lendo os artigos, pareceu-me que seus autores – muitos dos quais estavam no encalço da Teoria Ator-rede e apaixonados pelo seu jargão – estavam levando-se um pouco a sério demais. Não faria mal nenhum, pensei, colocar um pouco de diversão na seriedade de suas pretensões. A coleção, intitulada *Material Agency: Toward a Non-Anthropocentric Approach* (Agência material: Rumo a uma abordagem não antropocêntrica), foi publicada pela Springer Science + Business Media (Nova York) em 2008, e minha contribuição aparece nas p. 209-215. Sou grato aos editores pela permissão para reproduzi-la aqui, em uma forma revista.

Os **capítulos 8** e **9**, ambos ganharam vida em uma conferência sobre a antropologia do vento, que se realizou na Universidade de Oxford, em junho de 2005. Minha contribuição para o simpósio, intitulada *Blowing life: sensing the wind in the animic cosmos* (Sopro de vida: sentindo o vento no cosmos anímico), de fato seguiu o modelo do ensaio incluído aqui como capítulo 5. Foi nesta conferência, no entanto, que produzi pela primeira vez o esboço que agora aparece como figura 9.2, e os comentários que recebi me encorajaram a desenvolver ainda mais a ideia. Após a conferência, e graças ao estímulo provido por ela, reescrevi o artigo completamente e o apresentei pela primeira vez no seminário sobre *Paisagens e liminaridade*, realizado na estação de pesquisa da Universidade de Turku, em Kevo, na Lapônia Finlandesa, em janeiro de 2006. A comunicação, então intitulada "Earth, sky, wind and weather" (Terra, céu, vento e tempo) foi publicada pela primeira vez, ao lado de outras contribuições para a conferência do vento original, na edição especial de 2007 do *Journal of the Royal Anthropological Institute* (p. S19-S38), e no volume subsequente *Wind, Life, Health: Anthropological and Historical Perspectives* (Vento, vida, saúde: perspectivas antropológicas e históricas), editado por Elisabeth Hsu e Chris Low (Oxford: Blackwell, 2008, p. 17-35). Sou muito grato aos editores do volume pelo encorajamento e apoio.

Mesmo depois de ter sido publicado, no entanto, eu não estava totalmente satisfeito com o artigo. Parecia cindido em duas partes que abordavam temas diferentes e não se encaixavam adequadamente. Por isso resolvi desenvolver a primeira parte como um ensaio separado. Este tornou-se o capítulo 8. A inspiração para este ensaio remonta a um dos seminários de uma série sobre *A mente interativa*, patrocinado pelo Conselho de Pesquisa em Artes e Humanidades, e realizado, naquela ocasião, na Universidade de Sheffield (abril de 2005). Durante o seminário ouvi uma apresentação sobre "Mudança conceitual em crianças", de Michael Siegal, e fiquei intrigado com a pesquisa psicológica que ele descreveu sobre as percepções que as crianças têm da terra e do céu. Determinei-me a investigar esse assunto mais a fundo, e sou grato ao Dr. Siegal por me ter indicado a literatura pertinente, que tem crescido significativamente nos anos seguintes. No desenvolvimento do ensaio levei em conta as demais contribuições. Apresentei o resultado pela primeira vez em um seminário no Departamento de Geografia da Universidade de Glasgow, no dia 9 de março de 2010, e depois como uma palestra na Universidade de Minnesota, em 2 de abril de 2010. Sou grato a Hayden Lorimer e Stuart McLean pelos seus respectivos convites. Além disso, agradeço a Elsevier pela permissão para reimprimir as ilustrações que aparecem como as figuras 8.1 e 8.2, de *Psicologia Cognitiva* 24 (VOSNIADOU, S. & BREWER, W.F. "Mental models of the earth: a study of conceptual change in childhood" (Modelos mentais da terra: um estudo da mudança conceitual na infância), 1992, p. 535-585). Agradeço também a Gavin Nobes, por determinados pontos de esclarecimento, e à Sociedade Britânica de Psicologia, por me ter concedido permissão para reproduzir a imagem na figura 8.3 do *British Journal of Developmental Psychology* 23 (NOBES, G.; MARTIN, A.E. & PANAGIOTAKI, G. "The development of scientific knowledge of the Earth" (O desenvolvimento do conhecimento científico da Terra), 2005, p. 47-64). Finalmente, agradeço a Benjamin Lazier por me permitir ler e referir o seu artigo inspirador, mas ainda não publicado, "Earthrise, or the globalization of the world Picture" (O nascer da Terra, ou a globalização do retrato do mundo).

No **capítulo 9**, tomei as seções restantes do meu artigo original, "Earth, sky, wind and weather", e as revisei e aumentei introduzindo material de um outro artigo posteriormente publicado, intitulado "Binding against boundaries: entanglements of life in an open world" (Vínculos contra fronteiras: emaranhados de vida em um mundo aberto) (*Environment and Planning A*, vol. 40 (8), 2008, p. 1.796-1.810), que foi originalmente apresentado como uma de uma série de palestras no Linacre College, Oxford, em fevereiro de 2007. Mantive o título original para o capítulo, e sou grato a John Wiley & Sons por me permitir republicá-lo na sua forma atual. Também agradeço à Design and Artists Copyright Society (Dacs) pela permissão para reproduzir a pintura de René Magritte na figura 9.1, ao Museu Van Gogh, de Amsterdã, pela permissão para reproduzir o desenho de Vincent van Gogh na figura 9.3, ao Lower Kuskokwim School District, Alaska, pela permissão de usar a imagem reproduzida na figura 9.4, e a Klaus Weber por me ter fornecido e permitido usar a foto na figura 9.5.

O **capítulo 10** não havia sido previamente publicado. Baseia-se, no entanto, no que anteriormente fora uma comunicação intitulada "The eye of the storm:

visual perception and the weather" (O olho da tempestade: percepção visual e o tempo), publicada na revista *Visual Studies* (Vol. 20 (2), 2005, p. 97-104). A primeira versão do presente ensaio foi escrita para um simpósio multidisciplinar sobre *Paisagem em teoria*, realizado na Universidade de Nottingham em 26 de junho de 2008. Entretanto, eu praticamente o reescrevi, mais uma vez, para este volume. Sou grato a Stephen Daniels por me convidar para o simpósio, a Kenneth Olwig, por muitas conversas inspiradoras, e a John Thornes por uma correspondência esclarecedora sobre a representação pictórica do céu e do tempo.

O **capítulo 11** começou como um comentário improvisado que concluiu uma conferência crucial sobre *Som e Antropologia* realizada na Universidade de St. Andrews, em junho de 2006. Escrevi minhas notas alguns meses depois da conferência, e foram publicadas no ano seguinte sob o título "Agains soundscape" (Contra a paisagem sonora) em um volume editado por Angus Carlyle: *Autumn Leaves: Sound and the Environment in Artistic Practice* (Folhas de outono: som e meio ambiente na prática artística) (Paris: Double Entendre, p. 10-13). Revisei e reintitulei este breve ensaio para o presente volume.

O **capítulo 12** tem uma longa história. Foi o primeiro neste volume a ser elaborado, e um dos últimos a ser publicado. Foi inicialmente preparado para uma conferência sobre *Espaço, cultura, poder*, realizada na Universidade de Aberdeen em abril de 2001. Posteriormente eu o revisei para uma conferência sobre *Espaço, espacialidade, tecnologia*, realizada na Universidade Napier, em Edimburgo, em dezembro de 2004. Desde então, ele passou por uma série de novas revisões, e acabou por ser publicado, em 2009, em um volume de contribuições, por muito tempo adiado, da conferência original de 2001, intitulado *Boundless Worlds: An Anthropological Approach to Movement* (*Mundos sem fronteiras: uma abordagem antropológica do movimento*), editado por Peter Wynn Kirby (Oxford: Berghahn, 2009). Sou grato à Berghahn Books pela permissão para reproduzir o capítulo aqui, o qual, mais uma vez, foi muito revisado.

O **capítulo 13** foi originalmente escrito para uma sessão sobre *O Modelo Genealógico Reconsiderado*, realizada na 101ª Reunião Anual da Associação Americana de Antropologia, em Nova Orleans, em novembro de 2002. Ele também passou por inúmeras revisões, e foi finalmente publicado em um volume de comunicações da sessão, intitulado *Kinship and Beyond* (Parentesco e além), editado pelos seus organizadores originais, Sandra Bamford e James Leach (Oxford: Berghahn, 2009). Uma vez mais agradeço à Berghahn Books pela permissão para reproduzir o capítulo neste volume.

O **capítulo 14** foi escrito para uma conferência internacional sobre *Nomes de animais*, realizada no Istituto Veneto di Scienze, Lettere ed Arti, em Veneza, em outubro de 2003. Foi publicado pelo instituto em 2005, em um volume homônimo de comunicações da conferência, editado por Alessandro Minelli, Gherardo

Ortalli e Glauco Sanga (p. 159-172). Ao revisar a comunicação para este volume, fui inspirado pela poesia de Alastair Reid. Sou grato a Griet Scheldeman por chamar minha atenção para o notável trabalho de Reid.

O **capítulo 15** tem suas origens em uma exposição que teve por curador Wendy Gunn, e foi realizada na Galeria de Arte de Aberdeen, de abril a junho de 2005. A exposição, intitulada *Cadernetas de anotações e Cadernos de desenho: Desafiando os limites entre descrições e processos descritivos*, foi programada para coincidir com a conferência da Associação de Antropólogos Sociais de 2005, sobre *Criatividade e improvisação cultural*, realizada naquele ano na Universidade de Aberdeen. Posteriormente escrevi um ensaio baseado na minha contribuição para a exposição, que apareceu ao lado de comunicações de outros contribuintes em um volume com o mesmo título, sob a editoria de Wendy Gunn. O volume foi publicado em 2009 por Peter Lang. O título da minha contribuição (p. 109-134), como o do meu trabalho na exposição, foi *12 As*. Ao revisar o ensaio para o presente volume, porém, reduzi o número de As de doze para sete. Sou grato a Wendy Gunn pelo seu trabalho em unir a exposição ao consequente livro, e a Mike Anusas por me apresentar ao trabalho do excêntrico teórico do design, Vilém Flusser.

O **capítulo 16** foi originalmente escrito para uma edição especial da Revista *Visual Studies* (Vol. 25 (1), 2010, p. 15-23) sobre "Caminhada, etnografia e prática artística", editado por Sarah Pink, Phil Hubbard, Maggie O'Neill e Alan Radley, e baseado nas contribuições para o fim de semana de caminhadas Roam, organizado pelo Radar, o Programa de Artes da Universidade de Loughborough, em março de 2008. Estando eu mesmo impossibilitado de participar do fim de semana, desenvolvi pela primeira vez as ideias apresentadas neste capítulo para o Cuso (Conférence Universitaire de la Suisse Occidentale), oficina do Programa de Doutorado em *Literatura e Meio Ambiente* da Universidade de Genebra, 16 a 18 de outubro de 2009. Agradeço aos participantes do *workshop* pela discussão inspiradora. A figura 16.1 é reproduzida com permissão de Coleções Históricas, King's College, Universidade de Aberdeen, e a figura 16.2, com a permissão do Centro Buku-Larrnggay Mulka, Yirkkala, Austrália (em nome do clã dos Marrakulu) e da University of Chicago Press. Agradeço aos editores da *Visual Studies*, Routledge, pela permissão para reproduzir o artigo na sua forma atual.

O **capítulo 17** foi escrito para uma edição especial do *Cambridge Journal of Economics* (Vol. 34 (1), 2010, p. 91-102) sobre a ontologia da tecnologia, editada por Philip Faulkner, Clive Lawson e Jochen Runde. Escrevi a primeira versão em 2007, e a revisei dois anos depois à luz dos comentários extremamente úteis de três pareceristas anônimos. Sou grato à Oxford University Press pela permissão para reproduzir uma versão revista do ensaio neste volume.

O **capítulo 18** é baseado em uma comunicação originalmente escrita para a conferência *Beyond the Whole? Anthropology and Holism in a Contemporary World*

(Além do todo? Antropologia e holismo em um mundo contemporâneo), realizada em Sandbjerg, Dinamarca, em julho 2008. Sou muito grato aos organizadores da conferência pelo convite para participar, com uma companhia extraordinariamente ilustre. A comunicação foi posteriormente revista à luz dos úteis comentários de Ton Otto, Nils Bubandt e Anna Tsing, e publicada (2010) em um volume de contribuições da conferência, editado por Ton Otto e Nils Bubandt, intitulado *Experiments in Holism: Theory and Practice in Contemporary Anthropology* (Experimentos em holismo: teoria e prática na antropologia contemporânea). A comunicação foi extensivamente revisada para o presente volume, e embora eu tenha mantido o título original "Drawing together" (Desenhando juntos), mudei o subtítulo de "Materials, gestures, lines" (Materiais, gestos, linhas) para "Doing, observing, describing" (Fazendo, observando, descrevendo), de modo a melhor refletir os seus enfoques atuais. Agradeço aos editores do volume original, e a seus editores da Wiley-Blackwell (Chichester), pela permissão para reutilizar este material.

O **capítulo 19** ganhou vida como a Conferência Radcliffe-Brown de 2007, apresentada na Universidade de Edimburgo, em 12 de março daquele ano, e na Academia Britânica, em Londres, dois dias mais tarde. Posteriormente foi revista para publicação na *Proceedings of the British Academy* (Vol. 154, 2008, p. 69-92). Muitas pessoas me ajudaram tanto na preparação da palestra como posteriormente, ao revisá-la para publicação. Entre elas contam-se Maurice Bloch, Philippe Descola, Keith Hart, Heonik Kwon, Paul Sillitoe, James Urry e David Zeitlyn. Agradeço-lhes a todos. Sou grato à Oxford University Press pela permissão para reproduzir o texto em uma forma ligeiramente revista.

Tim Ingold
Aberdeen, setembro de 2010

Prólogo

1

A antropologia ganha vida

Assim como os indivíduos expressam a sua vida, assim eles o são.
O que são, portanto, coincide com a sua produção.
Karl Marx e Friedrich Engels (1977 [1845-1846]: 42.)

A única coisa que nos é dada e que existe quando há vida
humana é o ter que fazê-lo... A vida é uma tarefa.
José Ortega y Gasset (1941 [1935]: 200.)

A maneira como nós humanos estamos na Terra é Buan,
habitar. Ser um ser humano significa... habitar.
Martin Heidegger (1971 [1954]: 147.)

Pois somos feitos de linhas. Não estamos nos referindo apenas a
linhas de escrita. Linhas de escrita conjugam-se a outras linhas,
linhas de vida, linhas de sorte ou azar, linhas produtivas da
variação da própria linha de escrita, linhas que estão entre as
linhas de escrita.
Gilles Deleuze e Félix Guattari (2004 [1980]: 215.)

A antropologia, segundo o meu ponto de vista, é uma investigação constante e disciplinada das condições e potenciais da vida humana. No entanto,
gerações de teoristas, ao longo da história da disciplina, têm se esforçado em
expurgar a vida dos seus relatos, ou em tratá-la como uma mera consequência,
o resultado derivativo e fragmentário de padrões, códigos, estruturas ou sistemas variamente definidos como genéticos ou culturais, naturais ou sociais.
Nascidos da natureza, moldados pela sociedade, impelidos pelas inspirações da
predisposição genética e guiados pelos preceitos da cultura transmitida, os seres
humanos são retratados como criaturas cujas vidas são gastas no cumprimento
das capacidades concedidas no início. Começando, conforme o famoso dito de
Clifford Geertz, "com o equipamento natural para viver milhares de tipos

de vida", supõe-se que cada um de nós "termine afinal tendo vivido apenas uma" (GEERTZ, 1973:45). A vida, nessa perspectiva, é um movimento em direção ao desfecho final: um preenchimento gradual de capacidades e esgotamento de possibilidades. O meu próprio trabalho, ao longo do último quarto de século, tem sido impulsionado pela ambição de inverter esta ênfase: substituir a concepção finalística ou teleonômica do processo da vida por um reconhecimento da capacidade da vida de continuamente ultrapassar as destinações que são atiradas em seu percurso. É da essência da vida que ela não comece aqui ou termine ali, ou conecte um ponto de origem a uma destinação final, mas, sim que ela continue, encontrando um caminho através da miríade de coisas que formam, persistem e irrompem em seu percurso. A vida, em suma, é um movimento de abertura, não de encerramento. Como tal, deve estar no próprio cerne da preocupação antropológica.

Revendo meus esforços em restaurar a antropologia à vida, eles parecem recair em aproximadamente quatro fases, cada uma das quais gira em torno de um único termo-chave. A primeira fase foi sobre o significado de *produção*; a segunda foi sobre o significado de *história*. Na terceira fase estive preocupado com a noção de *habitar*. A última fase – aquela em que me encontro agora – é uma exploração da ideia de que a vida é vivida ao longo de *linhas*. Embora se sucedam no tempo, essas fases não foram, de forma alguma, estanques. Ao contrário, cada uma transitou para a seguinte. Tudo começou com a questão acerca do que significa dizer dos seres humanos que sejam os produtores de suas vidas. Mas não deixei de pensar sobre esta questão, uma vez que ela deu à luz outra: Como é que, na produção de suas vidas, os seres humanos criam a história? Como, se assim de fato o for, deve esta história ser distinguida do processo de evolução no qual todas as criaturas vivas supostamente encontram-se apanhadas? Tampouco deixei de pensar acerca da história quando comecei a ver, no que chamei de perspectiva do habitar, uma maneira de superar a divisão arraigada entre os "dois mundos" da natureza e da sociedade, e de reinserir o ser humano e o devir no interior da continuidade do mundo da vida. E não cessei de pensar sobre o habitar nas minhas atuais explorações na antropologia comparada da linha, que cresceu a partir da constatação de que cada ser é instanciado no mundo como um caminho de movimento ao longo de um modo de vida. Ou, traçando a evolução do meu pensamento no sentido inverso: estabelecer um caminho através do mundo é habitar; habitar é viver historicamente; cada forma histórica de vida é um modo de produção. No que segue, recapitularei as três primeiras fases dessa progressão, em sua ordem original, como uma introdução à quarta, que é representada pelos ensaios que constituem o presente volume.

Produção

Cheguei inicialmente à questão da produção através de uma reflexão sobre como os modos de trabalho dos seres humanos diferem daqueles dos animais não humanos (INGOLD, 1983). Mais de um século antes, Friedrich Engels estivera ponderando a mesma coisa. Em um projeto de introdução a sua inacabada *magnum opus*, *Dialética da natureza*, provavelmente escrita em 1875-1876, Engels argumentou que os trabalhos dos seres humanos diferem fundamentalmente daqueles de outros animais, na medida em que os primeiros são movidos por um "objetivo estabelecido com antecedência" (ENGELS, 1934: 34). É verdade que as atividades humanas não são as únicas a terem consequências ambientais significativas; além disso, a grande maioria dessas consequências, como Engels foi o primeiro a admiti-lo, são inintencionais ou imprevistas. No entanto, retornando ao tema em um ensaio sobre "O papel desempenhado pelo trabalho na transição do macaco ao homem", escrito por volta da mesma época, Engels estava convencido de que a medida da humanidade do homem reside na extensão em que as coisas poderiam ser planejadas para acontecerem de acordo com um plano. "Quanto mais afastados estão os homens dos animais", declarou ele, "mais seus efeitos sobre a natureza assumem o caráter de uma ação premeditada, planejada, dirigida para fins definidos, preconcebidos" (p. 178).

Finalmente, em outro fragmento contemporâneo, Engels reconheceu que o caráter finalístico da ação humana é o que a qualifica como produção. "O máximo que o animal pode conseguir é *coletar*, o homem *produz*, ele prepara os meios de vida ... que sem ele a natureza não teria produzido" (p. 308). Dito de outra maneira, independentemente do impacto real das suas atividades, os animais não trabalham em seu ambiente a fim de mudá-lo. Eles não têm qualquer concepção de sua tarefa. Mas os seres humanos sempre trabalham com alguma noção do que estão fazendo, e por que, mesmo que os resultados nunca se conformem satisfatoriamente às expectativas.

Esta também foi a conclusão a que Karl Marx chegara no primeiro volume de *O capital*, publicado poucos anos antes, em 1867. Diferentemente da aranha tecendo sua teia, ou da abelha construindo seu alvéolo, o processo do trabalho humano, disse Marx, "termina na criação de algo que, quando o processo começou, já existia... em uma forma ideal" (MARX, 1930: 170). No entanto, para Marx, este modelo de criação apresentava um certo dilema. Pois se a forma de uma coisa deve já existir na imaginação antes de o trabalho de produção poder sequer começar, de onde será que vem esta imagem inicial? Nas notas publicadas postumamente como o *Grundrisse*, Marx apresentou sua resposta. É o consumo, argumentou ele, que define os objetivos da produção. Ele o faz através da criação de expectativas acerca das formas que as coisas devem assumir e das funções que elas devem satisfazer, e estas expectativas, por sua vez, motivam o processo produtivo. "Se estiver claro que a produção oferece ao consumo o seu objeto externo", raciocinou Marx, "estará, portanto, igualmente claro que o consumo estabelece idealmente o objeto da produção como uma imagem interna, como uma necessidade, como pulsão e como propósito" (MARX, 1973: 91-92). Ou, em poucas palavras, enquanto a produção de coisas nos fornece objetos para consumir, consumir coisas nos dá ideias do que produzir. O resultado é um circuito fechado, de produção e consumo, um convertendo imagens preexistente em objetos finais, o outro convertendo objetos em imagens. Perguntar o que vem primeiro, se a produção ou o consumo, equivale a perguntar se primeiro veio o ovo ou a galinha.

Nisto residia o dilema de Marx. Como poderia ele provar, como o exigia a sua filosofia do materialismo, que a produção tem precedência sobre o consumo? Concedendo que produção e consumo sejam apenas fases de um processo, ele continuou a insistir, no *Grundrisse*, que "a produção é o verdadeiro ponto de partida e, portanto, também o momento predominante" (1973: 94). Se assim o fosse realmente, no entanto, então, em algum lugar ao longo da linha, teriam que aparecer milagrosamente produtos que apresentassem ao consumidor a necessidade que, posteriormente, motiva a sua produção. Em uma crítica antropológica bem conhecida, Marshall Sahlins desdenhou das tentativas tortuosas e, em última instância, circulares de Marx de transformar, como ele o coloca, "a imagem preexistente da produção em sua consequência objetiva" (SAHLINS, 1976: 153). A fonte do embaraço de Marx foi um presente para Sahlins, que pôde mostrar que, muito pelo contrário, as finalidades da produção são pré-especificadas nas formas simbólicas da cultura. A admissão por Marx de que cada ato de produção tem que começar com uma imagem na mente do que deve ser produzido pareceu apenas provar a hipótese de Sahlins. No entanto, um momento de reflexão revela que Sahlins está preso exatamente na mesma armadilha da circularidade que Marx, sendo a única diferença que ele resolveu entrar no círculo no polo diametralmente oposto. Enquanto Marx, o materialista, tinha que tirar objetos do chapéu a fim de manter a bola rolando, o culturalista Sahlins tem que evocar representações simbólicas a partir do nada. De fato, desde que assumamos que a produção não passe de conversão de imagens em objetos, e que o consumo não seja mais do que a transformação retrocessiva de objetos em imagens, parece não haver nenhuma escapatória do círculo. Nem objeto nem imagem pode ter precedência, nem produção nem consumo, quando cada um é uma precondição para o outro.

No entanto, o próprio Marx, decifrando os elementos do processo de trabalho em *O capital*, sugere que haja mais do que isso. As imagens não se transformam em objetos de uma hora para a outra. O processo leva tempo, e como Marx o observa, "a vontade intencional" do produtor "manifestando-se como a atenção, deve estar operacional durante todo o período de duração do trabalho" (MARX, 1930: 170). Além disso, conforme ele trabalha, não são apenas os materiais com que trabalha que são transformados[1]. O trabalhador também é modificado através da experiência. As potencialidades latentes de ação e de percepção são desenvolvidas. Ele se torna, mesmo que muito ligeiramente, uma pessoa diferente. Talvez, então, a essência da produção encontre-se tanto ou mais na qualidade atencional da ação – isto é, na sua sintonização e responsividade à tarefa conforme ela se desdobra – e nos seus efeitos de desenvolvimento sobre o produtor, do que em quaisquer imagens ou representações de fins a serem alcançados que possam ser suscitadas antes disso. Há de fato um precedente para este ponto de vista nos escritos colaborativos anteriores de Marx e Engels. Em uma passagem de *A ideologia alemã*, escrita em 1846, eles chegam mesmo a igualar a produção à própria vida, e cada modo de produção a um modo de vida. "Assim como os indivíduos expressam sua vida", escreveu Marx e Engels, "assim eles o são. O que são, portanto, coincide com a sua produção, tanto com *aquilo que* produzem quanto com o *como* o produzem" (MARX & ENGELS, 1977: 42). Concebido como o movimento atentivo de um ser consciente, inclinado sobre as tarefas da vida, o processo produtivo não está confinado nas finalidades de qualquer projeto particular. Ele não começa com uma imagem e termina com um objeto, mas continua indefinidamente, sem começo nem fim, pontuado – em vez de iniciado ou terminado – pelas formas, sejam mentais ou ideais, que sequencialmente traz à existência.

Tomada neste sentido, como argumentei em uma palestra proferida há quase trinta anos[2], a produção "deve ser entendida *intransitivamente*, não como uma relação transitiva de imagem com objeto" (INGOLD, 1983: 15) Isso implica definir o verbo "produzir" ao lado de outros verbos intransitivos, como esperar, crescer e habitar, e contra verbos transitivos como planejar, fazer e construir. E implica, de uma vez por todas, restaurar para a produção à primazia existencial que Marx sempre buscou (INGOLD, 1986: 321-324). Sua primazia é aquela da própria vida: dos processos de esperar, crescer e habitar, sobre as formas que são concebidas e realizadas dentro deles. No entanto, esta afirmação da prioridade do processo em curso sobre a forma final, como veremos, coloca um desafio fundamental para o próprio modelo de criação ao qual tanto Marx quanto Engels haviam apelado a fim de caracterizar o caráter distintamente humano do trabalho produtivo. De fato, tendo dispensado a representação prévia de um fim a ser alcançado como uma condição necessária para a produção, e enfocado a vontade

---

1. Aqui, como em outras partes deste volume, emprego o pronome na terceira pessoa do singular na sua forma masculina. Isso não tem qualquer significância para o meu argumento, e os leitores podem perfeitamente substituírem-no pela forma feminina, se o desejarem.

2. Esta foi a Conferência Malinowski de1982, ministrada na London School of Economics.

intencional ou intencionalidade que é inerente à própria ação – em sua capacidade de, literalmente, *pro-duzir*, extrair ou atualizar potencialidades na pessoa do produtor e no mundo circundante – então já não há qualquer motivo para restringir as fileiras dos produtores aos seres humanos apenas. Produtores, tanto humanos quanto não humanos, não tanto transformam o mundo, imprimindo seus projetos preconcebidos sobre o substrato material da natureza, quanto fazem a sua parte desde dentro na transformação de si mesmo do mundo. Crescendo no mundo, o mundo cresce neles. E com isso, a questão acerca da produção dá lugar a outra, desta vez acerca do sentido da história.

História

Enquanto redigia a introdução da sua *Dialética da natureza*, Engels estava bem consciente da íntima conexão entre essas duas questões. Há um sentido limitado, ele o admite, no qual os animais produzem; no entanto, sem fins em mente, sua atividade – mais ou menos instintiva – realmente não conta como produção. Da mesma maneira, pode-se dizer que os animais tenham uma história, mas essa história, escreveu Engels: "é feita para eles, e na medida em que eles próprios tomem parte nela, isso ocorre sem o seu conhecimento e desejo" (ENGELS, 1934: 34). Somente quando os seres humanos aparecem no palco entramos na história propriamente dita: isto é, uma história que eles próprios fizeram na busca consciente de objetivos predeterminados.

Escrevendo mais de um século mais tarde, Maurice Godelier voltou ao mesmo tema, em termos praticamente idênticos. Apresentando uma coleção de seus ensaios sobre *O mental e o material* (1986), dedicado ao renascimento de uma abordagem marxista da antropologia, Godelier também garante que espécies não humanas têm um tipo de histórias. Essas histórias naturais, no entanto, surgiram não através de qualquer atividade intencional por parte dos próprios não humanos, mas são ao contrário compostas das consequências reprodutivas de variações acidentais e recombinações de material genético ao longo das linhas de descendência. Tais histórias, do que Charles Darwin havia chamado de "descendência com modificação", e que seus seguidores tardios chamariam de "evolucionárias", aconteceram *em*, mas não são, em sentido algum, produzidas *por* populações de organismos. As espécies humanas, é claro, têm uma história evolucionária deste tipo, que os paleoantropólogos têm tido dificuldades em desenredar. Mas os seres humanos, exclusivamente eles entre os animais, insiste Godelier, também têm História, que ele grafa com um "H" maiúsculo a fim de distingui-la das histórias minúsculas de variação sob seleção natural comuns a todas as espécies vivas (GODELIER, 1989: 63).

É um fato acerca dos seres humanos, afirma Godelier (1986: 1), que "eles produzem a sociedade a fim de viverem". Com isso ele quer dizer que os projetos e propósitos da ação humana sobre o ambiente – ação que gera um retorno na forma dos meios de subsistência – têm sua origem no domínio das relações sociais. Mas, embora Godelier tenha se inspirado em Marx, na verdade Marx não diz que os seres humanos produzem a sociedade. Ele diz que produzem-se a si mesmos e uns aos outros. Eles o fazem estabelecendo reciprocamente, através das atividades de sua vida, as condições para o seu próprio crescimento e desenvolvimento. O que produzem, em suma, não é a sociedade, mas o processo em curso da vida social. Como Marx e Engels o colocaram em *A ideologia alemã* (1977: 42), os seres humanos são o que e o como da sua produção: cada um é a exemplificação de uma certa maneira de estar vivo e ativo no mundo. Ou nas palavras do filósofo José Ortega y Gasset, deveríamos dizer "não que o homem *existe*, mas que ele *vive*" (ORTEGA Y GASSET, 1941: 213).

Os escritos de Ortega foram muito citados por antropólogos culturais de meados do século XX na crença de que deram apoio à ideia de que a cultura, e não a natureza, molda a experiência humana. "O homem", conforme a famosa declaração de Ortega, "não tem nenhuma natureza, o que ele tem é... história" (1941: 217). Em um influente trabalho do mesmo período, intitulado *Theoretical Anthropology* (Antropologia teórica), David Bidney objetou que isso nos confronta com uma falsa escolha. Natureza humana e história cultural, argumentou Bidney, não são mutuamente excludentes, mas sim complementares. Cada uma depende da outra, e um autoconhecimento adequado exigia a compreensão de ambas (BIDNEY, 1953: 154-155). Na realidade, no entanto, a declaração de Ortega não foi sobre a primazia da cultura; foi sobre a primazia da *vida*. A humanidade, ele nos está dizendo, não vem preembalada na pertença a uma espécie, tampouco advém de termos nascido em uma determinada cultura ou sociedade. É, ao contrário, algo em que temos que trabalhar continuamente. "A única coisa que nos é dada e que há quando haja vida humana", Ortega continuou dizendo, "*é o ter que fazê-lo... A vida é uma tarefa*" (ORTEGA Y GASSET, 1941: 200). Tanto para Marx quanto para Ortega, portanto, o que somos, ou o que podemos ser, não vem pronto. Temos, perpétua e infinitamente, que estar nos fazendo a nós mesmos. Isso é o que a vida é, o que a história é, e o que significa produzir. E isso também, para esses autores, é o que significa ser humano. Investigar a vida humana é, portanto, explorar as condições de possibilidade em um mundo povoado por seres cujas identidades são estabelecidas, em primeiro lugar, não por atributos recebidos, específicos de uma espécie ou de uma cultura, mas por realização produtiva.

Foi com esses pensamentos em mente que voltei à obra de Godelier. A tese que ele se propõe a provar, em *The Mental and the Material* (O mental e o material), é que a História é forjada na transformação humana da natureza. Através da sua ação criativa sobre o ambiente natural, afirma Godelier, os seres humanos ocasionam mudanças não apenas nas suas relações com o ambiente, mas também nas relações entre eles constitutivas da sociedade (GODELIER, 1986: 1). Implicada nesta afirmação, no entanto, repousa uma contradição – talvez a contradição fundadora de todo o edifício do pensamento ocidental – nomeadamente, que não há absolutamente como compreender o envolvimento criativo dos seres humanos no mundo material, a não ser extraindo-os dele. Na medida em que os seres humanos estão envolvidos *dentro* deste mundo, eles estão objetivamente vinculado às determinações de uma natureza humana evoluída em cuja formação eles não atuaram sequer minimamente; inversamente eles são capazes de formar os seus próprios destinos apenas na medida em que provenham de uma consciência histórica que seja constituída *sem* o mundo material, em um domínio intersubjetivo ou social de realidades mentais que esteja além e acima da mera materialidade natureza. Na verdade, o próprio conceito do "humano" parece encarnar o permanente paradoxo de uma forma de vida que possa constatar a sua própria essência apenas a transcendendo. Minhas reflexões sobre o conceito de produção, no entanto, parecem oferecer uma potencial resolução. Se a produção não consiste, como a concebia Godelier, na transformação do mundo material, mas sim na participação na transformação de si mesmo do mundo, não poderíamos então concluir que os seres humanos produzem-se a si mesmos e uns aos outros estabelecendo, através de suas ações, as condições para o seu contínuo crescimento e desenvolvimento? E pode não ser precisamente neste estabelecimento mútuo de condições de desenvolvimento que encontramos o sentido da história?

As ações humanas, é claro, estabelecem tais condições não apenas para outros humanos. Elas também o fazem para vários não humanos. O trabalho do agricultor nos campos, por exemplo, cria condições favoráveis para o crescimento das plantas cultivadas, e o pastor faz o mesmo pelos animais domésticos. Ademais, sendo certo que nem todos os produtores são humanos, é fácil inverter o argumento e mostrar como vários não humanos contribuem, em ambientes específicos, não apenas para o seu próprio crescimento e desenvolvimento, mas também para o crescimento e desenvolvimento dos seres humanos. Segue-se que a vida social humana não é dividida em um plano separado do resto da natureza, mas faz parte do que está acontecendo em todo o mundo orgânico. É o processo no qual seres vivos de todos os tipos, naquilo que fazem, constituem as condições de existência uns dos outros, tanto para si próprios quanto para as gerações subsequentes. Na medida em que as formas dos seres surgem neste processo, elas podem ser descritas como evolucionárias. Este argumento, no entanto, tem um corolário radical, e levou algum tempo até que ficasse totalmente claro para mim. É que a variação sob seleção natural, embora, sem dúvida, ocorra *dentro da* evolução, *não* é, em si mesma, um processo evolucionário (INGOLD, 2001a: 125). A reprodução diferencial de organismos, competindo por recursos dentro de um ambiente finito, leva a mudanças em frequências gênicas ao nível da população; a evolução, no entanto, concerne ao surgimento de forma dentro de matrizes de desenvolvimento. Genes são, evidentemente, componentes críticos dessas matrizes. Eles fazem diferença. Mas as formas de organismos não são compêndios de diferença, mas os resultados sempre emergentes de processos de crescimento.

A ficha caiu graças ao meu encontro com a obra da filósofa da biologia, Susan Oyama. Em seu livro pioneiro *The ontogeny of information* (A ontogenia da informação) (1985), Oyama mostra que a principal corrente da teoria evolucionária, modelada em princípios darwinianos, é inválida por uma falácia elementar. A falácia consiste em supor que a forma orgânica preexiste aos processos que a originam (OYAMA, 1985: 13). Postulando a consequência objetiva do desenvolvimento ontogenético como uma especificação de projeto preexistente, tecnicamente conhecido como o *genótipo*, a teoria ortodoxa explica a forma orgânica como a materialização externa, *fenotípica* deste projeto interior. A circularidade lógica implicada aqui é precisamente a mesma que eu já havia identificado na discussão de Marx sobre produção e consumo, em que o produto – o resultado do processo produtivo – é posto como uma forma ideal, uma imagem, que precede e subscreve a sua realização subsequente. E a solução, em ambos os casos, é a mesma: isto é, insistir na primazia do processo sobre o produto; da vida sobre as formas que ela assume, sejam secretas (como imagem mental ou genótipo) ou abertas (como objeto material ou fenótipo). Seguindo Oyama, argumentei que as formas de organismos não são geneticamente preconfiguradas, mas surgem continuamente como resultados de desenvolvimentos dentro de matrizes compostas por relações mutuamente condicionadas. Longe de estar confinada aos intervalos transitivos entre genótipo e fenótipo, a vida continua no desdobramento das matrizes relacionais nas quais formas orgânicas são geradas e mantidas no lugar. Evolução é o nome que damos a este desdobramento. Isto é, nas palavras de Oyama (1989: 5), "a história derivacional de sistemas de desenvolvimento".

O que veio a ser conhecido como "Teoria dos Sistemas de Desenvolvimento" (TSD) continua a ser um tanto quanto herético na principal corrente da biologia evolutiva. Eu estava interessado, no entanto, em apresentar a TSD à antropologia, uma vez que via nela uma forma de ultrapassar o dualismo tradicional, que insistia, como na formulação de Godelier, em uma espécie de História para humanos e outra espécie de história para o resto do mundo vivo, e que estabeleceu um ponto de emergência imaginário na sua interseção. Com a TSD é possível recolocar a experiência histórica dos seres humanos dentro das matrizes de desenvolvimento em evolução nas quais todos os seres vivos estão imersos (INGOLD, 2001b). Regressando a qualquer uma dessas matrizes, o que descobrimos não é tanto uma interação entre dois tipos de história – a história com H maiúsculo da humanidade no plano da sociedade e a história com h minúsculo da natureza – quanto uma história composta pela interação de diversos seres humanos e não humanos em seu envolvimento mútuo. Em um artigo profético escrito há mais de três décadas atrás, em 1976, o geógrafo Torsten Hägerstrand já previa o colapso da grande divisão entre natureza e sociedade. Podemos colocar estas divisões em perspectiva, segundo ele, vendo cada componente do meio ambiente como um caminho de transformação (HÄGERSTRAND, 1976: 332). Há devires humanos, devires animais, devires vegetais, e assim sucessivamente. Conforme se movem juntos através do tempo e encontram-se uns aos outros, esses caminhos se entrelaçam para formar uma imensa e contínua tapeçaria em evolução. A antropologia, portanto, é o estudo dos devires humanos conforme desdobram-se dentro da trama do mundo. E foi essa ideia de história, evolução e vida social como tecidas, e não como feitas por humanos, ou para humanos, que me levou à habitação.

Habitação

Estive refletindo sobre a distinção entre construção e habitação muito antes que uma conversa casual com um estudante de arquitetura, por volta de 1990, me dirigisse aos escritos filosóficos de Martin Heidegger sobre o tema. A distinção pareceu-me oferecer um caso exemplar do contraste, que já me havia chamado a atenção, entre os sentidos transitivo e intransitivo da produção. Foi, portanto, Marx, não Heidegger, quem me fez pensar sobre isso. A construção, na célebre fábula de Marx do arquiteto humano e da abelha, figura como uma relação transitiva: o arquiteto, você pode recordar, já construiu o alvéolo na sua cabeça antes de construí-lo em cera (MARX, 1930: 169-170). Na verdade, a presunção de que a forma construída seja o resultado manifesto de um projeto prévio está implícita na designação do edifício como uma obra de arquitetura. Habitar, em contrapartida, é intransitivo: concerne à maneira como os habitantes, isolados e em conjunto, produzem as suas próprias vidas, e como a vida, prossegue. Criticamente, então, a habitação não é meramente a ocupação de estruturas já construídas: não está para a construção como o consumo está para a produção. Significa antes essa imersão dos seres nas correntes do mundo da vida, sem a qual atividades como concepção, construção e ocupação simplesmente não poderiam acontecer. Conforme os indivíduos produzem suas vidas, declararam Marx e Engels (1977: 42), assim eles o *são*.

Em seu ensaio seminal, *Building Dwelling Thinking* (Construir, habitar, pensar), Heidegger defendeu precisamente o mesmo ponto. Sua preocupação era recuperar, por detrás da estreita identificação modernista de habitação com ocupação ou consumo, o seu significado original e primário, como ser, abrangendo todo o caminho em que se vive a sua vida na terra. Portanto, "eu moro, você mora" é idêntico a "eu sou, você é" (HEIDEGGER, 1971: 147). Construir, então, não é um meio para habitar, tampouco habitar determina os fins, ou os projetos, que a construção passa a implementar. Pois construir, como Heidegger o coloca, "já é em si habitar ... Apenas se formos capazes de habitar, só então podemos construir" (p. 160). Em uma coleção anterior de ensaios sobre *The Perception of the Environment* (A percepção do meio ambiente) (INGOLD, 2000a), tomei esta como a declaração fundadora do que chamei de "perspectiva da habitação". Com isso quis denotar uma perspectiva fundada na premissa de que as formas como os seres humanos constroem, seja na imaginação ou no chão, surgem dentro das correntes da atividade na qual estão envolvidos, nos contextos relacionais específicos dos seus compromissos práticos com seus arredores. Opus esta perspectiva à "perspectiva da construção", enclausurada no familiar modelo de produção, segundo o qual o trabalho produtivo serve meramente para transcrever formas ideais preexistentes sobre um substrato material inicialmente amorfo (INGOLD, 2000a: 178-187). Adotar a perspectiva da habitação não consiste, obviamente, em negar que os seres humanos construam coisas. Mas em solicitar uma explicação alternativa para a construção, como um processo de *trabalhar com* materiais e não apenas *produzi-los*, e de trazer forma à existência e não meramente traduzir do virtual para o real.

Outra maneira de visualizar isto é pensar na construção, ou na produção, de uma maneira mais geral, como uma modalidade de tecelagem. Assim como a construção está para a habitação, a produção está para a tecelagem: realçar o primeiro termo de cada par implica ver os processos de produção consumidos pelos seus produtos finais, cuja origem é atribuída não à criatividade improvisadora do trabalho, que resolve as coisas conforme se processa, mas à novidade de determinados fins concebidos antecipadamente. Realçar o segundo termo, por outro lado, é dar prioridade ao processo sobre o produto, e definir a atividade pela atenção do comprometimento ambiental ao invés da transitividade de meios e fins. Enquanto a perspectiva da construção define o produtor como um portador de intenções prévias, sobre e contra o mundo material, a perspectiva da habitação situa o tecelão no meio de um mundo de materiais, que ele, literalmente, extrai ao produzir o trabalho. Ele é, a este respeito, um produtor, no sentido original do termo. Através desta última perspectiva esperei mudar a antropologia em geral, e o estudo da cultura material em particular, para longe da fixação com objetos e imagens, e em direção a uma melhor apreciação dos fluxos materiais e correntes de consciência sensorial nos quais tanto as ideias como as coisas tomam forma reciprocamente.

Apesar de ter me baseado em Heidegger para a minha discussão do habitar, não sou, de maneira alguma, um heideggeriano, e não faz parte do meu projeto elucidar o que Heidegger realmente quis dizer ou explicar o seu significado para a antropologia. Estou mais do que satisfeito em deixar essa tarefa a outros.

Para mim, dois aspectos da filosofia de Heidegger se provaram especialmente problemáticos. Um deles diz respeito ao que significa viver e habitar na abertura; o outro, ao modo particular de ser atribuído aos humanos em oposição aos animais não humanos. Esses aspectos estão conectados, uma vez que Heidegger afirma que o mundo se abre para os humanos de uma maneira que ele não o faz, e não pode fazê-lo, para os não humanos. Ele imaginou esta abertura como uma espécie de clareira, livre para atividades como a construção e o cultivo, a produção e a criação de coisas. Embora confinado à sua clareira, o acontecimento da habitação humana parece estranhamente circunscrito. A existência de animais não humanos, em contrapartida, não parece ser tão limitada, mas, ao contrário, se derrama nos seus arredores por qualquer caminho que proveja crescimento e movimento. A conclusão aparentemente paradoxal de Heidegger foi que, enquanto a vida animal – que não conhece limites – está fechada para o mundo, a vida humana – que se abre para um mundo – é refreada e contida. A solução para o paradoxo encontra-se na insistência heideggeriana em que, apesar de os animais se misturarem livremente em seu ambiente, eles não têm a capacidade de apreender as coisas que aí encontram pelo que elas são, *como coisas*. Eles têm um ambiente, mas permanecem privados de um mundo (HEIDEGGER, 1995: 239). Para os seres humanos, no entanto, precisamente devido à sua capacidade de romper os vínculos que mantêm o animal preso ao seu ambiente, um mundo de coisas se abre do qual o animal nada sabe. A clareira alegórica na qual a habitação acontece é um mundo, portanto, revelado, e seus limites são os limites do desvelamento, no qual as coisas começam a sua presença. Enquanto o animal meramente *existe* no seu ambiente, dentro destes limites para o humano é possível *ser*.

Eu mesmo não me filiaria a uma divisão tão aguda entre humano e animal, mundo e meio ambiente, ser e existência. Ao contrário, um dos meus objetivos ao desenvolver a perspectiva da habitação era demonstrar que organismo-e-meio--ambiente e ser-no-mundo oferecem pontos de partida para o nosso entendimento que são ontologicamente equivalentes, e dessa maneira unir as abordagens da ecologia e da fenomenologia dentro de um único paradigma. Parece-me que o humano de Heidegger permanece preso no dilema de uma criatura que pode conhecer a si mesma e ao mundo do qual é visceralmente parte – no qual vive e respira – somente renunciando à sua existência mesma nesse mundo. Isso pode ser um dilema para filósofos, mas não o é, penso eu, um dilema para habitantes que fundamentalmente conhecem o mundo percorrendo-o. Tanto os seres humanos quanto os não humanos, eu objetaria, realizam-se habilmente dentro e através de seu entorno, empregando capacidades de atenção e resposta que têm sido, pelo seu desenvolvimento, encarnadas através da prática e da experiência. A inspiração por detrás desta afirmação não veio da filosofia, mas da psicologia, e especificamente da abordagem ecológica da percepção iniciada por James Gibson (1979).

A posição realista e pragmática de Gibson não poderia estar mais longe daquela de Heidegger. Seus humanos poderiam perfeitamente terem sido animais, e tanto para os seres humanos quanto para os não humanos, Gibson tomou o mundo, revelado através do processo de habitação, como sendo um meio ambiente. Colocar Heidegger e Gibson lado a lado é como comparar giz com queijo. Mais por acidente do que intencionalmente, no entanto, foi isso o que me vi fazendo. Se foi de Heidegger que tomei emprestado o conceito de habitação, então foi de Gibson, pelo menos inicialmente, que extraí a minha teoria da percepção. E o *insight*-chave que obtive dele foi que a percepção concerne fundamentalmente ao *movimento*. Reagindo contra o cognitivismo da principal corrente da psicologia e das premissas cartesianas nas quais repousa, Gibson insistiu que a percepção é a realização não de uma mente em um corpo, mas do organismo inteiro enquanto percorre o seu ambiente, e que o que ele percebe não são as coisas como tais, mas o que elas oferecem para a prossecução da sua atividade corrente. É no processo mesmo de atender e responder a esses "oferecimentos" (p. 127-143), no curso de seus envolvimentos com eles, que os praticantes qualificados – humanos ou não humanos – os conhecem. O sentido, para Gibson, é extraído destes envolvimentos produtivos.

Um ponto de observação, posto em movimento, descreve um caminho. A essência do argumento de Gibson consistia em que os formatos e as formas de objetos ambientais são revelados por alterações ao longo deste caminho no padrão de luz refletida nas suas superfícies exteriores, conforme esta atinge os olhos do observador movente, em vez de juntando "instantâneos" tomados a partir de qualquer número de pontos fixos ao longo do percurso. "Observação implica movimento", escreve Gibson, "isto é, locomoção com referência ao ambiente rígido, porque todos os observadores são animais e todos os animais são moventes" (1979: 72). Entretanto, eu sentia que algo estava errado aqui. Parecia que Gibson tinha conseguido restaurar os percebedores à vida às custas de uma esclerotização do ambiente. O observador movente da sua explicação é como o único sobrevivente de um planeta outrora pululante de vida, que foi petrificado por um grande cataclismo. O ambiente *rígido*, atravancado por objetos de todos os tipos, pode ser ocupado, mas certamente não é capaz oferecer habitação. Precisamos de um entendimento diferente do movimento: não uma observação das superfícies duras de um mundo no qual tudo já está definido, mas uma emissão juntamente com as coisas nos processos mesmos de sua geração; não o *trans-porte* (carregar através) do ser completado, mas a *pro-dução* (levar adiante) do perpétuo devir.

Para compreender esse sentido de movimento, dei uma folheada em um livro de outro filósofo: *Fenomenologia da percepção*, de Maurice Merleau-Ponty (1962). Havia muito acerca do que Merleau-Ponty e Gibson estavam de acordo, especialmente em sua rejeição do paradigma cartesiano. Mas eles diferiam em um aspecto fundamental. Gibson perguntou como é possível perceber as coisas no ambiente. Mas Merleau-Ponty deu um passo atrás, e perguntou que tipo de envolvimento do percebedor no mundo da vida é necessário para que haja no ambiente coisas para se perceber, e seres para percebê-las (INGOLD, 2000a: 263). Para encurtar uma longa história, sua conclusão foi que, uma vez que o corpo vivo está, primordial e irrevogavelmente costurado no tecido do mundo, nossa percepção do mundo não é nem mais nem menos do que a percepção do mundo de si mesmo – em e através de nós. Essa é apenas mais uma maneira de dizer que o mundo habitado é *senciente*. Não é possível, sugeriu Merleau-Ponty, ser senciente em um mundo *in*senciente, ou seja, em um mundo que virou as costas para os seus habitantes, expondo apenas suas superfícies externas, rígidas ao escrutínio perceptual. Esse, como já vimos, era o ambiente previsto por Gibson. Ser senciente, ao contrário, é abrir-se a um mundo, render-se ao seu abraço, e ressoar em seu ser interior a suas iluminações e reverberações. Banhado na luz, submerso no som e arrebatado em sentimento, o corpo senciente, ao mesmo tempo percebedor e produtor, traça os caminhos do devir do mundo no curso mesmo da contribuição para a sua contínua renovação.

Aqui, certamente, repousa a essência do que significa habitar. Trata-se, literalmente, de iniciar um movimento ao longo de um caminho de vida. O percebedor-produtor é, portanto, um caminhante, e o modo de produção é ele mesmo uma trilha traçada ou um caminho seguido. Ao longo desses caminhos, vidas são vividas, habilidades desenvolvidas, observações feitas e entendimentos crescem. Mas se é assim, então já não podemos supor que a habitação seja situada exatamente da mesma maneira como Heidegger imaginou, em uma abertura semelhante a uma clareira na floresta. Ser, eu diria agora, não é estar *em* um lugar, mas estar *ao longo* de caminhos. O caminho, e não o lugar, é a condição primordial do ser, ou melhor, do tornar-se. Por essa razão, comecei a me perguntar se o conceito de habitação está, afinal, apto a descrever a maneira como os seres humanos e não humanos caminham no mundo. O conceito carrega uma aura de conforto, um localismo bem preso, que parece fora de sintonia com a ênfase na primazia do movimento. Olhando para trás, arrependo-me de ter colocado tanto peso nisso, e agora prefiro o conceito menos carregado de habitação. Assim reformulado, meu argumento é que a caminhada é o modo fundamental como os seres vivos habitam a Terra. Cada ser tem, por conseguinte, que ser imaginado como a linha do seu próprio movimento ou – mais realisticamente – como um feixe de linhas.

Linhas

Ao chegar a esta conclusão, eu – sem perceber no momento – deparei-me com um *insight*-chave de um dos mais influentes, se não idiossincráticos, filósofos das últimas décadas do século XX, Gilles Deleuze. Isso não deveria causar qualquer surpresa, tendo em vista a dívida de Deleuze para com a filosofia de Henri Bergson. De minha parte, primeiro cheguei aos escritos de Bergson, juntamente com os de seu contemporâneo, o filósofo Alfred North Whitehead, duas décadas antes, enquanto trabalhava no meu livro *Evolution and Social Life* (Evolução e vida social) (INGOLD, 1986). Embora profundamente fora de moda na época[3], fui muito inspirado com o que tinham a dizer, e no meu livro me propus a vincular o sentido da evolução (e, concomitantemente, da produção) como um processo vital às ideias de criatividade e duração que extraí da sua obra. De Whitehead tomei a ideia de que o mundo que habitamos nunca está completo, mas supera-se continuamente. A criatividade é inerente ao movimento de autossuperação do mundo, ou ao que Whitehead chamou de "concrescência" (WHITEHEAD, 1929: 410). Crucial para Bergson era a alegação de que neste movimento de criação, de vida e de crescimento repousa a essência do tempo: "Onde quer que algo viva", escreveu ele, "há, aberto em algum lugar, um registro no qual o tempo está sendo inscrito" (BERGSON, 1911: 17). Se a produção não fosse mais do que uma relação transitiva entre imagem e objeto, então, em teoria, o tempo que dura pode ser comprimido em um instante, e a própria história seria apenas uma sucessão de tais instantes. Mas, na realidade, a vida continua, sempre ultrapassando os fins que possam ser realizados dentro dela. Pode-se começar a construir uma casa ou cultivar um campo, e, eventualmente, empenhar-se na satisfação de um trabalho bem-feito; no entanto, ao fazê-lo, a vida e a consciência avançaram, e outros objetivos já se encontram no horizonte. Pela mesma razão esses horizontes não podem ser atravessados, é impossível alcançar os fins da vida.

Em seu *Evolução criadora*, de 1911, Bergson argumenta que cada ser vivo é lançado como um redemoinho na corrente da vida. É como se, no seu desenvolvimento, descrevesse "uma espécie de círculo" (1911: 134). Retornando à Bergson em meu próprio pensamento, descobri que eu também havia feito o mesmo. Se, no entanto, tivesse que traçar este círculo usando lápis e papel, eu já não veria – na figura concluída – o traço do movimento de redemoinho que entrou em sua formação. O que se destaca na página é, ao contrário, o esboço de uma forma geométrica. Com esta figura, parece que uma divisão é estabelecida entre o que está "dentro" e o que está "fora". Da mesma forma, diz Bergson, estamos inclinados a tratar o ser vivo que entrou em uma espiral em si mesmo como um objeto delimitado externamente, ou como um recipiente para vida. No entanto,

---

3. Lembro-me de um seminário na Universidade de Manchester, em algum momento do início dos anos de 1980, sobre a ecologia da percepção. Os participantes eram principalmente filósofos e psicólogos, eu era o único antropólogo presente. Estava transbordando do meu recém-inflamado entusiasmo com Bergson. Os filósofos, no entanto, empalideceram com a menção do seu nome. Comigo estava tudo muito bem, como um antropólogo, disseram, mas eles tinham suas carreiras para se preocupar.

Bergson insistiu que a vida não está contida nas coisas. É o próprio movimento, no qual cada organismo emerge como uma perturbação peculiar, que interrompe o fluxo linear, vinculando-o às formas que vemos. Tão bem ele finge imobilidade, no entanto, que somos facilmente enganados, tratando cada um "como uma *coisa* em vez de como um *progresso*, esquecendo que a permanência mesma da sua forma é apenas o contorno de um movimento" (1911: 135). Seria errado, então, comparar um organismo vivo a um objeto, pois "o organismo que vive é uma coisa que *dura*" (p. 16). Como uma raiz ou fibra que cresce, ele cria-se indefinidamente a si mesmo, arrastando sua história atrás de si conforme o passado pressiona o presente (p. 29).

Foi exatamente dessa forma que a minha maneira indireta de pensar me levou simultaneamente de volta a Bergson e até Deleuze. Na verdade, minhas tentativas iniciais de ler Deleuze, solicitado pelas recomendações de muitos amigos e colegas, não levou a lugar nenhum. Considerando a obra simplesmente incompreensível, abandonei essas tentativas em completa frustração. Como frequentemente acontece com os filósofos, tive que esperar até que o meu próprio pensamento fosse apanhado pelo seu, antes que eu pudesse encontrar algum sentido em tudo o que ele estava dizendo. Mas, recomeçando do zero, preparado com o que em vão supus ser a minha nova visão da vida como um fenômeno de linhas, fiquei surpreso ao descobrir que já havia sido fortemente enunciada por Deleuze, juntamente com seu colaborador, o psicanalista Félix Guattari, já nos anos de 1980, em seu livro *Mil platôs*. "Indivíduos ou grupos", eles escrevem, "somos compostos de linhas ... ou melhor, feixes de linhas" (2004: 223). Existem linhas de vida, linhas de escrita, linhas produtivas de variação em linhas de vida ou escrita, linhas de sorte e azar, e assim por diante (p. 215). Deleuze e Guattari as chamam, alternadamente, "linhas de fuga" e "linhas de devir". Imagine um rio, que flui ao longo de margens de ambos os lados. Suponha que as margens do rio estejam ligadas através de uma ponte. Podemos então atravessar pela estrada desde uma localização de um lado para um local no outro. A ponte, portanto, estabelece uma conexão transitiva entre os dois locais. Mas o rio, correndo sob a ponte em uma direção ortogonal à estrada, nada conecta a coisa alguma. Em vez disso, ele simplesmente flui, sem começo nem fim, erodindo as margens em cada lado e ganhando velocidade no meio (DELEUZE & GUATTARI, 2004: 28).

Nesta distinção entre o conector linear que atravessa de ponta a ponta, e a linha de fuga que percorre, afastando-se em pontos em ambos os lados enquanto varre, encontrei um paralelo preciso para a minha distinção original entre sentidos transitivos e intransitivos de produção. O conector de ponto a ponto é transitivo: ele nos leva de um ponto de partida, tal como uma imagem do que deve ser feito, a um ponto-final, na forma do objeto completado, ou vice-versa, do objeto pronto a uma imagem final na mente do espectador ou do consumidor. A linha de fuga, pelo contrário, é intransitiva: ela continua. Aqui, finalmente, encontra-se a chave para o meu projeto de restaurar a vida para a antropologia. Com efeito, temos nos concentrado nas margens, enquanto perdemos de vista o rio. Ainda assim, não fosse o fluxo do rio não haveria margens, e nenhuma relação entre elas. Para recuperar o rio, precisamos mudar nossa perspectiva da relação transversal entre objetos e imagens para as trajetórias longitudinais de materiais e de conscientização. Lembre-se da ideia de Hägerstrand de que tudo o que existe, lançado na corrente do tempo, tem uma trajetória de devir. O entrelaçamento dessas trajetórias que sempre se estendem compreende a textura do mundo. Se a nossa preocupação é habitar este mundo ou estudá-lo – e, no fundo, as duas coisas são as mesmas, uma vez que todos os habitantes são estudantes e todos os estudantes habitantes – a nossa tarefa não é fazer um balanço do seu conteúdo, mas *seguir o que está acontecendo*, rastreando as múltiplas trilhas do devir, aonde quer que elas conduzam. Rastrear esses caminhos é trazer a antropologia de volta à vida.

Parte I

Limpando o terreno

A antropologia não é geralmente considerada uma ciência experimental. Estudiosos em muitas outras disciplinas deliberadamente criam situações a fim de estudarem suas conclusões, passando a comparar os resultados com o que fora previsto com base em conjecturas especulativas já obtidas mediante um raciocínio abstrato, teórico. Os antropólogos, no entanto, são intimados a observar e a descrever as formas de vida com as quais se encontram mais ou menos como as encontram, e a teorizar a partir do fato. Obviamente eles reconhecem, como muitos cientistas experimentais não o fazem, que pelo fato mesmo da sua presença, eles não podem deixar de participar das situações que observam. Mas tem sido mais comum interpretar esse envolvimento como uma fonte potencialmente problemática de preconceito do observador do que como um procedimento de descoberta. Temendo que as suas observações possam ser contaminadas pelos seus próprios projetos ou preconceitos, e para evitar a acusação de etnocentrismo, a maioria dos antropólogos está disposta a atenuar as dimensões experimentais do seu trabalho no que chamam de "o campo". No entanto, para as pessoas que moram aí, a vida cotidiana é completamente experimental. Habitantes de todo o mundo crescem no conhecimento de como levar suas vidas tentando fazer as coisas por si mesmos, muitas vezes guiados por companheiros mais experientes, na expectativa do que possam ser os resultados. E como alunos confessos do cotidiano, os antropólogos – na prática – fazem o mesmo. Não é, pois, a experimentação tão fundamental para a investigação antropológica quanto o é para as formas de vida que ela busca entender?

O dilema da Antropologia é que ela permanece atrelada a um modelo acadêmico de produção de conhecimento, de acordo com o qual a observação não é tanto uma maneira de conhecer o que está acontecendo no mundo quanto uma fonte de matéria-prima para posterior processamento em explicações de autoridade que pretendem revelar a verdade por detrás da ilusão das aparências. Afirma-se que essa verdade encontra-se nas estantes da biblioteca, gemendo sob o peso de livros escolares e periódicos, ao invés de "lá fora" no mundo da experiência vivida. É este modelo que subscreve a ideia do experimento científico, cujo objetivo é produzir os dados observacionais necessários para provar (ou refutar) uma hipótese. A experimentação na vida cotidiana, por outro lado, é uma questão não de testar conjecturas em arenas de prática, mas de se inscrever na atividade prática no processo mesmo de seguir uma linha de pensamento. É pensar no aberto, do lado de fora. Isso, também, é o que a antropologia faz. Experimentos antropológicos não necessitam de instrumentos elaborados que substituiriam o investigador, permitindo que este se escondesse atrás das cenas e, assim, mantivesse a ilusão de ausência que subscreve a reivindicação de objetividade. Tampouco exigem qualquer laboratório no qual criar um simulacro do mundo, projetado para destacar apenas aquelas variáveis que estejam sujeitas à investigação. Em vez disso, eles situam o investigador, em pessoa, bem no meio das coisas. Em termos de protocolos científicos, esses experimentos rompem todas as regras. Eis, talvez, porque os antropólogos são tão tímidos quanto a assumir o caráter experimental da sua disciplina, e porque se abrigam atrás da pretensão de que, longe de se juntarem às pessoas entre as quais trabalham em uma busca de respostas para as questões fundamentais da vida, tudo o que fazem no campo é coletar dados etnográficos – sobre o que essas pessoas dizem e fazem – para posterior análise.

Acredito que a natureza experimental da antropologia seja algo a ser comemorado ao invés de encoberto, e nesta parte sugiro três experimentos muito simples que qualquer pessoa pode fazer. O primeiro consiste em molhar uma pedra, deixe-a secar e observe o que acontece. O segundo consiste em tirar os sapatos e andar descalço. E o terceiro consiste em ver através de uma prancha de madeira. Estes experimentos não tanto oferecem resultados definitivos para uma análise mais aprofundada, quanto abrem um terreno inteiro de investigação, limpando o terreno para uma abordagem antropológica da vida. O primeiro experimento nos obriga a mudar a nossa atenção da pedra como um objeto material para o que acontece com a pedra – um material – no curso de uma troca de substância em toda a sua superfície com o meio envolvente de ar. No lugar do mundo material, povoado por objetos sólidos, os nossos olhos se abrem para um mundo de materiais, incluindo a terra, o ar e a água, em que tudo está em fluxo e transformação. O segundo experimento revela a extensão em que nossa compreensão daquela superfície mais fundamental de todas, o chão, é moldada pela experiência de caminhar com botas ou sapatos sobre superfícies pavimentadas. Andar descalço revela que o chão é composto e heterogêneo, não tanto uma plataforma isotrópica para a vida quanto um pano grosso ou de retalhos tecido a partir das idas e vindas de seus múltiplos habitantes. E revela também o quanto o nosso contato táctil primário com o ambiente se dá através dos pés, e não das mãos. O terceiro experimento nos mostra como a habilidade prática, reunindo as resistências de materiais, gestos corporais e dos fluxos da experiência sensorial, ritmicamente acopla ação e percepção ao longo de caminhos de movimento. Juntos, esses experimentos sugerem que as correntes entrelaçadas de pensamento que poderíamos descrever como "mente" não estão confinadas dentro do crânio do que o estão os fluxos de materiais compreendendo a vida corpórea confinada no que chamamos de corpo. Ambos se derramam sobre o mundo.

Começo com os materiais. Eles são aquilo de que as coisas são feitas. Como mostro no capítulo 2, no entanto, o foco – na antropologia, na arqueologia e nos estudos da cultura material – tendeu a estar na materialidade dos objetos, em vez de nos materiais e nas suas propriedades. Defendo que o conceito abstrato de materialidade na verdade impediu a compreensão adequada dos materiais. Aprenderíamos mais envolvendo-nos diretamente com os próprios materiais, seguindo o que acontece com eles quando circulam, misturam-se uns aos outros, solidificam-se e se dissolvem na formação de coisas mais ou menos duráveis. Descobrimos, então, que os materiais são ativos. Apenas colocando-os dentro de objetos fechados eles são reduzidos à matéria morta ou inerte. É esta tentativa de encerramento que deu origem ao chamado "problema de agência". É um problema que nós mesmos causamos. Perguntamo-nos: Como podem os seres humanos agir? Se fôssemos meros pedaços de matéria, nada poderíamos fazer. Então pensamos que algum ingrediente adicional precisa ser adicionado para animar nossos pobres corpos. E se, como às vezes nos parece, os objetos puderem "agir de volta", então este ingrediente também deve ser atribuído a eles. Damos o nome de "agência" a este ingrediente. É a suposta causa que movimenta a matéria de outra forma inerte. Mas se seguirmos os materiais ativos, ao invés de reduzi-los à matéria morta, então não temos que invocar uma "agência" estranha para animá-los de novo. O vento, por exemplo, não é um objeto, tampouco rasga as árvores por ser dotado de agência. Trata-se de uma corrente de ar, de materiais em movimento. Dizemos "o vento sopra", porque a estrutura sujeito-verbo da língua portuguesa torna difícil expressá-lo de outra maneira. Mas, na verdade, sabemos que o vento *é* o seu sopro. Da mesma forma, o córrego *é* a água corrente. E assim, também, eu *sou* o que *estou* fazendo. Eu não sou um agente, mas um ramo de atividade. Se levantasse a tampa, você iria encontrar algo mais parecido com uma pilha de compostagem do que o tipo de estrutura arquitetônica que anatomistas e psicólogos gostam de imaginar.

No capítulo 3 eu passo dos fluxos de materiais aos movimentos de pessoas. Estudos da cognição humana tendem a pressupor que o pensamento e o conhecimento sejam as realizações de uma mente estacionária, encerrada em um corpo em movimento. Sugiro que esta pressuposição tenha o seu fundamento em três áreas afins de desenvolvimento tecnológico que, na história das sociedades ocidentais, acompanharam o aparecimento da era moderna. A primeira foi nos calçados, particularmente na constrição de movimento e sensação imposta pela bota de couro duro. A segunda foi na construção e pavimentação de estradas, levando à criação de vias resistentes, que permanecem sem as marcas deixadas pela passagem de vida humana. A terceira foi no transporte, pelo qual os viajantes podiam ser "transportados" de um ponto de partida a um destino, em vez de fazerem o seu próprio caminho enquanto caminham. Juntas elas contribuem para as nossas ideias de que o movimento é um deslocamento mecânico do corpo humano através da superfície da terra, de um ponto a outro, e que o conhecimento é montado a partir de observações feitas a partir destes pontos. Obviamente existem formas de movimento de pedestres, notoriamente a chamada marcha a passos largos, que se aproximam do ideal de transporte puro. Como uma oscilação rigidamente mecânica dos quadris com as pernas esticadas, com os olhos olhando à frente, ao invés de para baixo, o passo só funciona com pés calçados em uma superfície pavimentada. Encena uma imagem corporal de ocupação colonial, ocupando a distância entre pontos de partida e de chegada como se alguém pudesse, simultaneamente, ter um pé em cada um, abrangendo a ambos – e todos os pontos entre eles – em um único movimento de apropriação. No entanto, a maior parte dos seres humanos não têm tanto alcance pelas superfícies da terra ao escolherem seu caminho com os pés descalços, com sandálias ou sapatos. Afirmo que seja nesses movimentos habilidosos pelos caminhos de vida e viagem, e não no processamento de dados coletados de múltiplos lugares de observação, que o conhecimento dos habitantes é forjado. Locomoção e cognição são, portanto, inseparáveis, e uma explicação da mente deve estar tão preocupada com o trabalho dos pés quanto com aquele da cabeça e das mãos.

O que vale para o andar também vale para outras atividades hábeis que têm um caráter similarmente itinerante. No capítulo 4 baseio-me em um relato detalhado da tarefa de serrar uma tábua de madeira para explorar três temas de fundamental importância para a compreensão adequada da habilidade técnica. Estes concernem à qualidade processional do uso de ferramentas, à sinergia do profissional, à ferramenta e o material, e ao acoplamento de percepção e ação. Em primeiro lugar, mostro que serrar é processional do mesmo modo que andar o é: cada passo é um desenvolvimento do anterior e uma preparação para o seguinte. Assim como fazer uma caminhada, a tarefa tem fases reconhecíveis de preparo, início, continuação e término. Em segundo lugar pergunto o que significa dizer da serra, como uma ferramenta, que funciona para cortar madeira. Argumento que a função da serra não repousa nos seus atributos objetivos, mas em estórias de uso pretérito. Dessas estórias, no entanto, a serra não tem memória. A relação entre mão e serra é, portanto, fundamentalmente assimétrica. Pois a serra depende dos movimentos gestuais da mão, consubstanciados através da prática anterior, para que suas estórias sejam contadas. Em terceiro lugar, como um exemplo de "trabalho de risco", serrar exige destreza manual. Afirmo que a essência da destreza reside na capacidade do carpinteiro de realizar um conjunto de movimentos simultâneos, tanto dentro como fora do corpo. É esta sintonização que torna a atividade rítmica e não metronômica. Longe de ser meramente habitual ou "feita sem pensar", essa atividade rítmica exige intensa concentração. Essa concentração, no entanto, é aquela de uma consciência que não está confinada na cabeça do profissional, mas se estende para o meio ambiente ao longo de múltiplas vias de participação sensorial. Qual tem sido, então, o destino da habilidade na era da tecnologia? Será que as habilidades deram lugar às máquinas? Concluo que não, por duas razões. A primeira é que máquinas reais, em funcionamento, são sistemas abertos e não fechados, e a segunda é que, tão rápido quanto as máquinas assumem as operações antes executadas por profissionais qualificados, novas habilidades são desenvolvidas em torno das novas máquinas.

2

Materiais contra materialidade

Antes de começar a ler este capítulo, por favor, vá lá fora e encontre uma pedra grande, embora não tão grande que não possa ser facilmente levantada e transportada para um local coberto. Traga-a, e a mergulhe em um balde de água ou debaixo de uma torneira aberta. Então a coloque diante de você em sua mesa – talvez em uma bandeja ou prato de modo a não estragar a sua mesa de trabalho. Dê uma boa olhada nela. Se você gostar, você pode olhar para ela de novo de vez em quando, enquanto você lê o capítulo. No final, vou me referir ao que você pode ter observado.

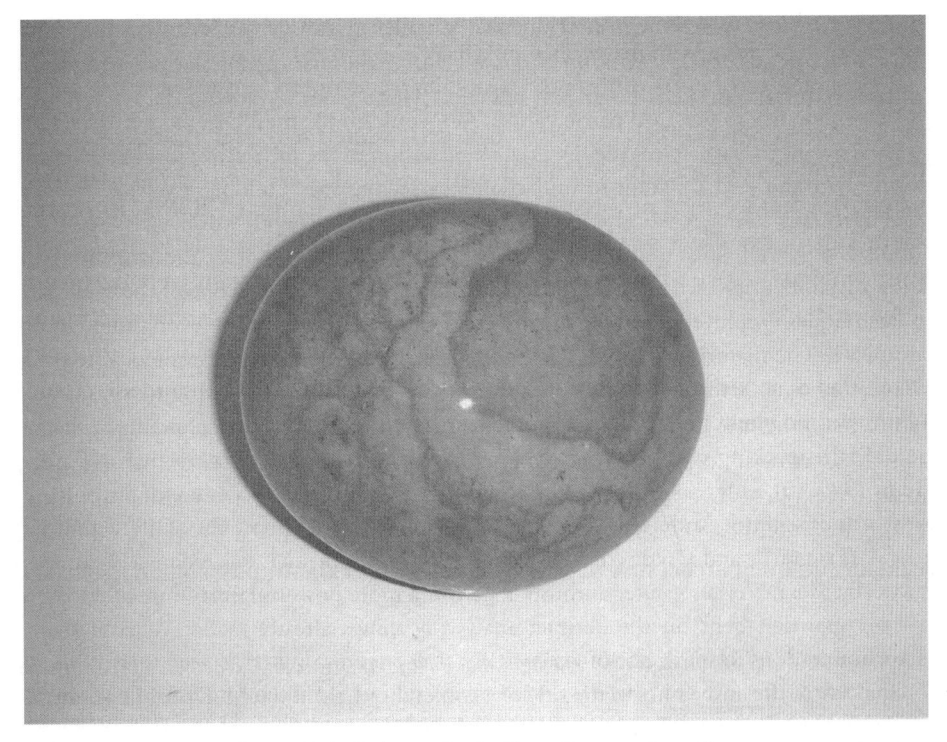

Figura 2.1 Pedra molhada (Foto: Susanna Ingold)

Materiais desaparecidos

Começo com um enigma. É que a sempre crescente literatura, em antropologia e arqueologia, que lida explicitamente com os temas da *materialidade* e da *cultura material* parece ter quase nada a dizer sobre *materiais*[1]. Por materiais refiro-me as coisas de que as coisas são feitas, e um inventário aproximado pode começar com algo como o seguinte, tirado da lista de conteúdo do excelente livro de Henry Hodges, *Artefacts* (Artefatos): cerâmica; esmaltados; vidro e laqueados; cobre e ligas de cobre; ferro e aço; ouro, prata, chumbo e mercúrio; pedra; madeira; fibras e fios; têxteis e cestas; peles e couro; galhada, osso, chifre e marfim; corantes, pigmentos e tintas; adesivos; alguns outros materiais (HODGES, 1964: 9).

Este volume pé no chão está repleto de informações sobre todos os tipos de materiais que os povos pré-históricos têm usado para fazer coisas. No entanto, nunca o vi referido na literatura sobre materialidade. Procurando pelas minhas prateleiras encontrei títulos como: *The Mental and the Material* (O mental e o material), de Maurice Godelier (1986); *Mind, Materiality and History* (Mente, materialidade e história), de Christina Toren (1999); *Matter, Materiality and Modern Culture* (Matéria, materialidade e cultura moderna), editado por Paul Graves-Brown (2000), *Thinking through Material Culture* (Pensando através da cultura material), de Karl Knappett (2005); *Materiality* (Materialidade), editado por Daniel Miller (2005); *Material Cultures, Material Minds* (Culturas materiais, mentes materiais), de Nicole Boivin (2008) e *Material Agency* (Agência material), editado por Lambros Malafouris e Karl Knappett (2008). Em estilo e abordagem, esses livros estão a um milhão de milhas da obra de Hodges. Seus compromissos, na sua maior parte, não são com as coisas tangíveis de profissionais e manufatureiros, mas com as reflexões abstratas de filósofos e teoristas. Eles discorrem, muitas vezes em uma linguagem de impenetrabilidade grotesca, acerca das relações entre materialidade e uma série de outras qualidades igualmente insondáveis, que incluem agência, intencionalidade, funcionalidade, espacialidade, semiose, espiritualidade e encarnação. Procura-se em vão, no entanto, qualquer explicação compreensível do que "materialidade" realmente significa, ou qualquer explicação dos materiais e suas propriedades. Para entender a materialidade, ao que parece, precisamos ficar tão longe quanto possível de materiais.

---

[1]. Apresso-me a acrescentar que, obviamente, a maior parte da arqueologia é dedicada precisamente ao estudo de materiais e das maneiras como tenham sido utilizados em processos de produção. Mesmo na antropologia, existe algum trabalho etnográfico sobre o assunto. O meu ponto é simplesmente que este trabalho não parece interferir de forma significativa na literatura sobre materialidade e cultura material. Para estudiosos que dedicaram grande parte de suas energias ao estudo dos materiais, essa literatura se lê mais como uma rota de fuga para a teoria – uma que, confesso, eu mesmo já usei. Portanto, meu argumento é dirigido tanto a mim quanto a qualquer outra pessoa, e é parte de uma tentativa de superar a divisão entre trabalho teórico e prático.

Por que deveria ser assim? A antropologia, há muito tempo, e com razão, tem insistido que o caminho para o entendimento encontra-se na participação prática. Você poderia, então, pensar que, como antropólogos, gostaríamos de aprender sobre a composição material do mundo habitado comprometendo-nos diretamente com as coisas que queremos entender: serrando toras, construindo uma parede, britando pedra ou remando um barco. Um carpinteiro é alguém que trabalha com madeira, mas como Stephanie Bunn observou, a maioria dos antropólogos se contentaria em considerar o trabalho em termos da identidade social do trabalhador, das ferramentas que ele ou ela usa, da disposição da oficina, das técnicas empregadas, dos objetos produzidos e seus significados – tudo, menos a madeira mesma. Os materiais, ao que parece, desapareceram. Vindo para a antropologia de sua experiência como artista e artesã, Bunn foi direcionada para a literatura sobre a cultura material. Mas em nenhum lugar nessa literatura ela poderia encontrar qualquer coisa correspondente ao "pouco que ela fez": o trabalho com materiais que repousa no coração da sua própria prática como uma fabricadora (BUNN, 1999: 15). Este fabricar é para ela, como o é para muitos artistas, um procedimento de descoberta: nas palavras do escultor Andy Goldsworthy, "uma abertura para os processos da vida, dentro e em volta" (FRIEDMAN & GOLDSWORTHY, 1990: 160). Não poderia tal engajamento – trabalhar praticamente *com* materiais – também oferecer à antropologia um procedimento mais poderoso de descoberta do que uma abordagem empenhada na análise abstrata *das* coisas já feitas? Que perversão acadêmica nos leva a falar não de *materiais e suas propriedades,* mas *da materialidade dos objetos*?

Uma pista para a resposta está no título de uma conferência realizada no Instituto McDonald para a Investigação Arqueológica, em Cambridge, em março de 2003: *Repensando a materialidade: o engajamento da mente com o mundo material*[2]. O pretexto para esta conferência surgiu, em grande parte, a partir de uma reação contra a excessiva polarização da mente e da matéria que levou gerações de teóricos a supor que a substância material do mundo se apresenta à humanidade como uma lousa em branco, uma *tabula rasa,* para a inscrição de formas ideacionais. Um exemplo é o argumento de Godelier em *The Mental and the Material* (O mental e o material), a que me referi no último capítulo, de que não pode haver ação deliberada de seres humanos sobre o mundo material que não se ponha a trabalhar "realidades mentais, representações, julgamentos, princípios de pensamento" (1986: 11). De onde, então, essas realidades mentais vêm? Será que elas têm sua origem, como o insinua Godelier, em um mundo de sociedade que seja ontologicamente distinto das "realidades materiais da natureza exterior"? (p. 3). Na conferência de Cambridge, Colin Renfrew argumentou, ao

---

2. Os anais da conferência foram posteriormente publicados como DeMarrais et al. (2004).

contrário, que os tipos de representações e julgamentos aos quais Godelier se refere não são tanto importados para arenas de atividade prática quanto emergem dentro delas, surgindo das maneiras mesmas pelas quais os seres humanos estão interativamente envolvidos com substância material (RENFREW, 2004: 23; cf. tb. RENFREW, 2001: 127). No entanto, em sua formulação do que agora chama de "Teoria do Comprometimento Material", a polaridade da mente e da matéria permanecem. Pois o engajamento do qual ele fala não põe a carne e o sangue de corpos humanos em contato corporal com materiais de outros tipos, sejam orgânicos ou inorgânicos. Ao contrário, põe mentes imateriais em contato com um *mundo material*.

O que é, então, este mundo material? Em que ele consiste? Christopher Gosden sugere que, para fins heurísticos, poderíamos dividi-lo em dois amplos componentes: *paisagem* e *artefatos* (1999: 152). Assim, parece que temos a mente humana, por um lado, e, por outro lado, um mundo material de paisagem e artefatos. Isso, você poderia pensar, deveria cobrir quase tudo. Mas o faz? Considere-se, por um momento, o que é deixado de fora. Começando pela paisagem, será que ela inclui o céu? Onde colocamos o sol, a lua e as estrelas? Podemos alcançar as estrelas, mas não podemos tocá-las: Será que elas são, então, realidades materiais com as quais os seres humanos podem fazer contato, ou será que elas existem para nós apenas na mente? Será que a lua é parte do mundo material para viajantes terrestres, ou apenas para os cosmonautas que aterrissam na paisagem lunar? E quanto à luz do sol? A vida depende dela. Mas se a luz solar fosse um constituinte do mundo material, então teríamos que admitir não apenas que a paisagem diurna difere materialmente da noturna, mas também que a sombra de uma característica da paisagem, como uma rocha ou uma árvore, participa do mundo material tanto quanto a própria característica. Para criaturas que vivem na sombra, isso, de fato, faz diferença! E quanto ao ar? Será que quando você respira, ou sente o vento em seu rosto, você está se comprometendo com o mundo material? Quando a névoa desce, e tudo ao seu redor parece obscuro e misterioso, será que o mundo material mudou, ou você está apenas vendo o mesmo mundo de maneira diferente?[3] Será que a chuva pertence ao mundo material, ou apenas as poças que ela deixa nas valas e buracos? Será que a neve que cai participa do mundo material somente quanto pousa sobre o chão? Como engenheiros e construtores sabem todos muito bem, chuva e geada podem romper estradas e edifícios. Como então podemos afirmar que estradas e edifícios sejam parte do mundo material, se a chuva e a geada não o são? E onde poríamos o fogo e a fumaça, a lava incandescente e as cinzas vulcânicas, para não mencionar líquidos de todos os tipos, da tinta à água corrente?

---

3. Discorro sobre muitas destas questões relativas à paisagem, céu e tempo nos cap. 9 e 10.

Nenhuma dessas coisas se inserem no âmbito do segundo componente da materialidade de Gosden, ou seja, os artefatos. Além disso, a categoria do artificial suscita as suas próprias anomalias. Em um experimento, pedi a um grupo de alunos de graduação para separarem uma coleção variada de objetos que encontrassem pelo chão do lado de fora em duas pilhas, uma de objetos naturais, a outra de artefatos. Descobriu-se que nem uma única coisa pôde ser inequivocamente atribuída a uma pilha ou a outra. Se pareciam variar em uma escala de artificialidade, foi apenas porque, para alguns mais do que para outros, e em diferentes momentos da sua história, os seres humanos tinham desempenhado um papel nos processos que os levaram a estarem onde estavam, e a assumirem as formas que assumiam no momento em que foram escolhidos. Neste sentido, o machado de pedra de dois gumes feito para mim recentemente por um talhador lítico profissional é talvez mais artificial do que a pedra recolhida do seu jardim que você tem diante de si em sua mesa. Mas isso não faz com que a primeira seja mais uma parte do mundo material do que a última. Mais geralmente, por que o mundo material deveria incluir apenas *ou* coisas encontradas *in situ*, dentro da paisagem, *ou* coisas já transformadas pela atividade humana em artefatos? Por que excluir coisas como a pedra, que foram recuperadas e removidas, mas não transformadas? E onde, nesta divisão entre paisagem e artefatos, poderíamos colocar todas as diversas formas de vida animal, vegetal, fúngica e bacteriana? Como artefatos, essas coisas podem ser atribuídas às propriedades formais de um projeto, no entanto elas não foram produzidas, mas cresceram. Se, além disso, elas forem parte do mundo material, então o mesmo deve ser verdade do meu próprio corpo. Então, onde isso se encaixa? Se eu e meu corpo são uma e a mesma coisa, e se o meu corpo realmente participa do mundo material, então como pode o corpo-que-eu-sou se comprometer com esse mundo?

Meio, substância, superfície

Um caminho alternativo adiante é oferecido por James Gibson, em seu trabalho pioneiro sobre *A abordagem ecológica da percepção visual*. Aqui, ele distingue três componentes do ambiente habitado: *meio, substâncias* e *superfícies* (GIBSON, 1979: 16). Para os seres humanos o meio é normalmente o ar. É claro que precisamos de ar para respirar. Mas além disso, oferecendo pouca resistência, ele permite-nos mover-nos – fazer coisas, produzir coisas e tocar coisas. Também transmite energia radiante e vibração mecânica, de modo que podemos ver e ouvir. E permite-nos cheirar, uma vez que as moléculas que estimulam os nossos receptores olfativos são difundidas nele. Portanto o meio, de acordo com Gibson, proporciona movimento e percepção. Substâncias, por outro lado, são relativamente resistentes a ambos. Elas incluem todos os tipos de coisas mais ou menos sólidas como rochas, cascalho, areia, terra, barro, madeira, concreto e assim por diante. Tais materiais fornecem os fundamentos físicos necessários para a vida –

precisamos deles para nos apoiarmos – mas geralmente não é possível vermos ou nos movermos *através* deles. Na interface entre o meio e as substâncias estão as superfícies. Todas as superfícies, de acordo com Gibson, têm certas propriedades. Estas incluem uma disposição particular, relativamente persistente, um grau de resistência à deformação e à desintegração, uma forma distintiva e uma textura caracteristicamente não homogênea. Superfícies são onde a energia radiante é refletida ou absorvida, quando as vibrações são transmitidas para o meio, onde vaporização ou difusão no meio ocorre, e aquilo contra o que os nossos corpos tocam. No que concerne à percepção, as superfícies estão, portanto, "onde a maior parte da ação acontece" (GIBSON, 1979: 23).

É muito fácil, no entanto, resvalar da separação *física* entre o meio gasoso e a substância sólida para a separação *metafísica* entre a mente e a matéria. Deste modo, o artefato é caracteristicamente definido – como o é por Godelier – como um objeto formado através da imposição de realidades *mentais* sobre *materiais* (1986: 4). O profissional, argumenta-se, começa a trabalhar com uma imagem ou projeto já em mente do objeto que ele pretende fazer, e termina quando a imagem está realizada no material. Por exemplo, na fabricação da pedra de dois gumes acima mencionada, o talhador deve ter começado – como o diz Jacques Pelegrin de seu equivalente pré-histórico – com uma "imagem mental preexistente... merecedora de ser chamada de 'conceito'" (1993: 310). Aqui a superfície do artefato não é apenas do material em particular a partir do qual é feito, mas da própria materialidade, uma vez que confronta a imaginação humana criativa (INGOLD, 2000b: 53). De fato a própria noção de cultura material, que ganhou um novo impulso na sequência da sua longa hibernação nos porões da museologia, baseia-se na premissa de que, como as encarnações de representações mentais, ou como elementos estáveis em sistemas de significação, os objetos já se solidificaram ou se precipitaram dos fluxos geradores do meio que lhes deu à luz. Convencidos de que *tudo o que é material reside nas coisas*, ou no que Bjørnar Olsen (2003) chama de "a fisicalidade dura do mundo", estudiosos da cultura material inventaram a desmaterialização, ou a sublimação em pensamento, do próprio meio no qual as coisas em questão uma vez tomaram forma e agora estão imersas. Ironicamente, Olsen faz exatamente isso quando acusa os cientistas sociais que se afastam do mundo material para os reinos da experiência cognitiva de serem guiados por uma hermenêutica na qual "tudo o que é sólido se desmancha no ar" (OLSEN, 2003: 88)[4].

Outro exemplo deste tipo de derrapagem, dos materiais para a materialidade, pode ser encontrado em um artigo do sociólogo Kevin Hetherington, sobre o papel do tato nas práticas cotidianas de fabricação de lugares. No curso de sua ar-

---

4. Esta frase foi cunhada por Karl Marx no *Manifesto comunista* de 1848. Ele referia-se metaforicamente à evaporação, na sociedade burguesa, das "relações fixadas, congeladas" dos modos pré-capitalistas de produção, e não a qualquer processo da natureza (MARX & ENGELS, 1978: 476).

gumentação[5], Hetherington sugere que a teoria de Gibson da percepção oferece apenas "um reconhecimento fraco da materialidade do mundo". Pois independentemente das suas virtudes, a teoria até agora não tem conseguido resolver "o que um encontro entre a ponta do dedo e a materialidade do mundo podem ter a nos dizer de um escópico que chamamos lugar" (HETHERINGTON, 2003: 1.938-1.939). Talvez você queira tentar tocar a pedra em sua mesa. Certamente seu dedo deparou-se contra um material duro – pedra. É frio ao toque, e talvez ainda úmido. Mas será que tocar esta pedra em particular o colocou em contato com *a materialidade do mundo*? Será que nada há de material que não esteja trancado em objetos sólidos e tangíveis como pedras? Será que devemos realmente acreditar que tudo o que repouse do lado de fora desses objetos seja imaterial, incluindo o próprio ar que confere a liberdade de movimento que permite você estender a mão e tocá-los, para não mencionar o próprio dedo – e, por extensão, o resto do corpo, uma vez que os dedos não são operados a partir da mente através de controle remoto? Será que o ar que você respirar é um éter da mente, e seu dedo não passa de um fantasma da imaginação? Todo o ponto de Gibson, é claro, era que a superfície separa um tipo de material (como a pedra) de outro (como o ar), em vez de materialidade de imaterialidade. É precisamente por causa desta ênfase nos materiais que Gibson minimiza qualquer noção da materialidade do mundo.

Imagine que você fosse um animal escavador como uma toupeira. O seu mundo consistiria em corredores e câmaras em vez de artefatos e monumentos. Seria um mundo de *celas* cujas superfícies cercam o meio, em vez de *objetos destacados* cujas superfícies estão rodeadas por ele (GIBSON, 1979: 34). Gostaria de saber, se as toupeiras fossem dotadas de imaginação tão criativa quanto aquela dos seres humanos, se elas poderiam ter uma cultura material. Toupeiras antropologicamente treinadas, com pendor filosófico, sem dúvida insistiriam que a materialidade do mundo não é culturalmente construída, mas culturalmente *escavada* – não, é claro, no sentido arqueológico de recuperação de objetos sólidos outrora isolados, que desde então se tornaram enterrados na substância da terra, mas no sentido de que as formas das coisas são escavadas a partir de dentro, em vez de imprimidas desde fora. Aos seus olhos (se pudessem ver) tudo o que é material residiria *além* dos objetos da cultura, do outro lado de suas superfícies voltadas para dentro. Esses objetos poderiam, portanto, estar fenomenalmente presentes na cultura das toupeiras somente como ausência de material – não como entidades concretas, mas como os volumes externamente limitados de espaço vazio. A própria ideia de cultura material seria, então, uma contradição em termos.

---

5. Não tenho a pretensão de oferecer uma crítica abrangente do argumento de Hetherington, que está principalmente focado em outro lugar. De qualquer maneira, concordo com ele em grande medida. Eu o menciono aqui apenas como um exemplo do papel que o conceito de materialidade desempenha em argumentos desse tipo.

Este exemplo não é totalmente fantasioso, pois em muitas partes do mundo – incluindo a Europa Mediterrânea, as Américas Central e do Norte e os Orientes Próximo e Médio, a China e a Austrália – os seres humanos construíram casa em cavernas ou outros espaços subterrâneos, muitas vezes entalhando sistemas elaborados de salas interligadas e passagens a partir da rocha nua. Até hoje, cerca de cinco milhões de habitações em cavernas ainda estão em uso, a grande maioria delas na China (MULLIGAN, 1997: 238-240). A atividade mundana de seus habitantes, no entanto, desafia as nossas categorias estabelecidas de pensamento. Dizemos que casas são construídas, mas pode-se "construir" uma caverna? Seja construindo ou escavando, muito trabalho físico duro pode estar envolvido. Mas, enquanto o construtor de casas ergue um edifício, um monumento ao seu trabalho, no momento em que a caverna está concluída tudo o que parece ter sido criado é um volume sem mobília. De fato, muitas habitações em cavernas incorporam elementos construídos, como uma fachada coberta que pode ser construída a partir da face da rocha, que sobe desde o nível do chão. O resultado é uma estrutura bem-integrada, não um híbrido peculiar. Deve haver algo de errado com uma maneira de pensar que nos obriga a tratar apenas uma metade da casa positivamente como um objeto material, e a outra metade negativamente como um buraco no chão. Precisamos de uma abordagem alternativa.

A origem do problema está, mais uma vez, na derrapagem dos materiais para a materialidade. É isso o que nos leva a supor que os seres humanos, conforme entrem e saiam pelas portas, vivam alternadamente no lado de dentro e no lado de fora de um mundo material. É como se esse mundo fosse um queijo suíço, cheio de buracos, no entanto contidos dentro do invólucro das suas superfícies exteriores. No mundo real dos materiais, no entanto, não existem nem buracos interiores nem superfícies exteriores. Obviamente há superfícies de todos os tipos, de diferentes graus de estabilidade e permeabilidade. Mas essas superfícies, como Gibson mostrou, são as interfaces entre um tipo de material e outro – por exemplo, entre rocha e ar – e não entre o que é material e o que não é. Posso tocar a rocha, seja de uma parede da caverna ou do chão sob os pés, e posso, assim, obter uma sensação de como a rocha é como um *material*. Mas não posso tocar a *materialidade* da rocha. A superfície da materialidade, em suma, é uma ilusão. Não podemos tocá-la, porque ela não está aí. Como todas as outras criaturas, os seres humanos não existem no "outro lado" da materialidade, mas nadam em um oceano de materiais. Uma vez que reconheçamos nossa imersão, o que este oceano revela para nós não é a homogeneidade branda de diferentes tons de matéria, mas um fluxo no qual materiais dos mais diversos tipos, através de processos de mistura e destilação, de coagulação e dispersão, e de evaporação e precipitação, sofrem contínua geração e transformação. As formas das coisas, longe de terem sido impostas desde fora sobre um substrato inerte, surgem e são suportadas – como, aliás, também o somos – dentro desta corrente de materiais. Com a própria Terra, a superfície de todo sólido é apenas uma crosta, o mais ou menos efêmero congelamento de um movimento generativo.

A substância de animais e plantas

Enquanto nadam neste oceano de materiais, os seres humanos, obviamente, desempenham um papel nas suas transformações. Da mesma maneira o fazem criaturas de todos os outros tipos. Muito frequentemente os seres humanos continuam a partir de onde não humanos param, como quando extraem a cera secretada pelas abelhas para fazer a paredes dos alvéolos do favo de mel para posterior utilização no fabrico de velas, como um ingrediente de tinta (juntamente com óleo de linhaça, gema de ovo e uma série de outras misturas), como meio de impermeabilização e como endurecedor em marroquinaria. Outro exemplo é a produção de seda, que começa com o consumo de folhas de amoreira pelas larvas da mariposa *Bombyx mori*. Secreções líquidas exaladas das glândulas da larva endurecem em contato com o ar para formar filamentos a partir dos quais enredam o seu casulo. Para fazer seda, os filamentos de vários casulos são desenrolados e bobinados em conjunto, resultando em fibras de força extraordinária. Há ainda a goma-laca, um ingrediente essencial do polimento francês. Esse material vem das secreções do inseto da laca (*Coccus lacca*), nativo da Índia. Essas secreções formam uma camada protetora que cobre os galhos de árvores inteiras em que as larvas de insetos se estabeleceram. Os galhos são recolhidos, e a laca removida e purificada em água fervente. A laca mesma, que é insolúvel, é então concentrada por evaporação, e esticada em folhas que endurecem quando esfriam (HODGES, 1964: 125, 162-164).

Embora os insetos estejam entre os produtores mais prolíficos do reino animal de materiais posteriormente aproveitados para o uso humano, um inventário completo de tais materiais seria praticamente inexaurível. Como uma pequena amostra, basta considerar esta lista de materiais tradicionalmente utilizados por povos pastorais nômades na fabricação de tendas:

> *Peles:* estas geralmente têm que ser amaciadas, sendo raspadas e batidas – uma tarefa longa e árdua. Elas então têm que ser curadas por imersão em substâncias como o leite acidificado, o esterco de camelo ou casca fermentada em urina.

> *Lã:* na Ásia Central a lã é transformada em feltro puxando-se um longo rolo encharcado de cinco ou mais lãs para trás e para frente, por muitas horas.

> *Pelo:* os pastores do Norte Africano fazem "tendas pretas" de pelo de cabra, que é girado em um fuso e tecido em um tear. Pelo também

é usado para preencher colchões e fazer corda, e é apropriado para formar fios na tecelagem de tapetes e cobertores. Além disso é usado para fazer pincéis.

Osso: utilizado para armações de tendas, estacas e batoques, assim como para as agulhas utilizadas na costura de peles.

Chifres, cascos e garras: divididos em camadas finas, estes podem ser usados para fazer painéis de janela.

Tendões: utilizados para costurar peles (com agulhas de osso), ou para fazer fios.

Penas: usadas para fortalecer fios e para fazer camas (juntamente com lã de carneiro e de camelo).

Esterco: misturado com argila para formar reboco (também funciona como um eficaz repelente de insetos).

Peixe: os ossos, pele e vísceras podem ser fervidos para produzir cola. Adesivos também podem ser feitos a partir de sangue seco, peles de animais, ossos e chifres, bocas e tendões, e queijo e cal viva.

Ovos e laticínios: na pintura, o leite é utilizado como emulsificante, enquanto a gema de ovo é misturada com pigmentos para formar um meio para têmperas. (Parafraseado de BUNN, 1997: 195-197.)

Também as plantas fornecem uma fonte inesgotável de material para posterior processamento e transformação. Basta que se enumere, por exemplo, todos os diferentes materiais que podem ser obtidos a partir de árvores, incluindo madeira, casca, seiva, goma, cinza, papel, carvão, piche, resina e terebintina. Outras plantas floríferas e gramas nos dão algodão, linho, juta e papiro. Urtigas ainda crescem amplamente na Grã-Bretanha porque as fibras de seus caules eram usadas na Idade Média para cordas de arco.

Muitos materiais comumente utilizados são obtidos a partir da combinação improvável de ingredientes de uma variedade surpreendente de fontes. Eis dois exemplos da Europa medieval e antiga. O primeiro é do material utilizado para trabalhos em estuque na Inglaterra do século XVI. Os ingredientes básicos da cal eram misturados com os seguintes materiais, na maioria de origem animal: "banha de porco, sangue de boi, esterco de vaca, erva-de-são-joão e ovos, erva-de-são-joão e cerveja, leite, glúten, manteiga, queijo, leite coalhado [e] cera saponificada" (DAVEY, apud BUNN, 1997: 196). O segundo exemplo é de tinta, um material essencial para o escriba medieval. Dois tipos de tinta eram utilizados. Uma era feita de carvão misturado com goma. Para o outro, que entrou em uso geral a partir do século XII, o ingrediente principal era o bugalho. Trata-se do tumor, do tamanho de uma bola de gude, que muitas vezes cresce nas folhas e galhos do carvalho. É formado em torno da larva da vespa que colocou seu ovo no broto da árvore. Os bugalhos são coletados, triturados e fervidos ou infundidos em água da chuva (ou vinagre de vinho branco). O outro ingrediente principal é o sulfato ferroso, fabricado pela evaporação da água da terra ferrosa, ou vertendo ácido sulfúrico sobre pregos velhos, filtrando o líquido e o misturando com álcool. O sulfato ferroso é adicionado à poção de bugalho e bem mexido com uma vara de figueira. Isso tem o efeito de tornar a solução de marrom claro para preto. Finalmente, goma arábica – feita a partir da seiva seca da acácia – é adicionada a fim de engrossar a mistura (HAMEL, 1992: 32-33). O escriba tem agora a sua tinta, mas é claro que para escrever ele ainda precisa de uma caneta, feita a partir de uma pena de ganso ou corvo, e de pergaminho preparado por um longo processamento a partir de peles de cabras ou bezerros (p. 8-16, 27-29).

Trazendo coisas à vida

Agora, uma vez que o nosso foco está na *materialidade dos objetos*, é quase impossível seguir a múltiplas trilhas de crescimento e transformação que convergem, por exemplo, na fachada de estuque de um edifício ou na página de um manuscrito. Essas trilhas são simplesmente varridas para debaixo do tapete de um substrato generalizado sobre o qual diz-se que as formas de todas as coisas são impostas ou inscritas. Insistindo em que demos um passo para trás, da materialidade dos objetos para as propriedades dos materiais, proponho que levantemos o tapete para revelar sob a sua superfície um emaranhado de meândrica complexidade, no qual – entre uma miríade de outras coisas – a secreção de vespas do bugalho apanhadas com ferro-velho, seiva de acácias, penas de ganso e peles de bezerro, e o resíduo de calcário aquecido se mistura com as emissões de suínos, bovinos, galinhas e abelhas. Pois materiais como estes não se apresentam como símbolos de alguma essência comum – materialidade – que dota cada entidade mundana com a sua inerente "objetidade", ao contrário, eles participam dos processos mesmos de geração e regeneração contínua do mundo, do qual coisas como manuscritos ou fachadas são subprodutos impermanentes. Portanto, escolhendo mais um exemplo ao acaso, ossos de peixe ferventes produzem um material adesivo, uma cola, e não uma materialidade típica de peixes nas coisas coladas.

A este respeito, é significativo que estudos da chamada cultura material têm se centrado esmagadoramente nos processos de consumo em vez de nos de produção (MILLER, 1995, 1998: 11; mas cf. OLSEN, 2003: 91-94 para um comentário crítico). Pois tais estudos tomam como seu ponto de partida um mundo de objetos que, por assim dizer, *já se cristalizou* a partir dos fluxos de materiais e suas transformações. Neste ponto os materiais parecem desaparecer, engolidos pelos objetos mesmos aos quais deram à luz. É por isso que comumente descrevemos materiais como "brutos", mas nunca "cozidos" – pois no momento em que se congelam em objetos eles já desapareceram. Por conseguinte, são os próprios objetos que captam a nossa atenção, não mais os materiais de que são feitos. É como se o nosso envolvimento material só começasse quando o estuque já endureceu na fachada ou a tinta já secou na página. Vemos o prédio e não o reboco das paredes; as palavras e não a tinta com a qual foram escritas. Na realidade, é claro, os materiais estão ainda lá e continuam a misturar-se e a reagir como já o fizeram, sempre ameaçando as coisas que eles assimilam com a dissolução ou mesmo a "desmaterialização". O reboco pode ruir e a tinta pode desaparecer.

Figura 2.2 Escada (madeira, quatro metros de altura, Lago Biwa, no Japão) por David Nash (foto, cortesia do artista).

Experimentada como degradação, corrosão ou desgaste, estas mudanças, no entanto – que objetos sofrem depois de estarem "acabados" –, são normalmente atribuídas à fase de utilização, e não de manufatura. Como o baixo-ventre das coisas, os materiais podem estar por baixo, mas nunca são totalmente subjugados. Apesar dos melhores esforços de curadores e conservacionistas, nenhum objeto dura para sempre. Os materiais sempre e inevitavelmente prevalecem sobre a materialidade a longo prazo[6].

Este é um tema que tem sido assumido na obra do escultor David Nash. Ele faz coisas como caixas, escadas e cadeiras, mas a partir do lenho bruto, permitindo que a madeira viva para além da vida da árvore da qual um dia foi tronco ou galho, sem nunca perder o contato com as suas raízes arbóreas. Observando uma das escadas de Nash, por exemplo, a madeira parece incorporar a coisa feita a partir dela, ao invés de recuar para os bastidores, como é o caso com o seu equivalente industrializado exposto na vitrine. Vemos madeira que foi transformada em uma escada ao invés de uma escada que foi feita a partir da madeira (figura 2.2). Além disso, com o passar do tempo a madeira – como o trabalho feito sobre ela – racha, deforma e quebra, finalmente fixando-se em uma forma bastante diferente daquela que lhe foi dada pela intervenção inicial do escultor. "Mantenho a minha mente no processo", diz Nash, "e deixo a peça cuidar de si mesma" (apud WARNER, 1996: 15). Por debaixo da pele da forma a substância permanece viva, reconfigurando a superfície conforme amadurece. Mas tratando a madeira como material que dá a vida ao invés de matéria morta, Nash está apenas chamando a nossa atenção para o que os nossos antecessores já sabiam quando cunharam o termo "material" por extensão do latim *mater* ("mãe"). Como Nicholas Allen nos lembra, "o termo tem uma história complexa envolvendo as palavras gregas e latinas do gênero feminino para madeira... o que esteja ou tenha estado vivo" (ALLEN, 1998: 177). Longe de serem a coisa inanimada tipicamente imaginada pelo pensamento moderno, materiais, neste sentido original, são os componentes ativos de um mundo-em-formação. Onde quer que a vida esteja acontecendo, eles estão incansavelmente em movimento – fluindo, se deteriorando, se misturando e se transformando[7]. A existência de todos os organismos vivos é apanhada neste incessante intercâmbio respiratório e metabólico entre suas substâncias corporais

---

6. O fato de que os materiais sobrevivem aos objetos feitos a partir deles estabelece, por sua vez, a possibilidade da reciclagem. Esta possibilidade surge no momento em que o nosso foco muda de objetos acabados para o material de que são feitos, vendo neles o potencial de transformação. Neste sentido, como observa Bunn, materiais reciclados "são uma 'zona cinzenta', no limite entre o material e o objeto" (BUNN, 1999: 21).

7. Nas palavras do filósofo Gilbert Simondon, "A matéria viva está longe de ser pura indeterminação ou pura passividade. Tampouco é uma tendência cega; trata-se, ao contrário, do veículo de energia informada" (SIMONDON, 1980: 66).

e os fluxos do meio. Sem isso eles não poderiam sobreviver. Isso obviamente aplica-se a nós, seres humanos, tanto quanto a organismos de outros tipos. Juntamente com todos os vertebrados terrestres, precisamos ser capazes de respirar.

No mundo de objetos sólidos previsto pelos teóricos da cultura material, no entanto, o fluxo de materiais é sufocado e paralisado. Em um mundo assim, onde tudo o que é material está trancado nas coisas, seria impossível respirar. Na verdade, nem a própria vida, nem qualquer forma de consciência que dependa dela, poderia persistir. "Não se pode sonhar profundamente com *objetos*", escreve o filósofo Gaston Bachelard. "Para sonhar profundamente é preciso sonhar com *substâncias*" (1983: 22). Sufocado pela mão morta da materialidade, "repleta de coisas não relacionadas, sólidos imóveis e inertes, objetos estranhos à nossa natureza" (p. 12), o mundo material só pode ser trazido de volta à vida nos sonhos dos teoristas conjurando-se um pó mágico que, aspergido entre seus componentes, deve colocá-los fisicamente em movimento. Veio a ser conhecido na literatura como *agência*, e grandes expectativas foram aí depositadas. A ação, nos é dito, segue a agência como efeito segue causa (GELL, 1998: 16). Portanto, supõe-se que as pessoas sejam capazes de agir, e não serem apenas postas em prática, porque adquiriram um pouco dessa agência[8]. Sem isso elas seriam apenas coisas. Pela mesma razão, contudo, se a agência é imaginativamente concedida às coisas, então elas podem começar a agir como pessoas. Elas podem "agir de volta"; induzindo as pessoas em sua vizinhança a fazerem o que de outra forma não fariam. Em uma das mais originais e provocadoras discussões sobre a materialidade a ter aparecido nos últimos anos, Peter Pels caracteriza a lógica deste argumento como *animista*: "uma maneira de dizer que as coisas estão vivas, porque elas são animadas por algo estranho a elas, uma 'alma' ou… espírito feita para residir *na* matéria" (PELS, 1998: 94). Qualquer que possa ser a sua origem, este princípio animador é entendido aqui como *adicional* ao objeto material ao qual foi concedido.

Há, no entanto, de acordo com Pels, outra maneira de entender como as coisas podem agir de volta. Isso quer dizer que o espírito que as anima não está *na*, mas é *de* matéria. Nós, portanto, não olhamos para além da constituição material dos objetos a fim de descobrir o que os constitui; ao contrário, o poder da agência encontra-se com a sua materialidade mesma. Pels caracteriza esta alternativa lógica como *fetichista*. Assim, o fetiche é um objeto que, em virtude de sua presença material pura, afeta o curso das coisas (1998: 94-95). Este argumento é um passo importante na direção certa, mas isso leva-nos apenas à metade do caminho. Por um lado, reconhece o poder ativo dos materiais, a sua capacidade de estar adiante das coisas feitas deles. No entanto, permanece preso em um

---

8. Volto à crítica do conceito de agência no cap. 17 (p. 305-307).

discurso que opõe o mental e o material, e que não pode, portanto, aprovar as propriedades dos materiais, salvo os aspectos da materialidade inerente aos objetos. Portanto, a qualidade híbrida que Pels atribui ao fetiche – sua capacidade imediata de estabelecer e romper "a zona fronteiriça sensível entre nós e as coisas ao nosso redor, entre mente e matéria" (p. 102) – é, na verdade, um produto do desconhecimento das propriedades ativas dos materiais como um poder da materialidade dos objetos. Nada há de híbrido nas escadas de Nash, entretanto. Como a árvore viva no chão a partir da qual foi feita, ela habita a zona fronteiriça não entre matéria e mente, mas entre substância e meio. A madeira está viva, ou "respira", precisamente por causa do fluxo de materiais através da sua superfície.

Trazer coisas à vida, portanto, não é uma questão de acrescentar a elas uma pitada de agência, mas de restaurá-las aos fluxos geradores do mundo de materiais no qual elas vieram à existência e continuam a subsistir. Essa visão, de que as coisas estão na vida ao invés de a vida nas coisas, é diametralmente oposta à compreensão antropológica convencional do animismo, invocada por Pels (1998: 94) e que remonta à obra clássica de Edward Tylor, segundo a qual implica a atribuição de vida, espírito ou agência a objetos que são realmente inertes. É, no entanto, totalmente coerente com os compromissos ontológicos reais de povos muitas vezes creditados na literatura com uma cosmologia animista (cf. cap. 5). No seu mundo não há objetos como tais. As coisas estão vivas e ativas, não porque estão possuídas de espírito – seja *na* ou *da* matéria – mas porque as substâncias de que são compostas continuam a ser varridas em circulações dos meios circundantes que alternadamente anunciam a sua dissolução ou – caracteristicamente com seres animados – garantem a sua regeneração. O espírito é o poder de regeneração desses fluxos circulatórios que, em organismos vivos, estão ligados em feixes ou tramas firmemente tecidos de extraordinária complexidade. Todos os organismos são feixes desse tipo. Despojados do verniz de materialidade eles se revelam não como objetos quiescentes, mas como colmeias de atividade, pulsando com os fluxos de materiais que os mantêm vivos. E a este respeito os seres humanos não são exceção. Eles são, em primeiro lugar, organismos, não bolhas de matéria sólida com uma lufada adicional de mentalidade ou agência para animá-los. Como tais, eles nascem e crescem dentro da corrente de materiais, e participam desde dentro na sua posterior transformação.

Propriedades e qualidades

Se, como sugeri, quisermos redirecionar nossa atenção da materialidade dos objetos para as propriedades dos materiais, fica-nos então a questão: Quais são essas propriedades? Como deveríamos falar sobre elas? Uma abordagem para responder a esta questão foi proposta pelo teorista do *design*, David Pye (1968: 45-47). Sua preocupação é examinar a ideia de que cada material tem propriedades inerentes que podem ser exprimidas ou suprimidas em uso. Essa ideia é frequentemente enunciada por escultores e profissionais, que afirmam que a boa mão de obra deveria ser "fiel ao material", respeitando suas propriedades ao invés de espezinhá-las. Suponhamos, então, que tomemos um material metálico como o chumbo. Em uma lista de suas propriedades podemos incluir as seguintes: ductilidade, peso, baixo ponto de fusão, resistência a corrente elétrica, impenetrabilidade aos raios-X e toxicidade. Destas as duas primeiras poderiam possivelmente ser exprimidas artisticamente, mas as outras não. Mas se o nosso objetivo é sermos fiéis ao material, então por que, pergunta Pye, devemos nos contentar em selecionar apenas alguns aspectos do chumbo, de acordo com escolhas que têm sido ditadas por considerações que nada têm a ver com isso? Então, mais uma vez, alguns materiais exibem propriedades enquanto estão sendo trabalhados que eles perdem quando o trabalho está feito. Ferro em brasa na forja tem a consistência de cera de abelha, mas se o ferreiro procura exibir sua suavidade e elasticidade, então o resultado, quando o ferro tiver esfriado, expressará precisamente essas propriedades que o material, agora duro e rígido, já não possui. Da mesma forma, dificilmente pode-se dizer que a forma arredondada de uma panela de barro, formada enquanto o material estava úmido e maleável, possa exibir a fragilidade do barro que tenha sido cozido em um forno. Tampouco podemos negar a excelência da obra que permite que um mestre escultor modele a mais dura das pedras em superfícies que parecem tão macias e suaves quanto a seda ou a pele de um bebê.

Por estes motivos, Pye argumenta que não sejam realmente as *propriedades* dos materiais que um artista ou profissional procura expressar, mas sim as suas *qualidades*.

> As propriedades dos materiais são objetivas e mensuráveis. Elas estão *aí*. As qualidades, por outro lado, são subjetivas: estão *aqui*: nas nossas cabeças. Elas são ideias nossas. Elas fazem parte dessa visão particular do mundo que cada artista tem dentro de si. Cada um de nós tem a sua própria visão do que é a pedregosidade (PYE, 1968: 47).

A afirmação, portanto, de que a escultura é boa porque traz à tona a pedregosidade da pedra não pode ser justificada com base em qualquer propriedade da própria pedra que possa ser objetivamente conhecida. Ela simplesmente revela as nossas próprias preferências pessoais acerca das qualidades que gostaríamos de ver nela. É claro que é verdade que podemos manter tais preferências acerca dos materiais que usamos para fazer coisas. Também é verdade que esses materiais podem ser submetidos a uma bateria de testes a fim de medir propriedades tais como densidade, elasticidade, resistência à tração, condutividade térmica, e assim por diante. Para um engenheiro equipado para projetar uma estrutura e decidir quais materiais usar, tais medições – que podem ser tão precisas e objetivas quanto a ciência e a instrumentação atuais permitirem – podem ser de importância fundamental. No entanto, o conhecimento que obtém está muito longe daquele, digamos, do pedreiro, do ferreiro, do oleiro ou do carpinteiro, que vem da experiência de uma vida de trabalho *com* o material. Esse é um conhecimento nascido da percepção sensorial e do engajamento prático, não com uma preocupação com o mundo material – para lembrar da "Teoria do Engajamento Material", de Renfrew (2001) –, mas da participação de um profissional qualificado de um mundo de materiais.

Pode parecer pedante distinguir entre o mundo material e o mundo dos materiais, mas a distinção é fundamental para o meu argumento. O problema com a dicotomia de Pye entre propriedades e qualidades é que nos leva diretamente de volta à polarização de mente e matéria a partir da qual nossa investigação começou. Os materiais, para Pye, são variedades da matéria, isto é, da constituição física do mundo como dado de forma totalmente independente da presença ou atividade de seus habitantes. Portanto, suas propriedades são propriedades da matéria, e são, nesse sentido, opostas às qualidades que a mente imaginativamente projeta nelas. Seguindo Gibson, optei por concentrar-me não na matéria como tal, mas em vez disso nas substâncias e meios, e nas superfícies entre eles[9]. Estes são os componentes básicos, para Gibson, não do mundo físico ou material, mas do *ambiente*. Enquanto o mundo físico *existe* em si e por si, o meio ambiente é um mundo que continuamente *se desdobra* em relação aos seres que sobrevivem aí. Sua realidade não é *de* objetos materiais, mas *para* seus habitantes (GIBSON, 1979: 8; cf. INGOLD, 1992). É, em suma, um mundo de materiais. E assim como o ambiente se desdobra, os materiais de que é composto não *existem* – como os objetos do mundo material –, mas *ocorrem*[10]. Portanto, as propriedades dos materiais, consideradas como constituintes de um ambiente, não podem ser identificadas como atributos essenciais fixos de coisas, mas são, ao contrário, processuais e relacionais. Elas não são nem objetivamente determinadas nem subjetivamente imaginadas, mas praticamente experimentadas. Nesse sentido, toda propriedade é uma estória condensada. Descrever as propriedades dos materiais é contar as histórias do que acontece com eles enquanto fluem, se misturam e se modificam.

Viver a pedra

Isso é exatamente o que Christopher Tilley faz em seu livro *The Materiality of Stone* (A materialidade da pedra) (2004). Concentrando-se em antigos monu-

---

9. Considerei o esquema tripartite de Gibson um ponto de partida para pensar sobre o ambiente habitado. Mas não é de forma alguma isento de problemas, os quais exploro em capítulos posteriores (cf. esp. os cap. 9 e 10).

10. Volto à distinção entre existência e ocorrência na Parte IV deste volume.

mentos de pedra ou rocha maciça – os menires mesolíticos da Bretanha, a arquitetura do templo da Malta neolítica e gravuras rupestres da Idade do Bronze no sul da Suécia – Tilley dedica uma grande atenção às propriedades da pedra *como material*. Ele mostra como a sua "pedregosidade", se você quiser, não é constante, mas infinitamente variável em relação à luz ou à sombra, à umidade ou à secura, e à posição, à postura ou ao movimento do observador. Para descrever as propriedades da pedra ele tem que seguir estas variações conforme anda em torno ou sobre cada monumento, ou rasteja por ele, em diferentes momentos do dia, em diferentes estações do ano, e sob diferentes condições. No entanto, no próprio título do seu livro, essas propriedades da pedra, como material, são reinterpretadas como a materialidade da pedra. E neste movimento a pedra é engolida instantaneamente pela paisagem cuja superfície marca uma interface não entre a terra e o ar, mas entre a natureza e a cultura, o mundo físico e o mundo de ideias – "dois lados de uma moeda que não podem ser separados", mas dois lados, no entanto (TILLEY, 2004: 220; cf. INGOLD, 2005b). Por outro lado, como Tilley (2007: 17) explica em uma resposta a uma versão anterior deste capítulo, há um mundo de pedras que é "alheio às ações, pensamentos e relações sociais e políticas dos seres humanos". Aqui, diz ele, estamos lidando com "materiais brutos". São estes que os geólogos estudam. Para o geólogo, uma pedra é um pedaço disforme de matéria. Ele pode encontrar formas *na* matéria, por exemplo, em sua estrutura molecular ou cristalina, mas são estas, e não a forma exterior da pedra mesma, que lhe concernem. No outro lado está um mundo no qual as pedras são apanhadas na vida dos seres humanos, e lhes são conferidas forma e significância através da sua incorporação nos contextos histórico e social destas vidas. Este é o mundo que solicita o trabalho interpretativo do arqueólogo ou do estudante da cultura material[11].

É precisamente a fim de delinear este último mundo, segundo Tilley, que exigimos um conceito de materialidade – "um que necessariamente aborde as 'vidas sociais' das pedras em relação às vidas sociais das pessoas" (TILLEY, 2007: 17). Da mesma forma, o arqueólogo Joshua Pollard afirma que "por materialidade

---

11. O filósofo Arnold Berleant traça precisamente a mesma distinção. "Uma pedra tem dois lados", escreve ele. Há o "lado duro": esta é a pedra, por exemplo, do geólogo, armado com martelo e cinzel. Mas uma pedra também tem um "lado macio", que consiste na "gama de significados que uma pedra tem para nós, os valores que encontramos nela, as metáforas pelas quais uma pedra figura em nossa compreensão, a sua influência sobre nossa imaginação e os poderes que atribuímos a ela". Berleant faz a distinção, no entanto, apenas para dissolvê-la dobrando o lado duro da pedra sobre o macio. Porque o mundo em que vivemos é necessariamente um mundo *humano*, ele argumenta, tudo acerca de uma pedra que intuitivamente tomamos como sendo duro já está, na verdade, peneirado pelas camadas sociais e culturais que nos envolvem. Assim, conclui Berleant: "a pedra só tem um lado, um lado macio" (2010: 110-111). Por razões que se tornarão claras abaixo, rejeito este argumento, que meramente desloca o problema dos "dois lados" da constituição da pedra para a constituição da humanidade.

denoto o modo como o caráter material do mundo é compreendido, apropriado e envolvido em projetos humanos" (POLLARD, 2004: 48). O paradoxo inerente a ambas as definições é que a materialidade repousa na medida em que a agência enformadora dos seres humanos, social e historicamente constituída *transcende* o que Pollard chama de "caráter material" do mundo, ou o que Tilley chama de "materialidade bruta". Este paradoxo me lembra de debates muito mais velhos em favor e contra a "natureza *humana* da natureza humana", que também oscilou entre uma noção de animalidade bruta comum a todas as criaturas e uma noção de uma humanidade essencial pela qual pensou-se que a vida social das pessoas estivesse alçada a um plano de existência além e acima do puramente biofísico (EISENBERG, 1972; INGOLD, 1994: 19-25). Ao falar do mundo de materiais, em vez de do mundo material, o meu propósito tem sido o de escapar dessa oscilação, tanto devolvendo as pessoas ao lugar a que pertencem, dentro do *continuum* da vida orgânica, e reconhecendo que esta vida mesma sofre contínua geração em correntes de materiais.

Considerada um componente do mundo material, uma pedra é, na verdade, tanto um amontoado de matéria que pode ser analisado pelas suas propriedades físicas quanto um objeto cuja significância é extraída de sua incorporação no contexto das questões humanas. O conceito de materialidade, como vimos, reproduz essa dualidade, ao invés de contestá-la. Mas no mundo dos materiais, os humanos figuram tanto no contexto das pedras quanto as pedras no contexto dos humanos. E esses contextos, longe de mentirem sobre os níveis díspares de existência, respectivamente social e natural, são estabelecidos como regiões sobrepostas do *mesmo* mundo. Não é como se este mundo fosse um mundo de fisicalidade bruta, de mera matéria, até que as pessoas aparecessem em cena para conferir-lhe forma e significado. As pedras também têm histórias, forjadas nas contínuas relações com o entorno que podem ou não incluir seres humanos e muitas outras coisas. Está muito bem situar as pedras dentro do contexto da vida e da história social humana, mas dentro de que contexto situamos essa vida e história social senão no mundo de materiais em constante desdobramento ao qual o próprio ser dos humanos, juntamente com aquele dos não humanos que encontram, está vinculado? Meu argumento, ao defender um retorno a este mundo, é simplesmente o de que devemos, mais uma vez, *levar os materiais a sério*, pois é a partir deles que tudo é feito.

Figura 2.3 Pedra seca (foto: Susanna Ingold)

Volte agora à pedra que estivera calmamente repousada em sua mesa enquanto você lia. Sem qualquer intervenção de sua parte, ela mudou. A água que outrora a cobria evaporou, e a superfície agora está quase completamente seca. Pode ainda haver algumas manchas de umidade, mas estas são imediatamente reconhecíveis a partir da coloração mais escura da superfície. Embora a forma da pedra permaneça a mesma, ela entretanto parece bastante diferente. De fato pode parecer decepcionantemente enfadonha. O mesmo é verdade acerca de seixos lavados pela maré em uma praia de cascalho, que nunca parecem tão interessantes quando secam. Embora possamos estar inclinados a dizer que uma pedra banhada em líquido é mais "pedregosa" do que uma banhada em ar seco, provavelmente deveríamos reconhecer que as aparências são apenas diferentes. O mesmo acontece se pegarmos a pedra e a sentirmos, ou se a batermos contra outra coisa para fazer barulho. A pedra seca é sentida e soa de forma diferente da molhada. O que podemos concluir, no entanto, é que uma vez que a substância da pedra deva estar banhada em um meio de algum tipo, não há nenhuma maneira pela qual a sua pedregosidade possa ser entendida fora das maneiras como é tomada nos intercâmbios através da sua superfície entre meio e substância. Assim como as esculturas de madeira bruta de Nash, embora muito mais rapidamente, a pedra realmente mudou quando secou. A pedregosidade, então, não está na "natureza" da pedra, na sua materialidade. Tampouco está apenas na mente do observador ou do profissional. Ao contrário, ela emerge através do envolvimento da pedra com todo o seu ambiente – incluindo você, o observador – e da multiplicidade de maneiras pelas quais está envolvida nas correntes do mundo da vida. As propriedades dos materiais, em suma, não são atributos, mas histórias.

3
A cultura no chão: o mundo percebido através dos pés

> *Não é verdadeiramente extraordinário perceber que, desde
> quando os homens começaram a andar, ninguém jamais
> perguntou por que eles andam, como andam, se andam, se
> podem andar melhor, o que conseguiram andando, se podem
> não ter os meios para regular, alterar ou analisar o seu andar:
> questões que afetam todos os sistemas de filosofia, psicologia e
> política com os quais o mundo está preocupado?*
> Honoré de Balzac (1938 [1833]: 614)[1].

Sobre a ascensão da cabeça sobre os calcanhares

No curso da evolução humana, aconteceram três desenvolvimentos que nos
tornaram criaturas de uma espécie reconhecidamente distinta até mesmo dos
nossos primos mais próximos entre os não humanos, os grandes primatas. O
primeiro foi o enorme aumento do cérebro, especialmente das regiões frontais.
Comparado com o de outros mamíferos, o cérebro humano é muito grande;
comparado com o que seria esperado para mamíferos do nosso tamanho, é
imenso. O segundo foi a remodelação da mão, e acima de tudo o desenvolvimento dessa habilidade especial que temos de sermos capazes de pôr a ponta
do polegar em contato com as pontas de quaisquer outros dedos – uma habilidade que nos permite realizar operações manuais com versatilidade e destreza
inigualável no reino animal. O terceiro consistiu em um conjunto de mudanças
anatômicas – o reequilíbrio da cabeça sobre o pescoço, a característica curvatura em forma de S das costas, a ampliação da pelve e o endireitamento das
pernas – que subjazem à nossa capacidade de ficarmos de pé e andarmos sobre
dois pés. No segundo de seus três ensaios sobre *O lugar do homem na natureza*, publicado em 1863, T.H. Huxley ilustrou essas mudanças através de uma

---

1. A "Teoria da Caminhada" (*Théorie de la Démarche*) de Balzac foi publicada originalmente em
1833. A tradução desta passagem é minha.

comparação dos esqueletos do gibão, do orangotango, do chimpanzé, do gorila e do ser humano (figura 3.1). Há uma vivacidade envolvente nessa descrição: o esqueleto humano parece estar caminhando suavemente em sua direção, e preparando-se para lhe apertar a mão. No entanto, a foto foi deliberadamente construída para contar uma história, a qual entrou para os livros didáticos e foi recontada inúmeras vezes desde então. É a história de como a eventual aquisição da postura ereta pelo homem lançou os fundamentos para a sua pree-minência no reino animal, e para o crescimento da cultura e da civilização. Na imagem, o homem caminha confiantemente para o futuro, de cabeça erguida, o corpo ereto, enquanto o macaco recurvado avança atrás lenta e obedientemente (HUXLEY, 1894: 76).

Mas se foi colocando-se de pé, em posição ereta, que os nossos antepassa-dos empreenderam o percurso para a civilização, não foram – de acordo com essa história – os seus pés que os levaram até aí. Foram as suas mãos. Em *A descendência do homem*, Charles Darwin chamou especialmente a atenção para o que denominou "divisão fisiológica do trabalho", pela qual os pés e as mãos foram aperfeiçoados para funções diferentes, mas complementares, respectiva-mente, de suporte e locomoção, e de preensão e manipulação. Nos macacos esta divisão foi estabelecida, mas de maneira imperfeita, pois enquanto os pés, dotados de dedos muito mais destros do que os nossos, conservaram conside-rável poder de preensão, as mãos continuaram a desempenhar um significativo papel de apoio. Em contrapartida, o pé humano, com o seu dedão relativa-mente imóvel, tem tudo, mas perdeu a sua função preênsil original, tornan-do-se pouco mais do que um pedestal para o resto do corpo, enquanto todo o importante trabalho de segurar, sentir e gesticular é delegado às mãos. Deve ter sido de grande vantagem para o homem, raciocinou Darwin, "manter-se firme sobre os seus pés", uma vez que isso teria deixado as mãos e braços livres para as artes essenciais de subsistência e sobrevivência (DARWIN, 1874: 77). Acima de tudo, a postura bípede liberou as mãos para a utilização e fabrico de ferramentas. E foram as vantagens seletivas conferidas pelas ferramentas, de acordo com Darwin, que, finalmente, configuraram as condições para a ampliação do cérebro. O argumento continua afirmando que o "mais sagaz" dos indivíduos, com cérebros maiores e melhores, poderia projetar as ferra-mentas mais engenhosas e usá-las para melhores resultados. Isso, por sua vez, conferiria uma vantagem reprodutiva, garantindo que variações de melhoria da inteligência, mais abundantemente preservadas nas futuras gerações, seriam engrenadas no curso da seleção natural. Cada aumento incremental levaria a um avanço ainda maior na esfera técnica, e assim por diante através de reforço mútuo (p. 196-197).

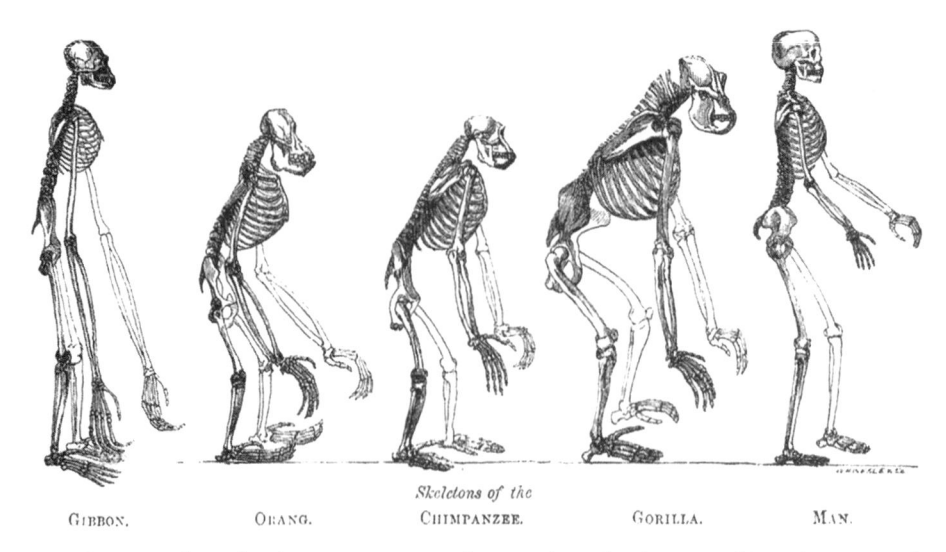

Figura 3.1 Esqueletos de gibão, orangotango, chimpanzé, gorila e homem, elaborados a partir de espécimes no Museu do Royal College of Surgeons. Reproduzido a partir de Huxley (1894: 76).

O relato de Darwin, deve ser dito, fez pouco mais do que embelezar uma velha história com um mecanismo recém-concebido – o da seleção natural – para conduzi-la. A ideia de que a locomoção bípede libera as mãos, e, além disso, de que a mão livre dota os seres humanos de uma superioridade intelectual sobre todas as outras criaturas, pode ser rastreada até a Antiguidade Clássica. Ela pode ser encontrada nos escritos de Xenofonte, Aristóteles, Vitrúvio e Gregório de Nissa, e já era comum entre os naturalistas do século XVIII e início do século XIX (STOCZKOWSKI, 2002: 87-88). Um tanto quanto controversamente, no entanto, Darwin insistiu que a superioridade humana não era de tipo, mas apenas de grau. Rudimentos de inteligência, segundo ele, podem ser encontrados nos mais modestos dos animais, como na humilde minhoca (REED, 1982), enquanto mesmo o mais civilizado dos homens não escapou completamente das determinações do instinto. Conforme as criaturas avançam ao longo da escala da natureza, a proporção de inteligência racional para instinto natural aumenta muito gradualmente, mas apenas com o surgimento da humanidade a balança pende decisivamente para a primeira (DARWIN, 1874: 98ss.). Para Darwin, então, a descendência do homem *na* natureza também foi uma ascendência *para fora* dela, na medida em que progressivamente liberou os poderes do intelecto de seus embasamentos corporais no mundo material. A evolução humana foi retratada como a ascensão e finalmente o triunfo da cabeça sobre os calcanhares.

Isto imediatamente nos permite compreender as observações de Darwin a respeito da significância relativa das mãos e dos pés. Diferentemente do quadrúpede, com quatro pés plantados solidamente no chão da natureza, o bípede é apoiado apenas por dois, enquanto os braços e as mãos, liberados de suas funções anteriores de apoio e locomoção, tornam-se capazes de responder ao apelo da razão. Marchando com a cabeça sobre os calcanhares – meio na natureza, meio fora – o bípede humano figura como uma criatura constitucionalmente dividida. A linha divisória, aproximadamente ao nível da cintura, separa as partes superior e inferior do corpo. Enquanto os pés, impelidos pela necessidade biomecânica, embasam e impulsionam o corpo *dentro* do mundo natural, as mãos estão livres para entregar os projetos inteligentes ou concepções da mente *sobre* ele: para os primeiros, a natureza é o meio através do qual o corpo se move; para o último apresenta-se como uma superfície a ser transformada. E neste potencial de transformação, inerente ao acoplamento de mãos e cérebro, encontram-se as condições para o domínio e controle do homem sobre o seu ambiente material. "O homem não poderia ter atingido a sua atual posição dominante no mundo sem o uso de suas mãos", diz Darwin, "as quais são tão admiravelmente adaptadas para agirem em obediência à sua vontade". Ele prossegue citando, com aprovação, as palavras de Sir Charles Bell, professor de cirurgia da Universidade de Edimburgo, a partir de seu *Tratado de Bridgewater*, de 1833. "A mão fornece todos os instrumentos, e através de sua correspondência com o intelecto confere [ao homem] domínio universal" (p. 76-77).

Botas e sapatos

Voltarei a Sir Charles em outra ocasião, mas neste momento quero tomar uma outra vertente na discussão de Darwin sobre a divisão do trabalho entre as mãos e os pés. Apresentada de uma maneira improvisada, quase como uma reflexão tardia, é de grande importância para o meu argumento. Tendo comentado sobre a especialização do pé para apoio e locomoção, e a correspondente perda de sua original função de preensão, Darwin observa que, "com alguns selvagens [...] o pé não perdeu completamente seu poder preênsil, como demonstrado pela sua maneira de subir em árvores, e de usá-los de outras maneiras" (p. 77). Ele não leva o ponto adiante; na verdade, deve lhe ter parecido mais ou menos autoevidente. Uma vez que o selvagem era considerado anatomicamente intermediário entre o macaco e o o ser humano civilizado, seria lógico que os seus pés retivessem alguns vestígios da forma simiesca. T.H. Huxley, no entanto, tem mais a dizer sobre o assunto. Ele também observa que os povos primitivos parecem capazes de fazer coisas com os pés – os exemplos são remar um barco, tecer um pano, e até mesmo roubar anzóis – que podem parecer extraordinárias para nós, povos civilizados. Mas ao invés de ser uma função de sua dotação anatômica inata, será que isso não tem mais a ver com o seu hábito de andar descalço? "Não se deve esquecer", adverte-nos Huxley, "de que o dedão civilizado, confinado e apertado desde a infância, é visto como uma grande desvantagem, e que, em povos incivilizadas e descalços, ele retém muita mobilidade, e mesmo algum tipo de oponibilidade" (HUXLEY, 1894: 119). Paradoxalmente, parece que, com a marcha adiante da civilização, o pé tem sido progressivamente *retirado* da esfera de atuação do intelecto, que tem regredido ao *status* de aparato meramente mecânico, e, além disso, que esse desenvolvimento é uma consequência – não a causa – do avanço técnico em calçados. Botas e sapatos, produtos da cada vez mais versátil mão humana, aprisionam o pé, constringindo a sua liberdade de movimento e embotando seu sentido tátil.

Edward Tylor, em sua *Antropologia*, de 1881, leva estas observações um passo adiante. A fim de defender a noção, hoje familiar, de que a diferenciação entre a mão e o pé é muito maior para o ser humano do que o é para o macaco, ele apresenta-nos uma imagem na qual as mãos e os pés do chimpanzé, e as do homem, são colocadas lado a lado (figura 3.2). Mas apressa-se a acrescentar que o desenho do pé humano "é propositadamente feito, não a partir do pé livre do selvagem, mas a partir do pé europeu apertado pela bota de couro duro, porque isso mostra da melhor maneira o contraste entre o macaco e o homem" (TYLOR, 1881: 43). A qualificação é notável, uma vez que equivale a uma admissão de que o tipo ideal de ser humano, o padrão-ouro contra o qual semelhanças e diferenças entre humanos e macacos devem ser medidas, é aquele que tem, em um grau significativo, sido forçado na forma através da aplicação artificial de uma tecnologia restritiva. Assim como Huxley, Tylor é capaz de apresentar exemplos, embora anedóticos, da destreza do selvagem descalço. "Com o pé descalço, o selvagem australiano segura a sua lança, e o alfaiate hindu segura o seu pano enquanto costura agachado"[2]. O europeu de botas, admite Tylor, é impotente em comparação. Seu pé, aquele ilustrado na foto, nada mais é do que uma "máquina de andar". Tal como Darwin antes dele, e, claro, Sir Charles Bell, Tylor estava convencido de que o desenvolvimento intelectual do homem foi adquirido pelo uso não de seus pés, mas de suas mãos. "Manipulando objetos, colocando-os em diferentes posições, e dispondo-os lado a lado, ele foi levado àqueles tipos mais simples de comparação e mensuração, que são os primeiros elementos do conhecimento exato, ou da ciência" (p. 43-44). Graças a suas mãos e a suas botas pesadas o homem civilizado, ao que parece, é em cada centímetro um cientista em cima, mas uma máquina em baixo.

---

2. Muitos outros exemplos poderiam ter sido aduzidos. Devine (1985) chamou a atenção para a frequência com que os primeiros relatos de viagem, relatórios de missionários e literatura etnográfica aludem à destreza dos dedos dos pés e a habilidade preensil dos pés entre os povos "primitivos" acostumados a andarem descalços.

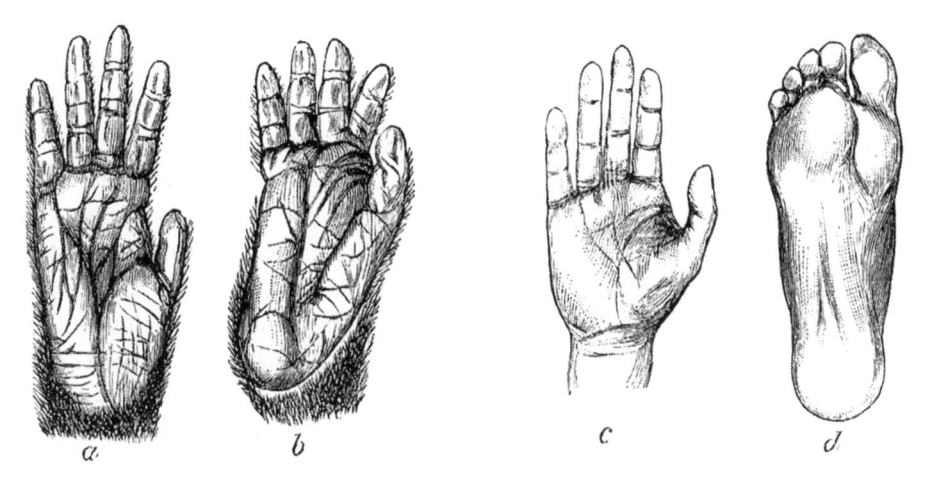

Figura 3.2 Mão (a) e pé (b) de chimpanzé; mão (c) e pé (d) de homem. Reproduzido de Tylor (1881: 42).

Os efeitos da bota sobre a anatomia e a função do pé já eram bem reconhecidos no tempo em que Darwin, Huxley e Tylor escreviam. Em 1839, uma comunicação foi lida diante da Sociedade das Artes para a Escócia, intitulada "Observações sobre botas e sapatos, com referência à estrutura e ação do pé humano". O autor, um certo James Dowie, apresentou-se à sociedade como o inventor, titular da patente e fabricante de botas e sapatos com solas elásticas[3]. Explicando as vantagens de sua invenção, Dowie chamou a atenção para algumas observações de Sir Charles Bell, o cirurgião de Edimburgo ao qual já me havia referido, nas quais ele compara o trabalhador agrícola irlandês, viajando para a colheita descalço, e o camponês inglês, cujo pé e tornozelos estão fortemente atados em um sapato com uma sola de madeira. Olhe para a maneira como o inglês levanta as pernas, observou Bell, e você vai perceber "que o desempenho do tornozelo, do pé e dos dedos do pé, está perdido, tanto quanto se ele andasse sobre palafitas, e, portanto, suas pernas são pequenas e disformes" (apud DOWIE, 1839: 406). Com efeito, Bell era muito favorável à patente de botas e sapatos elásticos de James Dowie, chegando a depor publicamente que ele não só confirmou a veracidade da compreensão de Dowie dos detalhes anatômicos, mas também se declarou um usuário muito satisfeito. "Tenho usado seus sapatos com solas flexíveis", escreveu

---

3. A flexibilidade das solas foi conseguida através do uso de borracha, mais tarde conhecida como borracha Índia (DOWIE, 1839: 407-408). Nos Estados Unidos, uma maneira de se anexar solas de borracha Índia em botas e sapatos tinha sido patenteada em 1832. Mas a borracha natural não calçava bem nos invernos frios e verões quentes da América do Norte. Tornava-se dura e quebradiça em tempo de congelamento, e mole e pegajosa no calor. Só depois da invenção de Charles Goodyear de um método para o tratamento da borracha de modo a tornar-se útil em todas as temperaturas que a indústria de calçados com solado de borracha realmente decolou (TENNER, 2003: 83).

ele, "e [...] os considero agradáveis e suaves para os pés." Apesar de tudo isso, os endinheirados no mundo ocidental continuaram a desfilar, na frase gráfica de Bell, "como que sobre palafitas", muitas vezes para seu considerável desconforto. Para os ricos, a constrição dos pés permanece como uma marca segura da civilização, tanto quanto a liberdade das mãos. Será, então, que a divisão convencional do trabalho entre mãos e pés é tão "natural" quanto Darwin e seus contemporâneos a fizeram parecer? Não poderia ser, pelo menos em alguma medida, um resultado do mapeamento, no corpo humano, de um discurso peculiarmente moderno sobre o triunfo da inteligência sobre o instinto, e sobre a dominação humana da natureza? E não poderia a tecnologia do calçado ser entendida, novamente, em certa medida, como um esforço para converter a imaginada superioridade das mãos sobre os pés, que correspondem, respectivamente, à inteligência e ao instinto, ou à razão e à natureza, em uma realidade experimentada?

Saindo do chão

No que se segue argumentarei que a mecanização da atividade dos pés foi parte integrante de um conjunto mais amplo de mudanças que acompanharam o início da Modernidade – em modalidades de viagem e transportes, na educação da postura e do gesto, na avaliação dos sentidos, e na arquitetura do ambiente construído – as quais conspiraram todas para conferir peso prático e experimental a uma separação imaginada entre as atividades de uma mente em repouso e um corpo em trânsito, entre cognição e locomoção, e entre o espaço da vida social e cultural e a base sobre a qual essa vida é materialmente ordenada. Começo com a viagem. O que interessa aqui é a maneira pela qual, na Inglaterra e na Europa, a partir de por volta do século XVIII, a atividade de viajar passou a ser distinguida da atividade de caminhar. Para a maioria das pessoas nas Ilhas Britânicas, antes dos dias de estradas pavimentadas e transportes públicos, a única maneira de se locomover era a pé. Caminhar era uma atividade cotidiana, mundana, que levava ao trabalho, ao mercado e à igreja, mas raramente a qualquer grande distância. Caminhantes não viajavam. Mas da mesma forma, como Anne Wallace (1993) mostrou em seu ótimo estudo do local da andança na literatura inglesa, os viajantes não andavam. Ou melhor, eles caminhavam tão pouco quanto possível, preferindo o cavalo ou a carruagem, mesmo embora nenhum dos dois fosse muito mais rápido naqueles dias, ou mais confortável (JARVIS, 1997: 20-22). Viajar era uma atividade do abastado, que dispunha de recursos para essas coisas. Eles consideravam o andar algo tedioso e banal, uma visão que perdura nas conotações residuais da palavra "pedestre"[4]. Se *tivessem* que andar, eles fariam o

---

4. Estas conotações provavelmente têm sua origem na divisão de grau militar entre soldados pedestres de infantaria e a cavalaria equestre.

que lhes fosse possível para apagar a experiência de suas memórias, e removê-la de seus registros.

Os ricos, entretanto, não viajam por viajar, ou pela experiência que a viagem pode proporcionar. Com efeito, o processo real da viagem, principalmente a pé, era considerado um mourejo – literalmente um *trabalho árduo* – que tinha que ser suportado com o único propósito de se chegar a um destino (WALLACE, 1993: 39). O que importava era o conhecimento a ser obtido na chegada. Assim, Samuel Johnson, relatando sua viagem com James Boswell às Ilhas Ocidentais da Escócia, recomenda viagens como a única maneira de testar as concepções que possamos ter de lugares e paisagens contra realidades objetivas, e prontamente prosseguiu descrevendo a vista de um lugar de descanso em um belo vale de montanha onde teve pela primeira vez a ideia de escrever sua narrativa (JOHNSON & BOSWELL, 1924: 35). Seu interesse estava na cena ao seu redor naquele local, e não em como chegou aí, sobre o que praticamente ele nada tinha a dizer. Para homens como Johnson, uma viagem ou excursão consistiria em uma série desses destinos. Se a experiência do movimento de um local a outro se intrometesse em demasia na consciência, eles alertavam, as observações poderiam se tornar tendenciosas, as memórias distorcidas e, acima de tudo, poderíamos nos distrair da percepção de características marcantes da paisagem ao nosso redor. Portanto, em uma visita à Ilha de Ulinish, Johnson se queixa de que a sua apreciação de um arco natural na rocha teria sido maior "se as pedras, que estorvavam nossos pés, nos tivessem dado descanso para fazê-lo" (p. 67). Somente quando a mente está em repouso, não mais sacudida e abalada pelos deslocamentos físicos do seu alojamento corporal, ela pode operar adequadamente. Enquanto estiver entre um ponto de observação e outro, ela está efetivamente incapacitada.

Foi assim que as elites da Europa – pelo menos a partir do século XVIII – passaram a viajar e a escrever sobre as suas viagens como se não tivessem pernas. Locomovendo-se por sobre a superfície do país, eles desceriam, aqui e ali, para admirar a vista. A experiência corporificada do movimento de pedestres era, por assim dizer, empurrada para as asas (CERTEAU, 1984: 121), a fim de abrir caminho para uma contemplação mais independente e especulativa. Andar era para o pobre, o criminoso, o jovem e, acima de tudo, o ignorante (JARVIS, 1997: 23). Só no século XIX, seguindo o exemplo estabelecido por Wordsworth e Coleridge, foi que as pessoas ociosas adotaram o andar como fim em si mesmo, além dos limites do jardim paisagístico ou da galeria. Para eles a viagem a pé tornou-se, nas palavras de Rebecca Solnit, "uma expansão do passeio no jardim" (SOLNIT, 2001: 93). Contudo, a ascensão da teoria e da prática da caminhada como atividade inerentemente virtuosa e gratificante, apesar de apresentar um desafio claro para ideias anteriores de viagem orientada para um destino, na verdade dependia de melhorias materiais no transporte que aumentaram consideravelmente o volume dessas viagens, e estendeu seu alcance e possibilidade (WALLACE, 1993: 65-66). Por um lado, conforme o transporte público tornou-se acessível ao trabalhador comum, o caminhar figurou como uma questão de escolha, em vez de necessidade, e o estigma da pobreza, anteriormente ligado aos seus profissionais, desapareceu (URRY, 2000: 51). E, por outro lado, o transporte podia levar as pessoas aos lugares – o cenário – dentro e em torno dos quais eles queriam caminhar. Assim, a paisagem inteira tornou-se o destino a que se havia chegado a partir do exato momento em que se partia a pé (SOLNIT, 2001: 93).

Se, no entanto, você mesmo pudesse escolher caminhar, e selecionar os lugares onde seus passeios ou caminhadas começariam ou terminariam, então deve sempre ter estado disponível a alternativa de sentar-se, seja o seu assento imóvel ou atrelado a um veículo em movimento. Portanto, o mais entusiasta dos peripatéticos, mesmo exaltando os benefícios físicos e intelectuais da caminhada, o faz desde a confortável perspectiva de uma sociedade completamente acostumada à cadeira. Na história do mundo ocidental, as cadeiras fizeram a sua primeira aparição como sedes de altas autoridades e não entraram em uso generalizado, mesmo na mais rica das casas, até por volta do século XVI. A "sociedade sentada" com a qual estamos tão acostumados hoje é em grande medida um fenômeno dos últimos 200 anos (TENNER, 2003: 105). Provavelmente, não é acidente, no entanto, que a civilização que nos deu a bota de couro também nos apresentou a poltrona. Obviamente, os seres humanos não *precisam* sentar-se em cadeiras, mais do que precisam calçar seus pés com botas e sapatos. Como o *designer* Ralph Caplan ironicamente observa, "uma cadeira é a primeira coisa que você precisa quando você realmente não precisa de nada, e é, portanto, um símbolo particularmente convincente de civilização" (CAPLAN, 1978: 18). Nada, no entanto, ilustra melhor o valor colocado sobre uma percepção sedentária do mundo, mediada pelos sentidos supostamente superiores da visão e da audição, e desimpedida de qualquer sensação tátil ou cenestésica através dos pés. Onde a bota, reduzindo a atividade de caminhar à atividade de uma máquina de pisar, priva os usuários da possibilidade de pensarem com os pés, a cadeira permite que sedentários pensem sem absolutamente envolverem os pés. Entre elas, a bota e a cadeira estabelecem um fundamento tecnológico para a separação do pensamento da ação e da mente do corpo – isto é, para a fundamental *falta de fundamento* tão característica da moderna habitação metropolitana (LEWIS, 2001: 68). É como se, para os habitantes da metrópole, o mundo de seus pensamentos, seus sonhos e suas relações com os outros flutuasse como uma miragem acima da estrada em que pisam em sua vida material real. Uma famosa afirmação antropológica neste sentido vem de Clifford Geertz. "O homem", ele declarou, "é um animal suspenso em teias de significado que ele mesmo teceu". Penso que talvez devêssemos alterar esta declaração, dizendo que somente o homem calçado e sentado, artificialmente insulado – seja em movimento ou em repouso – do contato direto com o solo, se consideraria assim suspenso (GEERTZ, 1973: 5; cf. INGOLD, 1997: 238).

Na maioria das sociedades não ocidentais a posição habitual de repouso a ser adotada, quando se está acordado, é agachado. "Pode-se distinguir a humanidade agachada da humanidade sentada", escreveu o etnólogo Marcel Mauss em seu ensaio sobre técnicas corporais (MAUSS, 1979: 113-114). Meu palpite é que o número dos que se agacham ainda supera consideravelmente o dos que se sentam, apesar da exportação de cadeiras por todo o mundo. No entanto, para aqueles de nós educados para sentarem-se em cadeiras, ter que se agachar por qualquer período de tempo é intensamente desconfortável. Parece que a cadeira bloqueou o desenvolvimento da capacidade normal do ser humano se agachar, assim como a bota bloqueou o desenvolvimento das funções preênseis do pé. Somente com muita prática e treino estes bloqueios podem ser superados. No entanto, nas sociedades ocidentais, onde a postura ereta ou "de pé" é uma medida de classificação e retidão moral, a posição de cócoras é reservada àqueles no menor degrau da escala social – a párias, mendigos e suplicantes. Armados com uma bateria de dispositivos, de cadeiras de bebês a andadores, os pais ocidentais dedicam muito esforço para fazerem seus filhos se sentarem e se levantarem tão logo lhes seja fisicamente possível, e se preocupam com qualquer atraso em seu desenvolvimento[5]. Crianças mais velhas são exortadas a ficarem em pé, e a "andarem a partir dos quadris" com o mínimo de flexão dos joelhos. Para conseguirem isso, elas devem estar equipadas com calçados adequados. Com efeito, uma das habilidades corporais mais essenciais que toda criança tem que dominar antes de ser capaz de fazer o seu caminho em uma sociedade calçada como a nossa é a arte de amarrar os cadarços. Com cadarços soltos, o caminhante só pode evitar que os seus calçados saiam adotando um andar desengonçado que é amplamente considerado um sinal de impotência, fraqueza ou decrepitude. Ele está, além disso, em constante risco de tropeçar. Fiquei impressionado com uma entrevista de rádio com um dos antigos amigos e simpatizantes do ex-presidente Slobodan Milosevic, que descrevia as circunstâncias de uma prisão em Belgrado. De todas as indignidades que teve que sofrer, disse o entrevistado, a pior foi ter que andar com botas *sem cadarços*.

O historiador Jan Bremmer rastreou os ideais ocidentais de postura ereta, e um andar com medidos passos longos e pernas retas, à cultura da Grécia antiga, transmitida à Europa do início do período moderno por meio das obras de Cícero, Santo Ambrósio e Erasmo. A origem do andar grego, sugere Bremmer, encontra-se em uma época anterior, quando cada homem tinha que portar armas e estar pronto para lutar para proteger tanto a reputação quanto as posses

---

5. Há alguma evidência para sugerir que os andadores realmente retardaram o surgimento da postura ereta, uma vez que restringem a liberdade dos bebês para explorar e interagir com o ambiente (TENNER, 2003: 9-10).

(BREMMER, 1992: 16-23, 27). Neste contexto, o posicionamento das mãos é particularmente significativo. Elas não deveriam apenas estar prontas para o uso, mantidas ligeiramente antes do tronco (uma exigência que se traduz na desaprovação contemporânea de se ficar com as mãos nos bolsos), também deveriam estar voltadas para baixo. Pois um homem com as mãos voltadas para cima seria um homem sem armas – um que tinha, por essa razão, simbolicamente abdicado da sua masculinidade, apresentando-se em uma postura efeminada. Além disso, o homem livre deve manter a cabeça erguida, como Bremmer o diz, com "os olhos franca, constante e firmemente fixados no mundo" (p. 23). Agora, se voltarmos à descrição comparativa de T.H. Huxley do homem e dos grandes símios, com a qual comecei (figura 3.1), constatamos que o homem está precisamente na postura recomendada na Grécia antiga. Ele está em posição ereta, prosseguindo em frente com um andar medido. Ele está olhando diretamente para a frente, não para baixo e, com certeza, as palmas das suas mãos estão voltadas para baixo. Com efeito, homem certamente ele é. Pois se fosse a figura de uma mulher, seguindo as mesmas convenções, a cabeça e os olhos estariam abaixados, as palmas das mãos viradas para cima, e o passo seria menor e mais ágil.

O antropólogo Junzo Kawada traçou uma comparação fascinante entre os modos convencionais de andar e carregar coisas europeus (ou, mais particularmente, o francês), e aqueles habituais no Japão – aproximadamente do século XII a meados do século XX. Enquanto o europeu, como já observei, caminha a partir dos quadris, mantendo as pernas tão retas quanto possível, os japoneses tradicionalmente andam a partir dos joelhos, minimizando o movimento dos quadris. O resultado é uma espécie de vacilação, não muito diferente daquela de um homem que perdeu seus cadarços, que a olhos europeus parece extremamente desajeitado. Andar a partir dos joelhos, no entanto, é muito eficaz em terrenos acidentados ou montanhosos, uma vez que, com o centro de gravidade abaixado, o risco de tropeçar e cair é muito reduzido. Também é ergonomicamente consistente com a técnica, outrora largamente utilizada no Japão, de transportar cargas pesadas suspensas em uma vara longa e flexível apoiada sobre os ombros. Kawada é capaz de relacionar a diferença postural no andar respectivamente a partir dos quadris e dos joelhos, não apenas a métodos e dispositivos alternativos para o transporte de carga, mas também a estilos de dança tradicional, técnicas artesanais e práticas de educação infantil. Dançarinos europeus aspiram à verticalidade, usando seus pés como palafitas, uma postura levada ao seu extremo mais estilizado no balé clássico, onde a bailarina se equilibra na ponta dos dedos dos pés, com os braços esticados para o céu, enquanto seu parceiro, com seus saltos e pinotes, temporariamente perde totalmente o contato com o chão. Dançarinos japoneses, ao contrário, através do movimento flexível dos joelhos, arrastam os pés pelo chão liso em um movimento embaralhado, sem nunca levantar os calcanhares (SUZUKI, 1986: 6). Novamente, enquanto profissionais europeus (com a singular exceção do alfaiate) trabalham ou em pé ou sentados em um suporte firme e levantado, os japoneses costumam trabalhar de cócoras, o que não implica qualquer perda de *status*.

Finalmente, pais japoneses ficam contentes em ver seus filhos engatinhando por todos os lugares, nada exibindo da ansiedade dos europeus, que consideram o engatinhado como uma etapa a ser superada tão rapidamente quanto possível, através de rigorosa disciplina e do uso de ajudas artificiais. Tadashi Suzuki, uma das figuras mais importantes do teatro japonês contemporâneo, escreve com aprovação da "percepção de que nossas mãos são também nossos pés", que vem, por exemplo, de limpar o chão com uma flanela. Uma criança que experimenta este tipo de movimento "de limpar o chão", observa ele, "vai entender, mesmo depois de crescer, que outras partes do corpo além dos pés podem ter um diálogo com o chão" (p. 21). Entretanto, como casas tradicionais, com piso de madeira, estão dando lugar, nas cidades japonesas, a apartamentos de estilo ocidental, acarpetados internamente, nos quais o piso de um morador pode ser o teto do outro, e nos quais os pisos já são não polidos com as mãos e de joelhos, mas aspirados a partir de uma posição de pé, a orientação outrora forte e positiva em relação ao chão está sendo erodida. Para Suzuki, isto é um motivo de arrependimento. "Porque entradas e corredores de madeira desapareceram", lamenta, "os pés e as mãos do homem moderno têm sido separados uns dos outros; nós nos esquecemos de que a espécie humana pertence ao reino animal". Mas o que o povo japonês pode estar esquecendo apenas nos tempos modernos tem uma história de negação no mundo ocidental que remonta a mais de dois milênios. Wiktor Stoczkowski descobriu a valorização simbólica da postura ereta, ainda tão proeminente na paleoantropologia, em uma grande variedade de fontes clássicas do início da era cristã: Platão, Xenofonte, Aristóteles, Plínio o Velho, Vitrúvio, Ovídio, Cícero, Prudêncio e Gregório de Nissa. A ideia expressa por todas elas é a de que o ser humano, ao colocar-se de pé, pode olhar para os céus, conhecer os deuses (ou Deus), e exercer domínio sobre todas as outras criaturas (STOCZKOWSKI, 2002: 73-74). Para esses pensadores ocidentais, bastante diferentemente do que pensavam seus contemporâneos japoneses, a conquista do bipedalismo foi essencial para elevar os seres humanos acima do limiar da natureza e para estabelecer a superioridade da condição humana sobre a dos animais. O quadrúpede, aos seus olhos, era necessariamente um ser inferior ao homem.

Andando pelas ruas

A propensão ocidental a andar como que em pernas de pau evidentemente foi levada ao seu mais absurdo extremo no treinamento militar. Isso provocou algumas observações irônicas de Marcel Mauss, sob o título "andar":

Rimos do "passo de ganso". Trata-se da maneira como o exército alemão consegue obter a máxima extensão da perna, particularmente porque todos os habitantes do norte, do alto de suas pernas, gostam de dar passos tão longos quanto possível. Na ausência desses exercícios, nós franceses permanecemos mais ou menos mancos [...] (MAUSS, 1979: 114-115).

Por que rimos do passo de ganso do soldado alemão? Certamente porque os seus movimentos são tão estranhamente mecânicos. Ninguém anda assim naturalmente; na verdade, se o fizessem, estariam sempre tropeçando nas coisas. O passo de ganso só é possível na superfície artificialmente monótona do chão da parada[6]. No entanto, através de obras públicas, a maioria das sociedades metropolitanas transformou seus espaços urbanos em algo que se aproxima do chão da parada, pavimentando as ruas. Ao fazê-lo, literalmente abriram o caminho para o pedestre calçado exercitar os seus pés como uma máquina de andar. Ele já não precisa escolher o seu caminho, com cuidado e destreza, por ruas esburacadas, calçadas com paralelepípedos ou acidentadas, repletas de sujeira acumulada e excrementos das inúmeras residências e comércios cujas atividades acontecem ao longo delas. A sujeira é o material da sensação tátil (e, claro, olfativa). Poderia fazê-lo tropeçar, ou sujar suas botas. Mas como o geógrafo Miles Ogborn mostrou em seu estudo sobre a pavimentação das ruas de Westminster na cidade de Londres, durante meados do século XVIII, a construção de pavimentos ofereceu aos pedestres uma superfície de rua que era lisa e uniforme, regularmente limpa, livre de desordem e devidamente iluminada. Acima de tudo, as ruas foram feitas abertas e retas, criando um ambiente adequado para o que era considerado o exercício adequado da mais elevada faculdade da visão – ver e ser visto (OGBORN, 1998: 91-104).

O poema satírico de John Gay *Trivia: or, the Art of Walking the Streets of London* (Trivialidades: ou a arte de andar pelas ruas de Londres), que data de 1716, apresenta um relato maravilhoso da experiência pedestre daqueles dias, quando os calceteiros estavam trabalhando duro. Sensatamente, Gay começa com alguns conselhos sobre o calçado: "Que solas firmes, bem marteladas, protejam teus pés" (GAY, 1974: 136). E ele reconhece, também, que, se quisermos andar sem tropeçar, sujar nossas roupas, ou encharcar-nos da água que desce das calhas, precisamos mobilizar todos os nossos sentidos – o olfato e o tato, bem como a visão – especialmente quando fora, depois de escurecer.

A Natureza sábia não amarrou as Pernas e os Pés

Com os Nervos mais firmes, projetados para andarem na rua?

---

6. O passo de ganso tem suas origens nos estilos de marcha desenvolvidos pelo exército prussiano no início do século XVIII, e sobreviveu por quase três séculos, até que foi abolido pelo Ministério da Defesa da Alemanha Oriental em 1990 (BREMMER, 1992: 15; FLESHER, 1997).

> Será que ela não nos deu Mãos, para tatearem corretamente,
>
> Em meio aos frequentes Perigos da Noite?
>
> E tu não pensas que a Narina dupla serve
>
> Para prevenir de Misérias oleosas pelo Cheiro prévio? (p. 167).

No entanto, a visão permanece suprema. Recomenda-se uma maneira de andar na qual, enquanto se preservam a independência e a autonomia do indivíduo, se mantém uma vigilância visual constante – não da superfície do chão, mas de *outras pessoas*.

> Imóvel fixa a intenção dos teus Olhos sobre a Multidão
>
> E conforme os passos se abram, respire (p. 160).

Essa vigilância se estende, ademais, à observância de uma determinada etiqueta. Deve-se dar a passagem a senhoras, idosos e enfermos, cegos e coxos, e aos que carregam muito peso. Também é sensato manter uma boa distância dos que podem cobri-lo de pó, do dândi com sua peruca extravagante ao moleiro com seus sacos de farinha.

> Às vezes, você encontrará um Almofadinha, com um andar dos mais belos,
>
> Cuja Peruca envolvente encobre sua Cabeça vazia...
>
> Por ele, como pelo *Moleiro*, passe com Cuidado,
>
> Para que dos seus Ombros não voem Nuvens de Pó (p. 145).

Em quase 300 anos, não mudou muita coisa, a não ser que a "multidão" é mais intensa, é mais provável encontrar bandos de operários escavando as ruas do que as calçando, e a maior ameaça àqueles que, como Gay o coloca, não "mantêm a Parede", vem de serem atropelados por um automóvel, e não por um cavalo e carruagem.

Algumas das observações mais agudas sobre andar pelas ruas de uma cidade contemporânea vêm dos escritos sociológicos de Erving Goffman. Com efeito, ele começa seu estudo clássico, *Relations in Public* (Relações em público), com um relato detalhado de como o pedestre individual, concebido como um piloto encerrado na casca mole de suas roupas e pele, consegue se locomover sem cair ou esbarrar em outras pessoas (GOFFMAN, 1971: 6-7). O que é tão impressionante acerca do relato de Goffman é que ele descreve o andar, quase exclusivamente, como uma atividade *visual*. O piloto deve usar os olhos para guiar o seu corpo. Ele o faz através de um processo que Goffman chama de "varredura". Cada indivíduo continuamente examina atentamente ou verifica uma área que tenha uma forma oval alongada, estreita em ambos os lados e mais comprida na frente. Quando outras pessoas se aproximam, ele verifica sua direção enquanto ainda estão a três ou quatro calçadas de distância, fazendo qualquer ajuste necessário em seu próprio caminho neste estágio. Podem então ser autorizados a chegarem mais perto sem mais motivo de preocupação, uma vez que qualquer interferência nessa faixa estreita os obrigaria a desviar muito bruscamente. A fim de manter a sua superfície de varredura, o indivíduo pode ter que inclinar a cabeça para que o seu campo visual não seja bloqueado pelo pedestre a sua frente. Mas também fica de olho nos rostos de quem vem na sua direção, os quais, um pouco como um espelho retrovisor, revelam em suas expressões possíveis fontes de interesse e perigo que já passaram para trás de sua linha de visão (p. 11-12). Finalmente, se a rua estiver tão cheia que o escaneamento normal torna-se praticamente impossível, o indivíduo terá que recorrer a uma manobra especial que Goffman (seguindo um estudo anterior de Michael Wolff) chama de andar-e-deslizar – "uma ligeira rotação do corpo, uma virada do ombro e um passo quase imperceptível para o lado" (p. 14). Como o nota Goffman, é graças à sua capacidade de "guinar, se esquivar, se inclinar e virar bruscamente" que os pedestres geralmente são capazes de se precaverem no último momento de um impacto iminente (p. 8). Esta vantagem não é compartilhada pelo automobilista nem, no passado, pelo cavaleiro[7].

O que Goffman nos mostra, através do seu estudo, é que andar por uma via urbana é uma atividade intrinsecamente social. Sua sociabilidade não paira por sobre a própria prática, em algum etéreo domínio das ideias e discursos, sendo antes imanente à maneira como os movimentos de uma pessoa – os seus passos, andar, direção e ritmo – são continuamente sensíveis aos movimentos dos outros no ambiente imediato[8]. No entanto, os transeuntes de Goffman, cada qual uma "unidade veicular" que compreende o piloto visualmente guiado dentro de uma concha corporal macia, ainda parecem um tanto quanto separados do chão sólido sob seus pés. Eles quase poderiam estar flutuando. Admitidamente, Goffman

---

7. Escrevendo em 1791 e citando Rousseau em seu apoio, Adam Walker opinou que "só existe uma maneira de viajar mais agradável do que andar a cavalo, e esta é andar a pé; pois então posso me voltar para a direita ou para a esquerda" (apud JARVIS, 1997: 9, 29).

8. Enquanto caminham lado a lado, os pedestres podem permanecer conscientes da marcha e do ritmo uns dos outros e coordená-los através da visão periférica, que é especialmente sensível ao movimento, mesmo que não possam "verem-se" uns aos outros diretamente (sobre o papel da visão periférica na detecção de movimento, cf. DOWNEY, 2007). Em um recente estudo de comportamento de pedestres nas ruas da cidade de Aberdeen, no nordeste da Escócia, Lee e Ingold (2006) descobriram que andar lado a lado era geralmente experimentado como uma forma particularmente sociável de atividade. Mesmo enquanto conversavam, como muitas vezes o faziam, companheiros raramente fariam contato visual direto, no máximo inclinando a cabeça apenas ligeiramente em direção uns aos outros. A interação direta, face a face, em contrapartida, era considerada muito menos sociável. Fundamentalmente, ao caminharem juntos, companheiros compartilham praticamente o mesmo campo visual, enquanto na interação face a face cada um pode ver o que está por detrás das costas do outro, abrindo a possibilidade de engano e subterfúgio. Quando se sentam e encaram uns aos outros, em vez de moverem-se juntos, os interlocutores parecem estar envolvidos em uma competição na qual pontos de vista são rebatidos de um lado para o outro e não partilhados.

reconhece – ainda que de passagem – que, além de procurar atentamente por outras pessoas, o indivíduo também observa o chão imediatamente a sua frente, a fim de evitar pequenas obstruções ou sujeira. Assim, "dentro da área oval analisada quanto a transeuntes que venham em sua direção [...] está uma região menor, que também é mantida à vista" (p. 16). Existe alguma evidência de que a intensidade da observação atenta do chão varie relativamente à idade e ao gênero, de um modo que esteja em plena conformidade com as convenções culturais estabelecidas. Michael Hill, em uma revisão de estudos sobre o comportamento de pedestres, relata acerca de um experimento psicológico que pretendia demonstrar que as mulheres olham para baixo quando andam, mais do que os homens. Mas se isso acontecia porque elas estavam andando mais devagar e tinham mais tempo para olhar, ou porque estavam conformando-se às regras da modéstia feminina, ou porque estavam perigosamente usando impraticáveis sapatos de salto alto, os experimentadores não podiam dizer (HILL, 1984: 9-10). Quando se trata de crianças, Michael Wolff observa que os pais da cidade estão inclinados a tratar as crianças com menos de sete anos como se fossem "bagagem", arrastadas pela mão como se fossem malas de rodinhas. Frequentemente as crianças não olham, sequer sabem para onde estão indo, e tampouco são vistas por quem vem no sentido oposto. Os pedestres que se aproximam, ao que parece, "'avistariam' o adulto e negociariam com ele o direito de passagem", ignorando e sendo ignorados pela criança cujos olhos, além de estarem em um nível inferior, estariam decididamente voltados para baixo (WOLFF, 1973: 45). A visão disso a partir dos olhos da criança foi imortalizada nas linhas de A.A. Milne:

> Sempre que caminho por uma rua de Londres,
>
> Sou sempre muito cuidadoso em olhar aonde piso[9].

A mensagem destas linhas é a de que, antes que uma criança possa começar a negociar um direito de passagem para a si mesma, em contato horizontal olho no olho com as outras pessoas, ela tem que adquirir um conjunto complexo de habilidades sociais: "É sempre muito importante a maneira como você anda" (MILNE, 1936: 12).

Hoje em dia, obviamente, é mais provável que o indivíduo do sexo masculino urbano, que olha firmemente para a frente, ande de carro, e o do sexo feminino, nem tanto. A grande maioria das viagens a pé é feita por crianças com idade inferior a quinze anos (HILLMAN & WHALLEY, 1979: 34). Elas são os verdadeiros caminhantes da nossa sociedade. Mas meu ponto tem sido que a redução da experiência pedestre, que talvez tenha atingido o seu auge na

---

9. De *When We Were Very Young* (Quando éramos muito jovens), de A.A. Milne (1936: 12-13). O desenho por Ernest H. Shepard que acompanha esta rima mostra Christopher Robin calçando botas de cadarço na altura do joelho e caminhando como um verdadeiro soldado!

atual era do carro, é o culminar de uma tendência que já estava estabelecida com a mecanização do pé através da bota, a proliferação da cadeira e o advento da viagem orientada para um destino. Tenho apenas mais uma observação a fazer a este respeito, que me traz de volta ao tema da pavimentação. É simplesmente que as botas não imprimem rastros na superfície pavimentada. Quando as pessoas andam pelas ruas, não deixam nenhum rastro de seus movimentos, nenhum registro da sua passagem. É como se elas nunca tivessem passado. Existe, aqui, o mesmo distanciamento entre as pessoas e o chão que ocorre, como já demonstrado, como um fio condutor através da história recente das sociedades ocidentais. Parece que as pessoas, em suas vidas diárias, apenas roçam a superfície de um mundo que foi previamente mapeado e construído para elas ocuparem, em vez de contribuírem através dos seus movimentos para a sua contínua formação. Habitar a cidade moderna é habitar um ambiente que já está construído. Mas enquanto o construtor é um trabalhador manual, o morador é um andarilho. E o ambiente, construído por mãos humanas, deveria idealmente permanecer incólume ao andar do habitante. Na medida em que os pés *deixam* uma marca – como quando os pedestres tomam atalhos através de canteiros gramados de estradas, em cidades projetadas para motoristas – diz-se que desfiguram o meio ambiente, e não que o melhoram, tanto quanto diz-se que um mapa topográfico moderno é desfigurado pelos itinerários de viagens traçados sobre ele (INGOLD, 2007a: 85)[10]. Esse tipo de coisa é geralmente considerada pelos planejadores urbanos e autoridades municipais uma ameaça à ordem estabelecida e uma subversão da autoridade. Espaços verdes são para serem vistos e não para se caminhar sobre eles; são reservados à contemplação visual e não à exploração dos pés. As superfícies sobre as quais você pode andar são aquelas que permanecem intocadas e imaculadas pela sua presença.

Meio ambiente, tecnologia, paisagem

A falta de chão da sociedade moderna, caracterizada pela redução da experiência pedestre à operação de uma máquina de andar, e pela correspondente elevação da cabeça acima dos pés como o âmbito da inteligência criativa, não está apenas profundamente enraizada nas estruturas da vida pública nas sociedades ocidentais. Também se tem derramado sobre a corrente principal de pensamento nas disciplinas da antropologia, da psicologia e da biologia. Volto-me agora para uma breve revisão de três áreas temáticas nas quais este transbordamento manifestamente ocorreu. A primeira refere-se à percepção do ambiente, a segunda à história da tecnologia, e a terceira à formação da paisagem. Para cada uma dessas áreas pergunto qual seria o efeito de se derrubar suposições vigentes e de

---

10. Para um exemplo da cidade hipermoderna de Brasília, cf. Ribeiro (1996: 149).

se adotar, com os japoneses, conforme descrito por Kawada, uma orientação fundamental para o chão. Quais novos terrenos se abririam? Tenho aqui mais perguntas do que respostas, e o meu objetivo nesta seção é menos o de afirmar as minhas conclusões do que o de definir uma agenda para futuras pesquisas. Voltarei na seção final ao tema com o qual comecei, da evolução da anatomia humana.

A percepção do ambiente

Trata-se quase de um truísmo dizer que não percebemos com os olhos, os ouvidos ou a superfície da pele, mas com o corpo todo. No entanto, desde Platão e Aristóteles, a tradição ocidental tem consistentemente classificado os sentidos da visão e da audição acima do sentido de contato do tato. Eu discutirei a posição relativa da visão e da audição, pois esta é uma história longa e complexa em si mesma (INGOLD, 2000a: 243-287). Mas o meu primeiro e mais óbvio ponto consiste em que uma abordagem mais literalmente *aterrada* da percepção deveria ajudar a restaurar o lugar adequado do tato no equilíbrio dos sentidos. Pois é certamente através dos nossos pés, em contato com o chão (embora mediados pelo calçado), que estamos mais fundamental e continuamente "em contato" com o nosso entorno[11]. É claro que as questões não são assim tão simples, pois tocamos com as mãos assim como com os pés. Em geral, no entanto, estudos de percepção háptica têm-se centrado quase exclusivamente no tato manual. O desafio é descobrir propriedades especiais do tato podal que possam distingui-lo da modalidade manual. É realmente o caso, por exemplo, como a intuição o sugere, de que o que sentimos com as mãos, e através das solas dos nossos pés, está necessariamente relacionado como figura e fundo? Em outras palavras, é o chão em que pisamos também, e inevitavelmente, um fundamento contra o qual as coisas "se destacam" como focos de atenção, ou pode ser um foco em si mesmo?[12] Que diferença faz que o tato podal carregue o peso do corpo, em vez do peso do objeto? E como é que a sensação de uma superfície difere, dependendo de se o órgão do tato é abaixado em pontos sucessivos, como no andar plantígrado, ou autorizado a envolvê-la ou a deslizar sobre ela, como pode-se fazer com os dedos e a palma da mão? Outras questões surgem quando consideramos o envolvimento de outros sentidos na experiência pedestre. A partir de estudos de Goffman, podemos reconhecer a importância da visão para o caminhante. Mas não nos esqueçamos da experiência do cego. Per-

---

11. O pé é um órgão muito sensível. Para cada centímetro quadrado de sola, não existem nada menos do que 1.300 terminações nervosas (TENNER, 2003: 52).

12. No simples ato de caminhar pela rua até o ponto de ônibus, como Erin Manning sugere, "o chão como plano de fundo... aparece apenas na medida em que é expresso como outra coisa (firmeza de movimento, p. ex.). Se acontecesse de você perder o equilíbrio, no entanto, o chão de repente se ergueria em primeiro plano, enquanto você é 'horizontalizado'"! "De bruços: o ponto de ônibus fica momentaneamente em segundo plano" (MANNING, 2009: 76).

gunto-me se os tatos manual e podal são diferenciados por pessoas cegas na mesma medida, ou nas mesmas linhas, que o são pelos que são capazes de enxergar. Finalmente, a propósito da audição, devemos lembrar o envolvimento do ouvido na manutenção do equilíbrio, essencial para se colocar de pé e andar, e que as pessoas surdas relatam serem capazes de ouvir através dos pés, desde que estejam em pé sobre superfícies tais como tábuas corridas, que conduzem a vibração.

O viés da cabeça sobre os calcanhares influencia a psicologia da percepção ambiental de outra maneira. Já vimos como as práticas de viagem orientada para um destino encorajaram a crença de que o conhecimento é integrado não por caminhos de movimento de pedestres, mas através da acumulação de observações feitas a partir de pontos sucessivos de repouso[13]. Assim, tendemos a imaginar que as coisas sejam percebidas a partir de uma plataforma fixa, como se estivéssemos sentados em uma cadeira com as pernas e os pés inativos. Para percebermos uma coisa a partir de ângulos diferentes, supõe-se que possamos girá-la em nossas mãos, ou executar uma operação computacional equivalente em nossas mentes. Mas na vida real, na maioria das vezes, não percebemos as coisas de um único ponto de vista, mas sim andando por elas. Como o fundador da psicologia ecológica, James Gibson, argumentou em sua obra clássica sobre a percepção visual, as formas dos objetos que vemos são especificadas por transformações no padrão de luz refletida que atingem nossos olhos conforme nos movemos próximo a eles. Percebemos, em suma, não a partir de um ponto fixo, mas ao longo do que Gibson chama de "caminho de observação", um itinerário contínuo de movimento (GIBSON, 1979: 195-197). Mas se a percepção é, assim, uma função do movimento, então o que percebemos deve, pelo menos em parte, depender de como nos movemos. A locomoção, não a cognição, deve ser o ponto de partida para o estudo da atividade perceptiva (INGOLD, 2000a: 166). Ou, mais estritamente, a cognição não deve *partir* da locomoção, ao longo das linhas de uma divisão entre cabeça e calcanhares, uma vez que caminhar é, em si mesmo, uma forma de conhecimento ambulatório. Uma vez que isso seja reconhecido, todo um novo campo de investigação é aberto, concernente às maneiras pelas quais nosso conhecimento do ambiente é alterado por técnicas de uso dos pés e pelos muitos e variados dispositivos que atrelamos aos pés a fim de melhorar a sua eficácia em tarefas e condições específicas. Exemplos são quase demasiado numerosos para serem mencionados: pense em esquis, patins e sapatos de neve; tênis de corrida e chuteiras de futebol[14]; estribos e pedais; e, claro, as nadadeiras do mergulho

---

13. A diferença entre estes modos de integração de conhecimento, respectivamente "junto" e "para cima", é mais explorada no cap. 13.

14. As botas duras, rígidas empregadas em esportes como patinação, esqui e futebol apresentam um desafio especial. Longe de reduzirem o pé a uma máquina de pisar ou pedalar, estas botas permitem ao usuário executar movimentos de grande habilidade e destreza. Estes movimentos, no entanto,

subaquático. Tampouco devemos ignorar dispositivos portáteis ou axilares que auxiliam a locomoção, como bengalas, muletas e os remos da canoa.

A história da tecnologia

Isso traz-me ao meu segundo tema. Nada exemplifica melhor a pretensa superioridade da cabeça e das mãos sobre os pés no empenho humano do que esta declaração maravilhosamente concisa dos *Grundrisse* de Karl Marx. As ferramentas, diz ele, são "órgãos do cérebro humano, criadas pela mão humana; o poder do conhecimento, objetificado" (MARX, 1973: 706). Para Marx, a história é o processo no qual os seres humanos, por meio de seu trabalho, progressivamente transformam o mundo da natureza e, na medida em que também participam deste mundo, também transformam-se a si mesmos. Lembre-se de que na visão dualista clássica, que Marx subscreveu completamente, os seres humanos estão na natureza da cintura para baixo, enquanto as mãos e os braços imprimem os projetos inteligentes da mente sobre a superfície da natureza a partir de cima. O pé, deste ponto de vista, não é tão capacitado pela agência humana como uma força da natureza em si mesma, o qual – como em numerosas máquinas operadas por pedal – pode ser aproveitado para alimentar o maquinário da manufatura. A mão faz a ferramenta; o pé impulsiona a máquina. Os homens fizeram história com as mãos; eles dominam a natureza e a puseram sob controle. E a natureza assim controlada inclui o pé, cada vez mais regulado e disciplinado no decurso da história pela tecnologia feita à mão de botas e sapatos.

Derrubar o viés da cabeça sobre os calcanhares também é dispensar o dualismo subjacente a este argumento. Ao invés de supor que a mão opere *sobre* a natureza, enquanto os pés se movam *nela*, prefiro dizer que tanto mãos quanto pés, aumentados por ferramentas, luvas e calçados, mediam um compromisso histórico do organismo humano, em sua totalidade, com o mundo ao seu redor. Pois certamente andamos, assim como falamos, escrevemos e usamos ferramentas, com o corpo inteiro. Ademais, ao andar, o pé – até mesmo o pé calçado da civilização ocidental – não descreve realmente uma oscilação mecânica, como a extremidade de um pêndulo. Portanto, seus movimentos, contínua e fluentemente responsivos a um monitoramento perceptual contínuo do chão à frente, nunca são exatamente os mesmos de um passo ao seguinte. Rítmicos e não metronômicos, o que eles superam não é uma métrica de intervalos constantes, mas um padrão de tempo e espaço. Como devo mostrar no próximo capítulo, é na "sin-

---

não são preênseises, e não envolvem dobrar os dedos. Pelo contrário, a bota parece converter o pé em uma extensão rígida do tornozelo. A vitória da Hungria sobre a Inglaterra no estádio de Wembley, em 1953, no que é muitas vezes considerada a partida que inventou o futebol moderno, tem sido atribuída, entre outras coisas, ao fato de que os jogadores húngaros – para o espanto dos ingleses – calçavam botas cortadas abaixo dos tornozelos.

tonia" mesma do movimento em resposta às sempre mutáveis condições de uma tarefa em desdobramento que a habilidade de qualquer técnica corporal, em última instância, reside (cf. tb. INGOLD, 2000a: 353). Refiro-me lá ao exemplo de serrar uma tábua de madeira, mas o ponto aplica-se igualmente bem ao caminhar pelo terreno. Na verdade, poderia ser dito que andar é uma atividade altamente inteligente. Essa inteligência, no entanto, não está localizada exclusivamente na cabeça, mas é distribuída por todo o campo das relações compostas pela presença do ser humano no mundo habitado.

A formação da paisagem

O que tenho a dizer sobre o meu terceiro tema decorre disso. Em explicações convencionais da transformação histórica da natureza, a paisagem tende a ser considerada como uma superfície material que tenha sido sequencialmente formada e reformada ao longo do tempo, através da marca de um esquema mental de representações após o outro, cada reformação cobrindo ou obliterando a anterior. A superfície da paisagem deveria, portanto, apresentar-se como um palimpsesto para a inscrição da forma cultural. Meu argumento sugere, ao contrário, que as formas da paisagem – como as identidades e capacidades dos seus habitantes humanos – não são impostas sobre um substrato material, mas surgem como condensações ou cristalizações de atividade dentro de um campo relacional. Conforme as pessoas, no curso de suas vidas cotidianas, fazem o seu caminho a pé por um terreno familiar, assim os seus caminhos, texturas e contornos, variáveis através das estações do ano, são incorporados em suas próprias capacidades corporificadas de movimento, consciência e resposta – ou no que Gaston Bachelard (1964: 11) chama de sua "consciência muscular". Mas, por outro lado, esses movimentos pedonais costuram uma malha emaranhada de trilhas personalizadas pela própria paisagem. Através do andar, em suma, as paisagens são tecidas em vida, e vidas são tecidas na paisagem, em um processo contínuo e interminável (TILLEY, 1994: 29-30).

Esta ideia pode soar um pouco abstrata, mas pode ser facilmente compreendida refletindo-se sobre o fenômeno das pegadas. "Você conhece meus métodos, Watson", diz Sherlock Holmes no caso *O corcunda*. "Havia um homem na sala, e ele atravessara o gramado vindo da estrada. Fui capaz de obter cinco impressões muito claras de suas pegadas... Ele havia, aparentemente, corrido pelo gramado, pois as marcas dos seus dedos eram muito mais profundas do que as dos seus calcanhares"[15]. Mas se Holmes podia reconhecer o andar do homem a partir dos

---

15. De *As memórias de Sherlock Holmes*, de Sir Arthur Conan Doyle (DOYLE, 1950: 146). Pergunta-se o que Holmes teria feito das pegadas bípedes deixadas em cinzas vulcânicas de 3,5 milhões de anos atrás no sítio de Laetoli, no Leste Africano (cf. TUTTLE et al., 1992).

padrões das suas pegadas, e até mesmo ler nelas algo das suas intenções, isso não se deu porque o andar serviu para traduzir de uma concepção na sua mente para uma impressão no chão, mas porque tanto o andar quanto as impressões surgiram dentro do movimento intencional do correr do homem. Ele estava, evidentemente, com muita pressa. Claro que, como mostra este exemplo, as atividades pedonais podem marcar as paisagens. Quando os mesmos caminhos são repetidamente trilhados, especialmente por botas pesadas, as consequências podem ser dramáticas, ocasionando em alguns lugares uma severa erosão. As superfícies são de fato transformadas. Mas estas são superfícies *no* mundo, não a superfície *do* mundo. Os seres humanos vivem em, não sobre o mundo, e as transformações históricas que acarretam são – como vimos no capítulo 1 (p. 29s.) – parte integrante da autotransformação do mundo.

Sobre a evolução da anatomia humana

Para concluir, deixe-me voltar às observações de Darwin, Huxley e Tylor com as quais comecei. Lembre-se de que Darwin considerava o pé relativamente preênsil do selvagem descalço como intermediário entre aquele do macaco, por um lado, e do homem civilizado, por outro. Essa visão já não é admissível hoje. Sabemos que o europeu calçado é, genealogicamente falando, não mais distante do macaco que o aborígine descalço. Nada obstante, os pés humanos, de fato, variam bastante, não apenas morfologicamente, mas nas atividades que podem executar. Descrevendo um grupo de idosos ilhéus marquesanos na sua quase ficcional narrativa de viagem pelos Mares do Sul, *Typee* (1846), Herman Melville observou que

> [...] a sua peculiaridade mais notável era a aparência dos pés; os dedos, como as linhas radiais da bússola do navegador, apontando para cada um dos quatro cantos do horizonte. Isso se devia, sem dúvida, ao fato de que, durante os quase cem anos de sua existência, tais dedos nunca foram submetidos a qualquer confinamento artificial, e na sua velhice, sendo avessos à excessiva proximidade, concordaram em manterem-se separados (MELVILLE, 1972: 142).

Melville certamente permitiu-se alguma licença para exagerar. No entanto, existe ampla evidência corroborativa, de uma natureza mais científica, a sugerir que os pés descalços dos povos sejam muito diferentemente formados daqueles de pessoas que estão acostumadas a calçar sapatos de vários tipos. A pesquisa mostrou que "mesmo o calçado mais simples começa a reorganizar os ossos daqueles que habitualmente o utilizam" (TENNER, 2003: 58). O quarto e o quinto dedos dos pés normalmente descalços, de acordo com o ortopedista Steele Stewart (1972), têm uma inconfundível ondulação preênsil, e ao andar eles pisam o solo com precisão quase manipulativa (CARLSÖÖ, 1972: 12). Em usuários regulares de calçados – até mesmo de sandálias rudimentares – este traço é menos desenvolvido. Calçar sandálias tende a ampliar a lacuna entre o dedão e o segundo dedo do pé, mas, de outras maneiras, a forma do pé acostumado ao uso de sandália está mais próxima da de pessoas que usam sapatos, uma vez que tanto os usuários de sandálias quanto os de sapatos perdem o movimento de rolamento característico do pé descalço que começa no calcanhar e percorre sua borda exterior, terminando com a bola do pé e os dedos (ASHIZAWA et al., 1997).

Não é apenas a morfologia do pé europeu calçado que é peculiar – na linearidade, no paralelismo e nos dedos dos pés, e na falta de espaço entre eles. Igualmente peculiar é o chamado "andar a passos largos" de que os caminhantes da civilização ocidental (especialmente os homens) têm desfrutado desde a Antiguidade para desbravar o mundo, afirmando, enquanto seguem, a sua superioridade sobre povos e animais sujeitados. Em um estudo agora clássico, o paleoantropólogo John Napier afirmou que o passo largo "é a essência do bipedalismo humano e o critério pelo qual o *status* evolucionário de um caminhante hominídeo deve ser julgado" (NAPIER, 1967: 117). Esta reificação e universalização do andar a passos largos como a realização locomotora humana por excelência revela um etnocentrismo que, como o mostra John Devine, há muito tem atormentado a literatura sobre biologia evolucionária humana. Com efeito, com seus pés estranhamente formados e seu andar excêntrico, "homens e mulheres ocidentalizados ... podem nos apresentar a exceção e não a regra na área das habilidades locomotoras" (DEVINE, 1985: 554). Não se trata apenas do fato de que as pessoas ao redor do mundo andam de todas as maneiras possíveis, dependendo da superfície e dos contornos do terreno, dos sapatos que estejam usando (se o estiverem), o clima, e uma série de outros fatores, inclusive expectativas culturalmente específicas em relação às posturas consideradas adequadas para pessoas de diferentes idades, sexo e posição social. Elas também usam os pés para diversas outras finalidades, tais como escalar, correr, saltar, segurar coisas, pegá-las, e mesmo engatinhar. Ao enfatizar essas variações, meu objetivo não é afirmar que os pés e o andar dos caçadores-coletores descalços que "correm, rastejam e escalam" (WATANABE, 1971) sejam de alguma forma mais "naturais" do que aqueles dos europeus que caminham calçados a passos largos. Como Mauss reconheceu em seu ensaio sobre técnicas corporais, simplesmente não há tal coisa como uma maneira "natural" de andar, que pode ser prescrita independentemente das diversas circunstâncias nas quais os seres humanos crescem e vivem suas vidas (MAUSS, 1979: 102). Mas ele poderia muito bem ter dito que cada técnica existente é tão natural quanto qualquer outra, na medida em que incide na faixa de possibilidade e advém como uma segunda natureza para os seus profissionais.

O que, certamente, não seria natural, no entanto, e além do reino da possibilidade, seria para qualquer ser humano passar a vida, quando não estando sentado ou deitado, ou estando ereto em um ponto, como uma estátua, ou vagando sem exercer significativamente algum peso sobre uma superfície horizontal rígida. A imagem corporal ocidental, que subscreve tanto do discurso sobre a evolução anatômica humana, baseia-se em um ideal praticamente inatingível fora do ambiente altamente artificial do laboratório. No entanto, é nas configurações desse laboratório que a maioria dos estudos sistemáticos da locomoção bípede têm sido realizados (JOHANSON, 1994). Esses estudos são muitas vezes ilustrados com imagens de figuras mais ou menos nuas caminhando sobre o chão descoberto[16]. É como se, desnudando o corpo de todos os pertences e o chão de todas as características, a essência universal da marcha humana fosse revelada de uma forma livre das particularidades do ambiente e da cultura. Na verdade, porém, não existe essa essência. Pois os sujeitos experimentais da análise do andar já trazem consigo, incorporada em seus próprios corpos, a experiência da arquitetura, do vestuário, dos calçados e a bagagem tirada da vida fora do laboratório. Muitos dos primeiros sujeitos a serem atraídos para a pesquisa sobre locomoção eram de fato soldados, já treinados nas rotinas do exercício. Não é de surpreender que, quando comandados a andarem eles marchassem como se estivessem em uma parada! Como Mary Flesher (1997) demonstrou, o estudo científico da locomoção humana tem suas raízes na disciplina militar.

Não podemos, então, atribuir bipedalismo à natureza humana ou à cultura ou a alguma combinação das duas. Em vez disso, as capacidades humanas de andar, e de usar os pés de inúmeras outras maneiras, emerge através de processos de desenvolvimento, como propriedades dos sistemas de relações configuradas através da colocação do organismo humano em crescimento dentro de um contexto ambiental ricamente texturizado. Como a psicóloga Esther Thelen e seus colegas têm mostrado em seus estudos sobre o desenvolvimento motor infantil, não é possível caracterizar a "locomoção bípede" isoladamente do desempenho em tempo real das múltiplas tarefas pedestres com as quais temos crescido (THELEN, 1995: 83). Em que sentido, então, podemos falar da evolução do pé humano, ou do bipedalismo como uma realização especificamente humana? Se por evolução quisermos dizer diferenciação e mudança ao longo do tempo nas formas e capacidades de organismos, então certamente devemos admitir que como propriedades plenamente incorporadas do organismo humano, esses traços de fato evoluíram. Não podemos, no entanto, entender esta evolução em termos da gênese de algum plano corporal essencial, dado a todos os seres humanos antes das condições de sua vida no mundo, ao qual inflexões particulares são adicionadas à força da experiência ambiental e cultural. Pois não existe um tal plano. Não existe uma forma padrão do pé humano, ou da locomoção bípede, além

---

16. Cf., p. ex., a série de fotografias da coleção Muybridge reproduzida em Napier (1967).

das formas que de fato tomam forma no decurso da rotina das operações pedestres. Dois pontos de capital importância se seguem. Em primeiro lugar, uma explicação da evolução do bipedalismo tem que ser uma explicação das maneiras pelas quais os sistemas de desenvolvimento através do quais emerge são reproduzidos e transformados ao longo do tempo. E, em segundo lugar, por meio de suas atividades, suas disciplinas e suas histórias, as pessoas ao longo da história desempenharam – e continuam a desempenhar – um papel ativo neste processo evolucionário, moldando as condições sob as quais seus sucessores aprendem as artes do uso dos pés. Assim, a evolução do bipedalismo continua, mesmo enquanto desempenhamos nossas atividades sobre dois pés. Temos sido atraídos, em suma, para uma visão inteiramente nova da evolução, uma visão que *aterra* os seres humanos no *continuum* da vida, e que situa a história de suas habilidades corporificadas dentro do desdobramento desse *continuum*.

...e finalmente

O filósofo Jacques Derrida se perguntou como poderia haver uma história ou uma ciência da escrita, quando a prática da escrita já está implicada nas ideias de história e de ciência (DERRIDA, 1974: 27). De minha parte eu me pergunto como pode haver uma história cultural das técnicas corporais quando a tecnologia do calçado já está implicada nas nossas ideias mesmas do corpo, na sua evolução e no seu desenvolvimento. Botas e sapatos apoiam as nossas noções estabelecidas de corpo e de evolução, assim como a escrita suporta nossas noções de ciência e de história. Para nos libertarmos dessas circularidades, talvez devêssemos seguir o conselho que Giambattista Vico ofereceu em sua *Nova ciência*, de 1725. Para entender as origens da escrita, Vico escreveu, "temos que imaginar que não houvesse livros no mundo" (1948, § 330). Da mesma forma, para compreendermos a evolução do andar devemos imaginar um mundo sem calçado. Pois nossos primeiros antepassados não deram passos largos sobre a terra com botas pesadas, mas caminharam sobre ela levemente, com destreza e, principalmente, com os pés descalços.

4

Andando na prancha: meditações sobre um processo de habilidade

Houve alguma vez uma estante que tenha conferido uma fração da satisfação conferida por aquela construída pelas suas próprias mãos?

O Editor. *The Handyman and Home Mechanic* (A mecânica doméstica e do trabalhador manual).

Sobre serrar uma prancha

Estou fazendo uma estante de pranchas de madeira. Cada prateleira tem que ser cortada no comprimento certo. Marcando a distância ao longo da prancha com uma fita métrica, uso um lápis e um esquadro para desenhar uma linha reta através dela. Após essas preliminares coloco a prancha sobre um cavalete, levanto a minha perna esquerda e me ajoelho sobre ela com o máximo possível do meu peso, mantendo o equilíbrio no chão com o meu pé direito. A linha a ser cortada pende ligeiramente para o lado direito do cavalete. Então, inclinando-me, coloco a palma da minha mão esquerda sobre a prancha logo à esquerda da linha, segurando-a em torno da borda com os dedos. Pegando uma serra com a minha mão direita, envolvo meus dedos ao redor do punho – todos, isto é, menos o dedo indicador, que se estende ao longo da parte plana do punho, permitindo-me afinar a direção da lâmina (figura 4.1, em cima).

Agora, enquanto pressiono para baixo a mão esquerda, com o braço rígido, envolvo a borda com os dentes da serra, no ponto em que encontra a linha traçada por mim, e suavemente entalho a borda com dois ou três pequenos movimentos de baixo pra cima. Para guiar a serra nesta junção crítica, dobro o polegar da minha mão esquerda, de modo a que a superfície da junção se projete para tocar a lâmina da serra logo acima dos dentes (figura 4.1, a seguir). Uma vez que a ranhura na aresta esteja comprida o suficiente para já não haver qualquer risco da serra saltar e dilacerar meu polegar, posso começar a trabalhá-la com movimentos descendentes. Neste ponto tenho que prestar mais atenção ao alinhamento da lâmina do que ao posicionamento exato dos dentes, a fim de assegurar que o corte em evolução prossiga exatamente na direção certa. Para fazê-lo, tenho que posicionar minha cabeça de modo a que ela esteja diretamente acima da ferramenta, voltada para baixo. Deste ângulo a lâmina aparece como uma linha reta, e posso ver a madeira nos dois lados do corte.

Os primeiros movimentos são fundamentais, uma vez que, quanto mais prossegue o corte, menos espaço há para manobra. Depois de um tempo, no entanto, posso relaxar meu olhar e estabelecer um movimento rítmico longo, suave e uniforme, de cima para baixo e de baixo para cima. Embora entregue à serra através da mão e do antebraço direito, o movimento é realmente sentido pelo meu corpo inteiro no balanço oscilante de forças em meus joelhos, pernas, mãos, braços e costas. O sulco que já cortei agora serve como um gabarito que impede a serra de se desviar da linha reta. Devido à maneira como os dentes da serra são cortados, eles cortam a madeira no movimento descendente, enquanto o movimento ascendente é restaurador, retornando o sistema corpo-serra-prancha a uma posição a partir da qual pode ser iniciado o próximo ciclo. No entanto, uma boa serra requer pouca ou nenhuma pressão no movimento descendente, e trabalha sob o seu próprio peso.

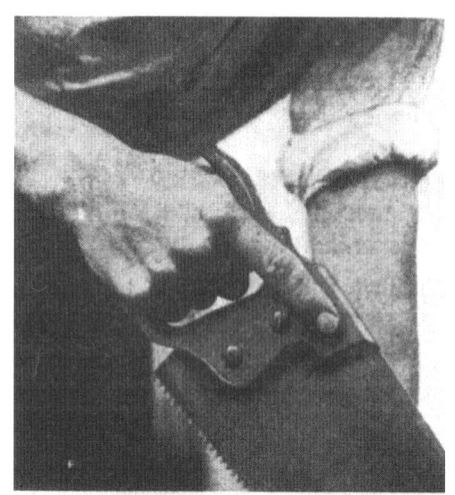

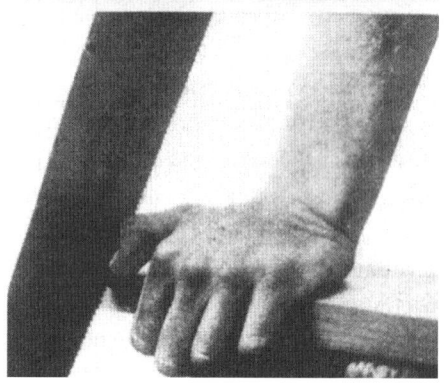

Figura 4.1 A maneira correta de segurar uma serra (em cima) e como usar o polegar e a mão esquerda como guia ao começar o corte (embaixo). Reproduzido de *The Handyman and Home Mechanic*. Londres: Odhams.

Embora um movimento regular, confiante garanta um corte uniforme, nunca dois movimentos são precisamente iguais. A cada movimento sempre tenho que ajustar minha postura ligeiramente para permitir o avanço do corte, e para possíveis irregularidades no veio da madeira. Além disso, ainda tenho que prestar atenção para ter certeza de que mantive o alinhamento, uma vez que, embora a serra esteja constringida a deslizar no interior da ranhura existente, a própria ranhura é ligeiramente maior do que a lâmina, o que permite algum ligeiro desvio do eixo. É aí que o dedo indicador da minha mão direita, esticado ao longo do punho do serrote, entra em jogo (figura 4.1, em cima). Com efeito eu o uso para me guiar dentro das margens estreitas do sulco. A largura real do sulco é determinada pela configuração dos dentes da serra, que são dobrados para fora, alternadamente para um lado e para o outro da lâmina. O propósito disso é permitir uma folga para a lâmina deslizar no interior da ranhura. De outra forma ela travaria.

Ao aproximar-me do fim da linha, uma queda acentuada no tom do som criado pela minha serragem, causada por uma perda de resistência à tração na prancha, serve como um aviso sonoro para ir mais devagar. Mais uma vez tenho que me concentrar no fio da lâmina. Para um acabamento limpo, os últimos movimentos são tão críticos quanto os primeiros. Para evitar que a extremidade livre rompa sob o próprio peso, deixando uma borda rachada ou lascada, devo passar da esquerda para a direita do sulco, não mais pressionando a prancha, mas a apoiando. Ao mesmo tempo, serro cada vez mais lenta e suavemente, até que, finalmente, o final do corte simplesmente acontece à minha esquerda e eu permito que caia no chão.

Esta descrição de um episódio bastante elementar de uso de ferramenta pode parecer desnecessariamente elaborado. Ele serve, no entanto, para ilustrar três temas de importância fundamental para a compreensão adequada da habilidade técnica. Esses temas dizem respeito: (i) à qualidade processional do uso de ferramentas, (ii) a sinergia entre profissional, ferramenta e material, e (iii) a vinculação da percepção e da ação. Nas seções seguintes desenvolvo respectivamente sobre cada tema, usando o exemplo de serrar uma tábua, para fins de ilustração. Concluo com algumas observações sobre o destino da habilidade em um mundo cada vez mais engenhado para as especificações da tecnologia.

A qualidade processional do uso de ferramentas

A utilização de uma ferramenta é geralmente entendida como um passo discreto em uma sequência operacional, uma *chaîne opératoire*, um de uma série desses passos que juntos compõem um cronograma para a montagem de um objeto completo como uma estante de livros. Não se faz, no entanto, em apenas um passo a serragem de uma prancha. Faz-se em muitos passos; além disso, estes passos não são mais discretos ou descontínuos do que aqueles do caminhante. Isso quer dizer que não seguem um ao outro em sucessão, como contas em um cordão. Sua ordem é processional, ao invés de sucessiva. Na caminhada, cada passo é um desenvolvimento do anterior e uma preparação para o seguinte. O mesmo é verdadeiro para cada movimento da serragem. Como ir caminhar, serrar uma tábua tem o caráter de uma viagem que procede de um lugar a outro, através de um movimento que – embora rítmico e repetitivo – nunca é estritamente monótono.

A viagem tem fases reconhecíveis – preparar, começar, continuar e encerrar – e estas conferem uma certa forma temporal ao movimento geral. Essas fases não são, entretanto, nitidamente demarcadas. Quando, ao sair de casa pela porta da frente, dobro a esquina para a rua, altero meu ritmo e marcha, levanto a vista da proximidade imediata do degrau da porta para o panorama mais distante do pavimento. O movimento, no entanto, é contínuo. Dá-se o mesmo com o corte. Como dobrar uma esquina, o entalhe inicial da borda da prancha conduz aos movimentos suaves de cima para baixo do corte através de uma ininterrupta transição. Só quando olho atrás o chão coberto posso dizer que uma fase do processo está terminada, e outra começou. O mesmo é verdade acerca do processo como um todo. Quando começo a serrar? É quando marco a linha, quando descanso o joelho e a mão sobre a prancha, quando entalho a borda, ou quando começo os movimentos descendentes? E quando termino? Talvez, tendo atravessado a prancha, eu descanse a serra, mas isso pode ser apenas para pegar a próxima peça a ser cortada. No serrar como no caminhar, o movimento sempre ultrapassa os seus destinos.

Olhemos mais de perto as quatro fases do processo, começando pela "preparação". Mesmo antes de começar preciso ter chegado a alguma concepção geral da tarefa a ser executada – do que deve ser feito, de como fazê-lo, e das ferramentas e materiais necessários. Essa concepção cobre uma variedade de fatores que estão apenas vagamente conectados, e serve para orientar o trabalho, em vez de estritamente determinar o seu curso. Charles Keller, um pioneiro no estudo antropológico da cognição na prática, apropriadamente a chama de "plano guarda-chuva", uma constelação idiossincrática – peculiar a cada profissional – de considerações estilísticas, funcionais, procedimentais e econômicas reunidas especificamente para a tarefa em questão (KELLER, 2001: 35). Embora a composição do plano guarda-chuva exija premeditação, esse pensamento é em si uma atividade prática mundana, inserida no contexto do local de trabalho, ao invés de um exercício puramente intelectual, "dentro da cabeça" (LEUDAR & COSTALL, 1996: 164). Ele inclui, por exemplo, "avaliar" as pranchas, decidir qual selecionar para a prateleira que quero cortar e qual reservar para outros fins, de modo a minimizar o desperdício de sobras. Também inclui a devolução da serra e do cavalete ao local onde os havia colocado pela última vez, de modo a tê-los à mão quando for começar o corte. Mesmo traçar a linha por toda a prancha, com lápis e esquadro, pode ser entendido como parte do processo de planejamento, uma "avaliação" que é feita não antes do envolvimento com o material, mas diretamente, em larga escala, sobre o próprio material. De um modo crucial, a linha de lápis pode ser apagada. Embora inscrita *no* material, ela não é, como o corte posterior, indelevelmente incisada *dentro* dele. Evidentemente, então, o plano guarda-chuva em nenhum sentido está confinado dentro da mente do profissional. Ao contrário, ele está espalhado sobre o próprio local de trabalho: na marcação dos materiais e na sua disposição em relação ao corpo do profissional e das ferramentas que vai utilizar.

Há um momento crítico na implementação de qualquer tarefa, quando a preparação dá lugar ao início. Este é o momento em que termina o ensaio e começa o desempenho. A partir deste ponto em diante não há como voltar atrás. Marcas de lápis podem ser apagadas, mas não se cogita que uma incisão feita com a lâmina de uma serra desapareça. O profissional habilidoso escolhe esse momento com cuidado, sabendo que começar antes de estar preparado, ou alternativamente permitir que o momento passe desapercebido, poderia comprometer todo o projeto. Os gregos antigos tinham uma palavra para esse momento, qual seja, *kairos*. Como o especialista na Antiguidade Clássica, Jean-Pierre Vernant, explica:

> Ao intervir com suas ferramentas, o profissional deve reconhecer e esperar pelo momento em o tempo esteja maduro, e ser capaz de adaptar-se inteiramente às circunstâncias. Ele nunca deve abandonar seu posto... pois, se o fizer, o *kairos* pode passar e o trabalho ser estragado (1983: 291-292).

Este momento de início, no entanto, também é marcado por uma mudança de perspectiva, da perspectiva abrangente do plano de guarda-chuva para um foco estreito sobre o ponto inicial de contato entre a ferramenta e o material. Portanto, minha atenção, ao começar a serrar uma prancha, está fixada naquele espaço restrito entre o local onde os dentes da serra encontram a borda da prancha, onde a borda da prancha é apertada pelos dedos da minha mão esquerda, e onde a articulação do meu polegar esquerdo guia a lâmina da serra (figura 4.1, embaixo). Pois esse breve intervalo, enquanto entalho a borda com uma série de movimentos curtos para cima, a minha concepção global do trabalho desvanece para o segundo plano enquanto eu me concentro nos detalhes precisos do corte que surge. Há uma certa tensão nesses movimentos iniciais – cada um é como um suspiro, uma entrada repentina de ar, que segue na direção contrária àquela na qual a serra está disposta a correr, e na qual a madeira está disposta a recebê-la. A madeira resiste, e parece querer expulsar a serra, fazendo com que ela salte.

É quando inverto o ritmo, cortando com movimentos para baixo ao invés de para cima, que o início dá lugar à continuação. A reversão é um pouco análoga ao que acontece quando parto com um barco a remo da praia, passando do movimento inicial e um tanto quanto estranho de impulsionar os remos para trás, para o movimento mais confortável e eficiente de puxá-los, uma vez que uma profundidade suficiente de água tenha sido alcançada. Ao serrar, como ao remar, a partir deste momento parece que estou trabalhando *com* os instrumentos e materiais à minha disposição em vez de *contra* eles. Embora obviamente esteja cortando a prancha no sentido oposto, a madeira, no entanto, "assimila" ou acomoda a serra ao longo da linha que eu já cortei, e sujeita-se ao seu movimento, em vez de repeli-lo. Em termos de duração a fase de continuação é geralmente a mais longa, e pode demandar considerável força e resistência. Mas é também a mais relaxada, fluindo em um suave ritmo legato, que contrasta marcadamente com a abrupta passagem *staccato* do começo. Ao mesmo tempo, meu foco também muda, do ponto em que a linha desenhada encontra a beira para o seu inteiro comprimento, e do detalhe dos dentes da serra para o alinhamento da lâmina como um todo. Assim continua, até chegar à fase do encerramento. Não há nenhum momento preciso em que a continuação termine e o encerramento comece, mas, em vez disso, um ponto de inflexão a partir do qual o movimento é gradualmente retardado e sua amplitude diminui. Simultaneamente, minha atenção começa a deslocar-se da linha do corte para o seu destino, onde cruza a borda posterior da prancha.

É comumente suposto que cada estágio do processo de fabricação de um artefato seja completado no momento em que o resultado material corresponda precisamente à intenção inicial do fabricante. Mantendo uma imagem do resultado pretendido à frente de sua mente, diz-se que o fabricante mede o seu progresso segundo o quanto o tenha realizado, e que o cessa quando tiver atingido um resultado congruente com a imagem. Na prática, no entanto, não é a imagem do produto final que regula a fase de acabamento. Quando esta fase tiver sido atingida, qualquer desvio em relação ao plano inicial terá sido ou aceito ou corrigido (KELLER, 2001: 40). Se eu tiver mantido a minha serra na linha traçada, então não preciso ter mais nenhuma preocupação de que ela possa desviar-se dela; se eu não o tiver, então é tarde demais para remediar. Ainda assim, o julgamento de quando e como terminar pode ser tão crucial quanto a escolha do momento de começar. Para alcançar este juízo, o profissional deve voltar a concentrar-se nos mínimos detalhes da obra. Os exemplos de Keller são retirados dos ofícios do tecelão e do prateiro. O tecelão tem que decidir em que ponto já mais nenhum fio pode ser adicionado à trama, o prateiro tem que decidir quantos golpes de martelo o metal ainda pode suportar sem rachar. Da mesma forma, ao serrar uma tábua para obter um corte limpo, os movimentos finais devem ser finamente julgados, de tal modo a que se atinja a borda sem realmente serrar através dela. Portanto, o fim da linha é abordado como uma assíntota: quanto mais perto dela chego, mais suaves e delicados são os meus movimentos, e mais a minha atenção é focada no ponto de chegada, até que finalmente a extremidade livre se solte na minha mão.

Por fim, concluída a jornada, deixo a minha serra de lado e coloco a prancha, agora cortada no comprimento certo, no local onde, em seguida, ela será necessária. No entanto, este posicionamento de ferramentas e materiais já é parte da formação do plano guarda-chuva para a próxima operação. Colocar as coisas nos lugares certos é uma maneira de se preparar. Portanto, no uso de ferramentas, cada final é um novo começo.

A sinergia entre profissional, ferramenta e material

O que significa dizer que, na realização de alguma tarefa, uma ferramenta é usada? Podemos supor que o uso seja o que acontece quando um objeto, dotado de certa função, é colocado à disposição de um agente, que almeja determinado propósito. Quero cortar uma prancha, e tenho um serrote. Então uso o serrote para cortar a prancha. No entanto, a partir da explicação que já apresentei, está claro que preciso de mais do que do serrote para cortar a madeira. Preciso do cavalete para servir de apoio, preciso das minhas mãos e dos meus joelhos, respectivamente, para segurar o serrote e para manter a prancha no lugar, preciso de cada músculo do meu corpo para fornecer a força que impulsiona o serrote e para manter o equilíbrio enquanto trabalho, preciso dos meus olhos e ouvidos para monitorar o progresso. Mesmo a própria prancha se torna parte do equipamento para o corte, nela o sulco que se vai desenvolvendo ajuda a orientar o trabalho. Cortar madeira, então, é um efeito não do serrote apenas, mas de todo o sistema de forças e relações criado pelo envolvimento íntimo do serrote, do cavalete, da peça e do meu próprio corpo. O que é feito então do nosso conceito de uso? Para responder a essa questão precisamos considerar três coisas. Em primeiro lugar, o que é preciso para que um objeto de algum tipo, como o serrote ou o cavalete, conte como uma ferramenta? Em segundo lugar, como é que a instrumentalidade da ferramenta se compara com a do corpo do homem com a qual é conjugada? E, em terceiro lugar, será que essa conjunção pode ser considerada independentemente dos movimentos gestuais nos quais é posta em funcionamento?

Nenhum objeto considerado puramente em si e por si, em termos de seus atributos intrínsecos apenas, pode ser uma ferramenta. Descrever uma coisa como uma ferramenta é colocá-la em *relação* com outras coisas dentro de um campo de atividade no qual pode exercer determinado efeito. Na verdade, tendemos a nomear nossos instrumentos pelas atividades nas quais estão caracteristicamente ou normativamente envolvidos, ou pelos efeitos que têm nelas. Portanto, chamar um objeto de serrote é posicioná-lo no contexto de uma estória, como a que acabei de contar, sobre cortar uma prancha. Nomear a ferramenta é invocar a estória. Segue-se que, para um objeto contar como ferramenta, ele deve ser dotado de uma estória, que o profissional deve conhecer e compreender a fim de reconhecê-lo como tal e usá-lo apropriadamente. Consideradas como ferramentas, as coisas *são* suas estórias. Estamos, obviamente, mais acostumados a pensar em ferramentas como tendo certas funções. Meu ponto, no entanto, é que as funções das coisas não são atributos, mas narrativas. Elas são as histórias que contamos sobre elas. Acredito que esse ponto resolva um paradoxo que há muito tem atormentado discussões sobre o conceito de função. O dicionário define função como "o tipo especial de atividade adequado a qualquer coisa; o modo de ação pelo qual cumpre o seu propósito". Assim, a função do serrote é cortar madeira: esta é a atividade tradicionalmente considerada "apropriada" para isso, e aquela para a qual foi expressamente designado. No entanto, como David Pye observou, nada que projetemos é sempre verdadeiramente apto para o propósito. Um serrote que realmente funcionasse não produziria uma porção de serragem. O melhor que podemos dizer de sua função é que seja "o que alguém provisoriamente decidiu que se possa razoavelmente esperar que [ele] faça no presente" (PYE, 1978: 11-14). Portanto, se decidíssemos que o serrote devesse ser usado, em um contexto muito diferente, como um instrumento musical, isso deveria contar igualmente bem. Como pode a ideia de que cada ferramenta tem uma função apropriada ser conciliada com o fato de que, na prática, nada nunca funciona exceto como um componente de um sistema constituído no momento presente? (PRESTON, 2000).

O paralelo entre o uso de ferramenta e o contar estórias sugere uma resposta. Como demonstrarei no capítulo 13 (p. 240), os significados das estórias não vêm prontos do passado, incorporados em uma tradição estática, fechada. Tampouco, no entanto, eles são construídos *de novo*, momento a momento, para concordarem com as condições sempre mutáveis do presente. Eles são, ao contrário, descobertos retrospectivamente, frequentemente muito tempo após as estórias terem sido contadas, quando ouvintes – confrontados com circunstâncias semelhantes àquelas contadas em uma história em particular – descobrem, em sua orientação em desdobramento, como proceder. Ora, assim como estórias não carregam seus significados prontos para o mundo, da mesma forma, as maneiras pelas quais as ferramentas devem ser usadas não vêm pré-embaladas com as próprias ferramentas. Mas tampouco são os usos de ferramentas simplesmente inventados *in loco*, sem levar em conta qualquer história de práticas do passado. Ao contrário, são revelados aos profissionais quando, diante de uma tarefa recorrente na qual os mesmos dispositivos foram conhecidos antes de terem sido empregados, são percebidos como suprindo os recursos para a sua realização. Portanto, as funções das ferramentas, como os significados das estórias, são reconhecidas através do alinhamento das circunstâncias atuais com as conjunções do passado. Uma vez reconhecidas, essas funções fornecem ao profissional os meios para seguir em frente. Cada uso de uma ferramenta, em suma, é uma lembrança de como usá-la, o que ao mesmo tempo segue as vertentes de práticas do passado e as leva adiante em contextos atuais. O profissional qualificado é como um talentoso contador de estórias cujos contos são contados na prática da sua arte, em vez de em palavras. Assim consideradas como ferramentas, as coisas têm o mesmo caráter processional que as atividades que elas tornam possíveis. Como vimos, a atividade de cortar uma prancha é mais um passeio do que um passo. Da mesma forma, a função do serrote encontra-se mais em uma estória, ou talvez em uma série de estórias, do que em um conjunto de atributos. Funcionalidade e narratividade são dois lados da mesma moeda.

No entanto, embora o serrote, tanto na sua construção quanto em seus padrões de desgaste, incorpore uma história de uso passado, ele em nada lembra essa história. Na verdade ele nada lembra absolutamente. E isso sugere uma resposta à nossa segunda questão. Já vimos que para cortar madeira, um serrote não é suficiente. No mínimo, a serra é segurada pelas mãos e supervisionada pelos olhos. Como, então, o uso desses órgãos corporais se compara com a utilização de equipamentos extrassomáticos, tais como o serrote? Em seu ensaio sobre técnicas corporais, o etnólogo Marcel Mauss declarou que o corpo é "o primeiro e o mais natural objeto técnico do homem, e, ao mesmo tempo, meio técnico" (MAUSS, 1979: 104). Mas, se usar as mãos para segurar e os olhos para ver, e até mesmo o cérebro para pensar, equivale a convertê-los em objetos de minha vontade, então onde *eu*, o sujeito, o usuário destes meios corporais, estou? Devemos, como Mauss, seguir Platão em supor que o corpo inteiro, e não apenas as ferramentas que servem para ampliar o alcance e a efetividade de suas ações, seja o instrumento de uma inteligência que seja, necessariamente, desencarnada, e que se destaque do mundo no qual intervém? Ou deveríamos, ao contrário, encontrar uma forma alternativa de pensar sobre o uso que não pressuponha uma separação inicial entre o utilizador e o utilizado, entre sujeito e objeto? Talvez fosse melhor dizer que em uma atividade como cortar madeira, minha mão não seja tão usada quanto posta em uso, no sentido de que é guiada em seus movimentos pelos traços lembrados de desempenho passado, já inscrito em um padrão de atividade destra habitual – isto é *usual* (INGOLD, 2000a: 352). Mas se a mão, enquanto dirige o serrote, lembra-se de como se mover, o serrote que ela segura não o faz. Pois *apenas o corpo se lembra*. Assim, na relação entre a mão e o serrote reside uma assimetria fundamental. A mão pode pôr-se em uso, e nos movimentos que pratica pode contar a história de sua a própria vida. Mas o serrote depende da mão para que a sua história seja contada. Ou, mais geralmente, enquanto ferramentas extrassomáticas têm biografias, o corpo é tanto biógrafo quanto autobiógrafo.

Se, no entanto, um objeto, como uma serra, torna-se uma ferramenta apenas sendo colocado dentro de um campo de ação efetiva, então o mesmo vale para os órgãos do corpo. Em sua grande obra, O *gesto e a fala* (Le geste et la parole), André Leroi-Gourhan – ele próprio um estudante de Mauss – observou que é no que produz ou faz, não no que é, que a mão humana se manifesta como tal (LE-ROI-GOURHAN, 1993: 240). Onde a ferramenta tem as suas histórias, a mão tem seus gestos. Considerada em termos puramente anatômicos, é claro, a mão é meramente um arranjo complexo de ossos e tecidos musculares. Mas as mãos que uso ao serrar são mais do que isso. São habilidosas. Concentradas nelas estão as capacidades de movimento e sentimento que têm sido desenvolvidas através de uma história de vida de práticas passadas. O que está à mão senão um compêndio de tais capacidades, peculiares às múltiplas tarefas nas quais é posto em uso, e os gestos que implica? Assim, enquanto as mãos fazem gestos, gestos também fazem mãos. E é claro que eles também fazem ferramentas. Segue-se que o gesto é fundamental tanto para a fabricação de ferramentas quanto para o seu uso. O ponto seria óbvio se não fosse por uma certa cegueira conceitual, o que nos leva a ver tanto corpos quanto ferramentas fora do contexto, como coisas-em-si-mesmas (SIGAUT, 1993: 387). Precisamos, portanto, ser lembrados de que "pôr em uso" é uma questão não de anexar um objeto com certos atributos a um corpo com certas características anatômicas, mas de unir uma história aos gestos apropriados. *A ferramenta, como o epítome da estória, seleciona do compêndio da mão os gestos adequados à sua reencenação.* No entanto, a ferramenta tem a sua história somente porque é definida em um contexto que inclui o cavalete, a madeira, e todos os outros apetrechos da oficina. E a mão tem seus gestos apenas porque cresceu e se desenvolveu dentro da sinergia orgânica entre profissional, ferramenta e material. A prática de serrar emana tanto do cavalete e da prancha quanto da serra, tanto da serra quanto do carpinteiro, tanto dos olhos e ouvidos do carpinteiro quanto de suas mãos, tanto de suas orelhas e mãos quanto de sua mente. Só se serra quando todas essas coisas, e muitas outras, estão reunidas e trabalham em uníssono.

O acoplamento de percepção e ação

Um exame detido de um carpinteiro trabalhando revela um aparente paradoxo. No serrar, como já observei, não há dois movimentos precisamente iguais. Em suas oscilações, a mão direita – alternadamente dirigindo a serra para baixo e puxando-a de volta para cima – nunca segue uma trajetória idêntica. A força, amplitude, velocidade e torque do gesto manual variam, embora quase imperceptivelmente, de movimento para movimento. Assim também o fazem a postura do corpo e as configurações músculo-esqueléticas de tensão e compressão que o mantêm em equilíbrio. No entanto, o resultado, em mãos hábeis, é um corte perfeitamente reto, limpo. Como pode a regularidade do corte ser conciliada com essa variabilidade de postura e gesto, dado que apenas o corpo transmite movimento para a lâmina do serrote? Em um estudo agora clássico, o neurocientista russo Nicholai Bernstein foi confrontado com um paradoxo idêntico. Bernstein observou os gestos de um ferreiro habilidoso, batendo no ferro sobre a bigorna repetidamente com um martelo. Ele descobriu que embora o ferreiro consistentemente descesse o martelo sobre exatamente o mesmo ponto na bigorna, as trajetórias das articulações individuais do braço variavam a cada golpe. Como, perguntava-se, pode o movimento do martelo ser tão confiavelmente reproduzido, quando é apenas por meio do braço inconstante que o martelo pode se moveu? (LATASH, 1996: 286). Sua resposta foi que a essência da destreza do ferreiro estava não na constância dos seus movimentos, mas na *sintonia dos movimentos com uma tarefa que surja*" (BERNSTEIN, 1996: 23 – ênfase no original). Para o novato cada golpe é o mesmo, de modo que a menor irregularidade o desvia irremediavelmente. Para o ferreiro ou carpinteiro experiente, ao contrário, cada golpe é diferente. A sintonização ou "correção sensorial" do movimento do profissional depende, no entanto, de um acoplamento íntimo de percepção e ação. Portanto, ao serrar, o monitoramento visual do corte que está sendo feito, através de olhos posicionados acima para ver a madeira de qualquer um dos lados, corrige continuamente o alinhamento da lâmina através de ajustes sutis do dedo indicador ao longo do punho do serrote (figura 4.1, em cima). Da mesma forma a mão direita responde em suas oscilações ao som e ao toque da serra enquanto ela morde o veio da madeira. Esse acoplamento multissensorial estabelece a destreza e o controle que são as principais características da prática qualificada.

A destreza é um complemento necessário para o que David Pye (1968: 4-5) chamou de "trabalho de risco". Nesse trabalho a qualidade do resultado depende, a todo momento, do cuidado e do juízo com que a tarefa prossegue. Portanto, quando se trabalha com um serrote, como acontece com qualquer outra ferramenta de mão, o resultado nunca é uma conclusão precipitada; ao contrário, há um sempre presente perigo, ao longo do trabalho, de que possa dar errado. O maior risco está, sem dúvida, nas fases de inicialização, quando as primeiras marcas indeléveis são cortadas na borda da prancha, e no acabamento, em que o trabalho descuidado pode levar à fragmentação. Obviamente existem maneiras de se reduzir o risco, como quando o carpinteiro inicialmente estabiliza a lâmina contra a junta do dedo. E a fase de continuação, durante a qual o sulco está bem avançado e ajuda a guiar a serra, é muito menos arriscada do que aquelas de começar e encerrar. Como nota Pye, o trabalho de risco quase nunca é visto de uma forma pura, mas é, ao contrário, combinado de várias maneiras com o que ele chama de "trabalho de certeza". Se, no trabalho de risco, o resultado é sempre duvidoso, no trabalho de certeza ele já é predeterminado e inalterável desde o início. Por exemplo, no meu uso do esquadro para desenhar uma linha na prancha, antes do corte, a trajetória da ponta do lápis é preestabelecida pela borda reta do esquadro. Tudo o que eu tenho que fazer é correr o lápis ao longo dela, o que posso fazer rapidamente. Mas assim como todo profissional dedicado ao trabalho de risco buscará reduzi-lo através do uso de gabaritos e modelos, de modo contrário, um grau de risco, invariavelmente, se insinua na mais aparentemente predeterminada das operações. Mesmo quando a serra é guiada pela sua própria ranhura, manter a uniformidade da linha exige atenção contínua e correção.

No início comparei serrar uma prancha com fazer uma caminhada. Assim como com a caminhada, a tarefa tem um início e um fim. Todo final, no entanto, é potencialmente um novo começo, marcando não um término, mas uma pausa para o descanso em uma viagem, de outro modo, contínua. O carpinteiro, um profissional de risco, é como o caminhante que se desloca de um lugar a outro, sustentando-se tanto perceptivamente quanto materialmente através de um envolvimento contínuo com o campo da prática, ou com o que chamei em outro lugar de "panorama de tarefas" [*"taskscape"*] (INGOLD, 2000a: 194-200), que se abre ao longo do seu caminho. Nesse sentido, ele é o completo oposto do operador de máquina, um operário da certeza, cuja atividade está limitada pelos parâmetros de um sistema determinante. Aqui "o produto é feito por uma série planejada de operações, cada uma das quais tem que ser iniciada e interrompida pelo operador, mas com o resultado de cada qual predeterminado e fora de seu controle" (PYE, 1968: 6). Iniciar e interromper, como esta passagem revela, não é o mesmo que começar e terminar. Entre o início e o término os movimentos do profissional estão contínua e sutilmente sensíveis às condições em constante mudança da tarefa, conforme ela prossegue. Entre o começo e a interrupção, ao contrário, ele não tem nada a fazer senão deixar o sistema seguir seu curso, de acordo com as definições determinadas antecipadamente. Portanto, enquanto para o profissional os intervalos entre o fim e o recomeço são pausas para descanso, para o operador de máquina aqueles entre parar e reiniciar são quando toda ação significativa acontece: quando os planos são estabelecidos, os instrumentos redefinidos e os materiais montados. Como um viajante que vai a toda parte de transporte, em vez de ir a pé, é somente quando chega a destinos sucessivos que o operador começa a trabalhar. Sua jornada é mais como uma série de terminais interconectados do que uma caminhada. O acoplamento íntimo entre movimento e percepção que rege o trabalho do profissional é rompido[1].

Agora, em qualquer episódio de uso de ferramentas, alguns gestos são realizados apenas uma ou algumas poucas vezes, outros são repetidos inúmeras vezes. Os primeiros normalmente ocorrem enquanto se prepara, começa e termina, os últimos durante a fase intermediária de continuação. Em nosso caso de serrar uma prancha, traçar a linha, ajoelhar-se, cortar a borda e deslocar a mão esquerda

---

1. A distinção de Pye entre o acabamento da certeza e o do risco, portanto, é paralelo ao meu entre transporte e peregrinação, que exploro mais a fundo no capítulo 12.

para segurar a extremidade cortada exemplificam os primeiros, enquanto os movimentos regulares da serra exemplificam os últimos. Quando falamos da atividade de serrar, são geralmente esses movimentos *recorrentes* que temos em mente, ao invés dos movimentos "pontuais" ou *ocorrentes* com os quais eles abrem e encerram. Neste sentido, serrar é uma de um conjunto de atividades comuns assistidas por ferramentas, incluindo também martelar, bater e raspar, que envolvem todas a repetição de gestos manuais. Na verdade, este tipo de movimento de vai-e-vem ou "alternado" vem naturalmente ao corpo vivo. Em um desempenho fluente há uma qualidade rítmica (LEROI-GOURHAN, 1993: 309-310). Esta qualidade, no entanto, não se encontra no caráter repetitivo do próprio movimento. Para que haja ritmo, o movimento deve ser *sentido*. E o sentimento reside no acoplamento de movimento e percepção que, como vimos, é a chave para a prática qualificada. Como Leroi-Gourhan claramente reconheceu, a atividade técnica é conduzida não contra um fundo estático, mas em um mundo cujos constituintes múltiplos sujeitam-se aos seus próprios ciclos particulares. Pela percepção, os gestos rítmicos do profissional estão em sintonia com os vários ritmos do ambiente. Assim, qualquer tarefa, ela própria um movimento, se desdobra dentro da "rede de movimentos" na qual a existência de cada ser vivo, animal ou humano, é suspensa (p. 282). Uma operação como serrar uma prancha, por exemplo, compreende não um movimento, mas um conjunto de movimentos concorrentes, dentro e fora do corpo. O carpinteiro que tem uma ideia do que está fazendo é aquele que pode mais ou menos harmonizar esses vários movimentos uns com os outros, de modo a que ressoem ou estejam em "sintonia"[2].

O ritmo, então, não é um movimento, mas um acoplamento dinâmico de movimentos. Cada um desses acoplamentos é uma ressonância específica, e a sinergia entre profissional, ferramenta e matéria-prima estabelece um campo inteiro de tais ressonâncias. Mas este campo não é monótono. Pois cada ciclo é definido não dentro de parâmetros fixos, mas dentro de um quadro que está ele mesmo suspenso em movimento, em um ambiente onde nada é a mesma coisa de momento a momento. Como o filósofo Henri Lefebvre argumentou, em sua obra incompleta e publicada postumamente, *Rhythmanalysis* (2004), não há nenhum ritmo nas oscilações mecânicas de um sistema determinante, tais como um pêndulo, que volta periodicamente para o seu exato ponto de partida. De maneira semelhante, a serra rotativa operada mecanicamente não sente nada, e é

---

2. Extraindo seus exemplos da ourivesaria e da tecelagem, Keller argumentou em termos ostensivamente semelhantes aos meus. O que pode parecer ao observador uma "série linear de etapas" é, para o artesão, um "processo recíproco complexo" (KELLER, 2001: 37). Mas por detrás da semelhança reside uma diferença fundamental de abordagem. Pois Keller continua apegada a uma visão mentalista da ação de acordo com a qual para cada movimento existe uma "imagem cinestésica" correspondente. O desafio para o profissional, então, é coordenar as imagens em vez de harmonizar os próprios movimentos. Volto a este tema no capítulo 17 (p. 309-312).

totalmente indiferente ao que está acontecendo enquanto corta. É precisamente porque não há dois movimentos idênticos que o movimento de vai e vem da serra manual, ao contrário do movimento giratório da serra rotativa, é rítmico e não metronômico. Ritmicidade, sustenta Lefebvre (p. 90), implica não apenas repetição, mas *diferenças na repetição*. Ou, dito de outra maneira, o desempenho fluente é rítmico apenas porque imperfeições no sistema exigem contínua correção. É por isso que, como observa a etnoarqueóloga Willeke Wendrich em seu estudo da tecelagem da cesta egípcia, que envolve técnicas que mudaram muito pouco desde os tempos faraônicos, "o ritmo de trabalho anda de mãos dadas com a concentração". Entre os profissionais contemporâneos cujos movimentos ela tentou coreografar, os mais habilidosos eram distinguidos por um ritmo de trabalho constante, uma concentração intensa e uma aparência regular do produto. Profissionais inexperientes, ao contrário, não conseguiam manter um ritmo; eram facilmente distraídos e o seu trabalho era irregular na aparência (WENDRICH, 1999: 390-391). Tenho certeza de que o mesmo aplica-se ao campo da carpintaria. É improvável que um desempenho arrítmico e distraído com o serrote conduza a uma linha regular.

Enfatizo este ponto a fim de corrigir o equívoco generalizado de que o treinamento do corpo através de exercícios repetitivos – ou o que Lefebvre (2004: 38-45) chama de *dressage* – leva a uma progressiva perda de consciência ou de concentração na tarefa. O historiador social Paul Connerton, por exemplo, observa que a repetição de certas operações faz com que a sua execução corporal se torne cada vez mais automática, ao ponto em que "a consciência se retira [e] o movimento flui involuntariamente" (CONNERTON, 1989: 94). Nesta visão, a consciência intervém apenas para interromper o fluxo de outra maneira automático e involuntário da ação habitual. Demonstrei, ao contrário, que o manuseio habilidoso de ferramentas é qualquer coisa, menos automático, sendo na verdade ritmicamente responsivo às condições ambientais em constante mudança (cf. tb. INGOLD, 1999: 437). Nesta responsividade encontra-se uma forma de consciência que não tanto se retira quanto cresce em intensidade com a fluência da ação. Esta não é a consciência de uma mente que se mantém afastada dos confusos afazeres manuais do trabalho. É, ao contrário, imanente à atividade prática, perceptual, alcançando seus arredores ao longo de múltiplas vias de participação sensorial (FARNELL, 2000: 409). A retirada da consciência que Connerton considera ser um efeito da habilitação de fato resulta do processo oposto de inabilitação – ou seja, da *dissolução* do vínculo entre percepção e ação que subscreve a habilidade do profissional. Somente em um sistema perfeito, determinante pode a concentração ser assim banida da prática, de modo a intervir unicamente nos intervalos entre parar e começar. A conjunção de ritmicidade e concentração é, como já vimos, característica do trabalho de risco. É no trabalho de certeza – na operação de um sistema determinante – que a concentração falha, o movimento torna-se automático e o ritmo dá lugar ao mecanismo.

Tecnologia e o fim da habilidade

Ao longo da história, pelo menos no mundo ocidental, o projeto da tecnologia tem sido capturar as habilidades de artífices ou profissionais, e reconfigurar sua prática como a aplicação de princípios racionais cuja especificação não tem em qualquer consideração a experiência e a sensibilidade humanas. "No cerne da tecnologia", como o coloca de forma sucinta o filósofo Carl Mitcham, "parece haver um desejo de transformar a heurística da técnica em algoritmos da prática" (1978: 252). Trata-se de um desejo impulsionado por um ideal de perfeição mecânica epitomado na definição de máquina proposta pelo engenheiro-pesquisador Franz Reuleaux em sua obra clássica de 1876, *The Kinematics of Machinery* (A cinemática das máquinas): "uma combinação de corpos resistentes de tal maneira arranjados, que por meio deles as forças mecânicas da natureza podem ser obrigadas a trabalhar acompanhadas por certos movimentos determinados" (REULEAUX, 1876: 35, 503). Até onde concernia Reuleaux, o corpo do operador humano, na medida em que proporciona um esforço puramente físico, podia ser considerado uma "força da natureza", como qualquer outra e, portanto, uma parte integrante do que ele chamou de "cadeia cinemática fechada" compreendendo a máquina como um todo (p. 508). Onde os profissionais de outrora haviam sido guiados em seu caminho através do panorama de tarefas por histórias de uso passado, os operários da era industrial pareciam – para um engenheiro como Reuleaux – estar vinculados à execução passo a passo de sequências de determinados movimentos já incorporados na concepção e na construção de seu equipamento. Em qualquer tarefa especial, portanto, o fluxo de ação seria dividido em passos operacionais discretos. Embora cada operação possa ser diferente da anterior e da seguinte, a operação mesma seria perfeitamente monótona, e seu movimento repetitivo – não mais alternado, mas rotativo – seria subscrito pela semelhança, e não pela diferença. Portanto, o pulso rítmico de atividade destra, regido pelo acoplamento de percepção e ação, teria dado lugar às oscilações metronômicas de sistemas mecanicamente determinados.

Como habitantes de sociedades industriais modernas, os profissionais contemporâneos encontram-se em um ambiente onde o projeto tecnológico parece ter triunfado, varrendo tudo à sua frente. Será que isso significava, portanto, o fim da habilidade? Será que o socialista americano Harry Braverman estava certo em antever que a crescente mecanização da indústria, impulsionada pelas inexoráveis demandas do monopólio capitalista, levaria inevitavelmente à desqualificação da força de trabalho ou – o que equivale à mesma coisa – a uma concepção empobrecida da habilidade? (BRAVERMAN, 1974: 443-444). Acredito que o prognóstico seja prematuro, por duas razões. Em primeiro lugar, nenhuma máquina pode ser perfeita. Deixe-me voltar por um momento às minhas comparações anteriores entre o serrote e a serra rotativa, e entre o braço do carpinteiro e o pêndulo. A fim de estabelecer a distinção entre oscilação rítmica e metronômica, eu exagerei o contraste. No mundo real, invenções mecânicas são sensíveis às perturbações ambientais, assim como as pessoas o são. Mesmo a mais afinada serra circular, por exemplo, é susceptível a irregularidades e imperfeições na madeira, enquanto um pêndulo pode reagir no seu balanço aos contornos da superfície sobre a qual está montado, assim como à pressão de ar, ao calor e à umidade. Mesmo o metrônomo pode não ser verdadeiramente metronômico. Com efeito, o filósofo Gilbert Simondon chegou a afirmar que a perfeição da máquina repousa precisamente nisto: que o encerramento aparente da cadeia cinemática esconde uma margem de indeterminação. "Uma máquina puramente automática, fechada em si mesma, em uma operação predeterminada, só poderia dar resultados concisos", diz Simondon. "A máquina com maior tecnicalidade é uma máquina aberta..." (SIMONDON, 1980: 4). E o profissional humano, circundado por essas máquinas, está *entre* elas, trabalhando com máquinas que trabalham com ele.

Portanto, não só as máquinas são abertas e não fechadas, mas também o projeto de tecnologia persegue um alvo que se afasta conforme é aproximado. Aqui reside a segunda razão pela qual o avanço tecnológico não augura inevitavelmente o fim da habilidade. "Toda a história da técnica", argumenta o historiador François Sigaut, "pode ser interpretada como uma tentativa sempre renovada de construir habilidades em máquinas por meio de algoritmos, uma tentativa constantemente frustrada, porque outras habilidades sempre tendem a se desenvolver em torno das novas máquinas" (SIGAUT, 1994: 446). Assim, geralmente é este o caso que faria com que Sigaut se sentisse justificado ao referir-se à "lei da irredutibilidade de habilidades". Para reformular a lei em nossos termos: ao mesmo tempo em que as narrativas de uso são convertidas pela tecnologia em estruturas algorítmicas, estas estruturas são elas mesmas postas em uso no âmbito das atividades correntes dos habitantes, e através das histórias deste uso eles são reincorporados ao campo de ação efetiva dentro do qual toda vida é vivida. A essência da habilidade, portanto, vem a residir na capacidade de improvisação com que os profissionais são capazes de desmontar as construções da tecnologia, e criativamente reincorporar as peças em suas próprias esferas de vida. Nessa capacidade repousa o poder da vida de resistir às imposições de regimes de comando e controle que buscam reduzir os profissionais ao que Karl Marx (1930: 451) uma vez chamou de "apêndices vivos" de um mecanismo sem vida. A habilidade, portanto, está destinada a perdurar enquanto a vida o fizer, ao longo de uma linha de resistência, sempre desfazendo os encerramentos e finalidades que a mecanização coloca em seu caminho.

Imagine duas linhas que se interceptam, A e B. Sua interseção define um ponto, P. Que diferença faria se retratássemos A e B como pontos e P como a linha de sua conexão? Matematicamente, estas alternativas podem ser consideradas como simples variações. Como tais, seriam modos equivalentes de se postular uma relação entre A e B: ou como intersecção, ou como conexão. Mas se começarmos não com linhas geométricas abstratas, mas com linhas reais da vida – de movimento e crescimento –, então a diferença é profunda. Pois a operação através da qual estas linhas são convertidas em pontos é uma que coloca a vida dentro, e o mundo fora, de inúmeros compartimentos ou células. E os locais onde as linhas da vida se encontram ou ligam-se umas às outras são, por isso mesmo, reimaginados como locais de adjacência ou contato externo. As linhas que poderíamos traçar para representar este contato não são aquelas ao longo das quais nada se move ou cresce. Elas são linhas não de fuga, mas de interação. Uso o termo *inversão* para me referir à operação que envolve linhas de fuga em pontos limitados. Os capítulos que compõem esta parte são dedicados a desfazer esta inversão, e, assim, revelar, por trás da imagem convencional de uma rede de entidades que interagem, aquilo que eu chamo de *malha* de linhas emaranhadas de vida, crescimento e movimento. Este é o mundo em que habitamos. Meu argumento, do início ao fim, é o de que o que é comumente conhecido como a "rede da vida" é precisamente isso: não uma rede de pontos conectados, mas uma malha de linhas entrelaçadas.

Este argumento não está muito longe de entendimentos do mundo da vida professados por povos comumente caracterizados na literatura etnográfica como animistas. Tem sido convencional descrever o animismo como um sistema de crença que atribui vida a objetos inertes. Mas como mostro no capítulo 5, essa atribuição é mais típica de povos das sociedades ocidentais que sonham em encontrar vida em outros planetas do que de povos indígenas, aos quais o rótulo de animismo geralmente tem sido aplicado. Estes povos estão unidos não em sua crença, mas em um modo de ser que está vivo e aberto a um mundo em nascimento contínuo. Nesta ontologia anímica, os seres não propelem-se através de um mundo pronto, mas sim surgem através de um mundo em formação, ao longo das linhas de seus relacionamentos. Para seus habitantes este mundo, abrangendo tanto o céu quanto a terra, é uma fonte de espanto, mas não de surpresa. Há uma diferença, aqui, entre ser surpreendido pelas coisas e ser espantado por elas. A surpresa é a moeda de especialistas que comerciam planos e previsões. Somos surpreendidos quando as coisas não saem como previstas, ou quando seus valores – como especialistas estão inclinados a dizer – afastam-se "do que se pensava anteriormente". Somente quando um resultado é surpreendente, ou talvez contraintuitivo, supostamente nos damos conta. O que não é surpreendente é considerado desprovido de interesse ou importância histórica. Assim, a própria história torna-se um registro de falhas de previsão. Em um mundo em devir, no entanto, até mesmo o comum, o mundano ou o intuitivo causam espanto – o tipo de espanto que advém da valorização de cada momento, como se, naquele momento, estivéssemos encontrando o mundo pela primeira vez, sentindo seu pulso, maravilhando-nos com a sua beleza e nos perguntando como um mundo assim é possível. Argumento que reanimar a tradição ocidental de pensamento significa recuperar o sentido de espanto banido da ciência oficial.

No capítulo 6 volto ao perene problema do que significa falar de *meio ambiente* de um animal ou, mais particularmente, de um ser humano. Para evitar as contradições inerentes a se presumir que as relações ambientais humanas sejam mediadas por sistemas de significação simbólica – com o seu corolário absurdo de que os animais não humanos habitam mundos sem sentido – considero as fontes de significado ambiental para não humanos e sua possível disponibilidade também para seres humanos. Na psicologia, a teoria das provisões de James Gibson oferece uma abordagem possível, embora se considere que, em última instância, privilegie o meio ambiente como um lugar de significado *vis a vis* seus habitantes, sejam humanos ou não humanos. Em etologia, a teoria do *Umwelt*, de Jakob von Uexküll, sugere, muito pelo contrário, que o significado é outorgado pelo organismo ao seu ambiente. Em filosofia, e seguindo o exemplo de Von Uexküll, Martin Heidegger estabeleceu uma nítida distinção entre a "cativação" do animal em seu *Umwelt* e a maneira como o mundo é desvelado, ou aberto, para os seres humanos. Mas a cativação do animal também implica um sentido de abertura, na maneira na qual sua vida flui ao longo de linhas comparáveis – nos termos de Von Uexküll – àquelas da música polifônica. Este sentido foi retomado na filosofia de Gilles Deleuze. O organismo vivo, para Deleuze, é um feixe de linhas, uma *hecceidade*. Criticamente, estas linhas não conectam pontos, mas passam para sempre no meio e entre. Considerando a maneira como essa ideia foi retomada na chamada Teoria Ator-rede, particularmente associada à obra de Bruno Latour, volto à importância de se distinguir a rede como um conjunto de pontos interconectados da malha como um entrelaçamento de linhas. Cada uma dessas linhas descreve um fluxo de substância material em um espaço que é topologicamente fluido. Concluo que o organismo (animal ou humano) deva ser entendido não como uma entidade limitada rodeada por um ambiente, mas como um emaranhamento ilimitado de linhas em um espaço fluido.

Os teoristas, os imperadores do mundo acadêmico, são propensos ao autoengrandecimento, vestindo suas disputas com um vestuário verbal suntuoso cujo significado nem eles nem aqueles que os lisonjeiam são capazes de contemplar. É preciso que um tolo reconheça que aí não há coisa alguma. No capítulo 7, o papel do tolo é desempenhado através de um diálogo entre dois personagens humildes, a formiga e a aranha, cujo desdém pela vaidade humana é igualado apenas pelo seu amor compartilhado pela filosofia. Ao relatar seu diálogo destaco as semelhanças e as diferenças entre a teoria latouriana do ator-rede e a minha própria abordagem da "malha" do estar vivo. A formiga afirma que os eventos são os efeitos de uma agência que é distribuída em torno de uma extensa rede da atos-formigas comparáveis à teia de aranha. Mas a teia, como explica a aranha, não é realmente uma rede neste sentido. Suas linhas não se conectam; ao contrário, elas são as linhas ao longo das quais ela percebe e age. Para a aranha, elas são de fato linhas da vida. Assim, enquanto a formiga concebe o mundo como um conjunto de pedaços e peças heterogêneas, o mundo da aranha é um emaranhado de linhas e caminhos; não uma rede, mas uma malha. A ação, então, surge da interação de forças conduzidas ao longo das linhas da malha. É porque os organismos estão imersos em tais campos de força que eles estão vivos. Separar a aranha da sua teia seria como separar a ave do ar ou o peixe da água: removidos dessas correntes eles estariam mortos. Os sistemas vivos são caracterizados por um acoplamento de percepção e ação que surge dentro dos processos de desenvolvimento ontogenético. Este acoplamento é tanto uma condição para o exercício da agência quanto da fundação da habilidade. Onde a formiga, portanto, está para a Teoria Ator-rede, a aranha – o epítome da minha posição – está para a proposição de que a *prática habilidosa envolve uma responsividade incorporada em termos de desenvolvimento.*

5

Repensando o animado, reanimando o pensamento

A descoberta da vida

De vez em quando a mídia do mundo ocidental registra uma onda de excitação acerca da perspectiva iminente da descoberta de vida no Planeta Marte. Tão potente é essa expectativa que líderes mundiais – embora de questionável estatura intelectual – têm sido conhecidos por colocarem suas reputações em jogo com a promessa de sua realização. Astrônomos astutos, assediados pela crônica falta de financiamento para a sua ciência mais cara, estão bem conscientes da importância de se manter o senso de excitação fervilhante. Enquanto os políticos verem nisso uma chance de garantir o seu lugar na história, eles sabem que o dinheiro vai continuar entrando. Para o resto de nós, talvez ingenuamente, mas também menos cinicamente, o pensamento da vida em outro planeta exerce um fascínio duradouro. Eu também sou fascinado pela ideia. Gostaria muitíssimo de saber, no entanto, o que exatamente os cientistas esperam encontrar na superfície do planeta. Será que a vida é o tipo de coisa que possa estar repousando sobre a paisagem marciana? Se sim, como a reconheceríamos quando a víssemos? Talvez a resposta possa ser que gostaríamos de identificar vida em Marte apenas da mesma maneira que a identificaríamos em nossa própria terra. Mas eu não estou sequer certo de como o faríamos. Do que *estou* certo, porque o sabemos a partir da etnografia, é que as pessoas nem sempre concordam acerca do que é vivo e do que não é, e que, mesmo quando elas *de fato* concordam, pode ser por razões inteiramente diferentes. Tenho também a certeza, mais uma vez porque o sabemos a partir da etnografia, que as pessoas não discriminam universalmente entre as categorias de coisas vivas e não vivas. Isso porque, para muitas pessoas, a vida não é, absolutamente, um atributo das coisas[1]. Ou seja, ela não emana de um mundo que já existe, povoado por objetos-como-tais, mas é, ao contrário, imanente ao próprio processo contínuo de geração ou vir a ser do mundo.

---

1. Aqui estou usando a palavra "coisa" no sentido kantiano e não no sentido heideggeriano, ou seja, como um objeto acabado ao invés de um encontro dos fios da vida (sobre esta distinção, cf. o capítulo 17, p. 307-309). Somente neste sentido as coisas podem ser entendidas como pertencendo a categorias *a priori*.

As pessoas que têm essa compreensão da vida – inclusive muitas entre as quais os antropólogos têm trabalhado, em regiões tão diversas quanto a Amazônia, o Sudeste da Ásia e o Círculo Polar Ártico – são frequentemente descritas na literatura como animistas. De acordo com uma convenção há muito estabelecida, o animismo é um sistema de crenças que atribui vida ou espírito a coisas que são verdadeiramente inertes (cf. capítulo 2, p. 62). Mas essa convenção, como vou demonstrar, é enganosa por dois motivos. Em primeiro lugar, estamos lidando aqui não com uma maneira de acreditar *sobre* o mundo, mas com uma condição de estar *nele*. Isto poderia ser descrito como uma condição de estar vivo para o mundo, caracterizada por uma maior sensibilidade e capacidade de resposta, na percepção e na ação, a um ambiente que está sempre em fluxo, nunca o mesmo de um momento para o outro. A animacidade, portanto, não é uma propriedade das pessoas imaginariamente projetada sobre as coisas pelas quais se percebem cercadas. Em vez disso – e este é o meu segundo ponto – trata-se do potencial dinâmico, transformador de todo o campo de relações dentro do qual seres de todos os tipos, mais ou menos semelhantes a pessoa ou a coisas, continua e reciprocamente trazem uns aos outros à existência. A animacidade do mundo da vida, em suma, não é o resultado de uma infusão de espírito na substância, ou de agência na materialidade, mas é, ao contrário, ontologicamente anterior à sua diferenciação.

Não sou certamente o primeiro a observar que os animistas reais, de acordo com a definição convencional do termo, sejam precisamente aqueles que sonham em encontrar vida em Marte. Eles realmente acreditam que exista um princípio animador que pode estar alojado no interior dos objetos físicos, levando-os a seguirem adiante e a multiplicarem-se. Foi essa mesma crença que os etnólogos do século XIX projetaram sobre os selvagens que conheciam, acusando-os, no entanto, de aplicá-la de maneira demasiadamente pródiga para cobrir tudo e qualquer coisa, seja realmente viva ou não. Não deveríamos, portanto, nos surpreender com o paralelo entre os astrônomos do início do século XXI, que esperam descobrir vida escondida dentro da matéria de outros planetas, e os seus antecessores etnológicos que partiram para descobrir crenças animistas escondidas nas mentes de outras culturas. Psicólogos têm sugerido que tais crenças estão fundadas no alicerce de uma predisposição inconsciente que, mesmo "adultos educados" partilham com crianças e pessoas supostamente primitivas – uma predisposição a agir como se objetos inanimados fossem realmente vivos (BROWN & THOULESS, 1965). O argumento afirma que, se você não sabe se algo está vivo ou não, é uma melhor aposta presumir que esteja e arcar com as consequências. Os custos de se cometer um erro em alguns casos são compensados pelos benefícios de se acertar em outros (GUTHRIE, 1993: 41). Aqueles que tomam rochas por crocodilos têm maiores chances de sobrevivência do que aqueles que confundem crocodilos com rochas. Uma vez que os não animistas intuitivos não foram selecionados, devido a encontros infelizes com coisas que acabaram revelando serem mais vivas do que o previsto, todos nós evoluímos para sermos animistas de armário – sem, é claro, o percebermos.

Nascimento contínuo

Salvo este absurdo, argumentos desta forma geral seguem a mesma lógica. Eu a chamo de lógica de inversão, e está profundamente sedimentada dentro dos cânones do pensamento ocidental (INGOLD, 1993: 218-219). Através desta lógica, o campo de envolvimento no mundo, de uma coisa ou pessoa, é convertido em um esquema interior cuja aparência e comportamento manifestos são apenas expressões exteriores. Assim, movimentando-se e crescendo ao longo de linhas que o ligam à teia da vida, o organismo é reconfigurado como a expressão externa de um desígnio interior. Da mesma forma a pessoa, agindo e percebendo dentro de um nexo de relações entrelaçadas, é presumida comportar-se de acordo com as instruções de modelos culturais ou esquemas cognitivos instalados no interior da sua cabeça. Por meio de inversão, seres originalmente abertos para o mundo são fechados em si mesmos, selados por uma fronteira externa ou casca que protege a sua constituição interna do tráfego de interações com o meio envolvente. Meu propósito neste capítulo é reverter a lógica da inversão. Uma vez que vida tem estado, por assim dizer, instalada dentro das coisas, quero restaurar estas coisas à vida através de um retorno às correntes de sua formação. Ao fazê-lo pretendo recuperar aquela abertura original para o mundo na qual as pessoas que *nós* (i. é, os etnólogos treinados no Ocidente) chamamos de animista encontram o sentido da vida.

Um homem dentre os Wemindji Cree, caçadores nativos do norte do Canadá, ofereceu o seguinte significado para o etnógrafo Colin Scott. A vida, segundo ele, é um "nascimento contínuo" (SCOTT, 1989: 195). Eu quero pregar isso na minha porta! Isso vai ao cerne da questão. Elaborando: a vida, na ontologia anímica, não se trata de uma emanação, mas de uma geração de ser, em um mundo que não é preordenado, mas incipiente, sempre à beira do atual (INGOLD, 2000a: 113). Estamos continuamente presentes como testemunhas desse momento, sempre em movimento, como a crista de uma onda, no qual o mundo está prestes a revelar-se pelo que é[2]. Em seu ensaio sobre "Olho e mente", o filósofo Maurice Merleau-Ponty atribuiu precisamente o mesmo tipo de sensibilidade – a mesma abertura para um mundo em formação – ao pintor. A relação do pintor com o mundo, escreve Merleau-Ponty, não é simplesmente "físico-óptica". Ou seja, ele não contempla um mundo que seja finito e completo, e prossegue formando uma representação dele. Em vez disso, a relação é de "nascimento con-

---

2. Erin Manning escreve, na mesma linha, que "experimentar é sempre existir no limite da aparência e da realidade: é coexistir o presente como um passamento de emergência que só será conhecido no seu futuro-passamento-tornando-se-presente" (MANNING, 2009: 69).

tinuado" – estas são as próprias palavras de Merleau-Ponty – como se a cada momento o pintor abrisse os olhos para o mundo pela primeira vez (cf. capítulo 10, p. 196). Sua visão não é de coisas no mundo, mas de coisas tornando-se coisas e do mundo tornando-se mundo (MERLEAU-PONTY, 1964: 167-168, 181).

A constituição relacional do ser

Quero enfatizar dois pontos sobre essa percepção anímica do mundo. Um deles diz respeito à constituição relacional do ser; o outro concerne à primazia do movimento. Lidarei com um de cada vez. O primeiro ponto me leva de volta à lógica da inversão. Imaginemos um organismo. Eu poderia descrevê-lo assim:

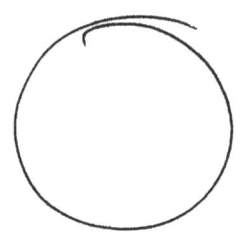

Mas nesta descrição aparentemente inocente eu já efetuei uma inversão. Eu dobrei o organismo em si mesmo de tal forma a estar delineado e contido dentro de um limite perimetral, destacado de um mundo circundante – um ambiente – com o qual ele está destinado a interagir de acordo com a sua natureza. O organismo está "aqui", o ambiente "lá fora". Mas em vez de desenhar um círculo, eu poderia muito bem ter traçado uma linha. Por isso, vamos começar de novo. Aqui está um organismo:

Nesta representação não existe interior ou exterior, e nenhum limite separando os dois domínios. Pelo contrário, trata-se de uma trilha de movimento ou crescimento. Cada uma dessas trilhas revela uma relação. Mas a relação não é *entre* uma coisa e outra – entre o organismo "aqui" e o ambiente "lá". É, antes, uma trilha *ao longo da* qual a vida é vivida. Nem começando aqui e terminando lá, nem vice-versa, a trilha serpenteia através ou pelo meio como a raiz de uma planta ou de um córrego por entre as suas margens. Cada uma dessas trilhas é simplesmente um fio em um tecido de trilhas que juntas compreendem a textura do mundo da vida. É desta textura que quero dizer quando falo de organismos sendo constituídos dentro de um campo relacional. Trata-se não de um campo de pontos interconectados, mas de linhas entrelaçadas; não de uma rede, mas de *uma* malha (INGOLD, 2007a: 80).

A distinção é fundamental. Imagens de rede tornaram-se comuns em um amplo espectro de disciplinas, das "teias de vida" da ecologia, passando pelas "redes sociais" da sociologia e da antropologia social, até as redes "agente-objeto" dos estudos de cultura material[3]. Por todos estes campos, os defensores do pensamento de rede argumentam que este nos encoraja a enfocar, em primeiro lugar, não os elementos, mas as conexões entre eles, e assim a adotar o que é muitas vezes chamado de uma perspectiva relacional. Essa perspectiva permite a possibilidade de que com qualquer par de elementos conectados cada um desempenhe um papel ativo na formação contínua do outro. Por meio de suas relações, supõe-se que coisas, organismos ou pessoas possam ser mutuamente constitutivos. No entanto, como Frances Larson, Alison Petch e David Zeitlyn apontam em um estudo recente das conexões entre objetos de museus, colecionadores e curadores, a metáfora da rede implica, logicamente, que os elementos conectados são distinguidos das linhas da sua conexão (LARSON et al., 2007: 216-217). Assim, não pode haver reciprocidade sem a separação prévia dos elementos cuja constituição está em questão. Isto quer dizer que o estabelecimento de relações *entre* esses elementos – quer se tratem de organismos, pessoas ou coisas de qualquer outro tipo – exige necessariamente que cada um esteja fechado em si mesmo antes de sua integração na rede. E isso pressupõe uma operação de inversão.

Desenhar a relação como uma trilha, como fiz acima, é desfazer essa inversão, e repudiar a distinção, chave para a ideia de rede, entre as coisas e suas relações. As coisas *são* as suas relações. Como a descrição de um organismo, contudo, a linha única apresenta uma simplificação grosseira. Nenhum organismo complexo é assim. Em vez disso, as vidas dos organismos geralmente se estendem ao longo não de uma, mas de várias trilhas, saídas de uma fonte. "Viver", como o filósofo da biologia Georges Canguilhem escreveu em seu *Knowledge of Life* (Conhecimento da vida), de 1952, "é irradiar; é organizar o meio a partir de e em torno a um centro de referência" (CANGUILHEM, 2008: 113-114; cf. figura 5.1). O organismo, então, deveria ser representado mais ou menos assim:

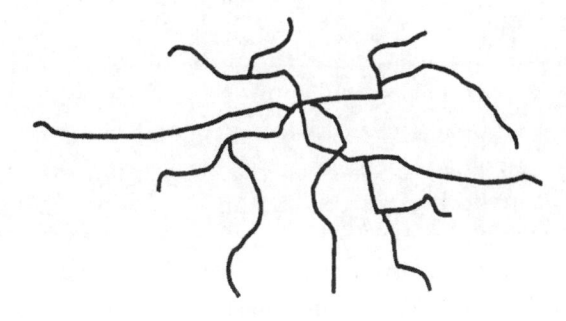

3. Excluí a chamada Teoria Ator-rede dessa lista, uma vez que lido com ela nos dois capítulos seguintes (6 e 7).

Escusado será dizer que esta descrição funcionaria igualmente bem para pessoas que, sendo organismos, também se estendem ao longo dos múltiplos caminhos do seu envolvimento no mundo[4]. Organismos e pessoas, então, não são tanto nós em uma rede quanto nós em um tecido de nós, cujos fios constitutivos, conforme se amarram a outros fios, em outros nós, compreendem a malha.

Mas o que aconteceu, agora, com o meio ambiente? Literalmente, obviamente, um ambiente é aquilo que *circunda* o organismo. Mas você não pode circundar um feixe sem delimitar uma fronteira que o cercaria, e isso seria imediatamente efetuar uma inversão, converter essas relações ao longo das quais um ser vive sua vida no mundo em propriedades internas das quais sua vida não é senão a expressão exterior. Podemos supor, porém, que as linhas de crescimento oriundas das múltiplas fontes tornem-se amplamente envolvidas umas com as outras, um pouco como as vinhas e trepadeiras de um denso trecho de floresta tropical, ou os emaranhados sistemas radiculares que você corta com a pá toda vez que cava o jardim. O que temos estado acostumados a chamar de "ambiente" pode, então, ser melhor vislumbrado como um domínio de emaranhamento. É dentro desse emaranhado de trilhas entrelaçadas, continuamente se emaranhando aqui e se desemaranhando ali, que os seres crescem ou "emanam" ao longo das linhas das suas relações.

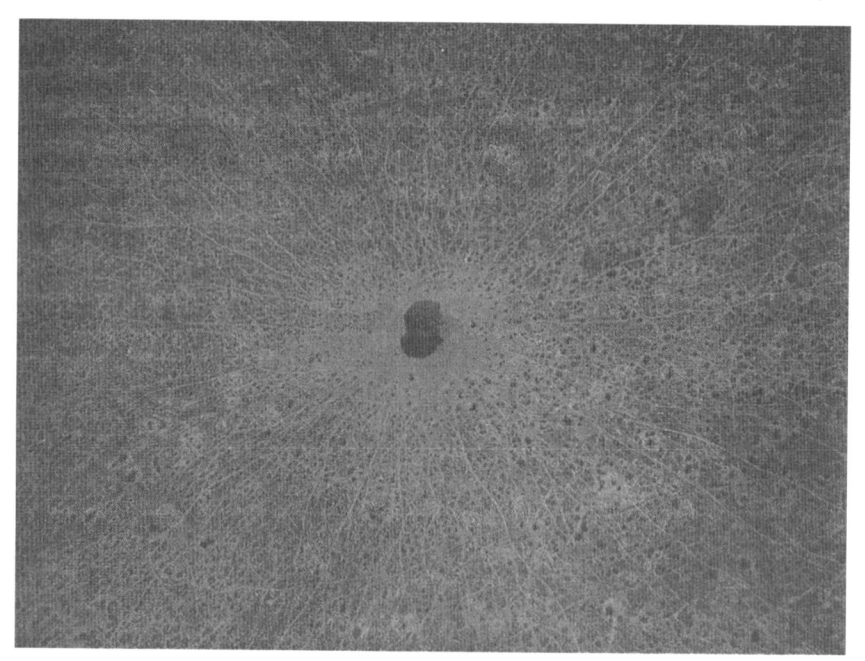

Figura 5.1 Irradiando vida: uma árvore de acácia no Parque Nacional de Tsavo, no Quênia, fotografada do ar. Foto: Yann Arthus-Bertrand, cortesia da Agência Altitude.

---

4. Também o fará por lugares, como veremos no capítulo 12 (p. 218s.).

Este entrelaçamento é a textura do mundo. Na ontologia anímica, os seres não ocupam simplesmente o mundo, eles o *habitam*, e ao fazê-lo – costurando seus próprios caminhos através da malha – contribuem para a sua trama em constante evolução. Portanto, devemos parar de ver o mundo como um substrato inerte sobre o qual os seres vivos movem-se como fichas em um tabuleiro ou atores em um palco, onde artefatos e a paisagem tomam o lugar, respectivamente, de propriedades e do cenário. Da mesma forma, os seres que habitam o mundo (ou que são verdadeiramente indígenas neste sentido) não são objetos que se movem, submetendo-se a deslocamento de ponto a ponto pela superfície do mundo. Na verdade, o mundo habitado, como tal, não tem superfície. Como vimos no capítulo 3 (p. 90), seja qual for a superfície na qual alguém se encontre, seja do solo, da água, da vegetação ou de construções, ela está *no* mundo, e não é *dele* (INGOLD, 2000a: 241). E tecidas em sua própria textura estão as linhas de crescimento e movimento dos seus habitantes. Cada uma dessas linhas, em suma, é um caminho *através de*, em vez de *pelo*. E é como suas linhas de movimento, e não como entidades moventes, autopropulsionadas, que os seres são exemplificados no mundo. Isso leva-me ao meu segundo ponto, acerca da primazia do movimento.

A primazia do movimento

O mundo anímico está em fluxo perpétuo, uma vez que os seres que dele participam seguem seus vários caminhos. Esses seres não existem em locais, eles ocorrem ao longo de caminhos. Entre os Inuit do Ártico canadense, por exemplo, como o escritor Rudy Wiebe mostrou (1989: 15), tão logo uma pessoa se move, ele ou ela torna-se uma linha. As pessoas são conhecidas e reconhecidas pelas trilhas que deixam atrás de si (volto a este exemplo no capítulo 12, p. 220s.). Animais, do mesmo modo, distinguem-se por padrões característicos de atividade ou assinaturas de movimento, e perceber um animal significa testemunhar essa atividade em curso, ou ouvi-la. Assim, para tomar um par de ilustrações do maravilhoso relato, feito por Richard Nelson, dos Koyukon do Alasca, *Make Prayers to the Raven* (Faça orações para o corvo), vê-se algo "relampejando como uma faísca de fogo pelo mato", não uma raposa, e algo "empoleirando-se nos ramos mais baixos dos abetos", e não uma coruja (NELSON, 1983: 108, 158). Os nomes dos animais não são substantivos, mas verbos[5].

Mas não é diferente com os corpos celestes, como o sol e a lua. Poderíamos pensar no sol como um disco gigante que se observa fazer o seu caminho de leste a oeste por toda a grande abóbada do céu. Poderia ser representado assim:

---

5. Este tema é explorado mais detalhadamente no capítulo 14.

Mas nas inscrições pictográficas dos povos nativos das Planícies da América do Norte é representado assim:

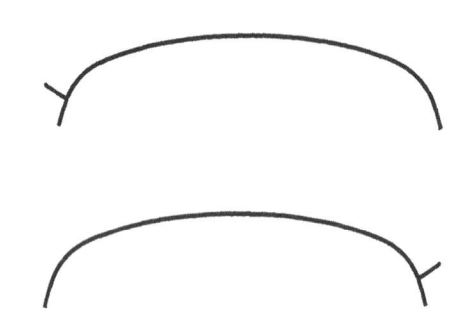

ou assim:

onde o pequeno entalhe no final da linha indica o nascer ou o pôr do sol (FARNELL, 1994: 959). Nessas representações o sol não é entendido como um objeto que se move *pelo* céu. Ao contrário, é identificado como o caminho do seu movimento *através* do céu, em sua jornada diária do horizonte oriental para o ocidental. Como devemos imaginar o céu, e, em especial, a relação entre o céu e a terra, é um problema ao qual devo retornar abaixo.

Onde quer que haja vida, há movimento. Nem todo movimento, no entanto, indica vida. O movimento da vida é especificamente o de tornar-se, em vez do de ser, da incipiência da renovação ao longo de um caminho, em vez do da extensividade do deslocamento no espaço (MANNING, 2009: 5-6). Toda criatura, enquanto "emana" e deixa trilhas atrás de si, move-se em sua forma característica. O sol está vivo devido à maneira como se move através do firmamento, mas também o estão as árvores, devido aos modos peculiares de seus ramos se moverem e suas folhas tremularem ao vento, e devido aos sons que emitem ao fazê-lo. Obviamente o cientista ocidental concordaria que a árvore está viva, mesmo embora possa ter dúvidas acerca do sol. Mas suas razões seriam bastante diferentes. A árvore está viva, ele diria, não por causa do seu movimento, mas porque é um organismo celular cujo crescimento é alimentado por reações de fotossíntese e regulado pelo ADN no núcleo da célula. Quanto a seus movimentos, estes são apenas os efeitos do vento. Mas e quanto ao próprio vento? Mais uma vez, o cientista teria suas próprias explicações: o vento é causado por diferenças horizontais e verticais na pressão do ar atmosférico. Ele também é um efeito. Na maioria das cosmologias anímicas, no entanto, considera-se que os ventos estejam vivos e tenham poderes autônomos de agente; em muitas eles são pessoas importantes que dão forma e direção ao mundo em que as pessoas vivem, assim como o faz o sol, a lua e as estrelas.

Uma vez que reconheçamos a primazia do movimento no cosmos anímico, a inclusão no panteão de seres do que a ciência moderna classificaria como fenômenos meteorológicos – não apenas os ventos, mas comumente também o trovão – torna-se facilmente compreensível. Não estamos obrigados a acreditar que o vento seja um ser que sopra, ou que o trovão seja um ser que aplaude. Pelo contrário, o vento *está* soprando, e o trovão *está* aplaudindo, assim como organismos e as pessoas *estão* vivendo das maneiras peculiares a cada um. Mas penso que haja um pouco mais a ser dito sobre a proeminência conferida a essas manifestações do ser relacionadas com o clima, e isso me traz de volta à relação entre a terra e o céu.

Céu, terra e o clima

Mencionei anteriormente nossa propensão a supor que o mundo inanimado seja apresentado à vida como uma superfície a ser ocupada. Dizemos que a vida é vivida no chão, ancorada a fundações sólidas, enquanto o tempo rodopia pelo ar. Abaixo desta superfície do solo encontra-se a terra; acima a atmosfera. Nos pronunciamentos de muitos teoristas, no entanto, o solo figura como uma interface não meramente entre a terra e a atmosfera, mas muito mais fundamentalmente entre os domínios da *agência* e da *materialidade*. Como vimos no capítulo 2 (p. 54s.), isso tem a consequência muito peculiar de tornar *imaterial* o meio através do qual os organismos e as pessoas se movem na condução de suas atividades. Entre mente e natureza, pessoas e coisas, e agência e materialidade, nenhum espaço conceitual permanece para aqueles fenômenos e transformações muito reais do meio, que são geralmente conhecidos pelo nome de tempo. Isto, creio eu, explica a quase ausência do tempo de debates filosóficos sobre estas questões. Trata-se de um resultado da lógica de inversão – uma lógica que situa a ocupação antes da habitação, o movimento por, antes do movimento através, a superfície antes do meio. Nos termos desta lógica, o clima é simplesmente impensável.

Na ontologia anímica, em contrapartida, inconcebível é a própria ideia de que a vida se desenrole sobre a superfície inanimada de um mundo pronto. Os seres vivos, de acordo com essa ontologia, fazem o seu caminho *através de* um mundo nascente, em vez de *pela* sua superfície pré-formada. Ao fazê-lo, e, dependendo das circunstâncias, eles podem experimentar vento e chuva, sol e névoa, geada e neve, e uma série de outros fenômenos relacionados com o tempo, os quais afetam fundamentalmente todos os seus humores e motivações, seus movimentos e suas possibilidades de subsistência, mesmo quando estes fenômenos esculpem e erodem a infinidade de superfícies sobre as quais os habitantes pisam.

Para eles, o mundo habitado é constituído, em primeiro lugar, pelo fluxo aéreo do tempo, em vez de pela fixidez fundamentada da paisagem. O clima é dinâmico, sempre se desdobrando, sempre mudando em suas correntes, qualidades de luz e sombra, e cores, alternadamente úmido ou seco, quente ou frio, e assim por diante. Neste mundo a Terra, longe de fornecer uma base sólida para a existência, parece flutuar como uma jangada frágil e efêmera, tecida a partir dos fios da vida terrestre, e suspensa na grande esfera do céu. Esta esfera é onde toda a ação sublime acontece: onde o sol brilha, o vento sopra, a neve cai e as tempestades esbravejam. Trata-se de uma esfera na qual pessoas poderosas não buscam estampar sua vontade sobre a terra, mas alçar voo com os pássaros, planar com o vento e conversar com as estrelas. Suas ambições, poderíamos dizer, são mais celestiais do que territoriais.

Este é o ponto em que devemos voltar à pergunta que fiz há pouco, sobre o significado do céu e da sua relação com a terra. Considere a definição oferecida pelo meu dicionário Chambers. O céu, nos informa o dicionário, é "o dossel aparente sobre nossas cabeças". Isso é revelador em dois aspectos. Em primeiro lugar, o céu é imaginado como uma *superfície*, exatamente como a superfície da Terra, exceto, claro, por ser uma cobertura por cima das cabeças, em vez de uma plataforma sob os pés. Em segundo lugar, no entanto, ao contrário da superfície da Terra, a do céu não é verdadeira, mas apenas *aparente*. Na realidade não há superfície nenhuma. Concebido como tal, o céu é um fantasma. É o lugar onde os anjos pisam. Seguindo o que é agora uma linha familiar de pensamento, a superfície da Terra tornou-se uma interface entre o concreto e o imaginário. O que repousa abaixo (a terra) pertence ao mundo físico, enquanto o que arqueia em acima (o céu) é sublimado em pensamento. Com os pés no chão e as cabeças no ar, os seres humanos parecem estar constitucionalmente divididos entre o material e o mental. Dentro do cosmos anímico, no entanto, o céu não é uma superfície, real ou imaginária, mas um meio. Além disso, este meio, como já vimos, é habitado por uma variedade de seres, inclusive o sol e a lua, os ventos, o trovão, os pássaros e assim por diante. Estes seres deixam seus próprios rastros através do céu, exatamente como os seres terrestres deixam seus rastros através da terra. O exemplo do caminho do sol já foi mencionado. Mas também se supõe comumente que os ventos façam trilhas através do céu, vindos dos quartéis em que residem (FARNELL, 1994: 943). Tampouco são a terra e o céu domínios mutuamente excludentes de habitação. Aves rotineiramente se deslocam de um domínio para o outro, como o fazem humanos poderosos, como os xamãs. Os esquimós Yup'ik, de acordo com Anne-Fienup Riordan (1994: 80), reconhecem uma classe de pessoas extraordinárias que têm pés tão ligeiros que podem literalmente decolar, deixando um rastro de neve soprada pelo vento nas árvores.

Espanto e surpresa

Em suma, longe de enfrentarem-se mutuamente em ambos os lados de uma divisão impenetrável entre o real e o imaterial, a terra e o céu estão inextricavelmente ligados dentro de um campo indivisível, integrado ao longo das linhas de vida entrelaçadas dos seus habitantes. Os pintores sabem disso. Eles sabem que pintar o que se convencionou chamar de "paisagem" é pintar tanto a terra quanto o céu, e que a terra e o céu se misturam na percepção de um mundo que passa por um nascimento contínuo. Eles sabem, também, que a percepção visual desta terra-céu, ao contrário daquela de objetos na paisagem, é, em primeiro lugar, uma experiência da luz. Em sua pintura pretendem recuperar, por detrás da mediocridade mundana da habilidade de ver *as coisas*, o puro espanto dessa experiência, ou seja, de ser capaz de *ver*[6]. Penso que o espanto seja o outro lado da moeda para a própria *abertura* para o mundo que tenho mostrado ser fundamental para a maneira anímica de ser. Trata-se do sentimento de admiração oriundo de se montar na crista do contínuo nascimento do mundo. No entanto, juntamente com a abertura vem a vulnerabilidade. Os forasteiros não familiarizados com esta maneira de ser, que muitas vezes parece timidez ou fraqueza, provam uma falta de rigor característica de crença e de prática supostamente primitivas. A maneira de conhecer o mundo, dizem eles, não é se abrir a ele, mas sim "apreendê-lo" em uma grade de conceitos e categorias. O espanto foi banido dos protocolos da investigação racional conceitualmente conduzida. Ele é inimigo da ciência.

Buscando fechamento em vez de abertura, os cientistas são frequentemente surpreendidos pelo que encontram, mas nunca ficam atônitos. Os cientistas são surpreendidos quando suas previsões dão errado. O objetivo mesmo da previsão, no entanto, repousa sobre a presunção de que se possa dar conta do mundo. Mas obviamente o mundo segue o seu próprio caminho, nada obstante. O que o *designer* Stewart Brand diz acerca de construções arquitetônicas aplica-se igualmente às construções da ciência: "Todos os edifícios são previsões; todas as previsões estão erradas" (1994: 178). Seguindo o programa popperiano de conjectura e refutação, a ciência transformou a surpresa em um princípio de avanço criativo, convertendo seu registro cumulativo de falha preditiva em uma história de progresso. A surpresa, no entanto, só existe para aqueles que se esqueceram de como se espantarem com o nascimento do mundo, que têm crescido tão acostumados ao controle e à previsibilidade que dependem do inesperado para assegurar-lhes de que os eventos estão ocorrendo e de que a história está sendo feita. Em contrapartida, os que estão verdadeiramente abertos para o mundo, embora perpetuamente espantados, nunca são surpreendidos. Se esta atitude de espanto sem surpresa deixa-os vulneráveis, também é uma fonte de força, resistência e sabedo-

---

6. Volto a este tema no capítulo 10, p. 196.

ria. Pois ao invés de esperarem que o inesperado ocorra, e de serem apanhados em consequência disso, ela os permite responder, no mesmo momento, ao fluxo do mundo com cuidado, julgamento e sensibilidade.

Será que animismo e ciência são, portanto, irreconciliáveis? Será que uma abertura animista para o mundo é inimiga da ciência? Certamente não. Não gostaria que minhas observações fossem interpretadas como um ataque contra todo o empreendimento científico. Mas a ciência, tal como está, repousa sobre uma impossível fundação, pois, a fim de transformar o mundo em um *objeto* de preocupação, ela tem que colocar-se acima e além do próprio mundo que ela afirma entender. As condições que permitem aos cientistas *conhecerem*, pelo menos de acordo com os protocolos oficiais, são de natureza a tornar impossível para os cientistas *estarem* no mesmo mundo que buscam conhecer. No entanto, toda a ciência depende de observação, e toda observação depende de participação – ou seja, de um acoplamento estreito, em percepção e ação, entre o observador e aqueles aspectos do mundo que são o foco da atenção. Se a ciência quiser ser uma prática de conhecimento coerente, deve ser reconstruída sobre o fundamento da abertura, em vez do encerramento, do engajamento em vez do afastamento. E isto significa recuperar o senso de espanto que é tão notável pela sua ausência da obra científica contemporânea. O saber deve ser reconectado com o ser, a epistemologia com a ontologia, o pensamento com a vida. Assim, o nosso ato de repensar o animismo indígena levou-nos a propor a reanimação da nossa própria, assim chamada, tradição "ocidental" de pensamento.

6

Ponto, linha, contraponto: do meio ambiente ao espaço fluido

Começando com o meio ambiente

Este capítulo é a última das minhas tentativas, em mais de duas décadas, e que ainda está em curso, de descobrir o que significa o meio ambiente de um animal. Vindo de uma formação em antropologia ecológica, que professa estudar as relações entre pessoas e seus ambientes, não posso evitar as perguntas sobre o que é um ambiente e, mais particularmente, o que, se alguma coisa, é especial acerca dos ambientes desses animais que chamamos de seres humanos. Inicialmente, minhas investigações foram motivadas por uma percepção de que a antropologia ecológica pareceu ter chegado a um impasse que estava bloqueando um maior desenvolvimento no assunto. Ele residia nos imperativos contraditórios, epitomados no título de um livro célebre de Marshall Sahlins (1976), da *cultura* e da *razão prática*. Será que todo sentido e valor está em sistemas de símbolos significativos? Se assim o for, então os motivos e as finalidades para a ação humana sobre o meio ambiente devem estar no que a mente lhe traz: nas ideias, conceitos e categorias de uma tradição cultural recebida. No entanto, será que a cultura, com seus artefatos e arranjos organizacionais, e o conhecimento de como aplicá-los, provê aos seres humanos o equipamento para tirarem um sustento do mundo ao seu redor? Será que eles, como Clifford Geertz observou uma vez (1973: 49-50), não seriam aleijados sem ela? Se sim, então de onde vêm os requisitos últimos da prática humana senão a partir do próprio ambiente? Precisamente aonde devemos colocar a cultura no nexo das relações ambientais humanas? Será que dita os termos da adaptação, ou se tratará de um meio de adaptação em termos ditados pela natureza, ou as duas coisas ao mesmo tempo?

Todos os tipos de soluções engenhosas foram propostos para este dilema, estigmatizados por uma enorme gama de rótulos incômodos – materialismo cultural, neofuncionalismo, ecologia simbólica, marxismo estrutural – cuja própria inépcia foi sintomática de um colapso epistemológico. Nenhuma delas ofereceu uma saída satisfatória. Pesquisando uma abordagem alternativa, comecei a me perguntar se a fonte da dificuldade poderia estar na pressuposição que todos tomaram como certa: a saber, que as relações humanas com o meio ambiente são necessariamente mediadas pela cultura (INGOLD, 1992). Afinal, animais não humanos que – com uma ou duas possíveis exceções – não deveriam compartilhar a capacidade humana de representação simbólica são, contudo, perfeitamente capazes de viver bem em seus ambientes. Será que realmente devemos acreditar, como gostariam os defensores da razão cultural, que todo significado é simbólico e que, portanto, os não humanos habitam mundos desprovidos de sentido? Para a minha mente, essa conclusão pareceu absurda. Então, para inverter a questão, perguntei: "Que tipo de significado pode haver na ausência de representação simbólica?" Se pudéssemos pelo menos identificar as fontes de significado ambiental para animais não humanos, então poderíamos considerar em que medida essas fontes também estão disponíveis para os seres humanos. Só quando essas fontes estivessem esgotadas nós finalmente precisaríamos recorrer à esfera da representação cultural.

Buscando respostas para a minha questão, não encontrei nenhuma nas principais correntes da psicologia, nem em qualquer estudo etológico do comportamento animal. A maioria dos psicólogos cognitivos estava convencida de que não poderia haver nenhuma ação no mundo que não fosse precedida e determinada em seu curso por uma representação mental interior – isto é, por uma intenção concebida em pensamento. Se os animais não conseguissem pensar ou intencionar, eles tampouco poderiam agir. Tudo o que poderiam fazer é comportarem-se, respondendo mais ou menos automaticamente aos estímulos recebidos através de mecanismos inatos vagamente conhecidos como "instintos". Nenhum significado aí! A maioria dos estudiosos do comportamento animal adotou a mesma opinião. É certo que houve dissidentes, tais como Donald Griffin (1984), que supôs que mesmo os insetos inferiores poderiam ser capazes de deliberar sobre o curso de ação. Eles também supunham, no entanto, que não pudesse haver nenhuma ação sem premeditação. Sua teoria do significado, que repousava sobre uma divisão cartesiana entre a mente pensante e o corpo executor, de forma alguma divergia da corrente dominante; eles divergiam apenas quanto ao lugar em que desenhavam a linha, no reino animal, entre criaturas com mentes e criaturas desprovidas de mente. No entanto, não é irônico que devamos esperar da formiga ou da abelha, como condição de que encontrem algum significado no meio ambiente, que conservem em suas mentes alguma representação do mundo e ajam de acordo com ela, quando isso é algo que nós mesmos, seres humanos, raramente o fazemos? Quantas vezes, eu me pergunto, pensamos antes de agir? Mesmo quando o fazemos, a ação dificilmente decorre automaticamente do pensamento, e pode muitas vezes divergir dele de maneiras nunca pretendidas. Como o filósofo Alfred North Whitehead sabiamente observou, "desde o nascimento estamos imersos na ação, e só eventualmente podemos guiá-la através do pensamento" (WHITEHEAD, 1938: 217).

Tive, portanto, que abandonar a corrente dominante para encontrar minhas respostas. Na psicologia voltei-me para o trabalho de James Gibson, cuja abordagem ecológica da percepção, desenvolvida nos anos de 1950 e de 1960, era explicitamente oposta ao paradigma predominante do cognitivismo. E em etologia redescobri os, por muito tempo negligenciados, escritos anteriores à guerra do pioneiro estoniano da biossemiótica, Jakob von Uexküll. Ambos pareciam oferecer uma maneira radicalmente alternativa de pensar sobre o significado, encontrando-o não na correspondência entre um mundo externo e sua representação interior, mas no acoplamento imediato de percepção e ação. No entanto, como também descobri, por detrás dessa semelhança repousavam diferenças significativas.

James Gibson e o conceito de *affordance*

O primeiro movimento de Gibson consiste em distinguir muito claramente entre "o meio ambiente dos animais" e o "mundo físico" (GIBSON, 1979: 8). A física pode esforçar-se para compreender a natureza do mundo tal como ele realmente é, reduzido aos seus constituintes essenciais de força, energia e matéria. Um meio ambiente, no entanto, não existe em si e por si. Ele existe apenas *em relação* ao ser cujo meio ambiente ele é. Assim, da mesma forma como não pode haver organismo sem um meio ambiente, também não pode haver meio ambiente sem um organismo (cf. tb. LEWONTIN, 1982: 160). Embora não menos real do que o mundo físico, o meio ambiente é uma realidade *para* o organismo em questão (INGOLD, 1992: 44; 2000a: 168). O próximo passo de Gibson é demonstrar que os constituintes essenciais de qualquer ambiente compreendem o que ele chama de *affordances* (GIBSON, 1979: 127). Seu argumento consiste em que, ao encontrar qualquer objeto ambiental particular, o animal percebe o que ele facilita ou dificulta no contexto imediato de sua atividade atual. A percepção, portanto, não é uma questão de atribuir algum significado ao objeto – de reconhecê-lo como pertencendo a um certo tipo ao qual determinados usos possam ser atrelados –, mas de descobrir significado no próprio processo de uso.

O raciocínio de Gibson, a despeito de sua clareza, está, de fato, atravessado por contradições. O problema reside na sua incapacidade de conciliar o seu entendimento relacional do meio ambiente com uma visão mais antiga e mais convencional, que postula o meio ambiente como um conjunto de condições objetivas que existem de maneira independente e anterior às criaturas que vêm habitá-lo, e ao qual devem forçosamente se adaptar. Sua solução é tentar ter as duas coisas, como a seguinte passagem revela:

> Um fato importante acerca das *affordances* do meio ambiente é que elas são, em um sentido objetivo, reais e físicas, ao contrário dos valores e significados, que se supõem muitas vezes serem subjetivos, fenomenais e mentais. Mas, na verdade, uma *affordance* não é nem uma propriedade objetiva, nem uma propriedade subjetiva; ou ambas, se você quiser.

> Uma *affordance* atravessa a dicotomia do subjetivo-objetivo e ajuda-nos a compreender a sua inadequação. É igualmente um fato do ambiente e um fato do comportamento. É tanto física quanto psíquica, e, no entanto, nem uma coisa nem outra. Uma *affordance* aponta em ambos os sentidos, para o meio ambiente e para o observador (p. 129).

Será, então, que as *affordances* são objetiva e fisicamente exemplificadas no ambiente antes da atribuição a elas de valor e significado por um sujeito que percebe? De fato elas o são, diz Gibson, antes de imediatamente qualificarem-se a si mesmas. Bem, eles o são "em certo sentido". E, *na verdade*, segue ele dizendo, esse sentido repousa sobre a fundação inteiramente inadequada de um dualismo sujeito-objeto! Pois as *affordances* das coisas *são* os seus valores e significados, e mais, elas podem ser diretamente percebidas (p. 127).

Acredito que a raiz fonte dessa contradição possa ser encontrada no pressuposto de que o meio ambiente é composto por um mundo mobiliado com *objetos*. Para Gibson isso é axiomático. Sem objetos, ele supõe, um ambiente seria praticamente inabitável (p. 78)[1]. Na prática, porém, os habitantes se encontram em um mundo cheio de objetos de todos os tipos, como moradores em um sótão ou atores em um palco. São todos esses móveis que lhes tornam possível continuarem com as atividades da vida. Da analogia do ambiente com a acomodação mobiliada é extraído o conceito ecológico clássico do *nicho*, um pequeno canto do mundo ao qual um organismo adaptou-se através de um processo de adaptação. Assim como, literalmente, um nicho na parede é o local perfeito para se exibir um vaso do tamanho e da proporção certa, assim, metaforicamente, todo tipo de criatura evoluiu para preencher o nicho particular no meio ambiente. Um corolário da metáfora, no entanto, é que, assim como com as dimensões do nicho na parede, o nicho é especificado pelas propriedades essenciais do meio ambiente, independentemente da presença e do funcionamento do organismo. Tire o vaso e o nicho continua lá; remova o organismo e o nicho permanece. Como "um conjunto de *affordances*" (p. 128), o nicho já está estabelecido no mobiliário do meio ambiente antes que qualquer criatura chegue para preenchê-lo. Ele estabelece as condições às quais qualquer ocupante deve se adaptar. Além disso, todos os objetos de mobiliário, insiste Gibson, "oferecem o que oferecem porque são o que são" (p. 139), esteja ou não qualquer animal presente para detectá-lo. Como propriedades do mundo mobiliado, as *affordances* do meio ambiente estão lá para serem descobertas e postas em uso por qualquer criatura equipada para fazê-lo.

Em suma, longe de ser inerente a uma relação entre um ser vivo e seu ambiente, e apontar para os dois lados, parece agora que a *affordance* repousa inequivocamente no lado do meio ambiente e que aponta em apenas uma direção, qual

---

1. O raciocínio de Gibson acerca desse ponto é explicitado em maiores detalhes no capítulo 9 (p. 180s.).

seja aquela de qualquer habitante potencial. Tendo começado assegurando-nos de que "um ambiente implica um animal (ou, pelo menos, um organismo) a ser cercado", Gibson continua afirmando, com igual segurança, mas muito pelo contrário, que "o meio ambiente *não* depende do organismo para a sua existência" (p. 8, 129 – ênfase minha). Na verdade, ele se esforça em distinguir a sua visão do nicho daquilo "que alguns psicólogos de animais têm chamado de *ambiente fenomenal* das espécies", e particularmente de qualquer sugestão de que um tal ambiente possa equivaler a um "mundo subjetivo" no qual supostamente viva (p. 129). Embora ele não mencione nomes, ele poderia estar se referindo às obras, entre outras, de Jakob von Uexküll.

Jakob von Uexküll e o conceito de *Umwelt*

Em grande medida como Gibson o faria mais tarde, Von Uexküll se propôs a entender como o mundo existe *para* o animal, dada a sua própria morfologia, sensibilidades e potenciais de ação particulares. Não mais do que Gibson podia ele aceitar que os animais vivessem em mundos sem sentido. Dificilmente se poderia imaginar um animal mais distante dos seres humanos em termos de estrutura, tamanho e complexidade – embora não, irritantemente, em proximidade – do que o humilde carrapato. No entanto, mesmo para o carrapato, demonstrou Von Uexküll, o ambiente está imbuído de significado, ainda que de apenas três tipos (UEXKÜLL, 1992: 324-325). O primeiro é realizado no cheiro de suor comum aos mamíferos, o segundo nas características da pele e do pelo do hospedeiro, e o terceiro na temperatura tépida do sangue. O significado de cada um reside na ação que provoca: queda (de modo a pousar no hospedeiro), entocamento (em um trecho relativamente sem pelos da pele) e sucção (dos vasos sanguíneos perto da superfície). Tanto para Von Uexküll quanto para Gibson, há significado no mundo do animal não porque ele seja capaz de formar uma representação interna de um estado de coisas externo, mas porque a sua ação no mundo está tão próxima e intimamente sintonizada com a sua percepção (p. 320).

É aí, no entanto, que a similaridade termina. Pois enquanto as *affordances* gibsonianas supostamente deveriam existir como os potenciais inerentes aos objetos ambientais, independentemente de serem atendidos ou colocados em uso por qualquer organismo, Von Uexküll sustentou que aquilo que chamou de "qualidade" (*Ton*) de uma coisa, em virtude da qual essa coisa tem um significado para uma determinada criatura, não é intrínseco à própria coisa, mas é *adquirido* em virtude de ter sido atraído à atividade daquela criatura (UEXKÜLL, 1982: 27-29). A mesma pedra, por exemplo, pode funcionar como abrigo para o caranguejo que se esconde debaixo dela, como uma bigorna para o tordo que a usa para abrir conchas de caracol, e como um projétil para um ser humano com raiva atirar em um adversário. Nos termos de Gibson, abrigo, bigorna e projétil são todos propriedades da pedra que estão disponíveis para serem *assumidas*. Para Von Uexküll, em contrapartida, tratam-se de qualidades *outorgadas à* pedra pela necessidade da criatura em questão e no ato mesmo de satisfazê-la. A pedra somente *torna-se* um abrigo quando o caranguejo se esgueira sob ela, uma bigorna quando o tordo quebra a concha nele, e um projétil quando o homem a pega para jogar. Fora destas atividades ela não era nenhuma dessas coisas. Portanto, longe de se adaptar a um determinado canto do mundo (um nicho), é o animal que adapta o mundo a si, atribuindo qualidades funcionais às coisas que encontra e assim integrando-as ao seu próprio sistema coerente (UEXKÜLL, 1992: 360-361; cf. INGOLD, 1992: 42). Para denotar este sistema – o mundo tal como é constituído dentro do circuito de percepção e ação do animal – Von Uexküll usou o termo *Umwelt* (1992: 320). A vida de cada criatura, pensava Von Uexküll, está tão envolvida no seu próprio *Umwelt* que nenhum outro mundo lhe é acessível. É como se cada um estivesse flutuando em sua própria "bolha" particular da realidade (p. 338-339). Apesar de os órgãos efetores e de percepção de diferentes criaturas poderem estar em perfeita sintonia, nenhum deles pode acessar o que é real para o outro. Por exemplo, os fios da teia de aranha, como Von Uexküll elegantemente mostrou (1982: 42), são precisamente proporcionados de tal maneira que escapam aos sensores visuais da mosca, entretanto a aranha absolutamente nada conhece do mundo da mosca.

Vimos que o nicho, como um conjunto de *affordances*, está no lado do meio ambiente e aponta para o organismo. O *Umwelt*, ao que parece agora, é justamente o oposto: está no lado do organismo apontando para o meio ambiente. Remova o organismo e o *Umwelt* desaparece com ele. O que então permanece? Um homem pode atirar uma pedra com raiva, mas em circunstâncias mais comedidas ele pode ponderar acerca de seus possíveis usos como um peso de papel, um prumo de pêndulo ou um martelo. Enquanto segura a pedra na mão e delibera sobre o assunto ela ainda não é nenhuma uma dessas coisas. É meramente um objeto de uma determinada forma, tamanho e composição, com certas propriedades de dureza e durabilidade, que poderia, em princípio, encontrar uma gama quase ilimitada de usos. Considerada como tal, a pedra é um exemplo do que Von Uexküll (p. 27) chamou de "objetos neutros". Nenhum animal, no entanto, ou pelo menos nenhum animal *não humano*, está em posição de observar o ambiente a partir de um tal ponto de vista de neutralidade. Para viver ele já deve estar imerso em seus arredores e comprometido com as relações que isso implica. E nestas relações, a neutralidade dos objetos está inevitavelmente comprometida. O tordo, por exemplo, não percebe primeiro a pedra *como* uma pedra, e então se pergunta o que fazer com ela, não mais do que se pergunta o que fazer com o seu bico. Em vez disso, usando tanto a pedra quanto o bico, ele esmaga conchas. Mas e quanto ao humano? Em um artigo publicado há mais de vinte anos, argumentei que os humanos são diferentes. Pareceu-me que, exclusivamente entre os animais, os seres humanos são capazes de fazer da sua própria atividade vital o objeto de sua atenção, e, portanto, de ver as coisas *como elas são*, como condição para deliberarem acerca dos usos alternativos em que podem ser colocadas (INGOLD, 1989: 504-505). Por essa razão questionei a tradução convencional para o inglês do alemão *Umwelt* como "universo subjetivo" (p. ex., UEXKÜLL, 1982: 31). Pois apenas os seres humanos, pensei, podem existir como sujeitos que confrontam um mundo de objetos neutros. Nesse ato mesmo de recuar e refletir sobre as condições de existência, o *Umwelt* humano se torna um *Innenwelt* – literalmente um "universo subjetivo" – uma organização de representações, interna à mente, que confere significado à matéria-prima da experiência.

Martin Heidegger sobre a vida ao ar livre

Somente dois ou três anos mais tarde, guiado por Hubert Dreyfus (1991: 60-87), comecei a me envolver com a filosofia de Martin Heidegger, e, especificamente, com o que tem a dizer sobre as maneiras pelas quais os seres humanos e os animais não humanos se relacionam com o mundo ao seu redor. Heidegger distingue dois modos pelos quais as coisas podem mostrar-se a um ser que esteja ativo no mundo: Dreyfus as apresenta como *disponibilidade* e *ocorrência*. Para o profissional qualificado absorvido em uma atividade, as coisas que ele usa estão disponíveis e à mão. Enquanto a atividade flui sem problemas, sua objetividade derrete no fluir. Conforme a consciência do praticante se torna uma com a atividade, ele ou ela não frequentam os objetos como tais. Martelando, o carpinteiro não inspeciona o martelo; tocando um violino, o músico não submete o violino ao escrutínio. Somente quando o instrumento não responde às exigências do momento é que o praticante vai de encontro a ele, em sua bruta facticidade. A coisa, neste momento, já não está disponível, mas ocorre. "O que é isso?", esbraveja o carpinteiro quando o martelo erra o alvo, ou o músico quando o violino desafina ou uma corda arrebenta. Este não é o tipo de pergunta que um não humano, sem o dom da linguagem, alguma vez faria. Neste sentido, apenas os seres humanos são assombrados pelo fantasma da *perda* de significado que ocorre quando a ação falha. Não é, portanto, na construção de mundos significativos que a singularidade dos seres humanos reside, mas sim em seus lampejos ocasionais de um mundo tornado desprovido de sentido pela sua dissociação da ação.

Deveríamos inferir daí que, desde que o profissional humano esteja absorvido, sem interrupção, em uma determinada tarefa, haja pouco ou nada a distinguir sua percepção da do animal em seu *Umwelt*? Essa foi certamente a direção do meu próprio pensamento. Mas não foi assim para Heidegger. Em um curso de palestras ministradas em 1929-1930, mas que esteve inédito até 1983, Heidegger expôs a sua posição inequívoca acerca da singularidade humana em resposta direta ao trabalho de Von Uexküll, que ele muito admirava. O animal em seu *Umwelt*, argumentou, pode estar aberto ao seu *meio ambiente*, mas está fechado para o *mundo*. O profissional humano é o único a habitar o mundo do aberto. Para explicar o que quis dizer, Heidegger pediu aos seus ouvintes que comparassem objetos inanimados como uma pedra, um animal e um ser humano. Como diferem? Sua resposta assumiu a forma de três teses: "A pedra [...] é *sem mundo*; o animal é *pobre no mundo*; o homem é *formador de mundo*" (HEIDEGGER, 1995: 263). A pedra não tem mundo, uma vez que carece de um aparato perceptual. Suponha que encontremos uma pedra em nosso caminho. "A pedra repousa sobre a terra", observou Heidegger, "mas não a toca". Embora surja em meio a uma série de outras coisas, tudo ao seu redor permanece inacessível à própria pedra (p. 197). Não há, em suma, nenhuma realidade *para* a pedra. O que dizer, então, do animal? Por que o seu mundo deveria ter o caráter de pobreza? Se for pela perda potencial de significado, e não pela sua contribuição, que os seres humanos se distinguem dos animais, então, como é que os mundos humanos são, nada obstante, mais ricamente dotados?

O mundo do animal é pobre, argumentou Heidegger, porque é *cativo* (p. 239). Mas, como Giorgio Agamben tem demonstrado através de um comentário detalhado sobre o texto de Heidegger, a cativação tem dois lados (AGAMBEN, 2004: 49-56). Por um lado, embora o animal esteja cercado dentro do que Heidegger chamou de "anel desinibidor", precisamente equivalente ao *Umwelt*, este cerco não é absolutamente um encapsulamento (HEIDEGGER, 1995: 255, 263). Pois é graças ao seu anel de desinibidores que os impulsos instintivos do animal podem ser liberados e encontrar expressão na presença de estímulos apropriados. O anel desinibidor é como um anel de chaves, cada uma das quais abre uma porta através da qual a vida do animal se derrama em seus arredores. Mas o animal nada sabe disso. Ele fracassa completamente em apreender as coisas com as quais a sua vida se mistura, *como coisas*. Para o animal, levado a comportar-se da maneira como se comporta, não há nenhuma possibilidade de apreensão (p. 247). Assim, exatamente o mesmo anel circundante que abre o animal para o seu ambiente, também garante que o mundo, tal como nós humanos o conhecemos – infinitamente extensível em alcance e possibilidade – lhe seja sempre negado (p. 193). Este é o outro lado da cativação. O animal é pobre no mundo, para Heidegger, porque não tem acesso às coisas e aos seres que o compõem.

No entanto, se o fechamento implicado na cativação do animal implica uma abertura para o seu ambiente, então, por outro lado, o mundo do praticante humano pode ser aberto apenas porque pode aparecer fechado de uma maneira que o animal nunca pode fazer. Uma vez que o mundo não pode ser desfechado para o animal, tampouco existe a possibilidade de que seja *fechado* (p. 248). Para os seres humanos, em contraste, a própria abertura do mundo, o *des*fecho das coisas pelo que são, se baseia em um fechamento inicial. Ao contrário do animal em sua cativação, que se encontra *tomado* em um abraço ambiental que é tão apaixonado quanto opressivo, o ser humano está diante do mundo, como um domínio das coisas em si, e tem necessariamente que tomar uma atitude *em relação a* isso. Aqui, conclui Heidegger,

> vemos [...] o contraste essencial entre o ser aberto do animal e a *abertura para o mundo* do homem. O ser aberto do homem é um ser mantido para [...] ao passo que o ser aberto do animal é um ser tomado por [...] e, assim, um ser absorvido em seu anel circundante (p. 343).

O contraste entre esses entendimentos contrários de abertura e fechamento é epitomado no que Heidegger tem a dizer, em outro lugar, sobre mãos e trabalhos manuais. "A mão existe como uma mão", ele declara em suas palestras sobre *Parmênides*, "apenas onde há revelação e ocultação" (1982: 80). Nenhum animal, pensa ele, pode ter uma mão ou ser destro. Animais podem ter patas, garras e presas, mas estes são meros canais para o seu comportamento. A mão, ao contrário, é um instrumento de formação de mundo. É uma mão precisamente porque *não* está vinculada a qualquer determinado modo de trabalhar, mas oferece um compromisso atencioso e reflexivo, guiado pela consideração. É, em suma, um instrumento não de *comportamento*, mas do *comportar-se* (ELDEN, 2006: 280; cf. tb. HEIDEGGER, 1992: 84; 1995: 237).

A peculiar circunscrição da noção heideggeriana do "aberto" é evidente em sua recorrente metáfora da clareira, imaginada como um espaço de habitação que está *aberto* (ou seja, revelado) na floresta circundante. Dentro deste espaço, a existência humana está refreada e contida, enquanto as outras criaturas fundem-se com o entorno do qual são consideradas incapazes de distinguirem-se, e com o qual, portanto, são incapazes de se relacionarem *como tais* (AGAMBEN, 2004: 59; HARRISON, 2007: 634). Certamente, Heidegger está ansioso por evitar estabelecer qualquer avaliação hierárquica sobre a diferença entre a pobreza do animal no mundo e a capacidade humana de formação de mundo (HEIDEGGER, 1995: 194). Que ele devesse caracterizar o mundo em termos do que o ser humano *possui* e o animal *não possui* revela, no entanto, onde se situam as suas prioridades. Pobres animais? (ELDEN, 2006: 274). De fato, em sua ênfase na singularidade humana, Heidegger parece chegar a uma imagem do habitante que é, em todos os aspectos, precisamente o inverso da de Gibson. Lembre-se do argumento de Gibson, segundo o qual aquilo que ele chama de *ambiente aberto* – realizado no caso-limite como um deserto perfeitamente plano estendendo-se até o horizonte sob um céu vazio – seria praticamente inabitável (GIBSON, 1979: 33, 78). Para criar um espaço para a habitação a abertura deve estar mobiliada com objetos. No entanto, esses objetos, possibilitando o que possibilitam pelo que são, permanecem indiferentes à presença do habitante. Supõem-se que devessem abranger, em si mesmos, um mundo significativo, no qual o habitante chega como uma espécie de intruso, sondando esse e aquele nicho e colhendo suas possibilidades (p. 139). Para Heidegger, ao contrário, o espaço de habitação é aquele que o habitante formou em torno de si arrumando a bagunça que de outro modo ameaçaria oprimir sua existência. O mundo é tornado habitável não como o é para Gibson, pelo seu parcial *en*cerramento sob a forma de um nicho, mas pelo seu parcial *des*cerramento na forma de uma clareira.

Gilles Deleuze e a vida em risco

Será que pode haver alguma saída deste vaivém entre o encerramento e o descerramento, entre uma ecologia do real e uma fenomenologia da experiência? Enquanto nós supormos que a vida esteja totalmente abrangida pelas relações *entre* uma coisa e outra – entre o animal e seu ambiente ou o ser e seu mundo – somos obrigados a termos que começar com uma separação, ou colocando-nos do lado do ambiente *vis-à-vis* seus habitantes, ou do ser *vis-à-vis* seu mundo. Uma alternativa mais radical, no entanto, seria inverter as prioridades de Heidegger, ou seja, celebrar a abertura inerente à própria cativação do animal pelo seu ambiente. Essa é a abertura de uma vida que *não será contida*, que ultrapassa quaisquer limites que possam ser colocados em torno dela, tecendo o seu caminho como as raízes e corredores de um rizoma através de quaisquer fendas e fissuras que deixem espaço para o crescimento e o movimento (cf. capítulo 9, p. 192). Mais uma vez, podemos seguir a sugestão de Von Uexküll, que compara o mundo da natureza com a música polifônica, na qual a vida de cada criatura é equivalente a uma melodia em contraponto (UEXKÜLL, 1982: 52-54). No caso da *performance* musical, podemos falar da conexão entre o instrumentista e seu instrumento, digamos, um violino. Cada um deles tem uma influência sobre o outro. Mas a linha da melodia não se encontra nesta conexão. Ao contrário, trata-se de uma linha que surge continuamente daquele lugar, no meio das coisas, onde o violinista e o violino estão unidos em um abraço apaixonado. Da mesma maneira, as linhas de vida de organismos surgidos dos lugares de sua conexão simbiótica, mas em uma direção que vai não de um para o outro, mas sempre no meio, como o rio que corre entre as suas margens em uma direção ortogonal à sua conexão transversal. A vida da aranha, portanto, corre em contraponto àquela da mosca: para a linha melódica da primeira, a segunda figura como um refrão (p. 68). Adotar esse ponto de vista é ir ao encontro de outro dos mais influentes filósofos do século XX, Gilles Deleuze.

A vida, para Deleuze, é vivida não dentro de um perímetro, mas ao longo de linhas. Ele as chama de "linhas de fuga", ou, às vezes, de "linhas de devir". Tais linhas atribuem um grande valor a uma abertura, mesmo quando vinculam o animal ao seu mundo. Cada espécie, na verdade cada indivíduo, tem a sua própria linha particular, ou feixe de linhas (DELEUZE & GUATTARI, 2004: 224-225). Criticamente, no entanto, estas linhas não se conectam:

> Uma linha de devir não é definida pelos pontos que conecta, ou pelos pontos que a compõem; ao contrário, ela passa entre pontos, sobe pelo meio, corre [...] transversalmente à relação localizável com pontos distantes ou contíguos. Um ponto é sempre um ponto de origem. Mas uma linha de devir não tem começo nem fim [...]. [Ela] tem apenas um meio [...]. Um devir está sempre no meio: só se o pode obter pelo meio. Um devir não é um nem dois, nem a relação dos dois; é o intermediário, a linha [...] de fuga [...] correndo perpendicular a ambos (p. 323; cf. tb. figura 6.1).

Assim na vida como na música ou na pintura, no movimento de devir – o crescimento do organismo, o desenrolar da melodia, o movimento do pincel e seu traço – pontos não são tanto juntados quanto varridos e tornados indiscerníveis pela corrente enquanto ela flui. Por isso é que a linha não vincula a aranha e a mosca, ou a vespa e a orquídea, mas "passa entre elas, arrebatando-as em uma proximidade compartilhada na qual a discernibilidade de pontos desaparece" (p. 324). A vida é aberta: seu impulso não consiste em alcançar um termo, mas em seguir em frente. A aranha tecendo sua teia ou o músico lançando-se na melodia "arrisca uma improvisação". Mas improvisar, continua Deleuze, é "juntar-se ao mundo, ou fundir-se com ele. Aventura-se de casa no fio de uma sintonia" (p. 343-344)[2].

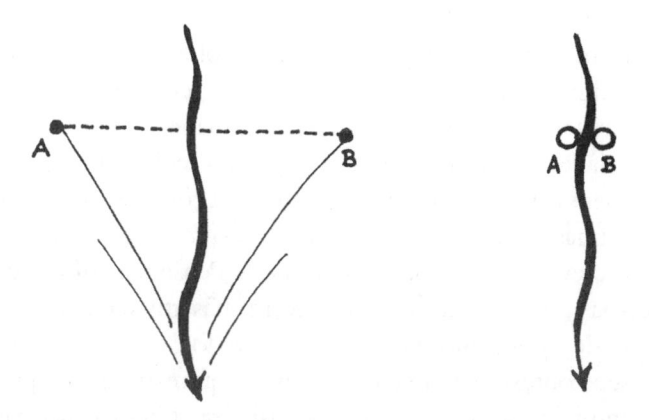

Figura 6.1 Uma linha de devir, em relação à conexão localizável de A e B (distância), ou em relação à sua contiguidade. Redesenhado a partir de Deleuze e Guattari (2004: 604, fn. 83).

---

2. Volto a esta passagem, e ao ponto de vista de Deleuze acerca da improvisação, no capítulo 17 (p. 309s.).

Se o organismo individual tiver que ser entendido como um feixe de linhas, ou o que Deleuze chama de uma *hecceidade* (p. 290), então o que acontece com o nosso conceito original de "o meio ambiente"? Imaginemo-nos, como o fez Charles Darwin em *A origem das espécies*, de pé diante das "plantas e arbustos que revestem uma margem emaranhada" (DARWIN, 1950: 64). Observe como os feixes fibrosos que compõem cada planta e arbusto estão entrelaçados uns nos outros de modo a formarem um denso tapete de vegetação. Na margem, "o meio ambiente" reaparece como um imenso emaranhado de linhas. Justamente esse ponto de vista foi avançado pelo geógrafo Torsten Hägerstrand, que imaginou cada componente do meio ambiente – inclusive "seres humanos, plantas, animais e todas as coisas de uma só vez" – como tendo uma trajetória contínua de devir. "Vistas de dentro", escreveu Hägerstrand, 'poder-se-ia pensar nas extremidades das trajetórias como, por vezes, sendo empurradas por forças atrás e dos lados, e, por vezes, tendo olhos olhando ao redor e braços estendendo-se, a cada momento perguntando 'o que devo fazer a seguir'?" O entrelaçamento dessas trajetórias que sempre se estendem, nos termos de Hägerstrand, compreende a textura do mundo – a "grande tapeçaria da Natureza que a história está tecendo" (HÄGERSTRAND, 1976: 332). Nesta tapeçaria não há interiores ou exteriores, nenhum encerramento ou descerramento, apenas aberturas e veredas. Como a margem emaranhada de Darwin, a tapeçaria de Hägerstrand é um campo não de pontos interconectados, mas de linhas entrelaçadas, não uma rede, mas uma malha.

Bruno Latour e o ator-rede

Tomei o termo "malha" emprestado da filosofia de Henri Lefebvre (1991: 117-118). Há algo em comum, observa Lefebvre, entre a maneira como as palavras estão inscritas em uma página escrita, e a maneira como os movimentos e ritmos de atividades humanas e não humanas são registrados no espaço vivido, mas apenas se pensarmos na escrita não como uma composição verbal, mas como um tecido de linhas – não como *texto*, mas como *textura*. "A atividade prática", observa ele, "escreve rabiscos sobre a natureza". Pense nas trilhas reticulares deixadas por pessoas e animais conforme exercem suas atividades em torno da casa, da vila e da cidade. Apanhados nestes vários enredos, cada monumento ou edifício, visto em seu contexto e ambiente, é mais "arquitextural" do que arquitetural (p. 118). É, também, a despeito de sua aparente solidez e permanência, uma *hecceidade*, experimentada na abertura e na oclusão de vistas conforme os habitantes entram, saem ou prosseguem de uma sala a outra (cf. capítulo 12, p. 216). Como o ambiente do qual faz parte, o prédio nem encerra o habitante, nem é descerrado de dentro. "A divisão significativa", como argumentei em outro lugar, "não é tanto entre dentro e fora quanto entre o movimento 'de dentro para fora', e o "de fora para dentro"" (INGOLD, 2004: 239). À medida que a vida dos habitantes transborda para jardins e ruas, campos e florestas, o mundo se derrama no edifício, dando origem a ecos característicos de reverberação e padrões de luz e sombra. É nesses fluxos e contrafluxos, serpenteando através ou por entre, sem começo nem fim, e não como entidades conectadas, limitadas seja a partir de dentro ou de fora, que os seres vivos são exemplificados no mundo.

A diferença essencial entre as linhas de fluxo da malha e as linhas de conexão da rede (cf. capítulo 5, p. 119) tem sido persistentemente obscurecida, sobretudo na recente elaboração do que veio a ser conhecido, um tanto quanto infelizmente, como "Teoria Ator-rede". A teoria tem suas raízes não no pensamento sobre o meio ambiente, mas no estudo sociológico da ciência e da tecnologia. Neste último campo, muito do seu apelo vem da sua promessa de descrever as interações entre pessoas (tais como cientistas e engenheiros) e os objetos com que lidam (como no laboratório) de uma maneira que não concentra mente ou agência em mãos humanas, e sim as leva para serem distribuídas por todos os elementos que estão conectados ou mutuamente implicados em um campo de ação. O termo "ator-rede", no entanto, entrou pela primeira vez na literatura anglófona como uma tradução do francês *acteur réseau*. E como um dos seus principais proponentes – Bruno Latour – observou em retrospectiva, a tradução deu-lhe uma importância que nunca foi pretendida. No uso popular, flexionado por inovações em tecnologias de informação e comunicação, o atributo definidor da rede é a conectividade: "transporte *sem* deformação, um instantâneo, acesso imediato a cada pedaço de informação" (LATOUR, 1999a: 15). Mas *réseau* pode referir-se tanto a tela, véu como a rede – a tecidos, ao rendilhado de rendas, ao plexo do sistema nervoso ou à teia de aranha. As linhas de teia de aranha, por exemplo, bastante diferentes daquelas da rede de comunicações, não conectam pontos ou juntam as coisas. Secretadas do corpo da aranha enquanto ela se move, são as linhas *ao longo* das quais ela age e percebe (cf. capítulo 7).

O *acteur réseau* foi destinado por seus criadores (se não por aqueles que foram seduzidos pela sua tradução como "rede") a ser composto apenas pelas linhas de devir. Sua inspiração veio, em grande medida, da filosofia de Deleuze. Como já vimos, com o reconhecimento de Deleuze, a linha da teia não vincula a aranha à mosca, tampouco a "linha de fuga" da última a vincula à aranha. Abrigada no centro da sua teia, a aranha sabe que uma mosca pousou em algum lugar nas margens externas, uma vez que envia vibrações pelos fios que são captadas pelas supersensíveis pernas esguias da aranha. E ela pode então correr ao longo das linhas da teia para buscar sua presa. Portanto, as linhas-fio da teia estabelecem as *condições de possibilidade* para que a aranha interaja com a mosca. Mas elas mesmas não são linhas de interação. Se essas linhas são relações, então são relações não *entre*, mas *ao longo*. Claro que, como acontece com a aranha, a vida dos organismos geralmente se estende ao longo não de uma, mas de várias linhas, atadas no centro, mas arrastando inúmeras "pontas soltas" na periferia. Assim, cada uma deveria ser imaginada, como Latour recentemente o sugeriu, na forma de uma estrela, "com um centro rodeado por muitas linhas radiais, com todos os tipos de pequenos condutos conduzindo para frente e para trás" (LATOUR, 2005: 177). Não mais um objeto independente, como uma bola, que pode impulsionar-se de um lugar ao outro, o organismo agora aparece como uma teia cada vez mais ramificada de linhas de crescimento. Esta é a *hecceidade* deleuzeana, famosamente comparada com um rizoma (DELEUZE & GUATTARI, 2004: 290). Eu pessoalmente prefiro a imagem do micélio fúngico (INGOLD, 2003: 302-306). Com efeito, como o micetologista Alan Rayner (1997) sugeriu, a totalidade da biologia seria diferente se tivesse tomado o micélio como exemplo prototípico dos organismos vivos. Pois não poderia, então, ter sido construída sobre o pressuposto de que a vida está contida dentro dos limites absolutos de formas fixas. Teríamos então uma biologia que começa do caráter fluido do processo da vida, cujos limites são sustentados apenas graças ao fluxo contínuo dos materiais que o atravessam (cf. tb. PEARSON, 1999: 166-168).

Finalizando com o espaço fluido

Na ciência da mente, o caráter absoluto da fronteira entre o organismo e o meio ambiente não passou inquestionado. Assim, em uma palestra proferida em 1970, o antropólogo Gregory Bateson declarou que "o mundo mental – a mente – o mundo do processamento de informação – não é limitado pela pele" (BATESON, 1973: 429). Seu ponto era que os laços de processamento envolvidos na percepção e na ação não são interiores à criatura sobre cuja mente estamos falando, seja ela humana ou não humana, e tampouco pode a atividade dessa criatura ser entendida como a saída meramente mecânica de um ou mais dispositivos cognitivos localizados na cabeça. Em vez disso, essa atividade tem que ser entendida como um aspecto do desdobramento de um sistema total de relações composto pela presença incorporada da criatura em um ambiente específico. Muito mais recentemente, em seu livro *Being There* (Ser aí), Andy Clark defendeu o mesmo ponto. A mente, nos diz Clark, é um "órgão que vaza", que se recusa a ser confinado dentro do crânio, mas se mistura despudoradamente com o corpo e com o mundo na realização de suas operações (CLARK, 1997: 53). Mais estritamente, ele deveria ter dito que o crânio vaza, enquanto a mente é o que vaza! De Bateson a Clark, no entanto, continua a haver uma presunção de que, enquanto a mente vaza, o organismo não o faz. Seja o que for que possamos dizer sobre a mente e sobre a sua propensão a se misturar com o mundo ao longo das múltiplas vias de envolvimento sensorial com o seu entorno, o organismo, pelo menos, permanece confinado dentro do invólucro do corpo. Esta presunção, juntamente com a divisão entre atividade mental e orgânica em que se assenta, parece-me insustentável.

Pois como pode haver qualquer envolvimento sensorial que também não envolva um fluxo de materiais dentro de um campo mais amplo de forças? Por esta razão, gostaria de voltar à declaração de Bateson e levá-la um passo adiante. Quero sugerir que, como um nexo de vida e crescimento dentro de uma malha de relações, *o organismo não é limitado pela pele*. Ele, também, vaza.

Outra maneira de expressar isto é dizer que os organismos habitam o que Annemarie Mol e John Law (1994) chamaram de "espaço fluido"[3]. No espaço fluido não existe nenhum objeto ou entidade bem-definido. Existem sim substâncias que fluem, misturam-se e transformam-se, às vezes congelando-se em formas mais ou menos efêmeras, que podem, no entanto, dissolverem-se ou reformarem-se, sem quebra de continuidade (p. 659-664). Cada linha – cada relação – no espaço fluido é um caminho de fluxo, como o leito do rio ou as veias e vasos capilares do corpo. Como a imagem sanguínea sugere, o organismo vivo não é apenas um, mas um feixe inteiro de tais linhas. Em um sentido bastante material, linhas são aquilo de que os organismos são feitos. Na verdade, os anatomistas sempre souberam disso, pois têm falado de "tecidos" corporais (INGOLD, 2007a: 61). Pois o tecido é uma textura formada de uma miríade de finos fios firmemente entrelaçados, apresentando toda a aparência, para um observador casual, de uma superfície coerente e contínua. Para o olhar anatômico, no entanto, o tecido orgânico torna-se – como J. Arthur Thomson escreveu em 1911 – "translúcido de uma maneira bastante notável", resolvendo-se em seus fios constitutivos de nervos, músculos, vasos sanguíneos, e assim por diante (THOMSON, 1911: 27; cf. figura 6.2). O que é o sistema nervoso, perguntou o filósofo Henri Bergson, se não "um enorme número de fios que se estendem da periferia ao centro, e do centro à periferia"? (BERGSON, 1991: 45). Com efeito, a pele não é um limite impermeável, mas uma zona permeável de entrelaçamento e mistura, onde traços podem reaparecer como fios e vice-versa (INGOLD, 2007a: 59-61). Assim, como vimos no capítulo 5 (p. 118s.), ao invés de pensar em organismos como emaranhados em relações, deveríamos considerar todas as coisas vivas como elas mesmas um emaranhado.

Para apreciarmos a distância que percorremos, deixe-me voltar, em conclusão, a Gibson. Lembre-se de que, na sua opinião, para o organismo habitar o aberto ele precisa encontrar um semi-invólucro – um nicho – composto por objetos. É pelas suas superfícies exteriores, de acordo com Gibson, por onde substâncias mais ou menos sólidas se deparam com o meio volátil, que os

---

3. Uso aqui a noção de "espaço fluido" em deferência aos seus autores. No entanto, por razões definidas no capítulo 12, não gosto do termo "espaço", e gostaria que Mol e Law tivessem utilizado alguma outra palavra para transmitir sua ideia. "Espaço", para mim, significa ausência, em vez de copresença. O volume ao qual Mol e Law se referem, no entanto, não é um vácuo, mas um pleno. Não é realmente um espaço, mas um ambiente ou um mundo (cf. INGOLD, 2006).

objetos são revelados à percepção. Se a substância de um objeto é dissolvida ou evapora no meio, então sua superfície desaparece, e o objeto com ela (GIBSON, 1979: 22-23). Assim, a própria objetidade das coisas reside na separação e na imiscibilidade da substância e do meio. Remova todo objeto, no entanto, e uma superfície ainda permanece, ou seja, o chão – para Gibson a superfície mais fundamental de todas –, marcando a interface entre a substância da terra abaixo e o meio gasoso do céu acima (p. 10, 33). Será que a terra, então, virou as costas para o céu? Se o tivesse feito, então, como Gibson supôs corretamente, nenhuma vida seria possível. O aberto não poderia ser habitado. Nossa conclusão, ao contrário, é que o aberto *pode* ser habitado precisamente porque, onde quer que a vida esteja acontecendo, a divisão de terra e céu dá ensejo a fluxos e contrafluxos de materiais. Como mostrarei no capítulo 9, o que chamamos de chão absolutamente não é realmente uma superfície coerente, mas – assim como a pele – uma zona em que o ar e a umidade do céu se ligam a substâncias cuja fonte reside na terra na germinação e cultivo de organismos vivos.

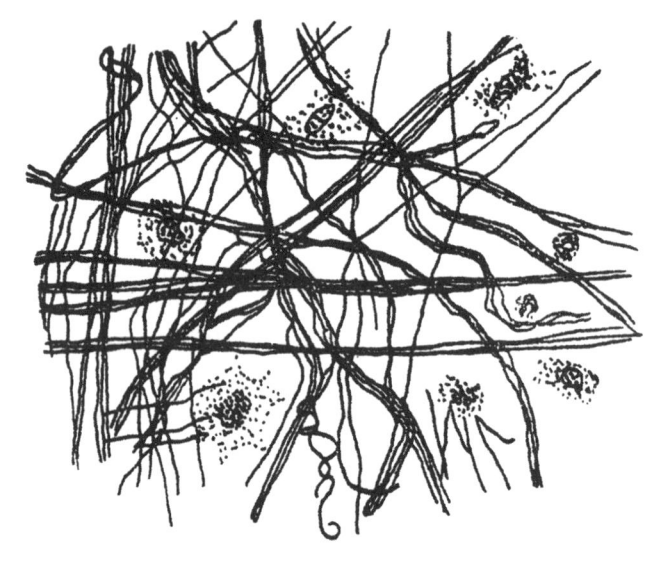

Figura 6.2 "Tecido de ligamento 'solto' do rato", reproduzido a partir de uma fonte não especificada no ensaio de 1926 de Wassily Kandinsky, *Point and Line to Plane* (Ponto e linha ao plano) (figura 74).

Assim, longe de habitar um chão selado mobiliado com objetos, o animal vive e respira em um mundo de terra e céu – ou devindo terra e devindo céu – onde perceber é alinhar os próprios movimentos em contraponto às modulações do dia e da noite, do sol e da sombra, do vento e do clima. É sentir as correntes de ar enquanto infundem o corpo, e as texturas da terra sob os pés. No mundo aberto, para deixar a última palavra a Deleuze, "não há nenhuma linha separando a terra e o céu; não há nenhuma distância intermediária, nenhuma perspectiva ou contorno, a visibilidade é limitada; e, no entanto, há uma topologia extraordinariamente fina que se baseia não em pontos ou objetos, mas sim em *hecceidades*, em conjuntos de relações (ventos, ondulações de neve ou areia, o canto da areia ou o estalido do gelo quebrando, as qualidades táteis de ambos)" (DELEUZE & GUATTARI, 2004: 421). Estas *hecceidades* não são *o que* nós percebemos, já que no mundo de espaço fluido não há objetos de percepção. Elas são, ao contrário, aquilo *com* que percebemos. Em suma, perceber o ambiente não é reconstituir as coisas a serem encontradas nele, ou discernir suas formas e disposições congeladas, mas juntar-se a elas nos fluxos e movimentos materiais que contribuem para a sua – e nossa – contínua formação.

7

Quando a formiga se encontra com a aranha: teoria social para artrópodes

Nas profundezas do bosque, em meio à vegetação rasteira e aos detritos de um chão de floresta, dois artrópodes distintos – renomados no reino animal por sua engenhosidade e realizações técnicas – iniciaram uma conversa. Uma é a formiga (figura 7.1), a outra é a aranha (figura 7.2). Sendo ambas filosoficamente inclinadas, sua preocupação é entender o mundo e seu lugar nele. Nesta ocasião particular, é a vez de a formiga abrir o debate.

"Nós, formigas", declara ela, "não somos indivíduos isolados. Nossos cérebros podem não ser maiores do que cabeças de alfinete, no entanto podemos realizar grandes coisas. Nossos ninhos são montículos monumentais, e nossas estradas são autoestradas através da floresta, invadindo tudo pelo caminho. Podemos realizar esses feitos, porque nós colaboramos. Moramos juntas em colônias, muitos milhares de batalhadoras, partilhando a nossa comida e trabalho. Em uma palavra, somos os mais *sociais* dos insetos".

A aranha, mais solitária por natureza, acha a ideia de vida em uma colônia difícil de entender. Ela admite que estaria mais inclinada a comer outras de sua espécie do que trabalhar com elas. Curiosa por saber o que significa ser social, ela resolve pressionar a formiga sobre o assunto. "No curso de suas atividades", observa ela, "você tem que lidar com todos os tipos de coisas. Eu a tenho visto arrastando vermes e insetos que você matou para alimentar seus ninhos, juntamente com materiais de construção como galhos, agulhas de pinheiro e folhas, frequentemente muitas vezes o seu tamanho corporal. Eu a vi 'tocando' pulgões e lambendo o melado de seus corpos. E tenho visto você pegar e carregar as larvas de sua própria espécie. Diga-me, você tem relações sociais com essas coisas, ou apenas com membros adultos da colônia como você?"

Figura 7.1 Formiga, a construtora de montículos

Figura 7.2 Aranha, a tecelã de teias

"Agora não, minha cara aranha", responde a formiga, "você tocou em um assunto que tem sido a fonte de alguma controvérsia no mundo das formigas, e tenho que confessar que as minhas próprias opiniões sobre o assunto são um tanto quanto heterodoxas. Para encurtar a longa história, até agora têm havido duas escolas de pensamento. De acordo com uma escola, devemos pensar a colônia como uma totalidade funcional que seja mais do que a soma de suas partes – uma espécie de superorganismo – dentro da qual a vida de cada indivíduo está inteiramente voltada para o maior bem da coletividade. De acordo com a outra escola, o que chamamos de 'colônia' não corresponde a qualquer entidade concreta, real. Nós simplesmente usamos o termo como um atalho para o que, na realidade, é um vasto agregado de indivíduos, cada um dirigido por esses instintos básicos dos quais foi intrinsecamente dotado. O meu próprio ponto de vista, no entanto, é que devemos caracterizar a colônia, em primeiro lugar, em termos não de sua associação ou composição, mas do que esteja realmente acontecendo aí. Cada colônia está cheia de atividades. E, se seguirmos as linhas de atividade, descobrimos que não podem ser rastreadas nem a um único superorganismo coletivo, nem a uma pluralidade de organismos individuais. Em vez disso, traçar as linhas de atividade é descrever uma vasta rede, na qual qualquer indivíduo aparece apenas como um nó particular. Cada formiga na colônia é parte da ação e a leva adiante à sua maneira; é, por assim dizer, um *formiga-ato*".

"Então, se você desejasse atribuir responsabilidade pelo que está acontecendo", exclama a aranha, "você não poderia deixá-la na porta do indivíduo ou da coletividade. Ela estaria, ao invés disso, disseminada por toda a rede".

A formiga ondula suas antenas em aprovação. "Exatamente isso. É por isso que digo que o indivíduo formiga-ato não é um agente. Em vez disso, a agência – ou seja, o que faz com que as coisas aconteçam – é *distribuída* por toda a rede."

"Está tudo muito bem", retruca a aranha, "mas você ainda não respondeu minha questão original. Você fala da colônia como uma rede de *formiga-ato*s. Mas será que a rede também pode incluir *não* formigas? Será que não formigas também podem ter vida social?"

"Absolutamente", continua a formiga. "*Qualquer coisa* pode pertencer à rede, seja formiga ou não formiga. É precisamente acerca deste ponto que eu tenho problema com as minhas colegas. Elas parecem pensar que haja algo acerca do ser uma formiga – alguma formicidade essencial – que as diferencia de outras criaturas, em um mundo separado de *formigueza* distinto do mundo material da *natureza* no qual a existência de todas as outras criaturas está confinada. As relações sociais, afirmam elas, não são naturais, mas *formigais*. Mas o mundo em que habito compreende tanto formiga-atos e não formigas, inclusive coisas tais como agulhas de pinheiro, pulgões e larvas. Eu insisto que essas coisas não são apenas objetos passivos. Estou vinculada nas relações com elas, como o estou com as minhas colegas formigas. Elas, também, fazem parte da rede. E são apanhadas nela exatamente como moscas, minha querida aranha, são apanhados na sua teia."

"Mas nisso você está certamente equivocada", exclama a aranha. "As linhas da minha teia não são absolutamente como aquelas da sua rede. No seu mundo há apenas porções e pedaços de diversos tipos que são reunidos ou montados de modo a fazerem as coisas acontecerem. Cada 'relação' na rede, então, é uma conexão *entre* uma coisa e outra. Como tal, a relação não tem nenhuma presença material. Pois a materialidade do mundo, na sua opinião, é totalmente compreendida nas coisas conectadas. As linhas da minha teia, ao contrário, são elas próprias fiadas a partir de materiais secretados do meu próprio corpo, e são deixadas enquanto me movimento. Você pode até mesmo dizer que elas sejam uma extensão do meu próprio ser enquanto trilha o meio ambiente – elas compreendem, se você quiser, a minha "amplitude"[1]. Elas são as linhas *ao longo das* quais eu vivo e realizo a minha percepção e ação no mundo. Por exemplo, sei quando uma mosca pousou na teia, porque posso sentir as vibrações nas linhas através das minhas pernas finas, e é ao longo destas mesmas linhas que eu corro para buscá-la. Mas as linhas da minha teia não me *conectam* com a mosca. Em vez disso, elas já estão tecidas antes de a mosca chegar, e estabelecem, através da sua presença material, as condições de aprisionamento sob as quais uma conexão pode ser potencialmente estabelecida."

O relato da aranha lembra a formiga de um incidente que ocorreu durante o seu voo alado de acasalamento, quando ela quase ficou presa em uma armadilha de aranha. Era tocar e ficar, mas após uma experiência pegajosa ela finalmente conseguiu se livrar. Será que foi a teia, no entanto, ou a aranha que a tinha enredado? Perguntando-se sobre isso, a formiga chega à conclusão de que "foi, evidentemente, tanto a aranha quanto a teia, ou o que poderíamos considerar como uma entidade *híbrida*, a "teia-aranha", formada pela sua conjunção". Mas há mais, como explica a formiga. "A teia não pode funcionar como uma armadilha, a menos que ela esteja sustentada. Na verdade, estava pendurada pelas linhas ligadas aos ramos de arbustos e hastes de grama. Portanto, foi a maneira como a aranha, a teia, os galhos e os arbustos se reuniram todos na rede, naquele determinado momento, que me levou a quase terminar como jantar de aranha."

Ao ouvir a palavra "híbrido", as pernas da aranha começam a tremer nervosamente. Ela não gosta do termo e tem reservas quanto à maneira como tem sido veiculado pela formiga e seus confabuladores. "Sua fala sobre o hibridismo", responde ela irritada, "está completamente equivocada. Você imaginar um mundo de entidades – aranha, teia, hastes, ramos, e assim por diante – que são montadas para compreenderem as condições necessárias e suficientes para um evento acontecer. E você afirma que a agência, que 'causa' este evento, está disseminada por todos os constituintes dessa montagem[2]. O meu ponto, no entanto, é que *a teia*

---

1. A noção de "amplitude" é retirada de Andy Clark. "A relação entre o organismo biológico e a amplitude", escreve Clark, "é tão importante e íntima quanto aquela entre a aranha e a teia" (1998: 274). Em outro lugar, o historiador da arte James Elkins baseia-se na metáfora da teia para descrever o "novelo de visão" em que cada ser humano captura os objetos da sua atenção (ou, alternativamente, é capturado). "Eu não sou a aranha que tece a teia, e tampouco sou a mosca presa na teia: eu sou a própria teia, fluindo em todas as direções, sem centro e sem eu que possa chamar de meu" (ELKINS, 1996: 75).

2. Sarah Whatmore, p. ex., clama por "geografias híbridas" que estudariam "os espaços *vivos* [...] da vida social, configurados por numerosos agentes interconectados" (2007: 339 – ênfase no original). Essas geografias seriam caracterizadas, ela escreve, por "uma mudança de ênfase analítica da reiteração superfícies fixas para o traceio de pontos de conexão e linhas de fluxo" (p. 343). Linhas que conectam pontos são uma coisa, no entanto; linhas de fluxo são outra completamente diferente. Como Pearson aponta (após Deleuze e Guattari), "híbridos simplesmente exigem uma conexão de pontos e não facilitam uma passagem entre eles" (PEARSON, 1999: 197). Estudando os espaços

não é uma entidade. Com isto quero dizer que não se trata de um objeto fechado, independente, estabelecido contra outros objetos aos quais possa, então, ser justaposto ou reunido. Trata-se, antes, de um feixe ou tecido de fios, firmemente reunidos aqui, mas que arrasta pontas soltas ali, que se emaranham com outros fios de outros feixes. Pois os galhos ou caules aos quais ligo essas pontas que se arrastam são eles mesmos apenas as pontas visíveis de complexos sistemas radiculares subterrâneos. Toda planta é, também, um tecido vivo de linhas. E assim, de fato, eu o sou. É como se o meu corpo fosse formado atando-se fios de vida que correm através das minhas muitas pernas para a teia e daí para o meio ambiente em geral. O mundo, para mim, não é um conjunto de pedaços, mas um emaranhado de fios e caminhos. Vamos chamá-lo de *malha* (cf. figura 7.3), de modo a distingui-lo da sua *rede*. Meu argumento, portanto, afirma que a ação não é o resultado de uma agência que seja disseminada pela rede, mas sim que emerge da interação de forças que são conduzidas ao longo das linhas da malha."

Enquanto a formiga e a aranha estão conversando no chão da floresta – rodeadas pelo que a formiga (a construtora de rede) percebe como uma variedade de objetos heterogêneos e que a aranha (a tecelã de teia) percebe como um tecido de fios entrelaçados – alguma coisa está acontecendo no ar acima de suas cabeças. Um par de borboletas está arrebatado em uma dança de acasalamento. "Observe", diz a formiga, "como em seu esvoaçar, cada borboleta responde aos movimentos da outra. Podemos mesmo chamar essa dança de 'dança da agência'[3]. Claramente, as borboletas estão interagindo no ar, assim como nós formigas-ato interagimos no chão nas acrobacias de nossa colaboração".

"Mas você alguma vez", pergunta a aranha, "já pensou no próprio ar? O voo da borboleta é possível graças a correntes de ar e vórtices em parte criados pelo movimento das suas asas. Da mesma maneira, os peixes no rio são capazes de nadar, por vezes, a uma velocidade notável, devido à maneira como criam turbilhões e vórtices na água através do farfalhar de sua cauda e barbatanas[4]. Mas que

---

vivos, fluidos, compreendidos por linhas – como aquelas da teia de aranha – que passam entre, ao invés de ponto a ponto, demandam geografias não de hibridismo, mas de *mistura* (MOL & LAW, 1994: 660). Longe de traçar as conexões que ligam elementos materiais heterogêneos, mas mesmo assim discretos em conjuntos em rede, geografias da mistura teriam como objetivo *seguir os materiais* através desses processos de fusão, destilação, coagulação e dispersão que tanto dão origem a coisas quanto pressagiam sua dissolução (cf. capítulo 17, p. 305).

3. A noção de "dança da agência" é retirada da obra do sociólogo da ciência, Andrew Pickering (1995: 21-22).

4. Andy Clark (1998: 272) ilustra esse ponto com o exemplo do atum. "A verdadeira máquina de natação", ele sugere, "é, portanto, o peixe *em seu contexto apropriado*: o peixe mais as estruturas circundantes e vórtices que ativamente cria e, então, explora ao máximo". O "contexto apropriado", neste caso, é um meio de material fluido, com seus gradientes de pressão e linhas de força. Não é um aglomerado de objetos materiais discretos.

sentido faria dizer que o ar, no primeiro caso, seja um participante da rede, com o qual as borboletas dançam como dançam umas com as outras; ou, no segundo caso, que o peixe dance com a água como poderia fazê-lo com outros peixes no cardume? Na verdade, não faria absolutamente nenhum sentido. O ar e a água não são entidades que atuam. São meios materiais nos quais os seres vivos estão imersos, e são experimentados por meio de suas correntes, forças e gradientes de pressão. É verdade que não é a borboleta sozinha que voa, mas a *borboleta no ar*, e não é o peixe sozinho que nada, mas o *peixe na água*. Mas isso não torna a borboleta uma ar-borboleta híbrida, e tampouco o peixe um água-peixe híbrido. Trata-se simplesmente de reconhecer que para que as coisas interajam elas devem estar imersas em uma espécie de campo de força criado pelas correntes do meio que as cerca. Separadas destas correntes – ou seja, reduzidas a objetos – eles estariam *mortas*. Tendo amortecido a malha cortando suas linhas de força, quebrando-a, assim, em mil pedaços, você não pode fingir trazê-la de volta à vida aspergindo um pó mágico de "agência" em torno dos fragmentos[5]. Se quiser viver, então a borboleta deve ser devolvida ao ar e o peixe à água.

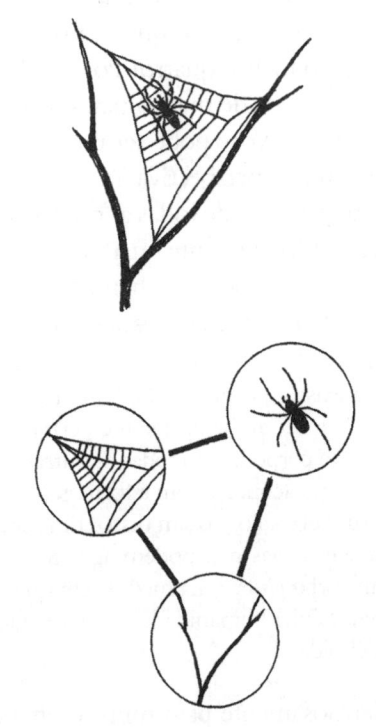

Figura 7.3 A malha (aranha/teia/galho) e a rede de relações entre aranha, teia e galho.

---

5. Sobre a poeira mental da "agência", consulte o capítulo 2, p. 62.

"E eu", a aranha continua, "devo voltar para a minha teia. Pois tenho que dizer que o que o ar é para a borboleta e a água é para os peixes, a minha teia o é para mim. Não posso voar ou nadar, mas posso tecer uma teia e explorar suas propriedades de aderência, resistência à tração e assim por diante para correr sobre ela e capturar moscas. Posso dançar a tarantela com a mosca que pousa na minha teia, mas a teia mesma não é um parceiro de dança. Não se trata de um objeto com o qual eu interaja, mas o terreno sobre o qual a possibilidade de interação está baseada. A teia, em suma, é a própria condição da minha agência. Mas não é, em si mesma, um agente."

"Esse, se assim posso dizer", exclama a formiga, "é um ponto de vista muito aracnocêntrico. Presumivelmente, pelo mesmo argumento, se fosse uma mosca você também poderia afirmar ser um agente e, se você fosse uma formiga como eu, você também poderia alegar ser um agente. Quantas pernas, eu me pergunto, são necessárias para se qualificar como agente: seis, oito, cem? Nossa conhecida mútua, a centopeia, se sairia, de fato, muito bem. Com tantas pernas ela deve ser uma agente realmente poderosa".

"Você está brincando, obviamente, minha querida formiga", responde a aranha. "Não obstante, à sua pergunta – de quantas pernas é preciso para ser um agente? – eu responderia: pelo menos quatro! Pois, embora eu estivesse disposta a admitir à agência nossos amigos de quatro patas, o rato e o camundongo, eu restringiria os humanos bípedes. Você pode ser uma agente desde a sua perspectiva formigal, e eu desde a minha perspectiva aracnídea, mas da perspectiva pela qual os seres humanos distinguem-se de todas as outras criaturas, é impossível ver como eles poderiam exercer absolutamente qualquer agência. Em uma ocasião eu pendia discretamente do teto uma de suas chamadas "salas de aula", e ouvi um filósofo humano ministrando uma palestra para os outros da sua espécie.

> "Eu sou um sujeito humano", entoou o homem. "*Conheço, logo existo.* Conheço e existo, porque tenho uma mente. Isso é o que me torna humano. E é isso, também, que me permite agir. Obviamente eu também tenho um corpo, como todas as outras criaturas. A aranha tem um corpo; o mesmo acontece com a formiga. Mas a aranha e a formiga são apenas corpo; elas não passam disso. Embora possamos observar o seu comportamento, elas não podem agir. Mas *eu* não sou o meu corpo. Eu sou um corpo *plus*[6]. É na medida em que eu sou *mais* do que o meu corpo que a minha humanidade – juntamente com o escopo da minha ação – é definida".

"Bem", pensei eu silenciosamente para mim mesma enquanto balançava da ponta do meu fio, "se você imagina que a essência da sua humanidade se encontre

---

6. A partir da literatura, pode-se inferir que o filósofo cuja palestra a aranha ouviu por acaso foi Steven Collins (1985).

aí, então ela certamente não será encontrada naquilo que vocês humanos fazem. Aquilo acerca do que você tem falado é a inteligência, a capacidade cognitiva de resolver as coisas com antecedência, na cabeça, antes da sua implementação no mundo. Mas *inteligência* é uma coisa, *agência* é outra completamente diferente. É um grave erro confundir as duas coisas. E lembrei-me da história da centopeia apócrifa que, quando perguntada como conseguia coordenar os movimentos das suas cem pernas, viu-se paralisada até morrer de fome. Enquanto ela agia sem pensar, deixando suas pernas cuidarem delas mesmas, não houvera nenhum problema. Mas assim que ela parou para pensar de forma inteligente sobre o que fazia, ela já não era capaz de agir. Sua agência foi frustrada. Mais geralmente, uma criatura que nada pudesse fazer que não tivesse sido totalmente pensado antecipadamente nunca poderia, na prática, fazer absolutamente coisa alguma."

"Todos conhecemos a arrogância e a estupidez dos seres humanos", ri a formiga em resposta, "especialmente dos filósofos entre eles, que nada mais tinham para fazer na vida além de pensar. Se ao menos pudéssemos reduzi-los em escala e colocá-los para trabalhar em um dos nossos ninhos, eles aprenderiam uma ou duas coisas! Eles logo descobririam, como eu já expliquei, que a agência não é exclusiva nem das formigas ou de não formigas, mas é disseminada por toda a rede formada pela sua colaboração. Precisamos, em suma, estabelecer um princípio de simetria, pelo qual nenhum dos lados da dicotomia formiga/não formiga seja privilegiado em detrimento do outro."

"Não quero conceder um privilégio especial às formigas ou às aranhas", responde a aranha, "muito menos aos seres humanos. No entanto, não posso aceitar o seu princípio de simetria. O problema reside na sua categoria abrangente da 'não formiga', que inclui tudo, desde grãos de areia e folhas mortas a pulgões e borboletas – e até mesmo humanos! Nosso conceito de agência deve ter em conta a real complexidade dos organismos vivos, em oposição à matéria inerte. É simplesmente absurdo colocar um grão de areia e um pulgão nos pratos de uma balança e afirmar que sejam equivalentes. Eles podem pesar o mesmo, mas, em termos de complexidade, são diametralmente opostos. A principal diferença é que o pulgão, animal que é, tem um sistema nervoso – exatamente como você e eu. Quando me agacho no centro da minha teia, sou todo tremor, assim como a folha de uma árvore na brisa de verão. Sou sensível ao menor movimento ou vibração. O que determina a diferença entre mim e a folha, no entanto, é que cada movimento que eu faço também é um movimento da minha *atenção*. É o caráter atento desse movimento que o qualifica como um exemplo de *ação* e, por isso mesmo, me qualifica como um *agente*. Dito de outra maneira, a essência da ação não reside na premeditação (como o nosso filósofo humano diria), mas no estreito acoplamento do movimento corporal e da percepção. Mas isso é também dizer que toda ação é, em graus variados, *habilidosa*. O praticante habilidoso é aquele que pode continuamente sintonizar seus movimentos com as perturbações no ambiente percebido sem nunca interromper o fluxo da ação. Mas essa habilidade não vem pronta. Ao contrário, ela *se desenvolve*, como parte integrante do próprio crescimento e desenvolvimento do organismo em um ambiente. Uma vez que a agência exige habilidade, e uma vez que a habilidade surge através do desenvolvimento, segue-se que o processo de desenvolvimento é uma *condição sine qua non* para o exercício da agência. Atribuir agência a objetos que não crescem ou se desenvolvem, que consequentemente não incorporam nenhuma habilidade, e cujo movimento não está, portanto, acoplado a sua percepção, é ridículo."

Ouvindo isso, a formiga não se deixa impressionar. "Bem, isso é o que você diria, não é?", comentou ela causticamente. "Você é uma aranha, e você defende a proposição de que a prática hábil envolve responsividade corporificada pelo desenvolvimento[7]. Aprecio os seus pontos de vista; eles realmente valem o seu peso em ouro (o que é muito pouco, devo acrescentar, já que você é uma criatura tão leve). Mas eu sou formiga. Eu defendo a Teoria Ator-rede[8]. Não é à toa que sou conhecida como a torre entre os artrópodes[9]. Porque a minha filosofia domina a sua."

"Você é realmente um mestre de pensamentos sublimes", admite a aranha cansada. "Mas quase não consigo entender uma palavra do que você diz." E, com isso, ela se retirou.

---

7. O termo aranha em inglês corresponde ao acrônimo *Spider – Skilled Practice Involves Developmentally Embodied Responsiveness*; em português: a prática hábil envolve responsividade corporificada pelo desenvolvimento [N.T.].

8. O termo formiga, em inglês, corresponde ao acrônimo *ANT – Actor-Network Theory*; em português: Teoria Ator-rede [N.T.].

9. Esse trocadilho grosseiro identifica o interlocutor da aranha como um duplo de Bruno Latour, um dos principais arquitetos da Teoria Ator-rede (p. ex., LATOUR, 1993, 2005). Admito que o duplo é um tanto quanto caricato, pois o verdadeiro Latour tem sido um crítico inconsistente de muito do que tem passado como aplicações da Teoria Ator-rede, ao ponto de negar que seja mesmo uma teoria, e que, na verdade, lide com redes (LATOUR, 1999). A visão da aranha, naturalmente, ostenta uma estranha semelhança com a minha própria.

Hoje em dia somos cada vez mais bombardeados com informações sobre o que é conhecido como "o meio ambiente". Sentados em nossas casas, em salas de aula ou auditórios, este meio ambiente reluz diante dos nossos olhos em imagens de paisagens, fauna e povos de todo o globo, muitas vezes acompanhadas de fatos e números reunidos para oferecer uma convincente mensagem de mudança. Na verdade, estamos tão acostumados a ver imagens deste tipo, que somos, penso eu, inclinados a nos esquecermos de que o meio ambiente é, em primeiro lugar, um mundo no qual vivemos, e não um mundo para o qual olhamos. *Habitamos* o nosso meio ambiente: somos parte dele; e através desta prática de habitação ele também se torna parte de nós. Olhamos com olhos treinados pela nossa experiência de ver o que está acontecendo ao nosso redor, ouvimos com os ouvidos afinados pelos sons que são importantes para nós, e tocamos com corpos que se acostumaram, pela vida que levamos, a certos tipos de movimento. Os cheiros também estimulam memórias e expectativas. Esse mundo habitado – o mundo da nossa percepção – inclui a terra debaixo dos nossos pés, o céu arqueando acima das nossas cabeças, o ar que respiramos, para não mencionar a profusão de vegetação, alimentada de energia pela luz do sol, e todos os animais que dependem dela, ocupadamente absorvidos em suas próprias vidas como estamos na nossa. Para lembrá-lo disso, eu gostaria que você desse um passeio do lado de fora, ao ar livre. Pois enquanto está sentado dentro de casa, como você provavelmente está enquanto lê estas linhas, o mundo da terra e do céu é um mundo que você só pode imaginar. Trata-se, além disso, de uma imagem de tal maneira frágil, que é muito facilmente esmagada pelo impacto de alta potência de uma ciência global mais interessada em estabelecer a autoridade do seu próprio ponto de vista particular acerca do meio ambiente e do que os seres humanos estão fazendo com ele, do que em melhorar a nossa própria consciência ou poderes de observação.

O que esta ciência nos está dizendo em auditórios por todo o mundo – todos equipados com equipamento de projeção, tendo as cortinas fechadas para impedir a luz e povoados de especialistas internacionais – é que, se você pensou que o meio ambiente fosse como você o encontrou quando deu o seu passeio ao ar livre, você se equivocou, ou pelo menos foi infantilmente ingênuo. Você se equivocou tanto quanto alguns dos jovens participantes de um estudo recente, conduzido por pesquisadores em psicologia do desenvolvimento, que eu relato no capítulo 8. Os pesquisadores queriam saber como as crianças adquirem o conhecimento da forma da Terra. Muitas das crianças recrutadas para o estudo, quando lhe pediram para descrever a Terra, a desenharam como um terreno relativamente plano, com pessoas e edifícios situados nele. E quando lhe pediram para descrever o céu, elas o descreveram como uma região acima da Terra, com um sol brilhante e nuvens flutuantes. Outras, no entanto, descreveram a Terra na forma de um círculo, acrescentando algumas figuras em forma de varetas em torno da circunferência. Estas últimas crianças, de acordo com os pesquisadores, entenderam corretamente. Elas haviam adquirido o que era supostamente a visão cientificamente correta, qual seja aquela contrária à intuição, de que as pessoas realmente vivem *por toda parte do lado de fora* de uma Terra esférica. Mas quando os pesquisadores então pediram que as crianças adicionassem o céu aos seus desenhos, elas ficaram confusas. "Você quer dizer espaço?", uma perguntou. Não eram, obviamente, as crianças que estavam confusas. Elas entenderam perfeitamente bem que uma coisa é compreender o meio ambiente do ponto de vista de um habitante, e outra bem diferente é adotar um ponto de vista imaginário que só poderia ser obtido a partir do espaço exterior.

Da primeira perspectiva, o ambiente pode de fato ser concebido como o mundo ao nosso redor, estendendo-se desde onde estamos até o horizonte, com a Terra abaixo e o céu acima. Mas desde a segunda perspectiva, a relação entre as pessoas e o mundo parece estar virada do avesso. Quando os cientistas falam do "meio ambiente global", eles têm em mente um mundo do qual nós, humanos, nos cercamos. Expelidos para a sua superfície exterior, nos tornamos exo-habitantes em vez de endo-habitantes. Na verdade, este ambiente global não se trata de um ambiente com o qual você ou eu ou qualquer outra pessoa possa se relacionar. É muito grande. Posso me relacionar com o modelo do globo que geralmente fica em uma prateleira da minha casa. Juntamente com livros, fotos de família e vasos de plantas colocados ao seu lado, este mundo é um item familiar do meu ambiente. Mas não posso me relacionar com o globo *como* um meio ambiente. Enquanto o mundo é medido e registrado, o meio ambiente é experimentado. Um tem clima, o outro tem tempo. Um tem a sua atmosfera, o outro inclui o céu. E é neste ambiente de terra e céu que eu enfoco no capítulo 9. Argumento que habitar o mundo terra-céu é viver a vida ao ar livre. No entanto, as tentativas filosóficas de caracterizar a abertura levam ao paradoxo. Seguimos Martin Heidegger, tratando a abertura como um espaço fechado com uma clareira dentro, ou Immanuel Kant (e, seguindo o seu exemplo, a ciência convencional), colocando a abertura por toda parte do lado de fora? Uma possível solução é oferecida por James Gibson em sua abordagem ecológica da percepção. O observador gibsoniano está apoiado no chão, com o céu acima e a Terra abaixo. Neste ponto de vista, no entanto, o mundo é habitável apenas na medida em que é mobiliado com objetos. Esses objetos, para Gibson, estão dispostos sobre o chão como modelos em uma maquete, ou cenário em um palco. No entanto, em um mundo assim, como poderia alguma coisa viver ou respirar?

Não poderia haver vida terrestre se não fosse pelos processos de respiração, pelos quais organismos vivos ligam o ar à água da chuva e a nutrientes retirados do solo, na presença de luz solar, ao forjarem o seu próprio crescimento e movimento. Fundamentalmente, esses processos continuamente interrompem qualquer interface entre a terra e o céu. Assim, habitar a abertura não é estar preso à superfície externa da Terra, mas ser apanhado nos fluxos substanciais e nos fluxos aéreos do que chamo de *mundo-tempo*. Embora muito tenha sido escrito sobre a maneira como vemos a paisagem, praticamente não há literatura sobre a relação entre a percepção visual e o tempo. O capítulo 10 é uma tentativa de pôr o estudo da visão ao ar livre. Defendo que o tempo entra na consciência visual não como um panorama pitoresco, mas como uma experiência de *luz*. Ao invés de colocar a visão e a luz em lados opostos de uma fronteira entre a mente e o mundo físico, sigo Maurice Merleau-Ponty ao afirmar que a luz é fundamentalmente uma experiência de estar *no* mundo que é ontologicamente anterior à visão das coisas. Embora não vejamos a luz, nós vemos *na* luz. Uma vez que o tempo, como um fenômeno do meio, é uma experiência de luz, ver na luz é ver no tempo. Nos cânones do pensamento moderno, no entanto, as superfícies da paisagem são identificadas com os limites da materialidade. Estes, por sua vez, tornam imaterial o meio através do qual as pessoas e os organismos se movem na percepção e na ação. Assim, enquanto a paisagem parece ser real, o tempo só pode ser imaginado. Superando esta ontologia, mostro que, na percepção do mundo-tempo, a terra e o céu não estão opostos como real a imaterial, mas indissoluvelmente ligados dentro de um campo indivisível.

Claramente, a luz é essencial para o crescimento orgânico, não haveria vida sem ela. Mas é também essencial para a visão: não poderíamos ver sem ela. No entanto, a experiência da luz tem sido marginalizada por reduções paralelas por parte tanto da biociência quanto dos estudos visuais. Onde o discurso da biociência contemporânea encontra a chave para a vida? Não nas reações fotossintéticas que ligam Terra, ar e água à luz, mas no âmbito secreto do núcleo da célula, no ADN do genoma. Por si só, é claro, a molécula de ADN é notavelmente inerte, e é precisamente por isso que tem se mostrado uma ferramenta poderosa de análise forense. Apenas no ambiente bioquímico dos organismos multicelulares, eles mesmos emaranhados em trocas de substância ao longo das linhas de fluxo que compõem o ambiente em geral, as moléculas de ADN têm os efeitos que têm. Que lógica, então, leva os cientistas – ou talvez, mais precisamente, aqueles que falam pela ciência – a atribuir vida à agência de genes? É obviamente a lógica da inversão, que já encontramos na segunda parte deste livro. A vida do organismo, tendo sido lida em seus genes, é reformulada por essa lógica como a expressão exterior, fenotípica de um projeto interior, o genótipo. Exatamente a mesma inversão, no entanto, está em ação nos estudos de cultura visual, onde a imagem é levada a fazer o mesmo trabalho que o genoma na biociência: assim como o genoma codifica o processo da vida, de modo a que ele possa ser "reproduzido" para a ciência, assim a imagem captura o processo de visão e o restitui ao analista. Quando o cientista biológico olha para recuperar a vida a partir do genoma, o analista visual procura recuperar a visão da imagem.

O visual, em suma, é um atalho para a *visão transmitida no visível*. Isto quer dizer que ele é produzido através de uma operação de reprodução pela qual podemos ver e interpretar a nossa própria experiência visual apenas enquanto esta experiência esteja codificada em objetos à vista. É precisamente essa lógica que subscreve a noção de paisagem como um fenômeno principalmente visual. No capítulo 11, que é realmente apenas um pós-escrito ao décimo capítulo, aplico o mesmo argumento em uma crítica do conceito de paisagem sonora. Assim como a ideia do visual se baseia nas funções de reprodução das imagens, assim também, em minha opinião, a ideia do auditivo se baseia nas funções de reprodução das gravações. Como o visual está para a luz, e o auditivo para o som, assim a paisagem o está para o mundo-tempo. Para recuperar as correntes de vida, e de consciência sensorial, precisamos participar dos movimentos que dão origem a coisas em vez de lançar a nossa atenção de volta para as suas formas objetivas e objetificadas. Precisamos, em uma palavra, desfazer a operação de inversão, abandonar as fixidezes de genes, imagens, gravações e paisagens para os movimentos geradores, respectivamente, da vida, luz, som e tempo.

8

A forma da Terra

Redonda, não plana

Como todo adulto educado sabe, a Terra é redonda e não plana. Embora muito ainda permaneça contencioso na física e na astronomia, a verdade desta proposição parece indiscutível. No entanto, demorou séculos de observação meticulosa, medição, cálculo e dedução para que se estabelecesse o que a maioria de nós agora reconhece como certo. A ideia de que a Terra tem a forma esférica é geralmente creditada a Pitágoras e sua escola, no século VI a.C., embora tenha sido a perfeição mística da forma, em vez de qualquer evidência empírica, que os levou a isso. Dois séculos mais tarde, em seu *Sobre os céus* (350 a.C.), Aristóteles reuniu uma série de argumentos físicos para provar por que a Terra deve ser redonda, e apresentou como evidência tanto a sombra curva projetada pela Terra durante um eclipse lunar e a variável inclinação das estrelas para o horizonte conforme se viaja para o norte ou para o sul. Coube a Ptolomeu de Alexandria, no século II d.C., estabelecer o lugar da Terra dentro do sistema de planetas conhecidos, e a Copérnico, no século XVI – com base no trabalho de astrônomos islâmicos, como Al Balkhi, do século IX, e Al Biruni, do século XI –, reconhecer que, longe de ser o centro inamovível em torno do qual tudo o mais revolve, é na verdade a própria Terra que gira em torno do sol. Hoje, este modelo heliocêntrico, atualizado à luz das mais recentes descobertas, está imprimido em todos os alunos primários através dos gráficos e mapas cósmicos que adornam as paredes das salas de aula.

Uma coisa, no entanto, é estar familiarizado com um modelo; outra bem diferente é este modelo estar tão internalizado a ponto de estruturar o próprio pensamento de alguém sobre o mundo. Não há nenhuma razão para se supor que as crianças nasçam com o conhecimento de que a Terra seja redonda, muito menos de que ela gire em torno do sol. Se isso é algo que todo adulto sabe, então deve, de alguma forma, ser aprendido. Exatamente como as crianças aprendem a forma da Terra é, no entanto, uma questão um tanto quanto controvertida em psicologia cognitiva e do desenvolvimento. Uma série de estudos sugere que um entendimento correto da Terra, como uma esfera sólida cercada pelo espaço, desafia pressupostos fundamentais que crianças do mundo inteiro, independentemente de sua origem cultural, inicialmente trazem para o seu raciocínio. Esses pressupostos são, primeiro, que o chão é plano, e, em segundo lugar, que, se não estiverem apoiadas, as coisas caem. Para se compreender a ideia tão contraintuitiva de que a Terra é redonda como uma bola e de que as pessoas podem viver em qualquer lugar sem cair, é necessário, argumenta-se, nada menos do que uma reestruturação conceitual completa da mente da criança, comparável a uma mudança de paradigma na história da ciência. O que levou séculos para os nossos antecessores, enquanto a Terra plana cedia ao pensamento da Terra redonda, e enquanto o geocentrismo cedia ao heliocentrismo, tem que ser recapitulado por cada criança no espaço de alguns poucos anos. Como é que isto acontece?

Fazendo experiências com alunos do ensino primário, com idade entre seis e onze anos, do Estado de Illinois, os psicólogos Stella Vosniadou e William F. Brewer afirmam ter identificado uma sequência de desenvolvimento no pensamento sobre a Terra, que vai de um modelo mental inicial de uma Terra que é plana como uma panqueca[1] a um modelo final de uma Terra esférica, passando por vários modelos intermediários, nos quais as crianças tentam sintetizar suas pressuposições iniciais com informações fornecidas pelos seus professores, ou adquiridas a partir de livros, gráficos ou outras fontes (VOSNIADOU & BREWER, 1992; VOSNIADOU, 1994; cf. figura 8.1). Um desses modelos é o que eles chamam de "esfera oca", o outro é a "Terra dupla". Cada um parece um híbrido peculiar das ideias de Terra plana e Terra redonda. Vou começar descrevendo esses modelos e os tipos de raciocínio com os quais as crianças alegam estar comprometidas. Meu objetivo final, ao fazê-lo, no entanto, é demonstrar que o seu caráter híbrido, e as contradições internas às quais dá origem, não são um sintoma da sua condição de transição entre a intuição ingênua de que a Terra é plana e o conhecimento informado que ela é realmente uma esfera. Trata-se, antes, de indicar um dilema existencial mais fundamental, tão premente para os adultos quanto para as crianças, e, com efeito, tanto para os filósofos quanto para os leigos, que surge quando o acesso ao que passa por conhecimento certo – neste caso, da forma da Terra – se baseia na renúncia da experiência mesma, de *habitar* a Terra, que torna esse conhecimento possível.

---

1. É importante ter em mente que o campo de Illinois, ao qual as crianças estavam acostumadas, é, na maior parte, monotonamente plano.

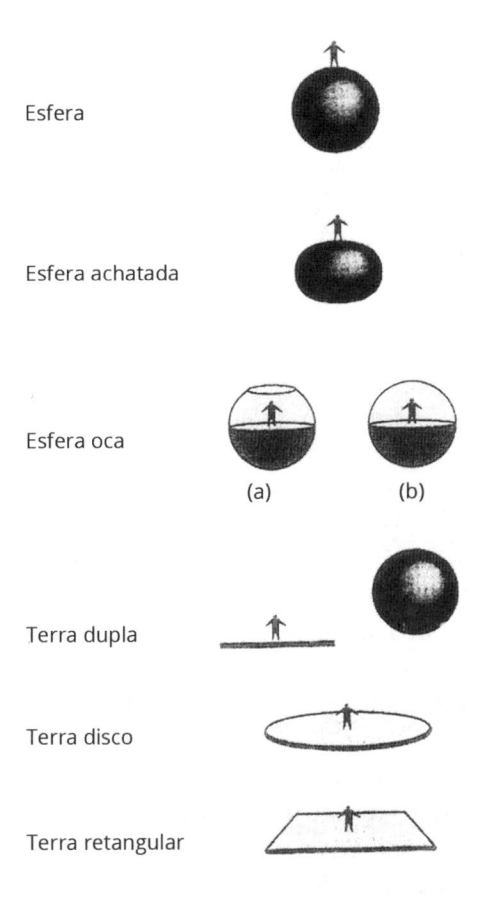

Esfera

Esfera achatada

Esfera oca

(a)   (b)

Terra dupla

Terra disco

Terra retangular

Figura 8.1 Os modelos mentais da Terra. Reproduzidos a partir de Vosniadou e Brewer (1992: 549), com a permissão da Elsevier.

Os modelos mentais da Terra

Em seu experimento, Vosniadou e Brewer (1992: 543-545) apresentavam a cada uma das crianças entrevistadas uma série de perguntas. Estas perguntas eram deliberadamente abertas, exigindo que a criança elaborasse uma resposta recorrendo a qualquer recurso conceitual que pudesse reunir, ao invés de simplesmente escolher entre opções prontas. Os pesquisadores começaram perguntando: "Qual é a forma da Terra?" A esta pergunta, a maioria respondeu "redonda" ou "como uma bola". Eles, então, perguntavam para que lado você olharia para ver a Terra, e o que está em cima, embaixo e ao lado dela. Neste ponto, a criança era instruída a fazer um desenho da Terra e a indicar no desenho onde a Lua e as estrelas ficariam. Tendo-se feito isso, era dito à criança que desenhasse o céu e mostrasse no desenho onde as pessoas vivem. Para os entrevistados que haviam começado afirmando que a Terra era redonda e a haviam desenhado aproximadamente como um círculo, os pesquisadores então revelavam uma foto de uma casa em uma paisagem aparentemente plana. Um diálogo do seguinte tipo, então, se seguia:

> *Pesquisador:* A casa está sobre a Terra, não é?
>
> *Criança:* Sim, a casa está sobre a Terra.
>
> *Pesquisador:* Como é que aqui a Terra é plana, mas antes você a fez redonda?

Era então perguntado à criança onde ela iria parar se caminhasse por muitos dias em linha reta. Se respondesse "em outro lugar", "em outro país" ou "na costa", lhe era dito para seguir adiante, imaginariamente, ajudada, se necessário, por carros, trens e barcos. Será que ela finalmente alcançaria os confins da Terra, ou se encontraria de volta aonde começou? E se alcançasse os confins da Terra, ela correria o risco de cair? "Agora me diga", pressionavam os pesquisadores, em referência ao desenho, "o que está aqui abaixo da Terra?"

Mathew, de sete anos, aceitou que, se você continuasse a caminhar e caminhar, e tivesse uma fonte inesgotável de provisões, você poderia chegar ao fim do mundo, mas que não haveria perigo de cair. "Se estivéssemos fora da Terra", explicou ele, "poderíamos provavelmente cair, mas, se estivéssemos dentro da Terra, não poderíamos cair" (p. 548). A lógica de Mathew, de acordo com Vosniadou e Brewer, é precisamente o que se espera de um modelo "esfera oca" da Terra. As crianças que supostamente raciocinavam nos termos deste modelo não tinham dúvida de que a Terra tem a forma esférica, mas a maioria encarava a esfera como compreendendo dois hemisférios, sólido embaixo e oco em cima, com as pessoas vivendo na interface plana entre os dois (p. 549-550). Venica, de dez anos, por exemplo, insistiu que a forma real da Terra é "redonda como uma bola"; no entanto, parece plana para os seus habitantes, porque eles vivem "dentro da bola [...] no meio dela" (p. 563-564). Assim como Mathew, Venica estava convencida de que não havia perigo, para os habitantes, de caírem da borda da Terra; curiosamente, no entanto, ela também observou que, para se perceber a Terra como a esfera que ela realmente é, alguém teria que estar em uma nave espacial. Uma vez que naves espaciais são vistas, desde uma perspectiva terrena, subirem para os céus, ela concluiu que a borda ou circunferência da Terra é perceptível "só se você for para cima".

Do alto de sua nave espacial, Venica olharia *para baixo* para ver a Terra como uma bola. Outras crianças, no entanto, disseram que para ver a Terra alguém definitivamente teria que olhar *para cima*. Estas crianças sustentavam que a Terra não é apenas redonda, mas também completamente sólida. Elas desenhariam a Terra como um círculo. Mas, quando lhes era pedido que mostrassem em seus desenhos onde as pessoas vivem, longe de localizarem as suas figuras dentro do círculo ou ao redor de sua circunferência, elas as colocariam ou em uma linha horizontal traçada sob a sua descrição da Terra-bola, ou usariam a borda inferior do próprio papel como um patamar, e colocariam as suas figuras na borda. Inicialmente os pesquisadores ficaram perplexos com isso, como o seguinte diálogo com Darcy, de nove anos de idade, revela. Em resposta aos pedidos iniciais, Darcy traçou uma Terra redonda, e acrescentou a Lua e algumas estrelas. Quando o pesquisador pergunta onde as pessoas vivem, Darcy desenha uma casa cuja base repousa ao longo da borda inferior do papel. O pesquisador pergunta novamente, e Darcy desenha uma outra casa. No terceiro pedido, Darcy finalmente se rende às exigências implícitas do pesquisador, apaga com a borracha uma de suas casas, e desenha um boneco em cima da sua Terra redonda (figura 8.2b). Isso, no entanto, apenas desencadeia uma nova ronda de interrogações. "Esta casa está sobre a Terra, não está?", diz o pesquisador apontando para o desenho da casa que permanece depois do outro ter sido apagado. "Como é que a Terra aqui é plana, mas antes você a fez redonda?" Segue-se o seguinte diálogo:

> *Darcy*: Eu não sei.
>
> *Pesquisador*: Será que a Terra é realmente redonda?
>
> *Darcy*: Não.
>
> *Pesquisador*: Não é realmente redonda. Bem, que forma ela tem?
>
> *Darcy*: Sim, é redonda.
>
> *Pesquisador*: Então como é que ela parece plana aqui?
>
> *Darcy*: Porque ela está no chão.
>
> *Pesquisador*: Mas por que isso faz com que pareça plana?
>
> *Darcy*: Porque o chão é plano.
>
> *Pesquisador*: Mas a forma da Terra é...
>
> *Darcy*: Redonda (p. 570).

Para o pesquisador, parecia que Darcy estava sendo deliberadamente inconsistente, hesitando entre as concepções da superfície da Terra como redonda e plana. Mas era de fato o pesquisador que havia lançado todo o exercício na confusão ao insistir em usar a palavra "Terra" para o que Darcy de forma clara e consistente distinguia como o chão. Confrontado com essa confusão, Darcy inicialmente não sabia como responder. Em seguida, ela admitiu que, se a Terra for entendida no sentido específico no qual o pesquisador havia acabado de usar o termo para denotar o chão, então é claro que não é redonda. Parecendo contradizer-se, no entanto, ela, na verdade, recupera o equilíbrio, reafirmando que a Terra é realmente redonda, em contraste com o chão plano. Em seus próprios termos, ela está, de fato, sendo completamente consistente. Junto com outras crianças que responderam de maneira semelhante, o raciocínio de Darcy parece ser estruturado pelo que Vosniadou e Brewer chamam de "modelo duplo da Terra". De acordo com este modelo há duas Terras, "uma redonda, que está no céu, e uma plana, onde as pessoas vivem" (p. 550). Os adeptos deste modelo, como Darcy, geralmente usam a palavra "Terra" apenas para a primeira, e "chão" para a segunda. Portanto, enquanto adeptos da Terra oca reconciliam a sua experiência de viver no plano com o seu conhecimento de que a Terra é redonda colocando uma dentro da outra, adeptos da Terra dupla mantêm as duas rigorosamente separadas.

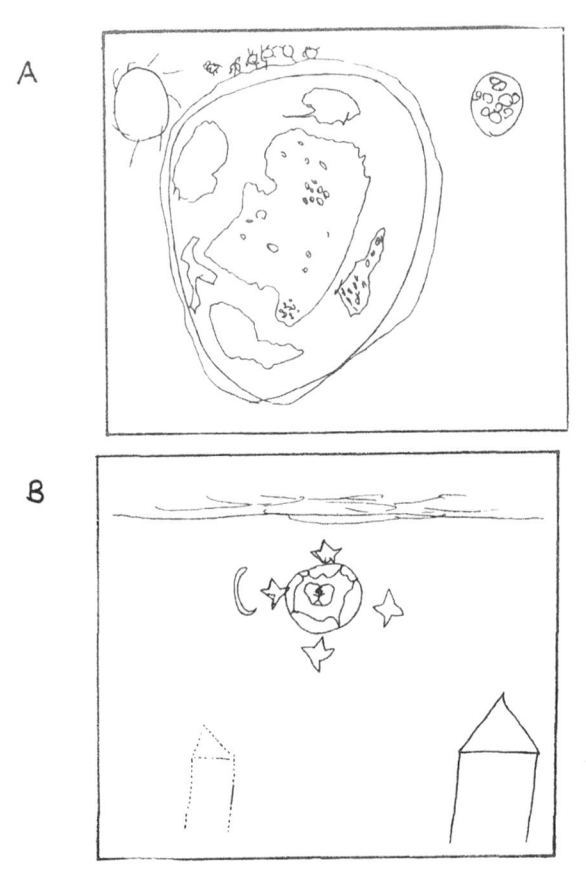

Figura 8.2 (a) O desenho de Ethan da Terra esférica rodeada pelo "céu"; (b) o desenho de Darcy do céu, do solo (com casas) e da Terra esférica. Reproduzido a partir de Vosniadou e Brewer (1992: 558). Reproduzido com permissão de Elsevier.

Não foi apenas confundindo Terra e chão que os pesquisadores confundiram os sujeitos da pesquisa. Outra camada de confusão foi introduzida em seu pedido para que as crianças adicionassem o céu aos seus desenhos da Terra, da Lua e das estrelas. Mesmo os adultos, como Vosniadou e Brewer o admitem (p. 544), podem achar a ideia de desenhar o céu um pouco estranha, e não é óbvio como se deve fazê-lo. Para adeptos da Terra oca, que identificam o céu com a cobertura em forma de cúpula do hemisfério superior da Terra, é difícil ver como o céu possa ser acrescentado a um desenho que já ilustra a Terra esférica. Uma vez que a Lua e as estrelas estão no céu, os adeptos da Terra oca poderiam muito bem colocá-las dentro da circunferência da Terra, assim como ao seu redor, do lado de fora. Adeptos da Terra dupla ficaram igualmente intrigados. Quando Darcy, por exemplo, desenhou a sua Terra redonda, ela colocou, logicamente, a Lua e as estrelas em torno dela, do lado de fora, uma vez que esta Terra deveria ser sólida. Tendo lhe sido solicitado que adicionasse o céu à imagem, no entanto, Darcy ficou confusa. "Isso é repugnante", diz ela (p. 570). Mas ela tem que desenhar o céu, e o faz esboçando algumas linhas mais ou menos horizontais, muito parecidas com uma base de nuvem, perto do topo do papel, acima do seu desenho da Terra, da Lua e das estrelas. Este céu, no entanto, está posicionado não em relação ao seu desenho da Terra, mas em relação ao chão que supostamente coincide com a borda inferior do papel, e no qual ela desenhou as casas.

A absurdidade de se pedir às crianças que adicionem o céu a um desenho da Terra redonda é mais claramente revelada no caso daquelas crianças que pareciam ter compreendido plenamente o modelo "cientificamente correto" da Terra como uma esfera, e posto as suas intuições ingênuas para dormir. Uma dessas era Ethan, de seis anos de idade. Em resposta às perguntas do pesquisador, Ethan já explicou que a Terra é redonda como uma bola, que para vê-la é preciso olhar para baixo, e que acima, abaixo e ao redor há apenas espaço. À pergunta sobre andar e andar em uma linha reta, ele prossegue decididamente, respondendo que você acabaria onde começou. Não há fim para a Terra, ele dirá, e onde quer que você esteja em sua superfície, a gravidade o puxa para baixo. O precoce Ethan, ao que parece, preenche todos os requisitos científicos. Mas, no ponto da entrevista em que o pesquisador lhe pede para adicionar o céu à sua imagem da Terra, ele fica momentaneamente emperrado. Como você pode adicionar o céu a uma imagem da Terra no espaço? Da perspectiva do espaço, não há céu (BERLEANT, 2010: 138). Cientificamente falando, o que envolve a Terra é a sua atmosfera, entendida como um envelope gasoso que se esgota com o aumento da distância desde a superfície da Terra. Nós não sabemos se Ethan tinha qualquer conhecimento da atmosfera no sentido científico estrito[2], mas, mesmo se o tivesse, não era isso o que lhe havia sido solicitado que desenhasse. Ele foi convidado a desenhar o céu. E o céu não pertence a uma imagem da Terra como uma esfera

---

2. É importante não confundir o conceito científico de atmosfera com o seu significado fenomenológico como um campo de sensibilidade semelhante a uma aura, como quando falamos da "atmosfera" evocada por uma reunião ou por uma *performance* de música. Elaboro sobre o conceito neste último sentido no capítulo 10 (p. 204). Cf. tb. Böhme (1993).

sólida, tampouco o chão sobre o qual as pessoas vivem. Para ver o céu você tem que estar no chão. Assim como o chão, o céu pertence ao fenomenal, e não à ordem física da realidade.

No evento, Ethan devidamente compele o pesquisador, apresentando o que foi considerado a resposta "correta" ao desenhar um anel em torno da sua Terra-círculo, mas não sem antes tê-lo desafiado com a fulminante repreensão: "O céu não tem forma, você quer dizer espaço" (VOSNIADOU & BREWER, 1992: 557; cf. figura 8.2a). Seja qual for o significado que o pesquisador tenha inferido do seu anel externo, no que concerne a Ethan, não se tratava do céu. Em vez disso, o seu gesto circunferencial, e o traço que deixou, foi a sua maneira de dizer que a Terra está cercada pelo espaço. Darcy, por sua vez, percebeu – como o pesquisador, aparentemente, não o fez – que o céu só pode ser descrito em uma imagem da Terra concebida como o chão da habitação humana, e que, em relação a essa habitação, só pode estar "em cima". Igualmente revelador foi o fato de que, dessas crianças creditadas com um modelo esférico da Terra, uma substancial proporção confundiu as expectativas, insistindo que, para se ver a Terra, deve-se olhar para cima, não para baixo. Vosniadou e Brewer tentam explicar essa anomalia, sugerindo que as crianças podem usar a frase "olhar para cima" da maneira como os seus professores o fazem quando dizem a seus alunos para olharem para um gráfico na parede da sala de aula ou para procurarem alguma coisa em um livro (p. 555). Esta explicação não poderia ser menos convincente. Como o próprio Ethan apontou, com a sua erudição característica, a razão pela qual a Terra parece plana para aqueles que vivem nela é porque eles estão tão perto do chão, e a própria Terra é tão grande, que eles não têm consciência de sua curvatura (p. 557). Assim, enquanto a Terra terrestre pode estar literalmente sob os pés, a sua forma esférica só pode ser revelada através de sua projeção como um corpo celeste, e para ver o céus é preciso olhar para cima.

Isso, obviamente, é precisamente o que acontece em um eclipse lunar. O astrônomo, apoiado ao nível do chão, olha para cima e vê a sombra da silhueta da Terra esférica contra a Lua. Lembre-se que nada menos do que uma figura como Aristóteles recorreu ao eclipse, como prova indubitável de que a Terra é redonda. Se Aristóteles tivesse sido um sujeito da experiência de Vosniadou e Brewer, ele poderia muito bem ter sido considerado um adepto da Terra dupla. Será que o dualismo da Terra dupla é, então, uma etapa a ser superada na transição da ingenuidade infantil para o conhecimento maduro, ou será intrínseco ao próprio projeto do pensamento científico? Esta é uma pergunta à qual devo voltar. Nesse meio tempo, quero voltar a um conjunto alternativo de experimentos que levam a conclusões muito diferentes sobre como as crianças – e, de fato, os adultos – aprendem a forma da Terra.

Modelos mentais ou artefatos metodológicos?

Interpretar desenhos infantis é notoriamente complicado. Tanto as limitações técnicas de se trabalhar com o lápis sobre o papel quanto os preconceitos de orientação provenientes de se utilizar folhas retangulares com partes superior, inferior e laterais podem influenciar fortemente as maneiras como um desenho é composto. Como, por exemplo, você faz, por meio de uma linha contínua, um corpo tridimensional, como uma esfera, que não tem linha alguma? A maioria das crianças desenha o que acredita ser uma Terra-bola, desenhando um círculo grosseiro. Quando se lhes pede que desenhem as pessoas, mesmo aquelas creditadas com um modelo "esférico" tendem a desenhá-las dentro da esfera, em vez de em volta da circunferência, do lado de fora. Tê-las desenhado no exterior, admitem Vosniadou e Brewer (p. 556), teria sido difícil, principalmente porque isso teria significado desenhar algumas delas nas laterais, ou de cabeça para baixo, em relação aos eixos do papel. Mas não é óbvio, a partir de um desenho de um círculo com figuras dentro, que a criança imagine que as pessoas estejam dentro da Terra ou presas a sua superfície exterior. Algumas crianças podem ter simplesmente achado mais fácil desenhar figuras na posição vertical sobre uma base horizontal, com resultados que as fazem parecer que aderissem a um modelo de Terra oca ou dupla. Além disso, é duvidoso que os desenhos de crianças mais jovens, que ainda têm que ser introduzidas a convenções pictóricas de adultos, possam ser tomados como representações do que elas consideram ser o mundo real. Assim, o anel que Ethan desenhou em torno da sua Terra não representa o céu, ou mesmo o espaço. Era simplesmente o traço deixado por um movimento gestual através do qual ele apresentou o seu entendimento de que o espaço está ao redor da Terra.

Também é difícil ter certeza de até que ponto as respostas que as crianças apresentaram, sob interrogatório, refletem seus próprios processos de raciocínio independente. Elas poderiam muito bem ter improvisado a fim de satisfazerem suas expectativas daquilo que o pesquisador queria. Do ponto de vista das crianças, como vimos, os pesquisadores foram manifestamente inconsistentes, por exemplo, ao usarem a palavra "Terra" para se referirem em um momento ao planeta, e em outro ao chão, forçando respostas ostensivamente contraditórias. Ainda assim, pode ser que as crianças, sentindo-se sob alguma pressão, na situação experimental, tenham sido consistentes em suas respostas. Pode ser, também, que, tendo produzido seus desenhos conforme as instruções, suas respostas ao questionamento subsequente tenham sido mais para justificar os desenhos do que para justificar os modelos que se supõe terem dado origem a eles. Por todas estas razões, os resultados da experiência de Vosniadou e Brewer não podem ser necessariamente considerados literalmente. Um procedimento alternativo experimental, que contornaria os problemas suscitados ao se pedir às crianças que desenhassem coisas e, ao submetê-las a questionamentos abertos, seria pedir-lhes para que escolhessem entre, ou classificassem em ordem de veracidade, uma série de alternativas preestabelecidas. Apenas esse procedimento foi adotado em um estudo mais recente de Gavin Nobes, Alan E. Martin e Georgia Panagiotaki (2005), e levou a resultados bastante contrários.

Neste estudo os pesquisadores prepararam um conjunto de cartões com imagens, cada um dos quais mostrava a Terra, pessoas e o céu em uma de dezesseis possíveis combinações das seguintes alternativas: a Terra como uma esfera sólida, como uma esfera achatada, como uma esfera oca ou como disco; pessoas em volta ou apenas em cima; céu em volta ou apenas em cima (figura 8.3). Os participantes, entre os quais crianças (com idades compreendidas entre cinco e dez anos) e adultos, foram individualmente convidados primeiro a selecionarem o cartão que pensassem parecer mais com a Terra real e, em seguida, a repetirem o procedimento com todos os outros, de modo a obter-se uma classificação do "mais" para o "menos parecido com a Terra" (NOBES et al., 2005: 52-54). Cerca de dois terços dos participantes do estudo selecionaram a combinação de esfera sólida com pessoas e céu em volta. No cartão que descreve esta combinação, a Terra figura como uma bola marrom-esverdeada, com pessoas rígidas, parecidas com Playmobil, em pé ao redor de sua circunferência e contra um fundo azul-claro salpicado de manchas brancas macias, semelhante a nuvens. A escolha deste cartão pela maioria dos participantes, de acordo com Nobes e seus colaboradores, "indicou uma compreensão científica da Terra" (p. 55-57). A imagem é, no entanto, estranhamente paradoxal. Por um lado, ela representa pessoas, distribuídas em torno da superfície exterior de uma Terra solidamente esférica, mas, por outro lado, representa o céu de uma forma que apenas seria aparente para alguém deitado de costas sobre a superfície da Terra, olhando para cima!

Se alguma criança no estudo de Vosniadou e Brewer produzisse uma imagem como esta, ela sem dúvida teria sido considerada adepta de um modelo de Terra dupla. Pois apenas uma Terra dupla poderia ficar de pé ou repousar no chão, olhar para o céu e ver aí não apenas as nuvens, mas uma outra Terra, com os seus habitantes ao redor da superfície. No entanto, não só Nobes e seus colegas identificaram este cartão de imagem com uma compreensão científica correta, mas também parecem não ter atribuído qualquer problema particular ou dissonância cognitiva aos participantes que o selecionaram. O mais provável é que eles tenham tratado o desenho do céu como uma espécie de papel de parede, caracterizado por formas e cores extraídas da experiência cotidiana, sobre o qual é montada uma imagem bem separada da Terra, talvez modelada no familiar globo de sala de aula. Em outras palavras, neste cartão temos não apenas uma imagem, mas duas, a primeira das quais (a Terra-bola) é sobreposta ao fundo da segunda (o céu). Não poderia o mesmo, então, ser dito dos desenhos que, no estudo de

Vosniadou e Brewer, deveriam ter indicado a presença de modelos da Terra oca ou da Terra dupla nas mentes das crianças que os desenharam? Eles também podem ser imagens compostas. E se Darcy, por exemplo, em resposta às inconstantes noções de Terra do pesquisador, tiver desenhado, na mesma folha de papel, uma imagem da Terra, da Lua e das estrelas, e depois outra do chão (com casas) e do céu? (figura 8.2b). Que razão teríamos então para duvidar da compreensão de Darcy da verdadeira forma da Terra?

Figura 8.3   Exemplos de cartões de imagem utilizados no experimento de Nobes, Martin e Panagiotaki: Terra plana, com as pessoas ao redor e o céu em cima; Terra oca com as pessoas apoiadas e o céu dentro; Terra esférica com as pessoas e o céu ao redor. Reproduzido de Nobes et al. (2005: 54). Reproduzido com permissão do *British Journal of Developmental Psychology*, © The British Psychological Society.

Em um estudo mais recente, Nobes e Panagiotaki (2007) passaram a abordar precisamente estas perguntas. Eles o fizeram aplicando um protocolo experimental similar ao usado por Vosniadou e Brewer com crianças, para uma amostra de adultos: 350 alunos de graduação e pós-graduação do leste de Londres, na faixa etária dos 17 aos 69 anos. Os alunos foram instruídos a desenharem a Terra, a desenharem onde o céu e as nuvens vão, e a desenharem algumas pessoas para mostrar onde viviam. Em seguida, lhes foi questionado acerca da forma da Terra, onde está o céu, onde as pessoas vivem, onde acabariam se caminhassem durante dias em linha reta, se a Terra termina em qualquer lugar e o que há debaixo dela (p. 650). As tarefas de desenho neste experimento expuseram todos os principais tipos de imagens identificadas no estudo de Vosniadou e Brewer, incluindo as variedades da Terra oca e da Terra dupla. Em comentários escritos sobre essa experiência, os entrevistados enunciaram explicitamente muitos dos problemas que devem ter sido enfrentados pelas crianças testadas por Vosniadou e Brewer. Um reclamou, por exemplo, que, quando instruído a desenhar a Terra, não sabia se estava se referindo ao Planeta Terra ou apenas ao solo. "Se você desenha a Terra", observou este entrevistado, "você não pode desenhar o céu ou as pessoas" (p. 654). E vice-versa, é claro: se você desenhar o céu e as pessoas, você não pode desenhar a Terra – tanto por razões de escala quanto de perspectiva. Ele resolveu o problema desenhando duas imagens – uma do planeta, a outra de pessoas no chão com o céu acima – separando nitidamente as duas imagens com a palavra "ou" (figura 8.4a). Um outro entrevistado desenhou três imagens distintas: da Terra planetária, de uma pequena casa no chão sob o céu (com nuvens), e da mesma casa em uma escala muito maior mostrando as pessoas dentro (p. 652; figura 8.4b).

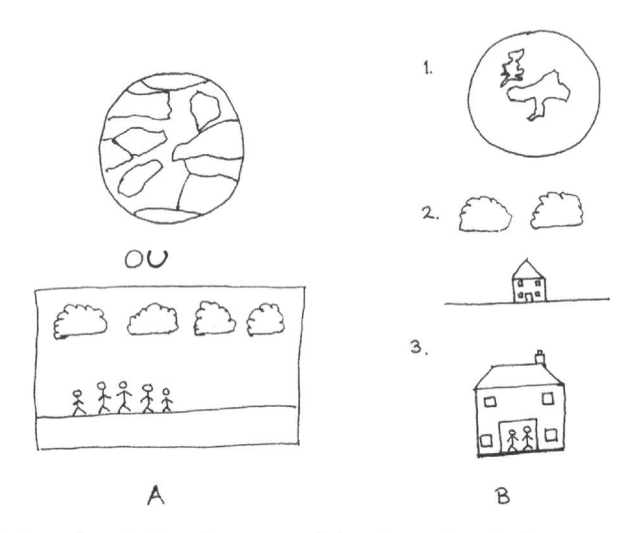

Figura 8.4 Desenhos da Terra feitos por adultos (ex. redesenhados a partir de Nobes e Panagiotaki 2007: 652). (a): duas imagens com "ou"; (b) três imagens.

Se o significado de "terra" era ambíguo, o significado de "céu" era ainda mais. Estes adultos entrevistados estavam familiarizados com o conceito científico da atmosfera, mas não tinham certeza se, quando lhe pediram para desenhar o céu, eles deveriam desenhar a atmosfera circundando o planeta, ou o céu e as nuvens que normalmente vemos acima de nossas cabeças. "Eu realmente nunca pensei sobre onde estão o céu e as nuvens em relação ao mundo inteiro", refletiu um entrevistado, "o céu e as nuvens estão sempre acima". Outro perguntou: "o céu significa o que vemos – azul acima + nuvens – ou o céu em toda parte – por exemplo, o espaço exterior circundando a Terra?" (p. 656). Se o céu for a atmosfera, alguns raciocinaram, e se a atmosfera for parte integrante do Planeta Terra, então, talvez, o céu deva estar dentro da Terra em vez de do lado de fora dela. E, pela mesma razão, assim deveriam estar as pessoas. Muitos entrevistados, por conseguinte, rejeitaram a visão "cientificamente correta" de que as pessoas vivem ao redor do lado de fora da Terra. Do lado de fora, elas argumentaram, está o espaço, e não se pode viver no espaço. Para se viver, é preciso haver chão para andar e ar para respirar. Portanto, as pessoas devem viver dentro da Terra (p. 657). Mas talvez a pergunta mais intrigante de todas tenha sido a última: O que está abaixo da Terra? A resposta científica "correta" deveria ter sido ou o "céu" ou o "espaço". No entanto, um pouco de reflexão demonstra que a pergunta é absurda. "Acima" e "abaixo" só pode ser estabelecido em relação a uma base ou chão. Então, o que está abaixo do chão? Terra! Como um entrevistado comentou, em conclusão, "essas questões não são fáceis para adultos responderem. Para os jovens seriam difíceis, confusas e provavelmente muito perturbadoras para muitos!" (p. 658).

Para reforçar o seu argumento de que as representações divergentes do ideal "cientificamente correto" nos conta mais sobre ambiguidades nas perguntas do que sobre os modelos mentais dos entrevistados, Nobes e Panagiotaki realizaram um estudo mais aprofundado, mais uma vez com estudantes universitários do leste de Londres de todas as idades (NOBES & PANAGIOTAKI, 2009). Neste eles reformularam as questões originais, de modo a tornar absolutamente claro que por "Terra" entende-se o nosso planeta, e não o chão sob os pés. "Imagine que você seja um astronauta no espaço", diz a nova instrução. "Você olha para fora da janela da sua nave espacial e vê a Terra. Por favor, desenhe uma imagem da Terra da maneira como você acha que a veria de sua nave espacial" (p. 353). Os resultados foram inequívocos. Todas as Terras duais e outros desenhos múltiplos foram eliminados. No cômputo geral, a proporção de quadros classificados como "científicos" aumentou substancialmente, enquanto a proporção daqueles que descreviam a Terra como ela pode ser vista a partir do chão foi marcadamente reduzida. O problema com o experimento Vosniadou e Brewer, concluíram Nobes e Panagiotaki, foi ter solicitado aos entrevistados adotarem primeiro uma perspectiva panóptica, global e, em seguida, uma que fosse situada, local, e atribuir as consequências desta dupla tomada de perspectiva, de fato incorporada ao projeto experimental, as estruturas de raciocínio nas mentes das crianças entrevistadas. Assim, os desenhos de Terra dupla, longe de representarem duas Terras – uma redonda no céu e uma plana no lugar onde as pessoas vivem – na verdade retratam a *mesma* Terra de duas perspectivas diferentes (p. 359). Assim também o fazem os desenhos da Terra oca, que diferem apenas na medida em que a ordem de enquadramento é invertida. Nos desenhos da Terra dupla, uma imagem da Terra redonda está emoldurada dentro de uma do chão e do céu; nos desenhos da Terra oca, uma imagem do chão e do céu está emoldurada dentro de uma da Terra.

Vosniadou e seus colegas ainda têm que responder a este estudo mais recente, realizado por Nobes e Panagiotaki. Eles, no entanto, responderam à experiência anterior, com os cartões de imagem (VOSNIADOU et al., 2004). Não causa nenhuma surpresa que eles não tenham se impressionado. Exigir que entrevistados escolham entre opções prontas, segundo eles, nada nos diz acerca de como eles pensam. A maioria que selecionou a Terra esférica "cientificamente correta", com pessoas por todo lado de fora, pode tê-lo feito porque lhes havia sido dito, por pessoas de autoridade, que é assim que a Terra é. Isso não significa, porém, que eles tenham entendido o que lhes foi dito, ao ponto de serem capazes de pensar, para além deste, em outros domínios da experiência (p. 206). Qualquer um pode dizer que a Terra é redonda, mas quantos podem usar este conhecimento para explicar, com a lucidez de um Ethan, por que ela parece plana para alguém no chão? Se os estudos de Nobes e Panagiotaki provaram alguma coisa, é que se trata de um quebra-cabeça, tanto para muitos adultos quanto para muitas crianças, demandando uma compreensão sofisticada de escala e proporção. Mas, fazendo todo o possível para remover as ambiguidades das perguntas originais, o seu mais recente estudo chega perto de fornecer as respostas antecipadamente, absolvendo os entrevistados de qualquer necessidade de pensá-las. Como, afinal, você poderia imaginar-se como um astronauta no espaço, olhando para a Terra pela janela de sua nave espacial, se já não lhe houvessem sido fornecidas as pistas para entregar a resposta "correta" de como ela pareceria?

Por detrás dessa controvérsia reside um debate bem-ensaiado em psicologia sobre se a aquisição de conhecimento é fortemente limitada por estruturas mentais internas ou é mais fundamentalmente dependente de contextos socioculturais de aprendizagem. De um lado estão os chamados "teóricos da teoria". Seguindo os passos do grande pioneiro suíço da psicologia do desenvolvimento, Jean Piaget, eles imaginam que dentro de cada criança está uma miniatura de cientista. Supõe-se que as crianças, independentemente umas das outras, se baseiem em intuição inata, na evidência da observação direta e nos seus poderes de raciocínio em desenvolvimento para construírem as suas próprias teorias para explicarem a forma da Terra e por que ela parece dessa maneira. Do outro lado estão aqueles, mais influenciados pelo contemporâneo russo de Piaget, Lev Vygotsky, que comparam toda criança a um aprendiz iniciante. Equipadas com mentes abertas, diz-se que as crianças adquirem os seus conhecimentos aos poucos, em fragmentos vagamente conectados, por meio de participação em um ambiente social e cultural, apoiadas por adultos experientes, tais como professores, mas também por artefatos, como os globos onipresentes de salas de aula. Uma vez que, de acordo com esta última abordagem, não existe barreira conceitual inicial a ser superada, e dado o apoio adequado, as crianças têm pouca dificuldade em adquirir uma imagem "científica" da Terra. Na concepção de seus respectivos experimentos, os dois lados escolheram métodos para adequarem as suas abordagens. Estes métodos constroem, desde o início, precisamente o que os experimentos pretendem mostrar: por um lado, que saber que a Terra é redonda é ter uma teoria e pensar em seus termos, por outro lado, que saber que ela é redonda é ser capaz de repetir o que lhe tem sido dito. Não é à toa que cada lado tenha acusado o outro de circularidade (VOSNIADOU et al. 2004: 205; NOBES & PANAGIOTAKI, 2009: 349-350). Este é talvez o ponto, então, no qual deixarmos nossos psicólogos, no poço que cavaram para si, e lançarmos um olhar mais filosófico sobre a questão da forma da Terra.

O que é a Terra afinal?

No que se segue, gostaria de tentar uma experiência de minha própria autoria. Certamente não se trata de uma experiência que encontraria a aprovação dos psicólogos, uma vez que não produz dados para análise. Meus sujeitos de pesquisa sequer estão vivos, e não podem, portanto, ser testados diretamente. Mas eles têm deixado um rico testemunho do seu pensamento em seus escritos. O que aconteceria se prescrevêssemos algumas das tarefas que Vosniadou e Brewer, e, posteriormente, Nobes e Panagiotaki, prescreveram aos seus sujeitos de pesquisa – respectivamente crianças de Illinois e alunos do leste de Londres – a um elenco de filósofos mortos? Perguntemos-lhes: Qual é a forma da Terra, onde está o céu, e onde as pessoas vivem? Como eles responderiam? Meu elenco, em ordem de aparição, inclui Santo Agostinho, Immanuel Kant, James Gibson e Martin Heidegger.

Primeiro despachemos a nossa equipe de pesquisadores para bem longe no passado, para a virada do século V d.C., para entrevistar Santo Agostinho. Eles o mandam descrever a Terra. Ele responde que a Terra é a totalidade do mundo visível, da criação de Deus. Ela engloba tudo o que se pode ver. "Diga-nos, então", pressionam os nossos pesquisadores, "o que você pode ver?" "Vemos o *céu* e a *terra*", responde Agostinho, "isto é, as partes superior e inferior do mundo material. Vemos esse espaço de ar, também chamado de céu, através do qual os pássaros fazem seu voo errante. Vemos as planícies do mar, e a Terra seca, a mãe das plantas e árvores. Vemos as grandes luminares brilhando acima, o sol bastando para o dia, a Lua e as estrelas confortando a noite. Vemos a água espalhada ao nosso redor e cheia de peixes. Vemos a face da Terra diversificada com animais terrestres. E vemos o homem..." (1943: 108; XIII, xxxii)[3]. Os pesquisadores, no entanto, farejam uma contradição. "Você disse que tudo o que vemos é apenas a Terra, mas agora você diz que a Terra é apenas uma parte dessa totalidade – a parte inferior – enquanto distinta da parte superior do céu ou paraíso. Será que

---

3. As palavras citadas aqui, juntamente com todas as citações subsequentes de Santo Agostinho, são tiradas diretamente da tradução de 1943 das suas *Confissões* por F.J. Sheed (AGOSTINHO, 1943). Para fins de apresentação, no entanto, excluí elipses onde palavras tenham sido omitidas sem alterar o sentido. Para facilitar a comparação com outras edições, incluí no texto as referências tanto à paginação da edição de Sheed quanto do livro original e números de capítulos, indicados, respectivamente, com algarismos romanos maiúsculos e minúsculos.

o céu está, então, acima da Terra ou englobado nela?" Agostinho pacientemente explica que "Terra" pode ser entendida em dois sentidos, a cada um dos quais corresponde determinado sentido de "céu". Há, por um lado, o céu que Deus criou quando fez "os céus e a Terra". Este é um céu material, o céu podemos ver, em relação ao qual a Terra – nas palavras de Agostinho – é "a Terra em que piso, a Terra de que é feito o corpo que eu carrego" (p. 289; XII, ii). Por outro lado, existe o que Agostinho chama de "céu dos céus", a morada de um intelecto transcendental. Para esse intelecto, o mundo material é revelado em sua totalidade em um ato, em vez de maneira fragmentada, uma coisa de cada vez, como o é para os mortais comuns, destinados a morar dentro dele e reunir, na memória, as imagens às quais as suas experiências dão origem (p. 219; X, p. viii, 294; XII, p. ix). "Comparado àquele céu dos céus", Agostinho conclui: "o céu acima de nossa Terra é apenas terra. Portanto, não é absurdo chamar cada um desses dois grandes corpos de 'terra', em comparação àquele misterioso céu que é do Senhor, e não dos filhos dos homens" (p. 289; XII, p. ii).

Nossos pesquisadores podem muito bem sair desse encontro convencidos de que Santo Agostinho está comprometido com um modelo da Terra oca, colocando o homem no meio de um mundo que compreende a Terra sólida abaixo e o céu aéreo acima, enquanto ainda concebendo a Terra, desde a perspectiva dos olhos de Deus, como uma totalidade englobando as duas. Voltando à sua máquina do tempo, eles fixam as suas coordenadas para a cidade de Königsberg, na Alemanha, por volta do final do século XVIII. Eles estão a caminho de entrevistar o seu mais célebre cidadão, Immanuel Kant. Instado a descrever a forma da Terra, Kant responde, sem hesitação, que é esférica. No entanto, antecipando a próxima pergunta dos pesquisadores, ele se apressa a admitir que, para os seus sentidos, a Terra parece ser plana (KANT, 1933: 606). "Então, como você sabe", perguntam os pesquisadores, "que a Terra é redonda?" Kant, que quase nunca se aventurou além da sua cidade natal, responde que, apenas a partir da evidência dos seus sentidos, ele não teria nenhuma maneira de saber isso. A forma esférica da Terra, ele aponta, não é um *objeto* de conhecimento geográfico. É, antes, uma ideia que a mente traz à experiência, *a priori*, a fim de estabelecer a *possibilidade* de tal conhecimento. Supondo que lhe faltasse essa ideia, então, posicionado em um determinado ponto na superfície da Terra – como a sua casa de Königsberg – ele seria capaz de adquirir, no máximo, um conhecimento das coisas situadas dentro do círculo do horizonte. Ele poderia expandir ainda mais seus conhecimentos através da leitura dos relatos de viajantes transmitidos de outras partes do mundo. Na verdade, Kant era um ávido colecionador de tais relatos. Mas, independentemente da quantidade de informações à sua disposição, a única coisa que ele nunca poderia saber seria quanto mais ainda há para ser conhecido. "Eu conheceria", explica ele, "os limites do meu conhecimento real da Terra em qualquer momento dado, mas não os limites de toda a geografia possível" (p. 606). Em tal situação, não poderia haver nenhuma possibilidade de conhecimento sistemático, nenhuma maneira de se adequar o que é conhecido até então dentro de uma concepção global do todo.

Mas, diz Kant, se "cheguei tão longe, a ponto de saber que a Terra é uma esfera e sua superfície é esférica", então a situação se transforma. Pois, como a extensão da superfície é finita e potencialmente calculável, ele pode estimar não só os limites do seu conhecimento presente, mas também os limites de todo o mundo potencialmente cognoscível. E se o mundo cognoscível é esférico, Kant argumentou, assim também o é o mundo do conhecimento.

> A nossa razão não é como uma planície indefinidamente estendida, cujos limites conhecemos de um modo geral apenas; mas deve sim ser comparada a uma esfera, cujo raio pode ser determinado a partir da curvatura do arco da sua superfície – ou seja, a partir da natureza sintética de proposições *a priori* – e pela qual podemos também especificar com certeza o seu volume e os seus limites (p. 607-608).

O conhecimento está, portanto, disposto sobre a superfície esférica da mente, exatamente como os objetos do conhecimento estão dispostos sobre a superfície esférica da Terra. A topologia global da superfície da Terra aqui representa uma ideia fundamental, para cuja experiência a mente é dita contribuir, qual seja a da unidade, completude e continuidade da natureza. É nesta superfície – concebida como uma interface não apenas entre a substância sólida da Terra e sua atmosfera gasosa, mas entre a matéria e a mente, entre a sensação e a cognição – que todo o conhecimento é constituído (RICHARDS, 1974; INGOLD, 2000a: 212). A "visão cientificamente correta", de que as pessoas vivem todas ao redor, do lado de fora, de uma Terra solidamente esférica, tem sua fonte nessa cosmologia kantiana. Como a razão humana ocupa o lugar do "céu do céu" de Agostinho, a própria Terra se torna externa ao homem. As pessoas, de acordo com este ponto de vista, não se encontram dentro de um mundo de céu e Terra, mas do lado de fora de um mundo-esfera material que já está fechado. Nas palavras do próprio Kant, "o mundo é o substrato e o palco no qual o jogo das nossas habilidades acontece" (1970: 257). A vida é encenada neste palco. As pessoas, portanto, não vivem *dentro* do mundo, mas *em cima da* sua superfície exterior. Elas já não são endo-habitantes, mas exo-habitantes.

Deixando Kant, a nossa equipe experimental tem agora um encontro com um dos principais, mas também mais heterodoxos pensadores da psicologia do século XX, ou seja, James Gibson. Reagindo contra a agenda kantiana, já bem-estabelecida nas principais teorias da percepção e da cognição, Gibson estava ansioso por restaurar o observador a um mundo que esteja "ao redor" e não "fora", ou, em uma palavra, ao *meio ambiente* como algo distinto do mundo físico. Em relação ao meio ambiente, observadores são habitantes. Gibson posiciona o habitante não sobre a superfície externa de uma esfera sólida, mas no cerne mesmo daquilo que ele chama de "campo esférico sem limites" (GIBSON, 1979: 66). Este campo é composto por dois hemisférios: o do céu acima e o da Terra abaixo. Na interface entre os hemisférios superior e inferior, e estendendo-se para o "grande círculo" do horizonte, encontra-se o chão sobre o qual o habitante se encontra (p. 162). O chão é uma superfície; na verdade, para os animais terrestres trata-se da mais importante das superfícies, uma vez que fornece o seu suporte básico (p. 10, 33). Mas trata-se de uma superfície *no* mundo, não *do* mundo. Com os pés plantados no chão e os pulmões inalando o ar, os habitantes se estabelecem sobre uma divisão não entre o mundo material e o mundo das ideias, mas entre as mais ou menos sólidas *substâncias* da Terra e do ambiente, *meio* volátil no qual estão imersos (p. 16-22).

Na verdade, para os nossos pesquisadores, a descrição do meio ambiente feita por Gibson traz imediatamente à mente o modelo da "Terra oca", que eles também descobriram subscrever o raciocínio de Agostinho. A fim de verificar se este é realmente o caso, eles pedem-lhe que delineie o mundo Terra-céu que descreveu. Mas Gibson se recusa. A própria prática de delinear, sustenta ele, introduz uma falsa noção de confinamento (p. 66). Leva-nos a imaginar que o céu e a Terra estejam enclausurados dentro de uma concha. Mas, para Gibson, o "campo esférico" da percepção do habitante é ilimitado. O horizonte não é um limite, porque se move com o habitante. Ele não pode ser alcançado ou atravessado. As coisas não rompem uma barreira quando ficam à vista. E quando você olha para cima, você não vê a si mesmo rodeado por uma superfície fechada. A vida sob o céu é vivida *ao ar livre*, e não dentro dos limites de um hemisfério oco com uma base plana e um topo abobadado. O céu, portanto, não tem nenhum delineamento, e você não pode desenhá-lo. Tudo o que se pode desenhar são as formas das coisas *no* céu, ou a sua silhueta contra o céu. Com efeito, embora Gibson objete contra desenhar a Terra e o céu, ele não tem tais escrúpulos quanto a desenhar o que está *na* Terra e *no* céu. Quando os pesquisadores pedem-lhe que desenhe pessoas e casas em uma linha de base que represente o chão, e adicione nuvens, o sol, a Lua e as estrelas ao espaço acima dele, ele o faz de bom grado.

Na interpretação destes desenhos, no entanto, Gibson está inequivocamente em desacordo com nossos pesquisadores. Pois ele não vai aceitá-los como evidência para a ordenação conceitual da experiência, ou como revelando qualquer coisa acerca da maneira como ele pensa. Não mais do que os desenhos das crianças, diz ele, eles tampouco dão forma visível a modelos mentais dentro da sua cabeça. Não é como se, quando estivesse prestes a desenhar, primeiro você olhasse para um objeto, de modo a obter uma imagem mental dele, e, então, projetando a imagem "de volta" sobre o seu bloco de desenho, traçasse o seu contorno na página. Você pode desenhar uma pessoa, uma casa, ou o sol no céu, fazendo marcas em uma superfície que grava os movimentos do lápis em sua mão. O que estas marcas delineiam, no entanto, não são imagens, mas o que Gibson chama de "invariantes" (p. 278-279). Invariantes emergem como constantes paramétricas que subjazem ao fluxo contínuo de estrutura perspectiva conforme alguém se move ao longo de um caminho de observação. Ao contrário da estrutura perspectiva, que é única a cada ponto de observação, a estrutura invariante é comum a todos os pontos e, por conseguinte, descreve "o rígido traçado das superfícies do ambiente" (p. 73-74). Desenhar, então, não é apresentar a imagem de uma coisa, mas extrair a sua rigidez. O resultado, no entanto, é particularmente estático. Como um traçado rígido, o "ambiente" de Gibson parece um sólido trancado. É como se as pessoas, as casas, as nuvens e o sol fossem transformados em pedra. É certo que, em comparação com o exo-habitante kantiano, que percorre a superfície externa do globo, o habitante gibsoniano encontra-se no centro de um mundo esférico. Mas, apesar de perfeitamente realista e totalmente mobiliado, trata-se de um mundo que não abriga vida nenhuma.

Após seu encontro com Gibson, nossos pesquisadores intrépidos seguem, de mochila nas costas, pela Floresta Negra da Alemanha. Eles dirigem-se à cabana de montanha que o filósofo Martin Heidegger transformou em um retiro para meditação. Em preparação para a viagem, eles leram um dos primeiros ensaios de Heidegger sobre a origem da obra de arte[4]. Neste ensaio, ele insiste que a Terra, "aquela sobre a qual e na qual o homem baseia sua habitação", não se trata de uma massa material, e tampouco absolutamente se trata de um planeta. Trata-se, antes, do chão sobre o qual – ou melhor, *no* qual – vivemos (HEIDEGGER, 1971: 42). Pois a Terra-chão não apenas apoia os seus habitantes. Em um sentido importante, ela os nutre e protege. Trata-se da própria matriz da sua habitação. As pessoas são *da* Terra, elas não apenas vivem *nela*. Aqui, Heidegger reconhece, como Agostinho também o fez, que os corpos humanos são tão terrenos quanto o é a terra do chão em que pisam, sendo da mesma substância. Assim também o são as plantas que crescem aí, e os animais que são nutridos por este crescimento. Da mesma forma, as nuvens, o pôr do sol e as estrelas são fenômenos *do* céu, em vez de – como Gibson pensava – objetos *nele*. "Na Terra", escreveu Heidegger em um ensaio muito posterior, *Construir, habitar, pensar*, "já significa 'sob o céu'" (p. 149). Terra e céu, então, não são duas metades separadas do mundo que, se colocadas juntas, somam uma unidade. Cada uma, ao contrário, envolve a outra em seu próprio devir: a Terra é o céu tornando-se Terra, o céu é a Terra tornando-se céu. A Terra vincula o céu aos tecidos das plantas e dos animais que apoia e alimenta; o céu varre a Terra em suas correntes de vento e tempo. Um é impensável sem o outro (p. 149, 178).

---

4. A primeira versão deste ensaio foi apresentada como uma palestra em Friburgo em 1935.

Ora, nos termos de Heidegger, se você tivesse que subir em uma nave espacial e olhar para fora da janela, a única coisa que você *não* veria é a Terra. Quando, em 1966, as primeiras imagens fotográficas da Terra vista do espaço foram emitidas pelo satélite *Lunar Orbiter 1*, Heidegger reagiu com hostilidade desenfreada. "Não sei se você se assustou", comentou a um entrevistador, "mas eu, de qualquer modo fiquei assustado quando vi fotos vindas da Lua para a Terra... Esta já não é a Terra na qual vive o homem" (apud WOLIN, 1993: 103). Talvez não tenha causado nenhuma surpresa para os nossos pesquisadores, então, que ao dirigirem suas perguntas para Heidegger, ele respondesse com igual, se não maior hostilidade. Ele se recusa a admitir que a Terra seja redonda. O *planeta* é redondo, ele diz, mas não o chão, e antes de tudo, a Terra é o chão. "Bem, desenhe o planeta, então", os nossos pesquisadores dizem, exasperados. Heidegger desenha o planeta. "Agora mostra onde as pessoas vivem." Heidegger explode. "Não há lugar para *o Dasein* no planeta", ele esbraveja. Não se trata apenas de um problema de escala – que em qualquer desenho da Terra, as pessoas seriam pequenas demais para serem vistas, assim como eram invisíveis nas fotos da *Lunar Orbiter*. Mais importante ainda, em uma Terra concebida como uma esfera sólida, não há lugar para uma pessoa *estar*. Para Heidegger, como Benjamin Lazier observa, "A ascensão do planetário no imaginário moderno foi sinônimo [...] da morte do terreno" (LAZIER, [s.d.]: 10). Ele se referia à substituição da dívida humana para com a Terra por uma alienação tecnologicamente induzida. Assim como "o céu dos céus" de Agostinho foi substituído por uma nave espacial, os humanos foram expulsos da Terra. A estação espacial, como o filósofo contemporâneo Peter Sloterdijk o colocou (2005: 236), representa um modelo para o estar no mundo condenado à artificialidade.

Redonda, plana e muito mais

O que é um ser humano? O que significa ser humano? Estas questões parecem demandar respostas completamente diferentes. À primeira, poderíamos responder que os seres humanos compreendem coletivamente uma espécie de natureza. Eles são animais terrestres, cujas vidas e meios de subsistência estão necessariamente ligados às potencialidades e limitações do mundo material. Como organismos vivos, eles são feitos do mesmo material terreno deste mundo, pisam o mesmo chão e respiram o mesmo ar. Mas à segunda questão estamos inclinados a responder que ser humano é erguer-se acima e além dos limites da natureza dentro da qual as vidas de todas as outras criaturas estão vinculadas. Dizemos que é através do poder da razão e do seu triunfo final tanto sobre a nossa própria natureza interior quanto sobre a natureza que nos rodeia que a essência de nossa humanidade é realizada. Realiza-se, historicamente, na ascensão da civilização e no avanço concomitante da ciência. E isso é recapitulado no desenvolvimento intelectual de cada indivíduo moderno da infância à maturidade. Esta reivindicação da transcendência da razão sobre a natureza fornece à ciência a plataforma de supremacia da qual, com não pouca arrogância e profunda contradição, ela afirma que os seres humanos são parte integrante do mundo natural. Os cientistas, e todos os que pensam como eles, também não são seres humanos? Como, então, podem ao mesmo tempo tanto serem *da* natureza e estarem *além* dela? Em uma reflexão mais aprofundada, no entanto, parece que o próprio significado de "humano" sintetiza essa contradição. Referindo-se nem a uma espécie de natureza, nem a uma condição de ser que transcende a natureza, mas sim a ambos simultaneamente, "humano" é uma palavra que aponta para o dilema existencial de uma criatura que pode conhecer a si mesma e ao mundo de que é parte somente através da renúncia ao seu próprio estar nesse mundo.

Se as experiências – tanto as reais quanto as fictícias – que enunciei acima provam alguma coisa, é que precisamente o mesmo dualismo, intrínseco ao conceito de "humano", também é responsável pela duplicidade, na tradição intelectual ocidental, em compreensões da Terra. Para o ser humano, a Terra é o chão, do qual deriva tanto o alimento quanto o apoio. Este chão, argumenta o filósofo Alphonso Lingis, "não é – a não ser para os astronautas e para a imaginação dos astrônomos – o planeta, um objeto que, visto à distância, é esférico. Nós não nos sentimos em uma plataforma [...] mas sentimos um reservatório de apoio que se estende indefinidamente em profundidade" (LINGIS, 1998: 14). Ser humano, por outro lado, significa projetar-nos para um além – seja o céu intelectual de Agostinho ou a estação espacial imaginária de Sloterdijk – que se encontra no "outro lado" da natureza, e de lá olhar atrás a Terra como um planeta. Historicamente, o "céu dos céus", que Agostinho pensou ser reservado a Deus em vez do homem, foi usurpado por cientistas espaciais e astronautas. Apenas indo *além* da Terra, ao que parece, podemos ver a nós mesmos como *da* Terra. A onipresença do que parecem ser modelos híbridos em nossos resultados experimentais é sintomático não tanto de um estágio intermediário no desenvolvimento da razão científica quanto dos fundamentos contraditórios da própria ciência, e de sua separação forçada entre o saber e o ser.

Esta separação, penso eu, nos levou a um impasse. Para encontrar um caminho a seguir, temos que reconhecer que a nossa humanidade não é nem uma coisa que vem com o território, com a nossa natureza peculiar à espécie, nem uma condição imaginada que coloca o território fora de nós mesmos, mas sim o processo histórico em curso da nossa mútua e coletiva autocriação. O que somos, ou o que podemos ser, é algo que nós continuamente moldamos através das nossas ações – nas quais temos constantemente que trabalhar, e com cuja responsabilidade somente nós devemos arcar. Mas ao moldarmos uns aos outros nós também moldamos a Terra, pela qual nós também somos responsáveis. Essa moldagem não é uma questão de impor forma à substância amorfa do mundo material. Em vez disso, a forma da Terra emerge, seja na imaginação ou no chão, ou em ambos simultaneamente, através das nossas próprias práticas de habitação. A Terra não é nem um objeto no espaço nem um espaço para objetos; nem uma bola redonda, nem uma base plana. Ou, se você preferir, é ambas as coisas e muito mais além disso. Pois a Terra está "terrando", continuamente crescendo e brotando como uma mistura de fluxos de materiais, atividades práticas, observações perceptivas e histórias pessoais, e a sua forma é tecida a partir de tudo isso. Os desenhos suscitados nos experimentos que tenho descrito, por exemplo, não são representações, mas pequenos pictogramas por meio dos quais contamos histórias particulares sobre nós mesmos e sobre a nossa compreensão do mundo em que vivemos. No entanto, assim como a criança desenha o céu, o chão e o planeta, assim também o rio desenha o vale, o arado o campo, o navio o oceano e o agrimensor o mapa. Toda vez que desenhamos a Terra – seja qual for a maneira como o façamos –, adicionamos uma nova linha à mistura. Em suma, o desenho molda o mundo em que vivemos, ao mesmo tempo em que molda a nossa própria humanidade.

9

Terra, céu, vento e tempo

*Deito-me então no planalto, sob mim o núcleo central de fogo de
onde saiu essa massa murmurante, rangente de rocha plutônica,
sobre mim o ar azul, e entre o fogo da rocha e o fogo do sol,
cascalho, solo e água, musgo, grama, flores e árvores, insetos,
aves e animais, chuva e neve – a montanha total. Lentamente
encontrei meu caminho adentro.*

Nan Shepherd (1977: 93)

"Estar vivo", escreve Alphonso Lingis, "é aproveitar a luz, aproveitar o apoio
do chão, os caminhos abertos e a flutuabilidade do ar" (1998: 17). Conhecendo a
sensação de estar fora para uma caminhada ao ar livre, prontamente concordamos.
No entanto, uma vez que tentemos fixá-lo dentro de categorias estabelecidas e
convenções de pensamento, nenhum sentimento poderia ser mais evasivo. Onde
está o chão? O que é o ar? Como podemos viver a céu aberto? Se o pudermos fazer
apenas ao contê-lo, então como pode o vento ainda soprar? No que segue procuro
estabelecer o que significa estar "a céu aberto". Em vez de pensar no mundo habitado como composto dos hemisférios mutuamente exclusivos do céu e da Terra,
separados pelo chão, é preciso assistir, como vou mostrar, aos fluxos do vento e do
tempo. Sentir o ar e andar no chão não é fazer contato tátil externo com o nosso
entorno, mas se misturar a ele. Nesta mistura, conforme vivemos e respiramos, o
vento, luz e umidade do céu se ligam com as substâncias da Terra no contínuo for-
jar de um caminho através do emaranhado de linhas de vida que compõem a Terra.

Para chegar a essa conclusão, procederei em três etapas. Demonstro primeiro
que um chão povoado apenas por pessoas e objetos, e um céu que esteja vazio,
a não ser por aves e nuvens, só pode existir dentro de um simulacro do mundo,
modelado em um espaço interior. A segunda etapa do argumento demonstra
que, no mundo aberto, os seres se relacionam não como formas fechadas, objetivas, mas em virtude de sua imersão comum nos fluxos do meio. O processo
de respiração, pelo qual o ar é inspirado do meio pelos organismos e então de-
volvido, é fundamental para toda a vida. Portanto, finalmente, habitar o aberto
é habitar um mundo-tempo no qual cada ser está destinado a combinar vento,

chuva, sol e terra na continuação da sua própria existência. Concluo com algumas observações sobre a forma como, nas sociedades ocidentais modernas, o meio ambiente tem sido modificado, ou "construído", para se conformar às expectativas de fechamento, mas como a vida sempre, e inevitavelmente, rompe os limites das formas objetivas nas quais temos procurado contê-la.

Terra e céu

Por onde devemos começar? Para inspiração inicial, voltei aos escritos do pioneiro da psicologia ecológica, James Gibson. Você deve se lembrar dele no capítulo anterior, dizendo à nossa equipe imaginária de pesquisadores que o ser vivo está posicionado não na superfície exterior de um globo sólido, como Immanuel Kant havia imaginado, mas sim no centro de um campo esférico, compreendendo os dois hemisférios do céu e da Terra, com o chão como a interface entre eles. Apoiado no chão, os habitantes da explicação de Gibson são não tanto compósitos de mente e corpo, que participam ao mesmo tempo do mundo material e do mundo das ideias, como se estivessem imersos em um mundo de materiais compreendendo substâncias terrenas e meio aéreo[1]. Como superfícies de todos os tipos, o chão tem uma textura não homogênea característica, que nos permite dizer *de* que é uma superfície: se, por exemplo, é de rocha nua, areia, terra ou concreto (GIBSON, 1979: 16-22). Podemos reconhecer a textura visualmente por causa do padrão de dispersão característico da luz refletida a partir da superfície. Por outro lado, no entanto, se não há um padrão discernível na luz ambiente, então não há textura identificável, e, em vez de perceber uma superfície, vemos um vazio (p. 51-52).

A percepção do céu oferece um caso em questão. Suponha que voltemos os olhos para cima, a partir do chão em que estamos para o claro céu azul de um dia de verão. Conforme o nosso olhar se eleva acima da linha do horizonte, não é como se outra superfície ficasse à vista. Em vez disso, o azul sem textura do céu significa vazio sem limites. Nada está lá. Em meio a esse vazio, obviamente, podem existir regiões texturizadas que especifiquem as superfícies, por exemplo, de nuvens *no* céu. De uma nuvem de chuva, a chuva cai, deixando poças no chão. Quando o sol sai novamente e a poça seca, a superfície da água dá lugar a outra, de lama seca, em seu lugar. Mas quando a nuvem, drenada de umidade, eventualmente se dispersa, ele desaparece sem deixar superfície nenhuma (p. 106). Pois o céu não tem superfície. É aberto. Mas tendo dito isso, Gibson prossegue, reconhecendo que "um ambiente aberto é raramente ou nunca realizado" e que a vida no interior desse ambiente seria quase impossível. Imagine uma Terra abso-

---

1. Sobre a distinção entre o mundo material e o mundo dos materiais, e para um relato mais amplo da divisão tripartite de Gibson do ambiente habitado em substâncias, meio e superfícies, consulte o capítulo 2.

lutamente plana, estendendo-se em todas as direções do horizonte, sem qualquer obstrução, sob um céu sem nuvens. Seria, de fato, um lugar desolado! "Não seria tanto um espaço sem vida quanto um espaço geométrico", Gibson admite, "mas quase". Você poderia ficar em pé, andar e respirar, mas não muito mais (p. 78).

Nenhum ambiente comum é assim, no entanto. Ao contrário, é "atravancado" por todo tipo de coisa, de colinas e montanhas a animais e plantas, objetos e artefatos. Ou, dito de outra maneira, o ambiente é *mobiliado*. "Os móveis da Terra", continua Gibson, "como o mobiliário de um quarto, são o que a torna habitável". Um céu sem nuvens, nesses termos, seria inabitável e, portanto, não poderia formar qualquer parte do ambiente para um ser vivo. Aves não poderiam voar nele. E uma Terra vazia nada proporciona a um animal terrestre além do suporte básico; "os móveis da Terra", como Gibson o coloca, "permite todos os demais comportamentos" (p. 78). Como atores no palco, os observadores gibsonianos só podem fazer sua entrada quando a superfície tiver sido decorada com os objetos e o cenário que tornam possível que a peça seja encenada. Vagando como em uma cena, eles estão fadados a escolherem o seu caminho em meio à confusão do mundo. Parece que por todos os seus esforços em descrever o mundo do ponto de vista de um habitante, Gibson é levado à conclusão de que o ambiente terrestre se torna habitável apenas na medida em que já não está aberto, mas fechado. Esse fechamento nunca pode ser mais do que parcial, mas, por isso mesmo, o habitante inevitavelmente permanece, até certo ponto, um exílio[2].

Um mundo sem objetos

Gibson está convencido de que o ambiente habitado não compreende *apenas* os móveis do mundo, assim como não compreende *apenas* a Terra e o céu, vazios de conteúdo. Deve sim compreender ambos juntos, consistindo – em suas

---

2. A conclusão de Gibson dá margem a comparação com a de Gilles Deleuze, que nos pede para imaginarmos um mundo sem outras pessoas. Em tal mundo, sintetizado na ilha de Robinson Crusoé, "apenas a oposição brutal do céu e da terra reina com uma luz insuportável e um abismo obscuro" (DELEUZE, 1984: 56). No entanto, para Deleuze esta brutalidade, ou desolação, não é amenizada apenas pela presença de mobiliário. Em um mundo que está mobiliado, ainda que desprovido de outras pessoas, os objetos sobrelevam-se ameaçadoramente à frente ou atingem por detrás. Experimenta-se isso como a força e a dor da colisão – de se esbarrar constantemente nas bordas duras das coisas. Quando estão presentes outras pessoas, em contrapartida, pode haver uma troca de pontos de vista – uma convergência de atenção visual a partir de várias posições – que permite que se veja em torno das coisas, suavizando seus contornos e permitindo-lhes "inclinarem-se umas em relação às outras" (p. 56). Para Gibson, no entanto, a presença de outras pessoas não faz diferença: "o meio ambiente envolve todos os observadores da mesma maneira que envolve o único observador" (1979: 43). Isso ocorre porque observações são tomadas não a partir de pontos, mas ao longo de caminhos de movimento. Ao longo do tempo pode-se estar em todos os lugares, assim como todos os outros podem estar no lugar onde se está agora. É o movimento ao redor, de acordo com Gibson, e não a partilha de observações a partir de múltiplos pontos fixos, que suaviza as bordas das coisas, tornando possível o que Deleuze (1984: 56) chama de "as margens e as transições no mundo", regulando "variações de profundidade" e prevenindo "ataques por detrás".

palavras – "na Terra e no céu com objetos *na* Terra e *no* céu, nas montanhas e nas nuvens, fogo e pôr do sol, pedras e estrelas" (p. 66, ênfase original). Vale a pena fazer uma pausa para considerar algumas das coisas que ele considera serem objetos: na Terra há montanhas, pedras e fogo; no céu existem nuvens, pôr do sol e estrelas. Ora, das coisas da Terra, talvez apenas pedras possam ser consideradas como objetos em qualquer senso comum e, mesmo assim, apenas se considerarmos cada pedra individual isoladamente de suas vizinhas, do chão em que se encontra e dos processos que a levaram até aí. O morro não é um objeto na superfície da Terra, mas uma formação dessa superfície, que só pode aparecer como um objeto através de sua excisão artificial da paisagem da qual é parte integrante. E o fogo não é um objeto, mas uma manifestação do processo de combustão. Voltando para o céu: estrelas, seja qual for o seu significado astronômico, são percebidas não como objetos, mas como pontos de luz, e pores do sol como incandescências momentâneas do céu quando o sol desaparece por debaixo do horizonte. Tampouco as nuvens são objetos. Cada uma é antes uma tumescência vaporosa, incoerente, que incha e é carregada pelas correntes do meio. Observar as nuvens não é visualizar os móveis do céu, mas ter um vislumbre fugaz de um céu-em-formação, nunca o mesmo de um momento ao seguinte.

Na verdade, em um mundo que seja verdadeiramente aberto não há objetos como tais. Pois o objeto, tendo se fechado em si mesmo, virou as costas para o mundo, se afastando dos caminhos pelos quais veio a ser, e apresentando apenas as suas superfícies externas congeladas para inspeção. Ou seja, a "objetidade" das coisas, sua "contrariedade" (HEIDEGGER, 1971: 167), é o resultado de uma inversão[3] que transforma as linhas da sua geração em limites de exclusão. O mundo aberto, no entanto, não tem tais limites, interiores ou exteriores, apenas idas e vindas. Tais movimentos produtivos podem gerar formações, inchaços, crescimentos, protuberâncias e ocorrências, mas não objetos. Assim, no mundo aberto colinas sobem, como se pode experimentar as escalando ou, de longe, lhes seguindo os contornos com os olhos[4]. O fogo queima, como sabemos a partir das suas chamas bruxuleantes, do turbilhão de fumaça e do aquecimento do corpo. E pedras esfolam. É obviamente este esfolamento que dá origem às suas formas arredondadas; pise sobre elas, e isso é o que você ouve sob os pés. No céu, o sol brilha de dia e a Lua e as estrelas à noite, e as nuvens ondulam. Eles *são*, respectivamente, seu brilho e ondulação, exatamente como as colinas *são* a sua ascensão, o fogo *é* a sua queima e as pedras *são* o seu esfolamento.

Em suma, e ao contrário da controvérsia de Gibson, não é por ser mobiliada com objetos que a esfera aberta do céu e da Terra é transformada em um am-

---

3. Sobre o conceito de inversão, cf. o capítulo 5, p. 117.

4. Para um relato vívido de como é subir uma colina, cf. Wylie (2002).

biente habitável. O mundo mobiliado é um modelo em escala real – um mundo trazido para dentro e reconstruído em um exclusivo espaço fechado (cf. figura 9.1). Como em um palco, colinas são colocadas no chão, enquanto as estrelas, as nuvens, o sol e a Lua são pendurados no céu. Neste mundo *de faz de conta* as colinas não sobem, nem o fogo queima ou as pedras esfolam, nem o sol, a Lua e as estrelas brilham ou as nuvens ondeiam. Pode-se fazer com que pareçam fazê--lo, mas a aparência é uma ilusão. Absolutamente nada está acontecendo. Apenas quando o palco está montado, e tudo preparado, pode a ação começar. Mas o mundo aberto, no qual as criaturas habitam, não está preparado para elas de antemão. Está continuamente vindo a ser em torno delas. Trata-se de um mundo de *processos* formativos e transformativos. Se tais processos forem essenciais à percepção, então eles também são essenciais ao que é percebido. Entender como os seres podem habitar este mundo significa atender aos processos dinâmicos de formação de mundo nos quais tanto os observadores quanto os fenômenos que percebem estão necessariamente imersos. E, para conseguirmos isso, devemos pensar novamente nas relações entre superfícies, substâncias e meio.

Figura 9.1 O mundo trazido para dentro de casa. Nesta pintura de René Magritte, intitulada *Veneno* (1939), uma nuvem é mostrada entrando em uma sala, onde vai se tornar um objeto de mobiliário. O mundo do mar e do céu, de onde ela veio, pode ser vislumbrado através da porta aberta. © Adagp, Paris; Dacs, Londres, 2010.

Lidando com o tempo

Para começar, deixe-me voltar às reflexões metafísicas de Martin Heidegger que apresentei no final do último capítulo. Como Gibson, Heidegger também reconhece que as pessoas vivem "na Terra" e "sob o céu". Mas sua descrição da Terra e do céu dificilmente poderia ser mais diferente da de Gibson. No lugar de substantivos descrevendo objetos de mobiliário, a descrição de Heidegger está repleta de verbos de crescimento e movimento. "A Terra", escreve Heidegger, "é o que serve de suporte, florescente e frutificante, espalhando-se pela pedra e pela água, levantando-se em plantas e animais" (1971: 149). E do céu ele escreve que "é o caminho abobadado do sol, o curso da Lua mutante, o brilho errante das estrelas, as estações do ano e suas alterações, a luz e o crepúsculo do dia, a escuridão e o brilho da noite, a clemência e a inclemência do tempo, as nuvens à deriva e a profundidade azul do éter" (p. 149). Além disso, não se pode falar da Terra, sem já pensar também no céu, e vice-versa. Mas, se quisermos pensar na Terra e no céu, portanto, não como dois domínios mutuamente exclusivos, mas como diversidades de movimento que estão diretamente implicadas uma na outra, então como devemos fazê-lo? Como podemos progredir além da ideia de que a vida é vivida do lado de fora, sobre a superfície de um mundo já mobiliado com objetos? Talvez seja porque estamos tão acostumados a pensar e a escrever dentro de algum lugar que achamos tão difícil imaginar o ambiente habitado como algo além de um espaço interior fechado. O que aconteceria se, em vez disso, fizéssemos nossa investigação ao ar livre?

Em primeiro lugar, teríamos que lidar com esses fluxos do meio que chamamos de tempo (INGOLD, 2005a). Para Gibson (1979: 19), o tempo é simplesmente o que está acontecendo no meio, e além de notar que ele demanda vários tipos de adaptação ou ajuste comportamental por parte dos habitantes, ele nada mais tem a dizer sobre isso. Pois as substâncias da Terra, na sua opinião, são impermeáveis a estes acontecimentos. A superfície terrestre, que é considerada relativamente rígida e não porosa, assegura que o meio aéreo e as substâncias terrenas mantenham seus respectivos domínios e não se misturem. É como se nas formas do chão a Terra tivesse virado as costas para o céu, recusando-se relacionar-se com ele. Assim, o tempo redemoinha *em cima* do chão, mas não participa mais do que isso da sua formação. No entanto, como todos os habitantes o sabem, a precipitação pode transformar um campo arado em um mar de lama, a geada pode quebrar rochas sólidas, raios podem inflamar incêndios florestais na terra ressequida pelo calor do verão, e o vento pode chicotear areia em dunas, neve em montes e a água de lagos e oceanos em ondas. Em seu estudo sobre como o Povo Koyukon do Alasca percebe seu entorno, o antropólogo Richard Nelson declara que "o tempo é o martelo e a Terra é a bigorna" (NELSON, 1983: 33). Mas existem outras maneiras mais sutis e delicadas pelas quais a Terra responde a fluxos no meio. Pense nas pérolas de orvalho que ficam presas nas gavinhas de plantas e teias de aranha em uma fresca manhã de verão, ou das pequenas trilhas deixadas por uma rajada de vento que passa nas folhas secas e galhos quebrados de um chão de floresta.

Vivendo na terra

Habitantes experientes sabem como ler a terra como um registro íntimo do vento e do tempo[5]. Como os Koyukon, eles podem sentir a aproximação de uma tempestade na súbita explosão de chama em uma fogueira, ou – como o ancião Yup'ik Fred George explica – podem ler a direção do vento predominante na orientação dos tufos de grama congelada saindo da neve (figura 9.4), ou de "ondas" de neve em lagos congelados (NELSON, 1983: 41; BRADLEY, 2002: 249). No entanto, quanto mais se lê a terra, mais difícil se torna averiguar com toda a certeza onde as substâncias terminam e onde o meio começa. Pois é precisamente através da *ligação* do meio com as substâncias que o vento e o tempo deixam a sua marca. Assim, a Terra mesma já não aparece mais como uma interface que separa os dois, mas como uma zona vagamente definida de mistura e entrelaçamento. Com efeito, quem já tenha atravessado a floresta boreal no verão sabe que o "chão" não é realmente uma superfície coerente absolutamente, mas uma massa mais ou menos impenetrável de vegetação rasteira emaranhada, serrapilheira e detritos, musgos e líquenes, pedras e pedregulhos, divididas por fendas e rachaduras, costurada por raízes de árvores e intercalada com pântanos e manguezais cobertos de balsas de vegetação susceptíveis a cederem sob os pés. Da mesma forma, o professor, escritor e o andarilho de colinas Nan Shepherd, descrevendo a sua permanência nas Montanhas Cairngorm do nordeste da Escócia, em uma passagem evocativa que selecionei para epigrafar este capítulo, encontra-se *entre* a rocha sólida abaixo e céu claro acima. Aqui, nesta zona intermediária, estão "solo e água, musgo, grama, flores e árvores, insetos, aves e animais". É nesta zona que a vida é vivida, em profundidades dependendo da escala da criatura e da sua capacidade de penetrar um ambiente que está cada vez mais firmemente tecido. "Lentamente", diz Shepherd: "Eu encontrei o meu caminho" (SHEPHERD, 1977: 93).

---

5. Hayden Lorimer (2006) oferece um belo relato da leitura conjunta do campo por renas e pastores nas Montanhas Cairngorm, da Escócia, que se distingue pela sua atenção aos fenômenos meteorológicos, e, especialmente, às formas como as rajadas de vento – às quais os animais são extremamente sensíveis – são canalizadas pelas fendas e sulcos da paisagem. "O que brota", escreve Lorimer, "é um relato biótico do rebanho recrutando ventos, pedras, árvores e musgos em um território de chão padronizado" (p. 516-517). A importância do vento e do tempo, e da capacidade tanto das pessoas quanto dos animais de lê-lo, recebe ênfase similar no recente estudo de Anna Järpe (2007) das renas Sami criadas na Lapônia sueca.

Este é o sentido em que criaturas vivem *na* Terra e não *sobre* ela (figura 9.2). Não poderia haver vida em um mundo onde meio e substâncias não se misturam, ou onde a Terra esteja trancada dentro – e o céu trancado fora – de uma esfera sólida. Onde quer que haja vida e habitação, a separação interfacial de substância e meio é interrompida para dar lugar a uma permeabilidade mútua e vinculante. Pois é da natureza dos próprios seres vivos que, por meio de seus próprios processos de respiração, de inspirar e expirar, eles vinculem o meio a substâncias ao forjarem o seu próprio crescimento e movimento pelo mundo. Acerca de uma semente que caiu no chão, o pintor Paul Klee escreve que "a relação com a Terra e com a atmosfera gera a capacidade de crescer [...]. A semente lança raízes, inicialmente a linha é direcionada na direção da terra, apesar de não residir aí, só para extrair energia para alcançar o ar" (KLEE, 1973: 29). No crescimento, o ponto torna-se uma linha, mas a linha, longe de estar montada sobre a superfície pré-preparada do chão, contribui para a sua trama em constante evolução. Como Heidegger observou em sua descrição da Terra, à qual já me referi, substâncias terrenas "alçam" às formas de plantas e animais (1971: 149). A terra, poderíamos dizer, está continuamente *crescendo*, razão pela qual os arqueólogos têm que cavar para recuperarem os vestígios de vidas passadas. E o que mantém tudo junto são as linhas de vida emaranhadas e tangíveis dos seus habitantes (INGOLD, 2007a: 80-81).

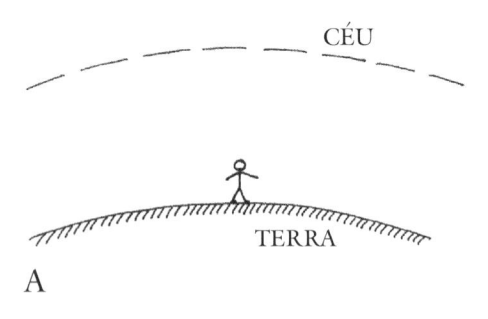

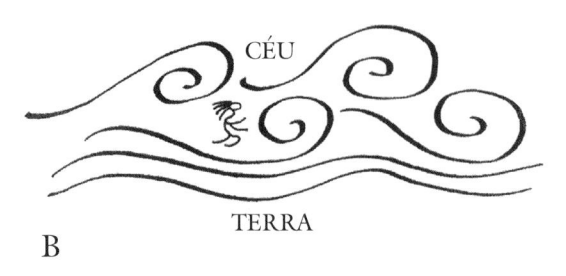

Figura 9.2 O exo-habitante da Terra (a) e os endo-habitantes do mundo-tempo (b)

O vento também se mistura a substâncias conforme sopra através da terra, deixando traços de sua passagem em caminhos ou trilhas. "Em torno, em cima, acima, que passeios de vento!", exclamou Gerard Manley Hopkins em seu poema *Hurrahing in Harvest* (HOPKINS, 1972: 27). Poderíamos dizer do vento que "venteja", trilhando seu caminho ao longo de caminhos tortuosos como o fazem os viajantes terrestres. Esses caminhos são muitas vezes comparados a cordas. Existe uma antiga tradição entre o povo Sámi segundo a qual atando-se cordas com nós pode-se interromper o vento, e, ao se lhes desatarem, eles são mais uma vez libertados (HELANDER & MUSTONEN, 2004: 537). Precisamente por causa da indeterminação da interface entre substâncias e o meio, a mesma linha de movimento pode ser registrada simultaneamente no chão, como um rastro, e no ar, como um fio, como quando um animal está ligado ao caçador tanto pelo seu rastro quanto pelo seu cheiro. Em seu relato etnográfico sobre a significância do vento entre os caçadores-coletores Khoisan do sul da África, Chris Low (2008: 68) conta como, para os Khoisan, "o vento conecta o caçador com a presa como um fio que leva um corpo ao outro". Como cada animal tem o seu cheiro característico, todo o ambiente está repleto de tais fios de cheiro, ligando os seus habitantes humanos e não humanos em uma malha intrincada e filtrando as profundezas mesmas da sua consciência. As pessoas até mesmo falam que os fios vibram dentro delas, emitindo um som ressonante.

Vida vinculante

Habitar a abertura não é, então, estar preso em uma superfície fechada, mas estar imerso nos incessantes movimentos de vento e tempo, em uma zona na qual substâncias e meio são reunidos na constituição dos seres que, por meio de sua atividade, participam da costura das texturas da terra. "A primeira trilha", explica o fazedor de trilhas americano Tom Brown, "é o fim de uma corda" (1978: 1; cf. INGOLD, 2007a: 50-51). Como essa poderosa metáfora sugere, a relação entre a terra e o tempo não atravessa uma interface impermeável entre terra e céu, mas trata-se antes de uma interface *entre o ligamento e o desligamento do mundo*. Em nenhum lugar este ligamento e desligamento foi mais vividamente vivificado do que nos desenhos de Vincent van Gogh, dos quais o historiador da arte Philip Rawson escreve: "os movimentos urgentes dos aglomerados de linhas nos mostram como [...] o tempo está *intemperando*, o campo *encampando* [...]" (RAWSON, 1979: 23). O próprio chão parece estar cheio de vida e movimento (cf. figura 9.3). No mundo aberto que Van Gogh revela-nos, a tarefa de habitar consiste em vincular substâncias e o meio em formas vivas. Mas vinculações não são limites, e elas não contêm o mundo, ou o enclausuram, mais do que um nó contém os fios aos quais está atado. Ele antes os reúnem. E, como Heidegger demonstrou (1971: 181), cada ser, conforme habita o mundo, o reúne à sua maneira particular.

Os Koyukon do Alasca invocam frequentemente os seres que habitam o seu mundo por meio de charadas (cf. capítulo 14). Assumindo a posição subjetiva do ser a que se refere, o contador de charada descreve seus movimentos característicos, como se o estivesse realizando ele mesmo, por meio de uma analogia com gestos humanos familiares. Como rajadas de vento, estes são movimentos fugitivos em um mundo-tempo no qual todos estão imersos, e no qual nada nunca está parado. Em um desses enigmas, registrado pelo padre jesuíta Júlio Jetté no início do século XX, o contador de charada imagina-se como um tufo de grama. A tradução literal é a seguinte:

lá em volta eu-varri-com-meu-corpo (JETTÉ, 1913: 199-200)[6].

O contador de charada é uma vassoura, e a vassoura *é* a sua varredura. Ela varre o lugar ao seu redor, exatamente como as gramíneas murchas que ainda se veem sobre as primeiras neves do inverno. Ao vento as folhas de grama se curvam de modo a tocar a neve, ainda macia e solta de quedas recentes, varrendo um pequeno remendo circular em torno do lugar onde estão. Com uma vivacidade e leveza de toque que supera os escritos de qualquer filósofo ocidental, o contador de charada Koyukon captura, em miniatura, a maneira como a multiplicidade de terra, céu, vento e tempo está concentrada na experiência de um habitante encarregado de vincular substâncias e meio. Aqui, o mundo inteiro está em um tufo de grama. Crescida da terra sob o sol de verão, agora congelada pela geada do inverno e soprada pelo vento, a grama se estabelece no mundo criando um remendo na neve (figura 9.4). É por tais movimentos que cada ser vivo habita o mundo da abertura.

Mas se a vida vincula, então o fogo desvincula. Em vez de vincular o meio a substâncias, na fumaça da lareira encontramos a transformação inversa, a liberação de substâncias para o meio em forma volátil. À medida que sobe, a fumaça se mistura com circulações de ar no mundo-tempo, e pode até condensar-se em nuvens. No norte da Finlândia, onde tenho realizado pesquisa de campo, cada habitação era tradicionalmente conhecida como uma "fumaça", uma vez que poderia ser reconhecida, mesmo a certa distância, pela coluna branca subindo

---

6. Esse enigma particular também é mencionado por Nelson em sua etnografia dos Koyukon, mas é dada uma tradução bastante livre:

> *Espere, vejo algo: Meu fim varre ora nessa direção ora naquela e nessa novamente ao meu redor.*
>
> *Resposta: grama se movendo para trás e para a frente com o vento, fazendo pequenas trilhas curvas na neve*
> (NELSON, 1983: 44).

Figura 9.3 Um esboço a lápis de Vincent van Gogh, que data do verão de 1889, de um campo de trigo com ciprestes. Reproduzido por cortesia do Museu Van Gogh, Amsterdã (Fundação Vincent van Gogh).

verticalmente para o céu em um dia gelado e sem vento. No entanto, a habitação, com a lareira no centro, ainda pertence ao mundo da abertura, assim como a vida que se passa no seu interior. Assim como o corpo vivo é sustentado pelo movimento rítmico da inspiração e da expiração, assim a habitação é sustentada pelo contínuo ir e vir de seus habitantes. Portanto, é importante distinguir entre o "interior" da habitação que é enrolado em volta de seus habitantes como um casaco quente, e o "interior" do mundo de *faz de conta*, do qual já falei, que foi reconstruído em um espaço fechado. Na habitação tradicional, a terra e o céu são unificados no centro, onde a fumaça da lareira sobe para encontrar o céu; na residência moderna, por outro lado, eles estão divididos no horizonte, vistos através de uma "janela de imagem" vertical que emoldura a terra como pano de fundo. Enquanto a habitação é um espaço reservado para a vida, a residência é um recipiente.

Figura 9.4 Gramíneas murchas na neve congelada. Goodnews Bay, Lower Kuskokwim District, Alaska. Reproduzido por cortesia do Lower Kuskokwim School District, Alaska.

Irrompendo na superfície

Há muito, obviamente, a arquitetura modernista e do planejamento urbano ambiciona encerrar a vida, ou "colocá-la dentro", por meio de projetos de construção que buscariam converter o mundo em que vivemos em um alojamento mobiliado, pronto para ser ocupado. Parte desta contenção implica criar a ilusão de uma divisão absoluta entre terra e céu, em parte escondendo-se essas rupturas da superfície que são necessárias para as bolhas se sustentarem. É por esta perspectiva que podemos interpretar o banimento progressivo da lareira na arquitetura da modernidade, do centro para a periferia da habitação, juntamente com o confinamento da fumaça dentro de chaminés cada vez mais altas. A alta chaminé de fábrica, expelindo fumaça, proclama a absoluta separação da terra e do céu ao mesmo tempo em que esconde os pontos de ruptura onde o fogo realmente queima. Da mesma forma, pavimentando-se as ruas da cidade moder-

Figura 9.5 Fungos irrompendo no asfalto, de uma instalação de Klaus Weber.
Foto cedida pelo artista.

na, como vimos no capítulo 3, torna-se possível para os habitantes sustentarem uma ilusão de falta de chão, como se eles pudessem atravessar as calçadas sem estabelecer qualquer contato com, ou impressão sobre a terra. Sob a rubrica do "ambiente construído", a indústria humana criou uma infraestrutura de superfícies rígidas, equipada com objetos de todos os tipos, sobre a qual a peça da vida é supostamente encenada. Portanto, a separação rígida de substâncias do meio, que Gibson considerou ser um estado natural de coisas, de fato foi projetada em uma tentativa de fazer o mundo se conformar às nossas expectativas em relação a ele, e prover-lhe a superfície coerente que sempre pensamos que tivesse.

No entanto, embora projetada para facilitar o transporte dos seus ocupantes por ela toda, a superfície rígida da Terra realmente bloqueia a própria mistura de substâncias com o meio que é essencial para a vida, o crescimento e a habitação. Terra que tenha sido transformada em superfície não pode "erguer-se", como Heidegger o coloca, na planta ou no animal. Cada estrada pavimentada e cada alicerce de concreto é um deserto: nada pode crescer aí. O bloqueio é apenas provisório, no entanto. Theodosius Dobzhansky (1965), um dos arquitetos da chamada nova síntese da biologia evolucionária do século XX, gostava de descrever a vida como um processo de "tatear". Literalmente "permear tudo, de modo a tentar tudo, e tentar tudo de modo a encontrar tudo" (p. 214), a vida não estará confinada dentro de formas limitadas, mas sim costura o seu caminho pelo mundo ao longo da miríade de linhas de suas relações, sondando cada rachadura ou fenda que possa potencialmente permitir crescimento e movimento. Nada, ao que parece, escapa aos seus tentáculos. Assim, onde quer que algo viva, a infraestrutura do mundo ocupado está se separando ou desgastando, incessantemente erodida pelo tatear desordenado de habitantes, tanto humanos quanto não humanos, conforme reincorporam e reorganizam seus fragmentos em ruínas em seus próprios modos de vida (INGOLD, 2007a: 103).

Para mim, não só a futilidade da superfície rígida, mas também a enorme irresistibilidade da vida, em nenhum outro lugar foram mais bem dramatizadas do que em uma recente obra do artista alemão Klaus Weber (2004: 45-63). Tendo adquirido um loteamento em Berlim, Weber convenceu o Departamento de Estradas a revesti-lo com uma espessa camada de asfalto. Mas antes que as máquinas rolassem, ele aspergiu a área com esporos de um determinado fungo. Tendo sido colocado o asfalto, ele construiu um barracão no lado do terreno em que ele vivia, enquanto observava o que acontecia. Depois de um tempo apareceram protuberâncias em forma de sino, o asfalto começou a rachar e, finalmente, fungos irromperam em grandes manchas brancas (figura 9.5). Weber recolheu os fungos e os fritou em seu barracão; aparentemente, tinham um sabor delicioso! O micélio triunfara. E assim também, em um mundo aberto, os emaranhados rasteiros de vida triunfarão sempre e inevitavelmente sobre as nossas tentativas de encaixotá-los.

10

Paisagem ou mundo-tempo?

O escopo da Terra

Teorias sobre como as pessoas percebem o mundo ao seu redor – inclusive as teorias que eu mesmo apresentei (INGOLD, 2000a) – geralmente trabalham a partir do pressuposto de que este mundo é terrestre. Trata-se de um mundo no qual podemos esperar encontrar formações geológicas, tais como colinas e vales, montanhas e planícies, intercaladas com assentamentos, tais como vilas e cidades, e costurado por caminhos, estradas e hidrovias. Para descrever um mundo assim é costume usar a palavra *landscape* (paisagem). A palavra tem uma história atribulada. Proveniente do início da Idade Média, referia-se originalmente a uma área de terra ligada às práticas cotidianas e aos usos habituais de uma comunidade agrária. No entanto, a sua posterior incorporação à linguagem de representação pictórica – sobretudo através da tradição da arte holandesa que se desenvolveu no século XVII (ALPERS, 1983) – levou gerações de estudiosos a confundirem as conotações do sufixo *-scape* por um "regime escópico" particular de observação detalhada e desinteressada (JAY, 1988). Eles foram, ao que parece, confundidos por uma semelhança superficial entre *-scape* e *escopo*, que é, na verdade, totalmente fortuita e não tem fundamento na etimologia. "Escopo" vem do grego clássico *skopos* – literalmente "o alvo do arqueiro, a marca para a qual ele olha quando mira" (CARRUTHERS, 1998: 79) – do qual é derivado o verbo *skopein*, olhar. *Scape*, muito pelo contrário, vem do inglês antigo *sceppan* ou *skyppan*, significando moldar (OLWIG, 2008).

Os modeladores medievais da terra não eram pintores, mas agricultores, cujo objetivo não era transformar o mundo material em aparência em vez de em substância, e sim extrair o sustento da terra. A forma, para eles, era tão intrínseca à constituição da terra quanto o é a trama para a constituição de um pano. Assim como um pano é tecido a partir dos fios entrelaçados de urdidura e trama, assim também, nos tempos medievais, a terra foi moldada (*scaped*) pelas pessoas que, com pé, machado e arado, e com a ajuda de seus animais domésticos, pisaram, cortaram e arranharam suas linhas na terra, e, assim, criaram a sua textura em constante evolução. Este trabalho foi feito de perto, em um engajamento imediato, muscular e visceral com a madeira, a grama e o solo – o oposto mesmo da óptica distanciada, contemplativa e panorâmica que a palavra *landscape* (paisagem) evoca em muitas mentes hoje. No entanto, a equação da forma da terra com o seu aspecto – do *scaped* (moldado) com o *escópico* – alojou-se firmemente no vocabulário da história da arte modernista. Assim, *landscape* (paisagem) passou a ser identificada com cenário e com uma arte descritiva que gostaria de ver o mundo estendido sobre uma tela, tanto quanto, no posterior desenvolvimento da cartografia e da fotografia, ela seria projetada em uma placa ou tela, ou nas páginas de um atlas.

Em uma pintura de paisagem, no entanto, e em contraste com um mapa, uma grande parte da imagem muitas vezes consiste no céu. O pintor está representando um mundo tanto da terra quanto do céu, reconhecendo muito bem que no jogo de cor, luz e sombra, uma não poderia existir sem a outra. Pintores como John Constable dedicaram grande atenção ao céu, fazendo detalhados estudos de nuvens e formação de nuvens que eram tão rigorosos quanto a ciência da época permitia (THORNES, 1999). No entanto, o céu foi quase universalmente ignorado pelos historiadores da arte e outros que avocaram para si a tarefa de comentar sobre as pinturas[1]. Presumindo que descrever uma paisagem seja colocar sobre uma tela uma parte específica da superfície da terra e aquilo que está por cima dela, o céu recua em sua atenção para um fundo desapercebido e tomado como certo. Podia muito bem não estar lá. E isso me leva a propor o seguinte, como uma espécie de experimento mental (que não deve ser repetido na galeria). Suponha que tomemos uma obra-prima da arte paisagística e cortemos a tela ao longo da linha do horizonte. Descartando a parte superior, nós então colamos a parte inferior em um papel de parede azul-claro ou cinza-claro. Será que faria alguma diferença? Claro que faria. Mas em todos os escritos sobre arte paisagística eu desafiaria qualquer um a encontrar alguma explicação acerca de em que consiste a diferença.

Olhando para o céu

A questão se resume a isto: Será que o céu é ou não é uma parte da paisagem? Se o for, será então que podemos supor que perceber a paisagem é observar as superfícies da Terra, ou de coisas sobre a Terra? Se não o for, então o que devemos fazer da nossa percepção do céu? Será que flutua *acima* da paisagem? Ou tudo isso será apenas uma ilusão? Na psicologia da percepção visual, como vimos

---

1. O geógrafo e climatologista John Thornes observa que, embora o céu ocupe 40% da célebre pintura de Constable, *A carroça de feno* (1821), "quase nunca é mencionada e é presumida pela maioria dos historiadores da arte e geógrafos culturais ao discutirem o quadro" (THORNES, 2008: 573).

no último capítulo, a abordagem ecológica iniciada por James Gibson é quase a única a oferecer alguma explicação do céu. No entanto, é uma explicação eivada de paradoxos e contradições. Reagindo contra a ideia de que aquilo que vemos é uma imagem do mundo, projetada na retina, como em uma tela, Gibson coloca os observadores bem no centro de um mundo que está ao seu redor ao invés de estar passando diante de seus olhos. Mas ele também insiste que aquilo que percebemos são superfícies, tanto *do* chão quanto de objetos mais ou menos sólidos *no* chão. Como, então, percebemos o céu? Será que o céu é uma superfície – uma interface entre um meio aéreo e uma substância sólida? Se o fosse, então a viagem aérea seria perigosa, para dizer o mínimo! Ou será que o céu é, ao contrário, o epítome do vazio? Se assim o for, como então pode ele ser habitado? E o que devemos fazer das nuvens?

Imagine-se na floresta, olhando para cima, em direção à copa das árvores. Entre a textura das folhas, existem lacunas ou espaços que permanecem abertos para o céu. É como se a copa tivesse buracos. Pássaros voam por esses buracos, diz Gibson, como se alçassem voo das copas das árvores (GIBSON, 1979: 106). Mas será que um ambiente pode realmente ter furos? Será que pássaros voam por buracos? Será que as nuvens podem cobri-los? Será que o céu tem, em um dia nublado, uma superfície que se derrete em um dia claro? Será que as nuvens isoladas são objetos suspensos no vazio? Responder afirmativamente seria tomar partido de Winnie-the-Pooh, que, pendurando-se em um balão, esperava ser capaz de enganar as abelhas fazendo-as pensar que ele era uma nuvem passageira, quando, na verdade, estava atrás do seu mel. As abelhas, é claro, não eram tão estúpidas! Mas no relato de Gibson, Pooh conseguiu escapar. Na verdade, Gibson tem um problema particular com o céu e com nuvens. Ele decorre da sua insistência em que, enquanto vemos através da luz, a única coisa que não vemos é a própria luz. Em vez disso, ele afirma, vemos as superfícies das coisas através de sua iluminação.

Gostaria de divagar por um momento para comparar visão e audição neste contexto. Frequentemente pensamos na visão como um sentido objetificante. Daqui olhamos e vemos aquela nuvem, ou aquela árvore, ou aquele pássaro, cada um como um objeto situado em relação a nós, a distância. Mas com a audição parece ser diferente. Dizemos que ouvimos sons, como se estivéssemos banhados neles. Eles entram em nós, e nos agitam. Na verdade, a audição e a experiência do som parecem ser uma e a mesma coisa. Mas se é assim, por que a visão não pode igualmente ser uma experiência de *luz*? Será que não podemos ser banhados pelos fluxos de luz, tanto quanto o somos pelos de som? "O espaço visual", escreve Alphonso Lingis, "não é pura transparência; ele está cheio de luz... O nosso olhar está imerso nele e vê através dele" (LINGIS, 1998: 13). Por que, então, contra a evidência dessa imersão, a visão e a luz geralmente estão opostas, e não identificadas? A resposta, acredito, encontra-se em um conjunto peculiar de crenças que têm mantido longa influência na tradição ocidental, no que concerne à topologia da cabeça humana. Nesta topologia, os ouvidos são imaginados como buracos que deixam o som entrar, enquanto os olhos são comparados a telas que não permitem que nenhuma luz passe. Dentro da cabeça, então, é barulhento, mas escuro. Conforme o som penetra no santuário interno do ser, misturando-se com a alma, ele se funde com a audição. Mas a luz é excluída. Cabe à visão reconstruir, no interior, uma imagem de como pode ser o mundo "lá fora". Estas imagens, é claro, podem estar erradas – razão pela qual os psicólogos da percepção dedicaram tanta atenção às ilusões de óptica, em comparação à pouca ou nenhuma atenção às auriculares (RÉE, 1999: 46).

A luz do ser

Agora está óbvio o suficiente que quando olhamos ao redor vemos coisas de todos os tipos. Isto é tão óbvio, de fato, que tendemos a nos esquecer de que não conseguiríamos ver nada, a menos que primeiro conseguíssemos *ver*. Por detrás do mero caráter ordinário da visão das coisas reside o grande espanto de ser capaz de ver. Isto é o que o filósofo Maurice Merleau-Ponty, em seu célebre ensaio sobre "Olhos e mente", chamou de a mágica – ou o delírio (MERLEAU-PONTY, 1964: 162) – da visão: no sentido de que a cada momento alguém está abrindo os olhos para um mundo em formação. Para pessoas anteriormente cegas cuja visão foi restaurada por uma operação cirúrgica, e sem dúvida para o recém-nascido, abrindo os olhos pela primeira vez, o delírio pode ser esmagador. "Da primeira vez que vemos a luz", escreveu William James, "nós *somos* a luz, ao invés de vê-la" (JAMES, 1892: 14). A luz, eu argumento, é uma outra maneira de dizer "posso ver". Não se trata apenas de um fenômeno do mundo físico (seja tratada como fótons ou energia radiante), tampouco se trata de um fenômeno da mente interior. Não está nem no lado mais distante nem no lado mais próximo da superfície da retina. Em vez disso, a luz é uma *experiência*. Para pessoas com visão, trata-se da experiência de habitar o mundo do visível e suas qualidades – de brilho e sombra, tom e cor, e saturação – são variações dessa experiência.

Deixe-me apresentar um cenário imaginário, no entanto descrito com palavras reais. Tanto quanto sei, Gibson e Merleau-Ponty nunca se conheceram. Mas vamos supor que o tenham feito, em um lindo dia de verão. Lá estão eles, estirados na grama, olhando para o céu. "O que você vê?" Pergunta Gibson a Merleau-Ponty. Ao que este responde com ar sonhador: "Eu sou o próprio céu ao ser reunido e unificado, ao começar a existir por si mesmo; minha consciência está saturada deste azul ilimitado" (1962: 214). Gibson não se impressiona. Por que será, ele se pergunta, que este francês não responde a pergunta? Ele perguntou o que o seu companheiro pode *ver*, não o que ele *é*. E de qualquer maneira, como ele pode pretender ser o céu quando está estendido aqui no chão? Finalmente, Gibson responde: "Para mim, parece que vejo o céu, e não a luminosidade como tal" (1979: 54). O problema de Gibson, no entanto, era que ele nunca poderia descobrir *como* o céu deveria ser distinguido da sua luminosidade. Isso, no entanto, não era um problema para Merleau-Ponty, que poderia prontamente responder que o céu não é menos do que o próprio mundo da luz, ao qual nos abrimos na visão. "Ao contemplar o azul do céu", Merleau-Ponty insiste, "Eu não estou *colocado em relação a* ele como um sujeito acósmico [...]" (1962: 214). Ver o céu é *ser* o céu, uma vez que o céu *é* a luminosidade e a percepção visual do céu *é* uma experiência de luz.

O céu, então, não é um objeto de percepção. Não é tanto o que vemos quanto o que vemos *nele*. Vemos no céu, como vemos na luz, porque o céu *é* luz. Na verdade os pintores sempre souberam disso, quando em suas telas tentavam transmitir a experiência da vinda à luz do mundo. Para eles, assim como para nós, o céu não é iluminado, ele é a própria luminosidade. Além disso, é sonoridade também, como o musicólogo Victor Zuckerkandl explicou. Na experiência de olhar para o céu, de acordo com Zuckerkandl (1956: 344), encontra-se a essência do que significa ouvir, ao que eu gostaria de acrescentar que nesta experiência também se encontra o êxtase do sentimento. Portanto, o que vale para a visão vale para a percepção auditiva e tátil também. Se podemos ver as coisas, porque em primeiro lugar podemos ver, assim também podemos ouvir as coisas porque em primeiro lugar podemos ouvir, e tocar as coisas porque primeiro podemos sentir. A visão, a audição e o tato das coisas estão fundamentados na experiência, respectivamente, da luz, do som e da sensação. E se a primeira força-nos a assistir a superfície das coisas, a última, em contrapartida, redireciona nossa atenção para o meio no qual as coisas tomam forma e no qual também podem ser dissolvidas. Ao invés de pensar em nós mesmos apenas como observadores, trilhando nosso caminho ao redor dos objetos espalhados pelo chão de um mundo já formado, devemos imaginar-nos, em primeiro lugar, como participantes, cada um imerso com todo o nosso ser nas correntes de um mundo em formação: na luz solar nós vemos, a chuva na qual ouvimos e o vento no qual sentimos. Participação não se opõe a observação, mas é uma condição para isso, assim como a luz é uma condição para se ver as coisas, o som para ouvi-las, e a sensação para senti-las.

Na névoa

Com estes pensamentos em mente, gostaria agora que você me acompanhasse – pelo menos na sua imaginação – ao litoral. Em um dia úmido e tempestuoso de fevereiro eu andava com um grupo de estudantes de antropologia da Universidade de Aberdeen a curta distância da sala de aula até a praia. Lá estávamos nós, golpeados pela chuva e pelo vento, enquanto continuávamos (tendo que gritar para nos fazer ouvir acima do barulho) uma conversa que tínhamos começado do lado de dentro, acerca da percepção da paisagem. Entre outras coisas, estivemos lendo as explorações do arqueólogo Christopher Tilley (1994, 2004) sobre o tema da fenomenologia da paisagem. Tilley insiste justamente que a paisagem não é uma constante física que seja simplesmente dada à observação, à descrição e à medição empírica. Ela é, antes, dada apenas em relação aos seus habitantes, às suas vidas, movimentos e propósitos, e aos locais onde moram, e extrai seu sentido dessas relações. Portanto, as pessoas e a paisagem – para reciclar uma fórmula antropológica desgastada – são "mutuamente constituídas". Paisagens assumem significados e aparências em relação às pessoas, e as pessoas desenvolvem habilidades, conhecimento e identidades em relação às paisagens nas quais se encontram.

Tínhamos ficado intrigados, no entanto, com uma observação de passagem em um dos textos de Tilley. Para provar a sua hipótese de que as paisagens não são constantes, mas variam de acordo com as múltiplas perspectivas de seus habitantes, ele nos convida a comparar a vista em um dia claro, com a vista do mesmo local em um dia enevoado. Tudo parece diferente. Ainda assim, estaríamos muito equivocados, argumenta Tilley, se concluíssemos que a visão clara revela uma realidade da paisagem obscurecida quando ela está envolta na névoa. Nenhuma das vistas é mais real do que a outra. Afirmar o contrário seria "abstrair essa paisagem da pessoa que a percebe" (TILLEY, 2004: 12). A diferença entre claridade e névoa, ele parece estar dizendo, encontra-se não na própria paisagem, mas nas maneiras como as pessoas se relacionam com ela em atos de percepção. Eis aqui o enigma. Porque, se fosse realmente assim, então seria necessário apenas uma mudança nas maneiras como as pessoas se comportam em relação à paisagem para transformar uma perspectiva clara em uma enevoada, ou vice-versa. À medida que nos amontoávamos na praia de Aberdeen, na chuva torrencial e no vento uivante, a alegação de que tudo dependia de *nós* soou um pouco oca! Por mais que tenhamos tentado, não conseguimos acalmar a tempestade por qualquer estratagema de percepção.

Uma análise mais aprofundada da questão revelou que, por toda a sua insistência tanto em fazer quanto em escrever arqueologia ao ar livre, é notável que o clima esteja ausente da explicação de Tilley. Mais notavelmente, está ausente das explicações de praticamente todos os autores, em antropologia e arqueologia, que se dispuseram a investigar os compromissos entre as pessoas e o que se convencionou chamar de "mundo material". Nessas explicações, como já vimos no capítulo 2, a materialidade é identificada com tudo que tenha – por assim dizer – se precipitado do meio, com o resultado de que o próprio meio se torna imaterial. A água da chuva entra no mundo material apenas quando se acumula em poças no chão, e a neve somente quando se amontoa. O vento pode figurar apenas como uma invenção da imaginação, levando teóricos de gabinete a supor-rem que barcos navegam, pipas voam e árvores flexionam seus ramos por conta de alguma força animadora – uma agência – alojada dentro das próprias coisas, como objetos sólidos. Inundado de sol, mesmo o céu torna-se um reino imagi-nário que podemos habitar apenas em nossos pensamentos e sonhos, enquanto o ar que respiramos é desmaterializado em um éter espiritual que sustenta a alma, mas não o corpo material.

Na realidade, é claro, a paisagem ainda *não* se solidificou do meio. Ela está passando por uma formação contínua, acima de tudo graças à imersão das suas múltiplas superfícies nesses fluxos do meio que chamamos de tempo – na luz do sol, na chuva, no vento e assim por diante. O chão não é a superfície da materia-lidade mesma, mas um composto texturizado de diversos materiais que são cul-tivados, depositados e entrelaçados através de uma interação dinâmica através da interface permeável entre o meio e as substâncias com as quais entra em contato. E assim, para voltar ao Tilley, podemos ver que, em sua referência de passagem a uma paisagem na névoa – um daqueles raros momentos em que o tempo faz uma aparição –, ele nos apresenta um mundo às avessas, no qual o tempo (neste caso, a névoa) é um resultado emergente da constituição mútua de pessoas e paisagem, quando, na verdade, é a condição de possibilidade dessa constituição. É somente por causa de sua imersão comum nos fluxos do meio que pessoas e paisagem podem se envolver. Como uma experiência de luz, som e sensação que permeia a nossa consciência, o tempo não é tanto um *objeto* de percepção quanto aquilo que percebemos *nele*, subscrevendo as nossas próprias capacidades de ver, ouvir e to-car. Conforme o tempo muda, assim essas capacidades variam, levando-nos não a perceber coisas diferentes, mas a perceber as mesmas coisas de maneira diferente. O tempo, em suma, é a "mundanidade do mundo" – para adotar a expressão de Heidegger (1971: 181) – e, como tal, não é uma invenção da imaginação, mas o próprio *temperamento* do ser (INGOLD, 2010: S133).

Na praia

Quando os alunos e eu nos reunimos na praia, naquele dia tempestuoso, olhamos primeiro para a terra. Então voltamo-nos e olhamos para o mar. O que vimos ali? Antes de tentar uma resposta, deixe-me lembrar da caracterização do ambiente terrestre feita por Gibson como compreendendo não apenas objetos, nem apenas o céu e a terra, mas "a terra e o céu com os objetos *sobre* a terra e *no* céu" (GIBSON, 1979: 66; cf. capítulo 9, p. 181s.). Nós, é claro, estávamos em terra. Olhando para baixo, vimos os seixos do cascalho em que estávamos. São os seixos, então, "objetos *sobre* a terra"? Gibson diria que sim, e nós também o diríamos, se cada um de nós se inclinasse para pegar um e, o tendo examinado, o restituísse ao local onde se encontrava. No entanto, cada seixo repousava sobre outros, que por sua vez repousavam sobre outros debaixo deles. Se também eles estão *sobre* a terra, onde então está a própria terra? Será que a remoção de camada após camada de seixos nos levaria para mais perto dela? Ou devemos pensar na relação entre seixos e terra em termos de história da sua formação? Afinal de contas, foi apenas por causa de seu incessante chocalhar e atritar enquanto são lavados pelas ondas na maré alta que os seixos ganharam suas formas arredondadas. Pensar em um seixo como um objeto é imaginá-lo separado deste processo formativo, como se tivesse sido colocado lá, já moldado, como uma escultura sobre um pedestal. No entanto, enquanto pedra, fragmentada de uma outra que alguma vez deve ter se desprendido de uma rocha sólida, será que o seixo não mantém uma conexão com a terra tão intrínseca quanto aquela de uma semente com o seu progenitor? Quem pode dizer se está *sobre* a terra ou se é *dela*?

De pé sobre o cascalho, não foi na prática possível traçar qualquer linha entre essas condições contrárias. Tivemos antes que reconhecer que o terreno sobre o qual estávamos não era realmente uma plataforma de suporte sobre a qual as coisas repousam, mas uma zona de processos formativos e transformativos postos em movimento através da interação do vento, da água e da pedra, dentro de um campo de forças cósmicas, como aquelas responsáveis pelas marés. Isto tornou-se ainda mais evidente quando erguemos o olhar para as ondas quebrando na praia. O que vimos não foram objetos e superfícies, mas materiais em movimento. Erguendo os olhos ainda mais alto vimos ondas sobre ondas cobertas de espuma, gradualmente expandindo horizontalmente ao oceano, que por sua vez deu lugar ao cinza implacável do céu. Contra este fundo, poderíamos vagamente distinguir as formações circulares das aves marinhas, mas as reconhecemos não como objetos que se moviam, mas como movimentos – muitas vezes acompanhados de sons – que só resolviam-se em formas objetivas quando repousaram no cimo de um dos muitos quebra-mares que cortam a praia. Em suma, ao olhar o mar vimos um mundo em movimento, em fluxo e devir, um mundo de mar e céu, um mundo-tempo. Vimos um *mundo sem objetos*.

Vendo a Terra

Armados com esta perspectiva, nós então voltamos nossos olhares de volta para a terra. Nossa questão era: O que acontece se virmos a terra do ponto de vista do mar? E se, em vez de vermos o mar desde a terra, tentarmos ver a terra desde o mar? Tem sido convencional assimilar o oceano a uma perspectiva baseada na terra, e uma que ademais enfoca, sob a rubrica de "paisagem", as suas formações mais sólidas e suas configurações de superfície. Ao olharmos na direção do mar com essa perspectiva, pensamos que estamos contemplando uma *paisagem marinha*, conferindo a ondas e depressões, ou a águas turbulentas ou calmas, uma permanência e solidez que lhes falta na realidade (COONEY, 2003).

Ao vermos a terra desde o mar, em contrapartida, é a solidez do próprio chão que é posta em dúvida. Que ela também não esteja em repouso, mas em movimento e mudança incessante, é – escreve o marinheiro e filósofo Martin Dillon – "uma lição que o mar pode nos ensinar sobre a terra" (2007: 267). Como já descobrimos no caso da praia de cascalho, vista da perspectiva do mar o chão é muito mais complexo e dinâmico do que poderíamos ter pensado. Longe de ser a superfície dura da materialidade que tínhamos imaginado, sobre a qual tudo repousa, ele reaparece como um amontoado de materiais heterogêneos, agitado pelas vicissitudes da vida no mundo-tempo. Na verdade, para onde quer que olhemos, o chão testemunha a vivacidade dos processos que o formaram ou que o formam – os efeitos da chuva, do vento, da geada e assim por diante.

Em um estudo sobre as maneiras pelas quais a experiência perceptiva subjaz à sensibilidade estética, o filósofo Arnold Berleant observa que a inquietude predominante do ambiente fluido afeta profundamente "todos os parâmetros que normalmente delimitam nossa existência terrestre e, em uma escala maior, mesmo a nossa compreensão do ser metafísico". Berleant também lança sua vista do oceano para a terra, e descobre não só que a terra sofre contínua mudança – "lenta, certamente, mas nada obstante incessante" –, mas também que a fluidez não termina aí. "A atmosfera é ela mesma um meio fluido" (BERLEANT, 2010: 139). Assim, ver a terra desde o mar, em nossos termos, é descortinar um mundo sem objetos cujas formas sólidas sejam, em graus variados, submergidas pelos fluxos deste meio atmosférico. Ao invés de se contraporem, mar e terra, juntamente com o litoral, que marca o seu diálogo perpétuo, parecem estar envolvidos na esfera mais ampla de forças e relações que compõem o mundo-tempo, juntamente subsumidos sob a grande cúpula do céu. É nesta cúpula, onde o sol brilha, as tempestades se enfurecem e o vento sopra – e não, como Gibson supôs, nas superfícies dos objetos sólidos e no chão sobre o qual repousam – que "toda ação acontece" (GIBSON, 1979: 23). Perceber e agir no mundo-tempo é alinhar a sua própria conduta aos movimentos celestes do sol, da lua e das estrelas, às alternâncias rítmicas da noite e do dia e das estações do ano, à chuva e ao dia aberto, à luz do sol e à sombra. Pois o tempo engole a paisagem, assim como a visão das coisas é engolida pela experiência da luz, a audição das coisas pela experiência do som, e o tato das coisas pela experiência do sentir.

A mudança de perspectiva a partir da terra para o mar e do mar para a terra corresponde um tanto quanto precisamente ao contraste estabelecido pelos filósofos Gilles Deleuze e Félix Guattari entre espaço *estriado* e espaço *liso* (2004: 408, 524-525). O espaço estriado, dizem eles, é homogêneo e volumétrico: nele, diversas coisas estão dispostas, cada uma no seu local designado. Olhar ao redor no espaço estriado é, como o significado original de *skopos* implica, disparar flechas visuais em seus alvos. O espaço liso, ao contrário, não tem nenhuma disposição. Apresenta, antes, uma colcha de retalhos de variação contínua, que se estende sem limites em todas as direções. Trata-se de um espaço atmosférico de movimento e fluxo, agitado pelo vento e pelo tempo, e repleto de luz, som e sensação. O olho, no espaço liso, não olha *para* coisas, mas perambula *entre* elas, encontrando um caminho, em vez de apontar para um alvo fixo. É um olho que está sintonizado não com a discriminação e identificação de objetos individuais, mas com o registro de variações sutis de luz e sombra, e com as texturas superficiais que revelam. Enquanto a paisagem do espaço estriado, encerrada e repartida, se voltou contra o céu, no espaço liso as superfícies da terra – como aquelas do mar – abrem-se para o céu e o abraçam. Nas suas cores em constante mutação e padrões de iluminação e sombra, elas refletem sua luz; elas ressoam em seus sons os ventos que passam, e em sua sensação elas respondem à secura ou umidade do ar, de acordo com o calor ou a chuva. No espaço liso, para continuar com Deleuze e Guattari, "não há nenhuma linha separando o céu e a Terra" (p. 421). Um não poderia existir sem o outro.

A háptica e a óptica

Em suma, enquanto a paisagem pertence à ordem do estriado, o mundo-tempo pertence à ordem do liso. Para Deleuze e Guattari, os habitantes arquetípicos do espaço liso eram pastores nômades que, com as suas manadas, montavam as pastagens como marinheiros montam as ondas, arrastados nas superfícies de areia, estepe e neve varridas pelo vento, e respondendo em seus movimentos, em cada momento, a forças reais e imaginárias, tanto celestes quanto subterrâneas. Se, na experiência do marinheiro, o mundo era uma mistura de céu e mar, então, para o nômade era uma mistura do céu e da terra. A este respeito, a relação dos nômades com a terra era muito diferente daquela dos agricultores, entre os quais o conceito de paisagem esteve em voga pela primeira vez. Os arquitetos originais do espaço estriado eram agricultores que literalmente moldavam a terra ao estriá-la com carroças e arados. Longe de ir com o fluxo, a vida para eles era uma questão de contrariar o atrito de uma terra imóvel e muitas vezes inflexível. Deleuze e Guattari (p. 524-525) comparam a diferença com aquela entre o feltro e o linho, um emaranhado de um atoleiro rodopiante de fibras que não têm nenhuma direção consistente, o outro tecido através do entrelaçamento regular de urdidura e trama. No entanto, a identificação moderna de *scape* com *scopic* – isto é, do formato da terra com o seu aspecto, com a forma, em oposição à substância – realinhou a diferença ao longo de outro eixo de contraste. Este entre o *háptico* e a *óptica*.

O engajamento háptico está perto e à mão. É o engajamento de um corpo consciente trabalhando com materiais e com a terra, "costurando-se" às texturas do mundo ao longo dos caminhos do envolvimento sensorial. Uma relação óptica entre a mente e o mundo, em contraste, baseia-se em distância e desapego. Aqui, a forma da terra já não é inerente à sua trama, tampouco se a poderia encontrar seguindo as estrias da sua textura, como o faz o lavrador quando corta a terra dos seus campos, ou o diarista quando trilha o seu caminho, provavelmente a pé, ao longo de trilhas e veredas. É encontrado, ao contrário, por uma espécie de retro-projeção pela qual o mundo é lançado como se estivesse totalmente formado, na aparência, mas não em substância – isto é, como uma imagem – sobre a super-fície da mente. É sem dúvida porque a associação entre *scape* e o *escópico* implica essa projeção óptica que o conceito moderno de paisagem (ao contrário de seu precursor medieval) é tão frequentemente presumido estar eivado de preconcei-to visualista. Em princípio, no entanto, esse tipo de projeção pode ser mediado tanto pelo toque manual quanto pela visão. É assim, por exemplo, que Descartes pensava o tato às cegas, na sua *Óptica* de 1637. Os cegos, pensou, poderiam usar varas retas para perceberem as formas de objetos à distância, exatamente como aqueles que enxergam usam os raios de luz (DESCARTES, 1988: 67). Da mes-ma forma a mão enluvada do médico, detetive ou curador, que lida com objetos possivelmente invisíveis, a fim de extrair sua forma enquanto garante que não haja nenhum contato ou troca de materiais através da superfície da pele, exerce um toque óptico.

Em contrapartida, o envolvimento háptico pode percorrer os caminhos da visão, assim como os do tato. Trabalhando de perto, os olhos podem estar tão miopemente entrelaçados ao grão fino do mundo quanto a mão. Pense na costureira, olhando para o tecido enquanto costura, ou o escriba medieval cujos olhos são capturados pelos traços de tinta da sua escrita (INGOLD, 2007a: 92). Assim também, os olhos do lavrador estão perto do chão enquanto posiciona o arado. Deleuze e Guattari têm, portanto, toda a razão em apontar (2004: 543-544) que a oposição entre o óptico e o háptico é transversal àquela entre o olho e a mão: além da visão ótica e do toque háptico temos tato óptico, assim como visão háptica. Mas eles estão errados em presumir uma correspondência entre a distinção háptica/óptica e aquela entre o liso e o estriado. Entre o háptico e o óptico repousa toda a diferença entre a perspectiva do agricultor que molda a terra de perto e aquela do pintor que vê a cena resultante a uma certa distância, ou – como os mesmos Deleuze e Guattari observam – entre "o plano ao nível do chão do pedreiro gótico" e "o plano métrico do arquiteto, que está no papel e fora do local" (p. 406)[2]. Mas, ao contrário do que eles parecem pensar, isso não faz com que o agricultor ou o pedreiro sejam nômades! Ao contrário, a divisão entre o háptico e o ótico é uma divisão *dentro* do estriado, e distingue o sentido medieval de paisagem de seu derivativo moderno. Esta conclusão, no entanto, deixa-nos com uma questão não resolvida. Se a experiência do espaço

---

2. Sobre a diferença entre alvenaria gótica e arquitetura pós-renascentista, consulte capítulo 17, p. 303.

liso não é dada nem na projeção óptica nem no envolvimento háptico, como então devemos descrevê-la?

A atmosfera

Para uma possível resposta, podemos voltar à conversa imaginária, narrada acima, entre Gibson e Merleau-Ponty. Pois resume-se, mais uma vez, à questão de como percebemos o céu. Gibson pensava que estivesse olhando *para* o céu, Merleau-Ponty insistia, ao contrário, que estava olhando *com* o céu. Olhos que estejam abertos para o céu, escreveu Merleau-Ponty (1962: 317), e que conheçam a luz da lua e a luz do sol, trazem estas qualidades da luz às suas próprias maneiras de perceber. Quando olham, o sol e a lua olham, uma vez que estes corpos celestiais, em sua luminosidade, já invadiram a consciência visual do observador. Da mesma forma, quando o corpo sente, o vento sente, pois o vento, nas suas correntes, já invadiu a consciência tátil do corpo. E quando nos reunimos na praia, os alunos e eu achamos que o barulho das ondas, quando quebravam no cascalho, também havia invadido a nossa consciência auditiva: nós não apenas o ouvíamos; ouvíamos *com* ele. Longe de nos serem revelados como alvos de percepção, ondas, vento e céu estavam presentes como uma experiência totalmente envolvente de som, luz e sensação – isto é, uma *atmosfera* (BÖHME, 1993). As ondas quebrando *eram* seu som, não objetos que faziam som; o vento *era* a sua sensação, não um objeto tocado; o céu *era* luz, não algo visto à luz. Assim, em sua manifestação atmosférica, o espaço liso não está definido contra quem o percebe, mas mistura-se e satura a sua consciência, onde gera a sua própria capacidade de perceber. Em suma, a experiência do espaço liso *é* luz, som e sensação, não algo que obtemos por meio deles. Não é óptica nem háptica, mas atmosférica.

Isso leva-me a dois pontos, como conclusão. O primeiro é que seria imprudente assimilar a experiência da luz, do som ou da sensação a uma perspectiva de paisagem cunhando termos compostos tais como paisagem luminosa (BILLE & SORENSEN, 2007), paisagem sonora (SCHAFER, 1994) ou mesmo paisagem tátil. Essas qualidades da experiência sensorial, como demonstrei, são fenômenos do mundo-tempo. Elas pertencem aos fluxos do meio, não à conformação de superfícies. Na verdade, há algo paradoxal acerca de compostos que conjugam as correntes da consciência sensorial com um regime, implícito na equação modernista de *scape* com o *escópico*, que reduz tais correntes a vetores de projeção na conversão de objetos em imagens[3]. Em segundo lugar, e em decorrência disso, estaríamos errados em supor que a experiência sensorial seja corporificada, ou

---

3. Isto é levado ao extremo em um livro recente de Erin Manning (2009). Uma meditação evangelicamente deleuzoguattariana sobre a filosofia da arte e do movimento, o livro traz o título infeliz de *Relationscapes*. Admito, porém, que o meu próprio conceito de "taskscape" (INGOLD, 2000a: 195) é igualmente estranho.

que através dela as pessoas estejam vinculadas a um lugar (FELD & BASSO, 1996). Podemos, na prática, estar ancorados no solo, mas não é a luz, o som ou a sensação que nos seguram. Pelo contrário, eles se esforçam em tirar-nos os pés do chão. A luz inunda, o som afoga (como descobrimos quando tentamos conversar na praia) e a sensação nos leva para longe. Luz, som e sensação arrebentam as nossas amarras, assim como o vento arrebenta os ramos das árvores enraizadas na terra. Longe de estarem envolvidos no corpo – como o conceito de corporificação implicaria[4] – eles tomam posse dele, varrendo o corpo em suas próprias correntes. Assim, por estar imerso no fluxo do meio, o corpo é iluminado, e sonorizado e extasiado. Por outro lado, um corpo confinado a um lugar na paisagem, e que igualmente não habitasse o céu, seria cego, surdo e insensível. Nas palavras do filósofo do meio ambiente David Macauley (2005: 307), "respiramos, pensamos e sonhamos nas regiões do ar": não na superfície fixa da paisagem, mas no meio turbilhonado do mundo-tempo.

Termino com uma breve vinheta etnográfica. Nicole Revel (2005) descreveu como os montanheses Palawan, das Filipinas, têm uma relação muito especial com pássaros, considerando-os como seus companheiros próximos, ainda que efêmeros. Sua compreensão deste relacionamento é sintetizada na prática de soltar pipas. Construídas de folhas ou papel com suportes divisórios de bambu, as pipas são consideradas cópias de pássaros. Empinar um papagaio é o mais perto que os terrestres humanos podem chegar da partilha da experiência de seus companheiros pássaros. Manipulando o vento, os voadores podem sentir com as mãos, segurando as linhas de ligação, o que os pássaros podem sentir com suas asas. "Ancorado à terra", como Revel o coloca, os Palawan empinadores de pipas "sonham no ar, sua emoção é igual ao esplendor do turbilhão de suas efêmeras criações" (p. 407). Tornando-se como pássaros, sua consciência é lançada nas mesmas correntes aéreas que animam suas pipas, e está sujeita à mesma turbulência. Armados com suas pipas, os Palawans alcançaram o preciso inverso do que os historiadores da arte modernos alcançaram com o conceito de paisagem. Onde os últimos confinaram o mundo no âmbito de suas superfícies, os primeiros, alçando-se a partir dessas superfícies, recuperaram a abertura da atmosfera.

---

4. A implicação do conceito de corporificação, escreve a dançarina filósofa Maxine Sheets-Johnstone, é que "percebemos os outros e experimentamo-nos a nós mesmos precisamente como *empacotados*". Ao recorrer ao conceito, ela reclama, "evitamos enfrentar [...] o que está realmente aí, sensualmente presente em nossa experiência" (SHEETS-JOHNSTONE, 1998: 359, 360-361).

11
Quatro objeções ao conceito de paisagem sonora

Congratulo-me com o recente crescimento de interesse pelo som, cujo impacto está sendo sentido não apenas na minha própria disciplina, a antropologia, mas também nas áreas afins da arte, arquitetura e arqueologia, para citar apenas algumas. Mas também preocupa-me que não repitamos os mesmos erros cometidos em estudos da cultura visual. O "visual", nesses estudos, parece ter pouco ou nada a ver com o que significa ser capaz de ver. Ou seja, mal lida com o fenômeno da luz. Ao contrário, concerne às relações entre objetos, imagens e suas interpretações. Um estudo da cultura auditiva, construído nos mesmos moldes, concerniria à interpretação de um mundo de coisas apresentadas em suas formas acústicas. Tem-se convencionado descrever um tal mundo por meio do conceito de paisagem sonora[1]. Sem dúvida, quando foi introduzido pela primeira vez, o conceito serviu a um propósito retórico útil, ao chamar a atenção para um registro sensorial que havia sido negligenciado em relação à visão. Acredito, no entanto, que agora tenha deixado de ser útil. Mais especificamente, faz-nos correr o risco de perdermos contato com o som exatamente da mesma maneira que os estudos visuais perderam contato com a luz. No que segue definirei quatro razões pelas quais acho que seria melhor abandonarmos o conceito de paisagem sonora.

Primeiro, o ambiente que experimentamos, conhecemos e no qual nos movimentamos não está fatiado ao longo das linhas das vias sensoriais através das quais entramos nele. O mundo que percebemos é o *mesmo* mundo, seja qual for o caminho que tomemos, e, ao percebê-lo, cada um de nós age como um centro indiviso de movimento e consciência. Por esta razão, deploro a moda de se multiplicarem *paisagens* de todo tipo possível. O poder do conceito prototípico de paisagem repousa precisamente no fato de não estar vinculado a qualquer registro sensorial específico – seja de visão, audição, tato, paladar ou olfato. Na prática perceptual ordinária estes registros cooperam tão proximamente, e com tal sobreposição de função, que suas respectivas contribuições são impossíveis de serem separadas. A paisagem é, obviamente, *visível*, mas só se torna *visual*

---

1. O conceito de paisagem sonora foi introduzido pelo compositor canadense R. Murray Schafer (1994), e desde então tem sido amplamente adotado.

quando é apresentada por alguma técnica, como a pintura ou a fotografia, que, então, permite-lhe ser vista indiretamente, por meio da imagem resultante, que, por assim dizer, devolve a paisagem ao espectador de uma forma artificialmente purificada, despojada de qualquer outra dimensão sensorial. Da mesma forma, uma paisagem pode ser *audível*[2], mas, para ser *auditiva*, teria que ter sido primeiro apresentada por uma técnica de arte sonora ou gravação, de modo a poder ser *reproduzida* dentro de um ambiente (como uma sala escura) no qual, de outro modo, estamos privados de estímulo sensorial.

Não nos devemos deixar enganar por historiadores da arte e outros estudantes da cultura visual que escrevem livros sobre a história da visão que são inteiramente sobre a contemplação das imagens. Sua presunção consiste em imaginar que os olhos não sejam tanto órgãos de observação quanto instrumentos de reprodução, alojados na imagem, ao invés de no corpo do observador. É como se os olhos vissem por nós, relegando-nos a (re)visão das imagens que transmitem à nossa consciência. Pela visão e olhar ativos que as pessoas fazem nas suas atividades cotidianas, os teoristas visuais substituíram regimes do "escópico", definidos e distinguidos pelas funções de gravação e reprodução desses olhos alegóricos. Embora, como vimos no último capítulo, o aparente parentesco etimológico entre o escópico e as "paisagens" da nossa percepção seja espúrio, essa conexão é comumente presumida. Assim, ao recorrer-se à noção de paisagem sonora, corre-se o risco de sujeitar os ouvidos, em estudos da audição, ao mesmo destino dos olhos em estudos visuais. Esta é a minha segunda objeção ao conceito. Precisamos evitar a armadilha, análoga a se pensar que o poder da visão seja inerente às imagens, a se supor que o poder da audição seja inerente às gravações. Pois os ouvidos, assim como os olhos, são órgãos de observação, e não instrumentos de reprodução. Assim como usamos nossos olhos para ver e olhar, também usamos nossos ouvidos para ouvir conforme avançamos no mundo.

É claro que é à luz, e não à visão, que o som deveria ser comparado. O fato, no entanto, de o som ser tão frequente e facilmente comparado com a *visão*, ao invés de com a luz, revela muito acerca das nossas suposições implícitas sobre a visão e a audição, as quais, como já expliquei (p. 195s.), repousam sobre a curiosa ideia de que os olhos são as telas que bloqueiam a luz, deixando-nos a reconstrução do mundo dentro de nossas cabeças, enquanto os ouvidos são buracos no crânio que deixam o som entrar para que se misture à alma. Um resultado dessa ideia é que a vasta literatura psicológica sobre ilusões de ótica é inigualada por nada acerca dos enganos dos ouvidos. Outro é que estudos de percepção visual não tiveram praticamente nada a dizer sobre o fenômeno da luz. Seria lamentável

---

2. Uma das principais maneiras pelas quais uma paisagem é audível é na água corrente. "Córregos e rios", como Gaston Bachelard apontou, "fornecem o som para paisagens campestres mudas, e o fazem com uma estranha fidelidade" (BACHELARD, 1983: 15).

se estudos da percepção auditiva seguissem esse exemplo, e perdessem o contato com o som assim como os estudos visuais perderam o contato com a luz. Seria muito melhor se, colocando o fenômeno do som no centro das nossas investigações, pudéssemos ser capazes de apontar para caminhos paralelos nos quais a luz pudesse ser restaurada ao lugar central que merece na compreensão da percepção visual. Para fazê-lo, no entanto, teríamos que primeiro abordar a questão embaraçosa: O que *é* som? Esta questão é uma versão do antigo enigma filosófico: Será que a árvore que cai em uma tempestade produz algum som se não houver nenhuma criatura presente com ouvidos para ouvi-la? Será que o som consiste em vibrações mecânicas no meio? Ou será algo que registramos apenas dentro de nossas cabeças? Trata-se de um fenômeno do mundo material ou da mente? Está "lá fora" ou "aqui dentro"? Podemos sonhá-lo?

Parece-me que tais questões estejam erroneamente colocadas, uma vez que estabelecem uma rígida divisão entre dois mundos, o da mente e o da matéria – uma divisão que é reproduzida cada vez que se apela para a *materialidade* do som. O som, na minha opinião, não é nem mental nem material, mas um fenômeno de *experiência* – isto é, da nossa imersão no, e mistura com o mundo em que nos encontramos. Essa imersão, como insistiu o filósofo Maurice Merleau-Ponty (1964), é uma precondição existencial para o isolamento tanto das mentes que percebem quanto das coisas no mundo que são percebidas. Dito de outra forma, assim como a luz é outra maneira de dizer "eu posso ver" (cf. capítulo 10, p. 195s.), assim o som é outra maneira de dizer "eu posso ouvir". Se for assim, então nem o som nem a luz, a rigor, podem ser *objeto* da nossa percepção. O som não é *o que* ouvimos, assim como a luz não é o que vemos. Aqui reside a minha terceira objeção ao conceito de paisagem sonora. Não faz sentido, pela mesma razão que um conceito de "paisagem luminosa" não faria sentido[3]. A paisagem das coisas – isto é, sua conformação de superfície – nos é revelada graças à sua iluminação. Quando olhamos em volta em um belo dia, vemos uma paisagem banhada pelo sol, não uma paisagem luminosa. Da mesma forma, ao ouvir os nossos arredores, não ouvimos uma paisagem sonora. Pois o som, eu diria, não é o objeto, mas o meio de nossa percepção. É aquilo *em* que ouvimos. Da mesma forma, não vemos a luz, mas ver *na* luz (INGOLD, 2000a: 265).

Uma vez que a luz e o som sejam entendidos nestes termos, torna-se imediatamente aparente que, em nossa experiência ordinária, ambos estejam tão intimamente envolvidos um com o outro que são praticamente inseparáveis. Este envolvimento, no entanto, suscita questões interessantes que estamos apenas começando a abordar. Como, por exemplo, o contraste entre a luz e a escuridão se

---

3. Mikkel Bille e Tim Flohr Sørensen (2007) propuseram recentemente um argumento em apoio do conceito de paisagem luminosa. Trata-se de um argumento, no entanto, que procede tratando a luz não como um fenômeno da experiência vivida, mas como um objeto dotado de agência.

compara com aquele entre o som e o silêncio? É bastante óbvio que a experiência do som é bastante diferente no escuro e à luz. Será que a experiência da luz também varia se estivermos simultaneamente afogados no som ou encapsulados no silêncio? Estes tipos de perguntas trazem-me a minha quarta objeção ao conceito de paisagem sonora. Uma vez que se baseia no conceito de paisagem, a paisagem sonora enfatiza as *superfícies* do mundo em que vivemos. Som e luz, no entanto, são infusões do *meio* no qual encontramos o nosso ser e pelo qual nos movemos. Tradicionalmente, tanto na minha própria disciplina da antropologia quanto mais amplamente em áreas como a geografia cultural, a história da arte e os estudos de cultura material, os estudiosos têm-se centrado na fixidez da conformação superficial, em vez de nos fluxos do meio. Eles têm, em outras palavras, imaginado um mundo de pessoas e objetos que já se tenham precipitado, ou solidificado, destes fluxos (cf. capítulo 2, p. 59). Prosseguindo no equacionamento da solidez das coisas com a sua materialidade, eles planejaram a desmaterialização do meio no qual estão primordialmente imersos. Mesmo o ar que respiramos, e do qual a vida depende, torna-se um produto da imaginação.

Ora, o termo mundano para o que eu chamei de fluxos do meio é *tempo*. Quando estamos – como se diz – "a céu aberto", o tempo não é um mero fantasma, a substância dos sonhos. É, ao contrário, fundamental para a percepção. Nós não o percebemos, nós percebemos *nele* (INGOLD, 2005a). Nós não tocamos o vento, mas tocamos nele; nós não vemos a luz do sol, mas vemos nela; nós não ouvimos a chuva, mas ouvimos nela. Assim, vento, sol e chuva, experimentados como sensação, luz e som, são essenciais para as nossas capacidades, respectivamente, de tocar, ver e ouvir (cf. capítulo 10, p. 198). A fim de compreendermos o fenômeno do som (como, aliás, o da luz e da sensação), devemos, portanto, voltar nossa atenção para o céu, para o reino dos pássaros, em vez de para a terra firme sob os nossos pés. O céu, como vimos no último capítulo, não é um objeto de percepção, assim como tampouco o som. Não é algo que vemos. Trata-se, ao contrário, da própria luminosidade. Mas também é sonoridade. Lembre-se do argumento do musicólogo Victor Zuckerkandl (1956: 344), de que, se realmente quisermos saber o que significa ouvir, devemos olhar para o céu. Se ele estiver certo, então talvez nossas metáforas para descrever o espaço auditivo devessem proceder não de estudos de paisagem, mas da meteorologia.

Permitam-me concluir com um par de pontos que não abordam o conceito de paisagem sonora em si, mas a sua ênfase implícita, em primeiro lugar, na *corporificação* e, em segundo lugar, no *posicionamento*. Mencionei o vento, e o fato de que para viver precisamos ser capazes de respirar. Vento e respiração estão intimamente relacionados no contínuo movimento de inspiração e expiração, que é fundamental à vida e ao ser. A inspiração é o vento se tornando respiração, a expiração é a respiração se tornando vento. Em uma recente conferência antropológica sobre *Vento, Vida, Saúde* (LOW & HSU, 2008), veio à tona o problema de como o vento está corporificado na constituição das pessoas afetadas por ele. De minha parte, senti-me desconfortável com a aplicação do conceito de corporificação neste contexto. Fez a respiração parecer um processo de coagulação, no qual o ar era de alguma forma sedimentado no corpo quando se solidifica. Reconhecendo que o corpo vivo, quando respira, é necessariamente varrido pelas correntes do meio, sugeri que o vento não é tanto corporificado quanto o corpo *ventilado* (INGOLD, 2007b: S32). Parece-me, aliás, que o que se aplica ao vento também se aplica ao som. Afinal, o vento assobia, e as pessoas sibilam ou murmuram quando respiram. O som, assim como a respiração, é experimentado como um movimento de ir e vir, inspiração e expiração. Se é assim, então deveríamos dizer do corpo, quando canta, sibila, assobia ou fala, que é *sonorizado*. É como zarpar, lançando o corpo *ao* som como um barco sobre as ondas ou, talvez mais apropriadamente, como uma pipa no céu.

Finalmente, se o som é como o vento, então não vai ficar parado, tampouco colocar pessoas ou coisas em seu lugar. O som flui, como o vento sopra, por caminhos sinuosos, irregulares, e os lugares que descreve são como turbilhões, formados por um movimento circular *em torno*, em vez de uma localização fixa *dentro*. Seguir o som, isto é, *ouvir* é vagar pelos mesmos caminhos. A escuta atenta, em oposição à audição passiva, certamente implica o oposto do *posicionamento*. Novamente, a analogia com empinar uma pipa é pertinente. Embora os pés de quem empina uma pipa possam estar firmemente plantados no local, não é o vento que os mantém aí. Da mesma forma, a varredura do som continuamente se esforça em arrebatar os ouvintes, fazendo-os renderem-se ao seu movimento. É necessário um esforço para se ficar no lugar. E este esforço puxa *contra* o som ao invés de harmonizar-se *com* ele. O confinamento, em suma, é uma forma de surdez.

Parte IV
Um mundo narrado

Minha primeira tentativa de escrever o primeiro ensaio desta parte, o capítulo 12, remonta um longo caminho. Foi para uma conferência sobre *Espaço, cultura, poder*, realizada na Universidade de Aberdeen, em abril de 2001 (KIRBY, 2009). Lembro-me de ter observado, na época, a maneira como, na obra de geógrafos, lugar e espaço sempre parecem estar associados intrinsecamente, como se um não pudesse existir sem o outro tanto quanto um batente de porta não poderia existir sem uma porta. E eu me perguntava o quanto isso tinha a ver com a circunstância feliz de as palavras lugar (*place*) e espaço (*space*) rimarem. Soletrada de trás para frente, *space* torna-se *ecaps*, e *place*, *ecalp*. Quantos livros e artigos, perguntei, teriam sido publicados com *ecaps e ecalp* no título? Não muitos, pensei. Só mais tarde, graças à intervenção oportuna do geógrafo histórico Kenneth Olwig, eu me tornei consciente da verdadeira razão para o acoplamento de espaço e lugar, que se encontra no problema de tradução do germano-escandinavo *raum* ou *rum*. O que eu não sabia, no entanto, ao trabalhar mais a fundo no ensaio, foi que durante todo o tempo, outra distinta geógrafa, Doreen Massey, estava trabalhando duro em um empreendimento paralelo, embora de muito maior alcance e ambição. Enquanto para o meu ensaio eu havia selecionado o título *Contra o espaço*, Massey chamou o seu livro, publicado em 2005, de *Pelo espaço*. Com esses títulos diametralmente opostos, presumi que estivéssemos fundamentalmente em desacordo. Mas quando finalmente tive a oportunidade de ler o livro, fiquei surpreso e satisfeito ao descobrir que, ao contrário, estávamos, em grande medida, em sintonia! Ambos imaginamos um mundo de incessante movimento e devir, que nunca está completo, mas continuamente em construção, tecido a partir das inúmeras linhas vitais dos seus múltiplos componentes humanos e não humanos enquanto costuram seus caminhos através do emaranhado de relações nas quais estão enredados de maneira abrangente. Em um mundo assim, pessoas e coisas não tanto existem quanto acontecem, e são identificadas não por algum atributo essencial fixo estabelecido previamente ou transmitido pronto do passado, mas pelos próprios caminhos (ou trajetórias, ou histórias) pelos quais anteriormente vieram e atualmente estão indo.

Por que, então, apesar da nossa concordância, acabamos argumentando a partir do que, aparentemente, eram os lados opostos do anel? Massey é *a favor* de espaço, eu sou *contra*. É evidente que denotamos coisas diferentes pelo termo. Na verdade, Massey, também, é contra uma certa concepção de espaço. Esta concepção é resolutamente plana ou bidimensional: ela retrata uma superfície isotrópica sobre a qual todas as coisas estão embrulhadas nelas mesmas, fixadas em seus respectivos lugares, separadas dos movimentos que as trouxeram ali, e pegas em uma rede finita, fechada e abrangente de conexões sincrônicas. Esse espaço é sem vida. Nada acontece aí. Não é de admirar que legiões de filósofos protestaram contra a "espacialização" inerente a empreendimentos, especialmente nas áreas de ciências naturais e cartografia, pela fixação do mundo em termos de representações conceituais estáveis. Para trazê-lo de volta à vida celebraram o tempo, não como uma quarta dimensão a ser adicionada às três do espaço, como no espaço-tempo contínuo dos físicos, mas como o próprio movimento de devir criativo que garante que, enquanto a vida continuar, ela vai sempre seguir à frente das nossas tentativas sistemáticas e sistematizadoras de compreendê-la. Assim, o tempo está para o espaço como a dinâmica está para a estática, o animado para o desanimado, o aberto para o fechado, o devir para o ser e assim por diante.

Agora, argumentando *pelo* espaço, Massey não contesta tais filosofias do tempo. Ao contrário, ela está com elas o tempo todo, e eu também. O que ela rejeita é o tipo de dicotomização que deixa o espaço como uma concha vazia, como o negativo do tempo. Ela quer que pensemos o espaço de maneira positiva, tão dinâmica, alegre e aberta quanto o tempo. O espaço, para ela, é um domínio de copresença, de relacionamentos-em-prática, do emaranhado de múltiplas linhas de vida que se prendem umas às outras em seus respectivos caminhos. Trata-se, para citar apenas duas das suas muitas formulações, de uma "esfera de [...] multiplicidade contemporânea" e a "simultaneidade das histórias até então" (MASSEY, 2005: 10-12, 148, 183). De fato, a própria multiplicidade de trajetórias, em seu argumento, *requer* espaço. Em outras palavras, quando dizemos que a vida não é apenas uma história, mas uma série de diferentes histórias, estamos afirmando a possibilidade de essas múltiplas histórias poderem correr uma ao lado da outra. O espaço estabelece essa possibilidade. Se o tempo é o garantidor da vida, o espaço é quem garante que vidas heterogêneas prossigam simultaneamente. Talvez, então, a única diferença entre Massey e eu seja que, como os filósofos aos quais se refere, eu continuo adepto da terra-plana quando se trata do espaço. No entanto, não nego que o mundo esteja repleto de múltiplas formas de vida, cujos emaranhados constituem uma malha relacional, sempre enlaçando-se e desenlaçando-se. O que sou incapaz de fazer, no entanto, é chegar a descrever este mundo como um mundo de *espaço*. Eu simplesmente não consigo tirar da minha cabeça a ideia do espaço como um vazio, como não mundo, como ausência, em vez de copresença. Para mim o mundo é um mundo, não espaço; e o que está acontecendo nele – os processos em suas múltiplas formas surgem e são mantidos no lugar – são processos de vida, não tempo. O tempo-espaço de Massey é, para mim, o mundo da vida.

"Espaço", obviamente, é apenas uma palavra, e você pode usá-la para dizer o que quiser. Mas aqui está em jogo mais do que apenas uma questão semântica. Como geógrafa, Massey não pode simplesmente contornar o conceito de espaço, como sou tentado a fazer, e usar uma palavra como "mundo" no lugar. Nós, antropólogos, já tivemos problemas semelhantes com o nosso conceito-chave, de "cultura". Assim como Massey, a geógrafa, procura dar vida ao espaço, muitos antropólogos também têm procurado animar a cultura, salientando a sua criatividade e abertura, e sua constituição relacional como entrelaçamento de histórias, em vez de um sistema recebido e totalizante de classificação. Eu mesmo tento fazer precisamente isso, no capítulo 13, através de uma crítica da metáfora da *transmissão*, tão comumente usada para caracterizar os processos gêmeos de reprodução biológica e cultural. Por trás dessa metáfora reside o axioma fundador do que chamo de *modelo genealógico*, nomeadamente, que os indivíduos sejam especificados em sua constituição genética e cultural independente e anteriormente à sua vida no mundo, por meio da outorga de atributos de antepassados. No que concerne à transmissão cultural, o modelo implica que o conhecimento já adquirido seja importado para contextos de engajamento prático com o ambiente, e, portanto, que este conhecimento seja, em si mesmo, independente de contexto. Eu mostro que uma organização de conhecimento independente de contexto só pode assumir a forma de uma classificação. Portanto, afirmações de que o conhecimento universalmente assume uma forma classificatória são circulares: elas decorrem dos pressupostos iniciais do modelo genealógico. Elas também são invalidadas por aquilo que aprendemos, a partir de muitos estudos antropológicos, sobre como as pessoas realmente vêm a conhecer o que fazem. Isto acontece *andando-se por* um ambiente. O conhecimento que adquirem, na minha opinião, é integrado não *nos* níveis de uma classificação, mas *pelos* caminhos do movimento, e as pessoas crescem dentro dele seguindo as trilhas através de uma malha. Eu chamo a isso de *fazer trilha*, e concluo que é fazendo-se trilha e não através da transmissão que o conhecimento avança.

Este argumento é desenvolvido etnograficamente no capítulo 14, com base em material do povo Koyukon, caçadores indígenas do Alasca. O argumento gira em torno das práticas de nomeação. Na imaginação ocidental moderna, ser propriamente humano é possuir uma identidade singularmente nomeada e ocupar um determinado endereço. Entre pessoas e lugares, no entanto, encontra-se um universo de coisas conhecidas apenas por apelativos ou nomes comuns. Defendo que, por detrás da distinção gramatical convencional entre nomes próprios e apelativos encontra-se uma distinção mais fundamental entre o conhecimento em rede de pessoas e locais e o conhecimento classificatório das coisas. A rede singula-

riza pessoas no plano da humanidade, e lugares na superfície da Terra; a classificação agrupa coisas com base em seus atributos intrínsecos, independentemente de
onde estejam. Não há nada absoluto, no entanto, acerca dessa divisão tripartite entre lugares, coisas e pessoas. Para os Koyukon, nomes não são nomes, mas verbos,
e conhecer é semelhante a contar histórias. Os nomes que o povo Koyukon dá aos
animais podem basear-se em descrições do seu comportamento, ou histórias de
tempos distantes sobre a criação do mundo, ou charadas. Em cada caso, nomear o
animal não é lhe apor um rótulo, mas contar sua história. Os animais não existem
para os Koyukon; ao contrário, eles *ocorrem*, e a atividade vital do animal e a narração da sua história são manifestações alternativas da mesma ocorrência.

12

Contra o espaço: lugar, movimento, conhecimento

Gostaria de argumentar, neste capítulo, contra a noção de espaço. De todos os termos que usamos para descrever o mundo em que vivemos, trata-se do mais abstrato, do mais vazio, do mais destacado das realidades da vida e da experiência. Considere as alternativas. Os biólogos dizem que os organismos vivos habitam *ambientes*, não o espaço, e independentemente de qualquer outra coisa que possam ser, os seres humanos certamente são organismos. Ao longo da história, seja como caçadores e coletores, agricultores ou pastores de gado, as pessoas têm tirado o sustento da *terra*, e não do espaço. Os agricultores plantam suas culturas na *terra*, não no espaço, e as colhem dos *campos*, não do espaço. Seus animais pastam *pastagens*, não espaço. Viajantes atravessam o *país*, e não o espaço, e quando andam ou ficam em pé, eles plantam os pés no *chão*, não no espaço. Pintores armam seus cavaletes na *paisagem*, não no espaço. Quando estamos em casa, estamos *dentro de casa*, não no espaço, e quando vamos ao ar livre estamos *a céu aberto*, não no espaço. Lançando os olhos para cima, vemos o *céu*, não o espaço, e em um dia ventoso sentimos o *ar*, não o espaço. O espaço é nada, e porque é nada não pode absolutamente realmente ser habitado.

Como foi que chegamos a um conceito tão abstrato e rarefeito para descrever o mundo em que vivemos? Meu argumento é o de que ele resulta da operação do que chamei de a lógica da inversão. Eu já havia introduzido esta lógica no capítulo 5 (p. 117). Em poucas palavras, a inversão transforma as vias ao longo das quais a vida é vivida em limites dentro dos quais está encerrada. A vida, de acordo com esta lógica, é reduzida a uma propriedade interna de coisas que *ocupam* o mundo, mas, estritamente falando, não o *habitam*. Um mundo que seja ocupado, mas não habitado, que está cheio de coisas existentes, em vez de tecido a partir dos fios do seu devir, é um mundo de espaço. No que se segue demonstrarei como a lógica da inversão transforma a nossa compreensão, primeiramente, do lugar, depois, do movimento, e finalmente, do conhecimento. Posição se torna enclausuramento, viagem se torna transporte, e modos de conhecimento se tornam cultura transmitida. Juntando tudo isso, somos levados àquela concepção peculiarmente *modular* de ser que é uma característica tão marcante da Modernidade, e da qual o conceito de espaço é o corolário lógico.

Lugar

Nada tenho contra a ideia de lugar. Penso, no entanto, que haja algo de errado com a noção de que os lugares existem *no espaço*. O persistente hábito de contrapor espaço e lugar, como reclama Doreen Massey, leva-nos a imaginar que a vida seja vivida na base de um vórtice, do qual a única saída é levantar-se do chão da experiência real, para cima e para fora, em direção a níveis cada vez mais altos de abstração (MASSEY, 2005: 183). Frequentemente os filósofos nos têm garantido que, como seres terrestres, só podemos viver, e conhecer, *em* lugares (p. ex., CASEY, 1996: 18). Eu não vivo, no entanto, na sala de estar da minha casa. Qualquer dia comum me vê vagando entre a sala de estar, a sala de jantar, a cozinha, o banheiro, o quarto, o escritório e assim por diante, inclusive o jardim. Tampouco sou apegado a casa, uma vez que viajo diariamente para o meu local de trabalho, para as lojas e para outros locais de negócios, enquanto meus filhos vão para a escola. A isso, filósofos do lugar respondem que, obviamente, os lugares existem como bonecas russas em muitos níveis em uma série aninhada, e que a qualquer nível que possamos selecionar, um lugar é responsável tanto por conter um número de lugares de nível inferior quanto de ser contido, ao lado de outros lugares nesse nível, dentro de um nível mais alto. Assim, a minha casa, como um lugar, contém os lugares menores compostos pelos quartos e pelo jardim, e está contida dentro dos lugares maiores do meu bairro e da minha cidade natal. Como J.E. Malpas escreve, "os lugares sempre se abrem para revelar outros lugares dentro deles [...] enquanto de dentro de qualquer lugar em particular pode-se sempre olhar para fora para encontrar-se dentro de alguma extensão muito maior (como se pode olhar da sala em que se está sentado para a casa em que se vive)" (1999: 170-171).

Somente um filósofo pode olhar de sua sala de estar e ver toda a sua casa! Para os seus moradores comuns, a casa ou apartamento é desvelada processionalmente, como uma série temporal de vistas, oclusões e transições que se desdobram ao longo da miríade de caminhos que levam, de uma sala a outra e para dentro e para fora, conforme executam suas tarefas diárias. Malpas, no entanto, escreve sobre deixar o quarto para entrar no apartamento, o apartamento para entrar no edifício, e o edifício para entrar no bairro e na cidade em que vive, como se cada passo ao longo do caminho fosse um movimento não ao longo, mas *para cima*, de um nível ao outro, de lugares menores, mais exclusivos, para maiores, mais inclusivos. E quanto mais alto ele sobe, mais distante se sente do embasamento do *lugar*, e mais atraído para um sentido abstrato de *espaço*. Por outro lado, a viagem de volta para casa o leva em um movimento para baixo, através dos níveis, do espaço de volta ao lugar (p. 171). Cada nível, aqui, é como uma linha em um endereço que permite o carteiro entregar a carta para o recipiente de nível mais baixo no qual o destinatário supostamente está abrigado.

Quando a carta cai na casa do filósofo, é como se ela também *descesse* um nível, da rua para a casa. E quando a pega e a leva até a sala de estar (em vez de, digamos, a cozinha), cai um nível ainda. Embora, na realidade, a carta chegue às suas mãos por ter sido transmitida ao longo de um número de caminhos que se tocaram uns aos outros em vários lugares ao longo do percurso, tais como a caixa de correio, o departamento de classificação e assim por diante, têm-se a impressão de que ela "desceu" a ele através de um refinamento progressivo da escala espacial, de todos os lugares para algum lugar, ou do espaço para o lugar.

Abrindo a carta em sua sala de estar[1], ele pode fazer uma pausa para refletir sobre como os conceitos de "vida" e de "sala" vieram a ser conjugados na denominação desta área da sua casa. No vernáculo inglês a palavra "sala", neste contexto, significa simplesmente uma parte interior do edifício cercada por paredes, piso e teto. E "vida" abrange um conjunto de atividades internas comuns que seriam realizadas pelos ocupantes desta sala particular. Mas, como Kenneth Olwig apontou, quando os termos "vida" e "sala" são unidos em alemão, eles produzem um conceito totalmente diferente, qual seja o de *lebensraum* (2002: 3). Aqui, o significado de vida aproxima-se do que Martin Heidegger identificou como o sentido fundamental do habitar: não a ocupação de um mundo já construído, mas o processo mesmo de habitar a Terra. A vida, neste sentido, é vivida ao ar livre, em vez de estar contida dentro das estruturas do ambiente construído (HEIDEGGER, 1971). Por conseguinte, também, a "sala" de *lebensraum* não é uma clausura, mas uma abertura que permite crescimento e movimento. Não tem paredes, apenas os horizontes progressivamente revelados ao viajante conforme ele passa ao longo de uma trilha; nenhum piso, apenas o chão sob os seus pés; nenhum teto, apenas o céu arqueando acima.

Minha razão para divagar sobre o significado de sala é resolver um problema peculiar de tradução. O *raum* alemão, ou o seu cognato *rum* nas línguas escandinavas, é hoje o equivalente aceito do conceito anglo-americano de *espaço*. No entanto, suas conotações estão longe de serem idênticas. Em inglês, "espaço" e "sala" são bastante distintos, com sala concebida como um compartimento altamente localizado, contendo vida dentro da totalidade ilimitada de espaço. Parece, contudo, que em sua tradução como "espaço", *raum/rum* nunca perdeu inteiramente o sentido de contenção ou clausura que atualmente vincula à noção de lugar. Talvez seja por isso, como Olwig sugere, que uma geografia que tem suas raízes nas tradições intelectuais da Alemanha e dos países nórdicos, tantas vezes associa espaço e lugar. Pois, no conceito moderno de *raum/rum*, parece que as duas conotações contraditórias de abertura e encerramento, de "espaço absoluto e sala confinada" (OLWIG, 2002: 7), são confundidos. Foi essa duplicidade

---

1. O termo inglês traduzido como sala de estar é *living room*, literalmente "sala de vida" [N.T.].

que permitiu aos propagandistas nazistas, no período que antecedeu a Segunda Guerra Mundial, apoderarem-se da noção de *lebensraum* como justificação simultaneamente da expansão ilimitada e autossuficiência limitada da nação alemã.

Mesmo Heidegger, ele próprio em certa medida cúmplice desse empreendimento, pensou em *raum* como uma clareira para a vida, que era, entretanto, limitada[2]. Mas ele prontamente passou a explicar que este limite não era uma fronteira, mas um *horizonte*, "não aquilo em que algo para, mas [...] aquilo a partir do que algo *começa a presenciar*" (HEIDEGGER, 1971: 154). Parece que na transição do seu antigo sentido de uma clareira, abertura ou "caminho através" para o moderno oximoro de "espaço e lugar", o conceito de sala foi chamado a desempenhar o truque da inversão, transformando as provisões para habitar abertamente ao longo de um caminho de movimento, em uma cápsula fechada para a vida suspensa no vazio. A ideia de que lugares estão situados no espaço é o *produto* desta inversão, e não é dada antes dela. Em outras palavras, longe de serem aplicados a dois aspectos opostos, mas complementares da realidade, espaço e lugar, o conceito de sala está centralmente envolvido na criação da distinção entre eles. Não se trata de uma distinção imediatamente dada à nossa experiência, que, como discutirei agora, é elaborada a partir de vidas que nunca estão exclusivamente aqui ou ali, vividas *neste* ou naquele lugar, mas sempre a caminho de um lugar ao outro.

Deixe-me apresentar o argumento por meio de um experimento simples. Pegue uma folha de papel comum e um lápis e desenhe um círculo grosseiro. Pode parecer algo assim:

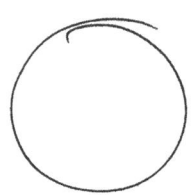

Como devemos interpretar essa linha? Estritamente falando, trata-se do traço deixado pelo gesto da sua mão quando, segurando o lápis, pousou no papel e deu uma volta antes de continuar seu caminho para onde quer que fosse e o que quer que fizesse em seguida. No entanto, vendo a linha como um todo, desenhada na página, podemos estar inclinados a interpretá-la de maneira bastante diferente – não como uma trajetória de movimento, mas como um perímetro estático, delineando a figura do círculo contra a superfície de um plano de outra maneira

---

2. Como observa Paul Harrison, o "ter lugar" da habitação, no pensamento de Heidegger, pressupõe que um ser já esteja *no lugar*, *"tal que o evento de ter-lugar é ele mesmo freado e contido"* (HARRISON, 2007: 634, ênfases originais). O que dizer, então, pergunta Harrison retoricamente, "do mundo e das palavras de Heidegger sobre abertura"? (p. 634).

vazio. Exatamente da mesma maneira tendemos a identificar vestígios dos movimentos ambulatórios circulares que trazem um lugar à existência como limites que demarcam o lugar de seu espaço circundante. Seja em papel ou no chão, os caminhos ou trilhas *ao longo dos* quais os movimentos prosseguem são percebidos como limites *dentro* dos quais estão contidos. Ambos os casos exemplificam a lógica da inversão em ação, transformando o "caminho através" da trilha na contenção do lugar-no-espaço. Isso é ilustrado abaixo.

Caminho   Espaço

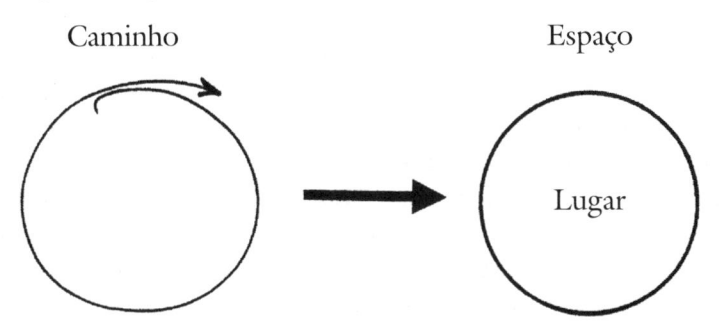

Minha objeção é que vidas são vividas não dentro de lugares, mas através, em torno, para e de lugares, de e para locais em outros lugares (INGOLD, 2000a: 229). Eu uso o termo *peregrinar* para descrever a experiência corporificada deste movimento de perambulação. É como peregrinos, portanto, que os seres humanos habitam a terra (INGOLD, 2007a: 75-84). Mas, do mesmo modo, a existência humana não é fundamentalmente *situada*, como Christopher Tilley (2004: 25) o afirma, mas *situante*. Ela desdobra-se não em lugares, mas ao longo de caminhos. Prosseguindo ao longo de um caminho, cada habitante deixa uma trilha. Onde habitantes se encontram, trilhas são entrelaçadas, conforme a vida de cada um vincula-se à de outro. Cada entrelaçamento é um nó, e, quanto mais essas linhas vitais estão entrelaçadas, maior é a densidade do nó.

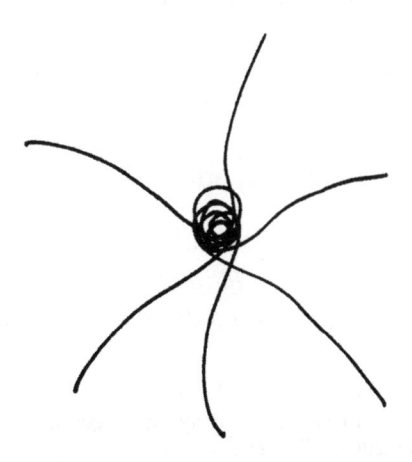

Lugares, então, são como nós, e os fios a partir dos quais são atados são linhas de peregrinação. Uma casa, por exemplo, é um lugar onde as linhas de seus residentes estão fortemente atadas. Mas estas linhas não estão contidas dentro da casa tanto quanto fios não estão contidos em um nó. Ao contrário, elas trilham para além dela, apenas para prenderem-se a outras linhas em outros lugares, como os fios em outros nós. Juntos eles formam o que chamei de *malha* (INGOLD, 2007a: 80).

Os lugares, em suma, são delineados pelo movimento, e não pelos limites exteriores ao movimento. Na verdade, é apenas por esse motivo que escolhi me referir a pessoas que frequentam lugares como "habitantes" ao invés de "moradores". Porque seria muito errado supor que tais pessoas estejam confinadas em um determinado lugar, ou que sua experiência seja circunscrita pelos horizontes restritos de uma vida vivida apenas aí (INGOLD, 2007a: 100-101). Habitantes podem realmente ser muito viajados, como David Anderson, por exemplo, descobriu durante a pesquisa de campo entre os pastores de renas Evenki na Sibéria. Quando questionou seus anfitriões acerca da localização das terras do seu clã original, ele foi informado de que no passado as pessoas viajavam – e viviam – não em algum lugar, mas *em todos os lugares* (ANDERSON, 2000: 133-135). Este "em todos os lugares", no entanto, não é "em lugar nenhum". Pastores Evenki não viviam anteriormente no espaço, em vez de em um lugar. A ilusão de que o faziam é produto das nossas próprias convenções cartográficas que nos levam a imaginar a superfície da Terra dividida em um mosaico de áreas, cada uma ocupada por uma determinada nação ou grupo étnico. Em um mapa desenhado de acordo com essas convenções, os pouco milhares de Evenki parecem ocupar uma área quase duas vezes o tamanho da Europa! O povo Evenki, no entanto, não ocupava o seu país, ele o habitava. E enquanto a ocupação é de uma área, a habitação é linear. Ou seja, leva as pessoas não *através* da superfície da Terra, mas *ao longo* dos caminhos que levam de um lugar a outro. Da perspectiva dos habitantes, portanto, "em todos os lugares" não é espaço. É toda a malha de trilhas interligadas ao longo das quais as pessoas vivem suas vidas. Enquanto está na trilha, uma pessoa está sempre em algum lugar. Mas todo "em algum lugar" está no caminho para algum outro lugar (INGOLD, 2007a: 81). Este é um momento apropriado, portanto, de passar do lugar ao movimento. Como é que a nossa compreensão do movimento foi transformada pela lógica da inversão?

Movimento[3]

Em sua reflexão sobre o Ártico, *Playing Dead* (1989), o escritor canadense Rudy Wiebe compara as compreensões dos nativos Inuit do movimento e das

---

3. Esta seção apresenta, de forma resumida, um argumento que desenvolvi de maneira mais aprofundada em *Lines* (INGOLD, 2007a: 72-84).

viagens por terra ou mar de gelo com aquelas dos marinheiros da Marinha Real em sua busca marítima pela elusiva passagem noroeste para o oriente. Para os Inuit, *assim que uma pessoa se move, ela se torna uma linha*. Para caçar um animal, ou encontrar outro ser humano que possa estar perdido, você deixa uma linha de trilhas por toda a extensão, procurando sinais de uma outra linha de movimento que levaria ao seu objetivo. Assim, todo o país é percebido como uma malha de linhas, em vez de uma superfície contínua. Os marinheiros britânicos, no entanto, "acostumados com os mares fluidos, sem trilhas, moviam-se em termos de área" (p. 16). O navio, fornecido para a viagem antes do embarque, foi concebido como um ponto em movimento sobre a superfície do mar, sua posição sempre localizada pela latitude e pela longitude. Já encontramos essa diferença, entre o movimento linear *ao longo* de caminhos de viagens e movimento lateral *através de* uma superfície, em nossa comparação dos respectivos "em todos os lugares" da habitação e da ocupação. Referi-me ao movimento do primeiro tipo como *peregrinação*. Ao movimento do segundo tipo eu chamo de *transporte*. Vou agora mostrar que a inversão que torna o mundo habitado como o espaço, também converte a peregrinação em transporte.

O peregrino está continuamente em movimento. Mais estritamente, ele *é* o seu movimento. Assim como acontece com o Inuit no exemplo apresentado acima, o peregrino é exemplificado no mundo como uma linha de viagem. É uma linha que avança da ponta conforme ele prossegue, em um processo contínuo de crescimento e desenvolvimento, ou de autorrenovação. Conforme prossegue, no entanto, o peregrino tem que se sustentar, tanto perceptiva quanto materialmente, através de um engajamento ativo com o país que se abre ao longo do seu caminho[4]. Embora de vez em quando ele tenha que fazer uma pausa para descansar, e pode mesmo voltar repetidamente ao mesmo lugar para fazê-lo, cada pausa é um momento de tensão que – como segurar a respiração – se torna cada vez mais intenso e menos sustentável quanto mais tempo dura. Na verdade, o peregrino não tem destino final, pois onde quer que esteja, e enquanto a sua vida perdure, há algum outro lugar aonde pode ir.

O transporte, por outro lado, é essencialmente orientado para um destino (WALLACE, 1993: 65-66). Não é tanto um desenvolvimento *ao longo de* um modo de vida quanto um carregamento *através*, de um local a outro, de pessoas e bens, de tal maneira a deixar suas naturezas básicas incólumes. Pois no transporte o viajante mesmo não se move. Ao contrário, ele é movido, tornando-se um passageiro em seu próprio corpo, se não em algum navio que pode estender ou

---

4. Com base em trabalho de campo entre os Inuit de Igloolik, Claudio Aporta escreve que viajar "não era uma atividade de transição entre um lugar e outro, mas um modo de ser [...] Outros viajantes são encontrados, crianças nascem, e caça, pesca e outras atividades de subsistência são realizadas" (APORTA, 2004: 13).

substituir os poderes de propulsão do corpo. Enquanto em trânsito, ele continua a estar situado dentro de seu navio, tirando o sustento dos seus próprios suprimentos e assumindo um curso predeterminado. Só ao chegar ao seu destino, e quando seus meios de transporte chegam a um impasse, o viajante começa a se mover. Mas este movimento, confinado dentro de um lugar, está concentrado em um ponto. Assim, os mesmos lugares onde o habitante peregrino pausa para descansar são, para os passageiros transportados, locais de ocupação. Entre os locais, ele mal roça a superfície do mundo.

Para realçar o contraste, deixe-me sugerir um segundo experimento. Tome o seu lápis mais uma vez, mas desta vez desenhe uma linha contínua a mão livre. Como o círculo que você desenhou antes, a linha permanece como o traço do seu gesto manual. Na frase memorável do pintor Paul Klee, a sua linha saiu para uma caminhada (1961: 105).

Mas agora quero que você desenhe uma linha pontilhada. Para fazê-lo você tem que trazer a ponta do seu lápis em contato com o papel em um ponto predeterminado, e então fazer com que ele execute uma pequena pirueta neste ponto, de modo a formar um ponto. Toda a energia, e todo o movimento, está focado no ponto, quase como se estivesse perfurando um buraco. Então você tem que levantar o seu lápis do papel e levá-lo ao próximo ponto onde você faz o mesmo, e assim por diante até que você tenha marcado o papel com uma série de pontos.

Onde, nesta série, está a linha? Ela não é gerada como um movimento, ou mesmo como o rastro de um movimento, uma vez que todo o movimento está nos pontos. Qualquer movimento que você possa fazer entre o desenho de cada ponto serve apenas para transportar a ponta do lápis de um ponto ao outro, e são totalmente incidentais à própria linha. Durante estes intervalos o lápis está inativo, fora de uso. Na verdade você poderia até mesmo repousá-lo em sua mesa por qualquer período de tempo antes de pegá-lo novamente e devolvê-lo à superfície do papel.

A linha pontilhada, em suma, é definida não por um gesto, mas como uma sequência conectada de pontos fixos. Ora, assim como no desenho, a linha é traçada por um movimento de suas mãos, de modo que o peregrino em suas perambulações estabelece um rastro no chão na forma de pegadas, caminhos e trilhas. Assim, escrevendo sobre os Walbiri, um povo aborígene do Deserto

Central Australiano, Roy Wagner observa que "a vida de uma pessoa é a soma de suas trilhas, a inscrição total de seus movimentos, algo que pode ser traçado ao longo do chão" (1986: 21). A lógica da inversão, no entanto, converte cada trilha ou rastro no equivalente a uma linha pontilhada, primeiro dividindo-a em etapas,

e, em seguida, enrolando e empacotando cada etapa nos confins de uma destinação.

As linhas que ligam estas destinações, como aquelas de um mapa de tráfego aéreo ou ferroviário, não são traços de movimento, mas conectores ponto a ponto. Estas são as linhas de transporte. E enquanto o peregrino assina sua presença na terra como a crescente soma de suas trilhas, o passageiro carrega a sua assinatura consigo, enquanto é transportado de um lugar ao outro. Onde quer que ele possa estar, ele deve ser capaz de replicar este gesto em miniatura altamente condensado como uma marca de sua única e imutável identidade (INGOLD, 2007a: 94). Mais uma vez encontramos a lógica da inversão atuando aqui, transformando os caminhos pelos quais as pessoas levam suas vidas em propriedades internas de indivíduos delimitados, autossuficientes. Sempre que o indivíduo é obrigado a assinar na linha pontilhada, essa inversão é promulgada mais uma vez. Ocupante de todos os lugares e habitante de lugar nenhum, o signatário declara por este ato a sua fidelidade ao espaço.

Como já sugeri, a ocupação é de uma área, enquanto a habitação é linear. As várias destinações a serem ligadas em um sistema de transporte são concebidas para serem deixadas sobre uma superfície isotrópica, cada uma em um local especificado por coordenadas globais. As linhas conectando estas destinações compreendem uma rede que está espalhada por toda a superfície, e "fixada" em cada um dos seus nós. Para o peregrino, no entanto, o mundo não é apresentado como uma superfície a ser atravessada. Em seus movimentos, ele costura o seu caminho *por* este mundo, ao invés de *atravessá-lo* de um ponto a outro. Claro que o peregrino é um ser terrestre, e forçosamente deve viajar sobre a terra[5]. As superfícies da terra, no entanto, estão *no* e não são *do* mundo, tecidas a partir das linhas de

---

5. Não se trata de negar que as pessoas também possam viajar por mar. Mas a viagem marítima levanta questões especiais, em parte devido à maneira como o meio líquido apaga todos os vestígios das atividades que ocorreram aí. O rastro de um pequeno barco, não motorizado, desaparece rapidamente, assim como o som da palavra falada. Assim, a terra é para as viagens marítimas como a escrita é para a fala.

crescimento e movimento de habitantes (INGOLD, 2000a: 241; cf. tb. capítulo 5, p. 120). O que formam, como já vimos, não é uma rede de conexões ponto a ponto, mas uma malha emaranhada de fios entrelaçados e complexamente atados. Cada fio é um modo de vida, e cada nó um lugar. Na verdade, a malha é algo semelhante a uma rede em seu sentido original de um tecido de fios entrelaçados ou atados. Mas, através de sua extensão metafórica aos reinos do transporte e comunicações modernos, e especialmente da tecnologia da informação, o significado da "rede" mudou[6]. Estamos agora mais inclinados a pensarmos nela como um complexo de pontos interconectados do que de linhas entrelaçadas. Por esta razão achei necessário distinguir entre a *rede* de transporte e a *malha* de peregrinação. A chave para essa distinção é o reconhecimento de que as linhas da malha não são conectoras. Elas são os caminhos *ao longo* dos quais a vida é vivida. E é na ligação de linhas, não na conexão de pontos, que a malha é constituída.

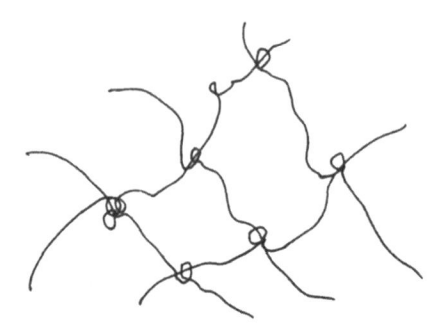

Argumentei que peregrinar é o nosso modo mais fundamental de estar no mundo. Será que isso significa que a possibilidade de transporte genuíno é apenas um sonho, em pé de igualdade com a ilusão de que os lugares que conecta estão fixos no espaço? Se assim o for, então também temos que reconhecer que as sociedades metropolitanas modernas têm feito muito para transformar o sonho em realidade (INGOLD, 2007a: 102). Elas criaram sistemas de transporte que abrangem todo o globo em uma vasta rede de conexões destinação a destinação. E elas converteram a viagem, de uma experiência de movimento na qual ação e percepção estão intimamente ligadas, em uma de imobilidade forçada e privação sensorial. O passageiro, preso em seu assento, já não tem a percepção "panorâ-

---

6. Para mim, como um usuário relativamente inexperiente, navegar na internet é uma questão de ativar de uma sequência de links que me levam, quase que instantaneamente, de um site a outro. Cada link é um conector, e a própria web é uma rede de sites interligados. Viajar através do ciberespaço, portanto, se assemelha ao transporte. Usuários experientes, no entanto, dizem-me que, enquanto "surfam" na rede, eles seguem trilhas como peregrinos, sem destino específico em mente. Para eles, a rede pode parecer mais como uma malha do que com uma rede. Quão exatamente devemos entender "movimento" através da internet é uma pergunta interessante, mas está além do escopo deste capítulo, e certamente além da minha própria competência para enfrentá-lo aqui.

mica" de uma terra que se estende sem interrupção desde o solo sob seus pés em direção ao horizonte. Parece antes cenário projetado em telas verticais, mais ou menos distantes, que parecem deslizar uma atrás da outra, devido ao efeito paralaxe. Esse achatamento e estratificação da paisagem, como observou o etnólogo Orvar Löfgren (2000: 24), pode ter mais a ver com os efeitos de se viajar em alta velocidade do que com a ancoragem da visão em uma localização fixa. Na verdade, a essência da velocidade pode estar menos na real proporção entre a distância percorrida e o tempo decorrido do que na dissociação, no transporte, da percepção e da motilidade.

Tendo-se efetuado esta dissociação – tendo o movimento, portanto, se reduzido ao puro deslocamento mecânico, estabelecendo, assim, a possibilidade da velocidade – a real velocidade de transporte pode, em princípio, ser aumentada indefinidamente. Idealmente, não deveria demorar tempo nenhum. Isso acontece porque as linhas da rede de transporte, cruzando o contínuo do espaço, não têm duração. Conectando pontos em uma rede, ou "ligando os pontos", o viajante em potencial pode *virtualmente* chegar ao destino, mesmo antes de partir. Como artefato cognitivo ou montagem, o plano de rota preexiste a sua realização física. No entanto, na prática, é preciso tempo para chegar lá, mesmo pelos meios mais rápidos. O transporte perfeito é impossível pelo mesmo motivo pelo qual não se pode estar em dois lugares, nem mesmo em todos os lugares, ao mesmo tempo. Como toda viagem é movimento em tempo real, uma pessoa nunca pode ser exatamente a mesma, na chegada em um lugar, que era quando partiu: alguma memória da viagem permanecerá, ainda que atenuada, e, por sua vez, condicionará o seu conhecimento do lugar. Podemos querer que fosse de outra maneira: assim, cientistas são rotineiramente aconselhados a não permitirem que as agruras da obtenção de acesso a locais de campo invadam as suas observações, porque isso pode distorcer os dados coletados e comprometer sua objetividade[7]. Mas a objetividade total é um ideal tão impossível quanto o transporte perfeito, ou mesmo a máquina perfeita (cf. capítulo 4, p. 110). Não podemos ir de um lugar ao outro saltando o mundo. Ou, nas sábias palavras da rima infantil, *Vamos à caça ao urso*:

> Não podemos passar por cima dela.
>
> Não podemos passar por baixo dela.
>
> Oh não!
>
> Temos que passar por ela![8]

---

7. O mesmo conselho foi dado por Samuel Johnson aos leitores do seu passeio pelas Ilhas Ocidentais da Escócia. Cf. capítulo 3 (p. 77).

8. De *We're Going on a Bear Hunt,* recontada por Michael Rosen, ilustrado por Helen Oxenbury (ROSEN, 1989).

Conhecimento

Uma equipe de cientistas começou a investigar as mudanças na ecologia e hidrologia da tundra ártica em uma determinada região do Norte da Rússia[9]. Eles desejam conhecer as principais causas dessas mudanças, inclusive o aquecimento global e a poluição industrial. Em um mapa da região eles traçaram uma linha reta de vinte pontos, espaçados em intervalos iguais de um centímetro (correspondentes a 50km no mapa). Cada um destes pontos marca um local onde a equipe pretende coletar amostras de solo e água, registrar a vegetação, e tirar quaisquer medidas necessárias, por exemplo, da acidez do solo ou da radiação de fundo. Como viajar por terra é lento e perigoso na região, que no verão é um labirinto de pântanos infestados de mosquitos, rios sinuosos sem rumo e poças estagnadas, a equipe vai contratar um helicóptero para transportar a si mesma e seus equipamentos de um local ao outro. Com efeito, estas viagens aéreas reencenam, em escala completa, o desenho da linha pontilhada no mapa. Da mesma forma que a ponta do lápis descera em uma sucessão de pontos a fim de marcar a superfície do papel do mapa, assim o helicóptero com sua carga de cientistas e instrumentos vai descer em um local após outro, permitindo-lhes fazer suas leituras da superfície real da tundra. Embora possa ser de outra forma para o piloto, que tem que guiar a sua máquina até o lugar certo e encontrar um local adequado para pousar, no que concerne aos cientistas, seu transporte de helicóptero é totalmente acessório da principal tarefa de coleta de dados. De fato, enquanto o piloto, um habitante da região, está preocupado em encontrar o caminho até o próximo lugar de pouso, os cientistas têm pouco a fazer além de admirar a vista das janelas. Só quando o piloto faz uma pausa, os cientistas podem conseguir fazer o seu trabalho de observação.

Neste exemplo, os dados estão sendo coletados a partir de uma série de locais fixos. Para a equipe científica esses locais compreendem uma transecção de mil quilômetros que atravessa a superfície da Terra. Mas a transecção não é uma via: não se trata do traço de um movimento, mas de uma cadeia de conexões ponto a ponto. Mantidos juntos por estas ligações, os locais constitutivos da transecção estão – poderíamos dizer – *lateralmente* integrados. Mas e quanto aos dados obtidos a partir deles? Cada dado é uma "coisa dada", um fato. Embora descobertos entre os conteúdos de um local, *onde* estão, ou como foram parar

---

9. O exemplo que se segue é vagamente baseado em um projeto no qual eu estava marginalmente envolvido. Este foi o Projeto Tundra, financiado pela União Europeia (Degradação da Tundra no Ártico Russo), que decorreu por três anos a partir de 1998 a 2000, coordenado pela Universidade do Centro do Ártico da Lapônia. O projeto se propôs a avaliar *feedbacks* do Ártico Russo para o sistema climático global através de mudanças nas emissões de gases de efeito estufa e do escoamento de água doce, e entender as relações entre as mudanças climáticas, ciclos hidrológicos e de carbono, poluição industrial e consciência social. O estudo foi realizado na bacia do Rio Usa, na parte nordeste do território da República de Komi, logo a oeste dos Montes Urais.

ali, não fazem parte *daquilo que é*. Como um exemplar ou espécime, cada fato é considerado como sendo de um tipo. E sua importância não está na história da sua descoberta, mas na sua justaposição e comparação com fatos de tipo similares – ou cujas propriedades intrínsecas podem ser medidas pela mesma bitola – coletados de outros locais. Assim, concluída a temporada de pesquisa de campo, os membros da equipe enviarão os dados coletados de volta para os seus respectivos laboratórios, onde serão introduzidos em um banco de dados que, por sua vez, lhes permitirá procurar correlações sistemáticas sobre as quais se possam construir modelos preditivos de mudança ecossistêmica e climática. Os dados, na realidade, são submetidos à análise, conforme são introduzidos em estruturas de alcance progressivamente mais amplo e, em última instância, universal. Na construção da base de dados, na sua classificação e tabulação, as descobertas dos cientistas – poderíamos dizer – são *verticalmente* integradas. Através deste processo de integração, o conhecimento é produzido.

Em suma, à geografia lateralmente integrada de locais corresponde uma classificação verticalmente integrada das coisas encontradas neles. A primeira é realizada em conjunto por cadeias ou redes de conexões ponto a ponto, a última pelas agregações taxonômicas e divisões do banco de dados. Mas e quanto ao conhecimento dos habitantes? Como *este* é integrado? Considere o piloto de helicóptero em nosso exemplo. Ele acumulou uma boa dose de experiência de voo nestas bandas. Ao contrário dos cientistas visitantes, ele conhece o terreno, e como encontrar o caminho sob condições climáticas variáveis. Mas este conhecimento não é derivado de localidades. Ele vem, antes, de um histórico de voos anteriores, de decolagens e aterrissagens, e de incidentes e encontros na rota. Em outras palavras, é forjado em *movimento*, "na passagem de um lugar ao outro e nos horizontes cambiantes ao longo do caminho" (INGOLD, 2000a: 227). Assim, o conhecimento geográfico do piloto, como um habitante, não está lateralmente integrado, uma vez que os lugares para ele não são localizações espaciais, nem são mantidos juntos por conexões ponto a ponto. Eles são, ao contrário, *tópicos*, participantes de histórias de viagens realmente efetuadas[10]. Tampouco o seu conhecimento das coisas é verticalmente integrado. Pois as coisas que o habitante conhece não são fatos. Um fato simplesmente existe. Mas para os habitantes as coisas não tanto existem quanto *ocorrem*. Repousando na confluência de ações e respostas, elas são identificadas não pelos seus atributos intrínsecos, mas pelas memórias que evocam. Assim, as coisas não são classificadas como fatos, ou tabuladas como dados, mas narradas como histórias. E todos os lugares, como um conjunto de coisas, é um nó de histórias.

---

10. James Fox, em referência à etnografia austronésia, introduziu o termo *topogenia* para se referir a uma história que vai de um lugar a outro, e que é recitada como uma sucessão ordenada de nomes de lugares. Assim, os tipos de histórias aos quais me refiro aqui poderiam ser chamados topogênicos (FOX, 1997).

Os habitantes, então, conhecem conforme prosseguem, conforme *atravessam* o mundo *ao longo de* trajetos de viagem. Longe de ser acessório à coleta ponto a ponto de dados a serem passados para depois de processados transformarem-se em conhecimento, o movimento é ele mesmo a maneira do habitante conhecer. Perscrutei o vocabulário inglês para encontrar uma palavra gramaticalmente equivalente a "lateralmente" e "verticalmente", que transmitiria essa sensação de saber "ao longo", ao invés de "através" ou "para cima". Mas nada encontrei. Tive, portanto, que recorrer a um estranho neologismo. O conhecimento do habitante – poderíamos dizer – é integrado *"longitudinalmente"*. Assim, em vez da complementaridade de uma ciência da natureza verticalmente integrada e uma geografia da localização lateralmente integrada, a peregrinação produz uma compreensão prática do mundo da vida "longitudinalmente" integrada. Esse conhecimento não é nem classificado nem enredado, mas *malhado*[11].

Na realidade, é claro, os cientistas são tão humanos quanto qualquer pessoa. E assim, como qualquer pessoa, eles também são peregrinos. Portanto, a imagem da prática científica apresentada no exemplo acima é um tanto quanto idealizada. Corresponde, se você quiser, à visão "oficial" do que deveria acontecer. Na condução real da investigação científica, os materiais coletados no campo não são simplesmente enviados, mas enviados "ao longo" para o laboratório, que, afinal, é apenas mais um local onde o trabalho prossegue. Além disso, não existe um quadro unificado no qual observações de todos os tipos, de todos os contextos, podem ser acomodadas. Grande parte do trabalho da ciência, ao que parece, encontra-se em tentativas de estabelecer a comensurabilidade e a conectividade que tornariam os procedimentos desenvolvidos e os resultados obtidos em um lugar aplicáveis em outro. Como o sociólogo David Turnbull (1991) demonstrou, o conhecimento científico não é integrado em um grande edifício, mas sim cresce em um campo de práticas constituídas pelos movimentos de profissionais, equipamentos, medidas e resultados de um laboratório a outro. Assim, contrariamente à visão oficial, o que vale para o conhecimento do habitante também vale para a ciência. Em ambos os casos o conhecimento é integrado não através da adequação de particulares locais em abstrações globais, mas no movimento de lugar a lugar, peregrinando. Práticas científicas têm o mesmo caráter de vinculação ao lugar (mas não de limitação de lugar) que as práticas dos habitantes. A ciência, também, é malhada.

É claro que é a lógica da inversão que lança as bases epistemológicas para a ciência oficial, transformando ocorrências em fatos estanques, independentes, e a sua ocorrência na ocupação de locais fechados. A mesma lógica, além disso, também subjaz à visão ortodoxa do conhecimento do habitante como uma espécie de ciência de "cabeça para baixo", que funciona não através da *exportação*, a partir de

---

11. Volto a esta conclusão no capítulo 13, p. 240.

locais específicos, de dados observacionais para o processamento em níveis mais elevados, mas através da *importação*, para tais níveis, de sistemas de conceitos e categorias para a ordenação dos dados da experiência. Supõe-se que estes conceitos e categorias, não sejam tanto "construídos" quanto "passados", prontos, como parte de uma tradição recebida. Portanto, assim como os lugares são construídos como recipientes para as pessoas, assim também as pessoas – ou melhor, suas mentes – vieram a ser vistas como recipientes para os elementos da tradição que são passados a elas dos seus ancestrais, e que elas, por sua vez, passarão aos seus descendentes. É por isso que muitas vezes presume-se que o conhecimento tradicional seja local. É conhecimento na cabeça das pessoas locais – e, portanto, *localizadas* (INGOLD & KURTTILA, 2000: 194). Convencionalmente, este conhecimento passou pelo nome de cultura. Tem sido convencional, também, contrastar cultura e ciência, a qual – uma vez que está fundada na exportação de dados em vez de na importação de esquemas para organizá-los – alega um alcance mundial, e apela para princípios de análise racional de âmbito universal. Portanto, as culturas parecem estar em um lugar e a ciência no espaço. A mesma operação lógica que bifurca sala em lugar e espaço também bifurca conhecimento em cultura e ciência.

Esta operação, para concluir, converte o crescimento do conhecimento dos habitantes ao longo dos múltiplos caminhos da malha em um preenchimento gradual das capacidades da mente com conteúdo cultural. A conversão é efetuada através dos processos gêmeos do que o antropólogo Paul Nadasdy (1999) chamou de "destilação" e "compartimentalização". A destilação separa os vínculos que ligam todas as ocorrências ao seu contexto narrativo, a compartimentalização insere as entidades e eventos assim isolados nas várias divisões de uma classificação. Desta maneira, o conhecimento do peregrino integrado longitudinalmente é forçado dentro do molde de um sistema verticalmente integrado, transformando os caminhos ao longo dos quais a vida é vivida em fronteiras categóricas dentro das quais está restrita. As histórias se tornam repositórios de informações classificadas; a peregrinação se torna a aplicação de uma ciência ingênua. Argumentei, ao contrário, que o conhecimento do habitante é forjado não pelo ajuste dos dados da observação dentro dos compartimentos de uma classificação recebida, mas por meio de histórias de peregrinação. Desemaranhar a malha e remontar os fragmentos resultantes em função das suas semelhanças e diferenças intrínsecas é destruir o seu próprio significado e coerência. Ao invés de tratar a ciência e a cultura como iguais e opostas, classificadas em ambos os lados de uma divisão arbitrária entre espaço e lugar, e entre razão e tradição, sugiro que um melhor caminho adiante seria reconhecer que o conhecimento científico, tanto quanto o conhecimento dos habitantes, é gerado dentro das práticas de peregrinação. Pois os cientistas também são pessoas, e habitam o mesmo mundo que o restante de nós.

13

Histórias contra a classificação: transporte, peregrinação e a integração do conhecimento

A genealogia e a classificação

Os seres humanos são criaturas extremamente inteligentes. Isso é óbvio. Não é tão óbvio, no entanto, como eles conhecem o que conhecem. Sob todos os aspectos, sem esse conhecimento eles seriam impotentes. Os animais não humanos parecem saber instintivamente o que fazer em quaisquer circunstâncias que normalmente encontrem. Mas os seres humanos, aparentemente, nascem com um déficit, uma lacuna – como Clifford Geertz o colocou certa vez – "entre o que o nosso corpo nos diz e o que temos que saber para funcionar" (1973: 50). Essa lacuna, Geertz segue dizendo-nos, é preenchida pela *cultura*, um corpo de informação contendo todas as orientações essenciais para uma certa maneira de viver, e distinguida pelo fato de ser passada de uma geração à seguinte por algum mecanismo outro que não a replicação genética. É, em outras palavras, adquirida, e não inata. Isso não quer dizer que, em comparação com seus primos humanos, o animal não humano não aprenda nada. Todo organismo vive e cresce em um ambiente, e, em qualquer estágio de desenvolvimento, os impactos ambientais podem incitá-lo a seguir um curso ao invés de outro. A aprendizagem do animal poderia ser descrita como o resultado do desenvolvimento de uma série de respostas a tais incitamentos. Trata-se, neste sentido – para adotar os termos de Peter Medawar (1960: 90-94) –, de um processo "eletivo". A aquisição de cultura, por outro lado, é "instrutiva". Isto quer dizer que não se trata de uma questão da condução ambiental do desenvolvimento ao longo de um número de vias possíveis, mas da instalação desses programas sem os quais o desenvolvimento normal não poderia absolutamente acontecer (INGOLD, 1986: 357-359).

O quadro que acabo de apresentar é amplamente aceito pela corrente majoritária da ciência. Embora prossigam os debates sobre se a aprendizagem cultural é verdadeiramente exclusiva dos seres humanos ou é mais amplamente distribuída no reino animal, poucos duvidam de que a sua imensa importância para os seres humanos seja inigualável em qualquer outra espécie. Há debates, também, sobre até onde as formas de cultura adquirida são constrangidas pelos mecanismos psicológicos, presumidos inatos, que tornam esta aquisição possível (SPERBER, 1996). Mas, novamente, estes debates não têm qualquer influência sobre a lógica fundamental do argumento, qual seja a de que os seres humanos estão universalmente equipados, graças à sua herança evolucionária, com um conjunto de *capacidades* – para a linguagem, para o raciocínio, para a imaginação simbólica – que são, então, preenchidas durante o tempo de vida de cada indivíduo, especialmente durante os primeiros anos, com variável *conteúdo* cultural. Uma vez que as capacidades têm que estar presentes antes do conteúdo ser recebido dentro delas, elas devem ser construídas de acordo com as especificações transmitidas geneticamente, como devem sê-lo todas as outras características que fazem de nós criaturas de uma espécie manifestamente humana. Diz-se, por outro lado, que o conteúdo cultural é transmitido por *meios não genéticos*, com o que normalmente se quer denotar alguma forma de aprendizagem observacional que leva à replicação, nas mentes dos novatos, de representações que orientam a conduta de profissionais já experientes. Equipados com essas representações, os indivíduos recém-aculturados podem avançar no mundo onde encontrarão diversas condições ambientais, fazendo com que o seu conhecimento seja "expresso", de uma maneira ou de outra, nas variações sutis e idiossincrasias do comportamento observado.

Uma premissa básica, no entanto, subjaz a esse argumento. Ela está incorporada na própria metáfora da *transmissão* pela qual tão facilmente descrevemos os processos gêmeos das reproduções biológica e cultural. A metáfora implica que a informação esteja sendo "passada ao longo" (D'ANDRADE, 1981: 179) das linhas de descendência que ligam sucessivas gerações. Supõe-se que na reprodução biológica esta informação seja codificada em material genético, enquanto na reprodução cultural seja codificada em palavras e símbolos. Em ambos os casos, no entanto, somos obrigados a presumir que a informação possa ser "lida" a partir dos materiais pelos quais é transmitida, mediante a decodificação de regras que são independentes do contexto ambiental específico no qual são aplicadas. Na biologia esta suposição subscreve a distinção entre *genótipo* e *fenótipo*. O genótipo é imaginado como a especificação secreta de um organismo em potencial, construído a partir de elementos passados pela linha de ancestrais e instalado através da replicação genética em seu ponto inicial; o fenótipo é a forma manifesta do organismo conforme é subsequentemente realizado através de uma história de vida de crescimento e desenvolvimento dentro de um determinado ambiente. Baseando-se precisamente na mesma lógica, os antropólogos Peter Richerson e Robert Boyd distinguem entre o "fenótipo de um organismo cultural [...] e o seu 'tipo-cultura', a mensagem cultural que o organismo recebeu de indivíduos da mesma espécie" (1978: 128). O tipo-cultura é estabelecido através de um processo de instrução que assegura que o conteúdo informacional da mensagem é copiado para as cabeças dos novatos. O fenótipo, por sua vez, é o resultado de um processo eletivo: é o comportamento manifesto que resulta quando representações já copiadas são aplicadas em circunstâncias ambientais específicas (cf. figura 13.1). Eis onde "conhecimento", nos termos de Geertz, dá lugar a "funcionamento". O pressuposto, então, é o de que os indivíduos são especificados em sua constituição genética e cultural essencial – como genótipo e tipo-cultura – de modo independente e anteriormente a sua vida no mundo, através da outorga de atributos de antepassados[1]. Este pressuposto é a característica definidora do que pode ser chamado de *modelo genealógico* (INGOLD, 2000a: 134-139).

Aceitemos, por um momento, este modelo, a fim de seguir até o fim suas implicações. Minha preocupação, em particular, é com o que isso implica acerca da natureza do conhecimento cultural. Evidentemente, na medida em que o conhecimento é passado pela linha de ancestrais, ele *não pode* ter sua fonte imediata na experiência do conhecedor de habitar lugares específicos ou seus arredores. A posição genealógica de um indivíduo, afinal, está fixada desde o início, sem considerar onde vive ou o que faz na vida. Uma das implicações do modelo genealógico, portanto, é que o conhecimento já adquirido é *importado* para os contextos do compromisso prático com o ambiente (cf. capítulo 12, p. 229). Que tipo de conhecimento do ambiente, então, pode preexistir esse compromisso? Deve, em essência, ser categórico. Que quer dizer, deve permitir o isolamento de fenômenos discretos como objetos de atenção a partir de contextos nos quais ocorram, e a identificação desses objetos como de um certo tipo com base em atributos intrínsecos que são constantes através dos contextos. Em suma, o conteúdo da mensagem que é supostamente transmitida através das gerações por meios não genéticos equivale a um sistema de classificação. Para funcionar no mundo (assim o afirma o argumento), você tem primeiro que saber com o que você está lidando; e para saber com o que você está lidando você tem que ser capaz de assimilar cada objeto que você encontrar à ideia de uma classe de objetos que compartilham as mesmas características. Essa ideia é um conceito. Portanto, o conhecimento conceitual é conhecimento classificatório. Ele opera adequando particulares encontradas no "térreo" em classes de ordem progressivamente maior, "subindo" do mais específico para o mais geral. Esse conhecimento, como sugeri no capítulo 12 (p. 227), poderia ser descrito como *verticalmente* integrado.

---

1. Parece, à primeira vista, haver uma contradição entre as afirmações: por um lado, de que a cultura é adquirida durante a vida dos indivíduos, e, por outro, que a aquisição de cultura antecede a sua vida no mundo. A teoria ortodoxa da cultura resolve a contradição supondo que a inculturação aconteça em espaços sequestrados de observação que apresentam um simulacro do mundo em vez de expor os novatos à sua realidade. Cada novato, supõe-se, deve passar tempo nestes viveiros de aquisição cultural antes de serem soltos para aplicarem o que aprenderam no "mundo real".

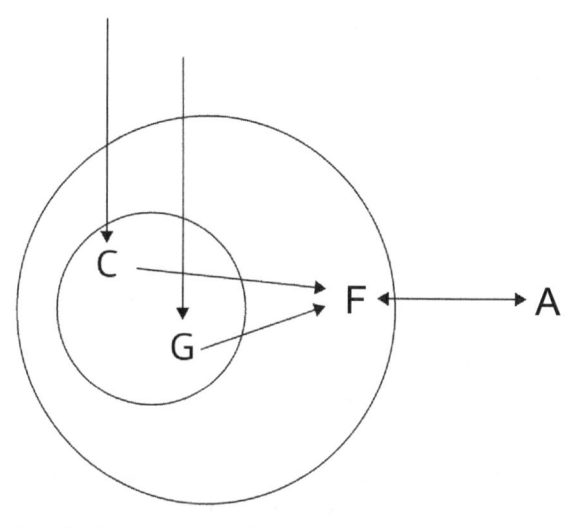

Figura 13.1 O modelo de dupla sucessão de transmissão genética e cultural. Tanto o genótipo (G) quanto o "tipo-cultura" (C) são estabelecidos por meio da replicação de elementos herdados das gerações anteriores. Juntos, eles especificam o indivíduo na sua constituição essencial (círculo interior). O fenótipo (F, círculo exterior) é, então, a expressão desta constituição dentro de um ambiente (A). Adaptado de Diener et al. (1980: 12).

Mas se o modelo genealógico implica a transmissão de conhecimento classificatório verticalmente integrado, o inverso também se aplica. Isto é, o projeto de classificação, combinado com um princípio de transmissão por descendência, gera o modelo genealógico. Comum a ambos são os familiares diagramas de árvore da taxonomia, com categorias de ordem superior no topo dividindo-se em níveis mais baixos em divisões cada vez mais finas. Em ambos, as coisas são identificadas com base em especificações que são intrínsecas e invariantes a cada um. Onde mais é suposto, como no caso dos seres vivos, em que cada indivíduo deriva as especificações essenciais da sua constituição por *descendência*, a árvore taxonômica – por exemplo, de ordens, gêneros e espécies – prontamente se traduz em árvore genealógica (INGOLD, 2000a: 138-139). Em suma, o modelo genealógico e o projeto classificatório se reforçam mutuamente: cada um implica o outro. Um sustenta que o conhecimento que recebemos de nossos antepassados, e que nos permite funcionar, compreende um sistema de conceitos para classificar os objetos que encontramos no mundo. O outro, na tentativa de classificar os seres vivos (incluindo os seres humanos) em termos de atributos transmitidos, converte a taxonomia resultante em uma genealogia. De fato, quer comecemos com um ou com o outro, parece que somos presos em um laço do qual não há escapatória. No que se segue, no entanto, gostaria de sugerir uma saída. Argumentarei que o modelo genealógico oferece uma explicação inadequada e irrealista de como os seres humanos vêm a saber o que fazem. E por isso mesmo afirmo que o conhecimento não é classificatório. É antes *narrativo*.

Conhecimento classificatório e conhecimento narrativo

Este contraste pode ser melhor introduzido por meio de uma distinção, proposta por David Rubin (1988), entre o que ele chama de metáforas da "estrutura-complexa" e do "processo-complexo". Rubin está especificamente preocupado com as maneiras como falamos sobre memória, mas seu argumento aplica-se de forma mais geral à compreensão do conhecimento e da sua formação. Adotando a metáfora da estrutura-complexa, poderíamos dizer que o conhecimento assume a forma de uma configuração abrangente de representações mentais que foi copiada para a mente do indivíduo, através de algum mecanismo de replicação, mesmo antes de ele ou ela adentrar o meio ambiente. A aplicação deste conhecimento na prática é, portanto, um processo simples e direto de classificar e combinar, de modo a estabelecer uma homologia entre as estruturas da mente e as estruturas do mundo. Uma metáfora de processo-complexo, por outro lado, nos levaria a priorizar a prática do conhecimento sobre a propriedade do conhecimento. Ao invés de supor que as pessoas apliquem os seus conhecimentos na prática, estaríamos mais inclinados a dizer que elas conhecem *por meio da* sua prática (INGOLD & KURTTILA, 2000: 191-192) – isto é, através de um envolvimento contínuo, na percepção e na ação, com os constituintes do seu ambiente. Portanto, longe de ser copiado, pronto, para a mente antes do seu encontro com o mundo, o conhecimento está perpetuamente "em construção" dentro do campo das relações estabelecidas através da imersão do ator-observador em determinado contexto ambiental. O conhecimento, desta perspectiva, não é transmitido como uma estrutura complexa, mas é o produto sempre-emergente de um processo complexo. Não é tanto *replicado* quanto *reproduzido*[2].

Com suas presunções acerca da replicação e da transmissão de informação complexa, classificada, o modelo genealógico está claramente trancado em uma moldura metafórica do tipo estrutura-complexa. No entanto, como Rubin (1988: 375) demonstra, o que quer que possa ser explicado através de uma abordagem da estrutura-complexa pode, em princípio, ser igualmente bem explicado através de uma abordagem que enfatize a complexidade do processo. Se adotássemos essa abordagem, o que poderia ser dito acerca do conhecimento e sua integração? A resposta depende de como a própria ideia de *processo* deva ser entendida. Na linguagem da estrutura complexa, típica da corrente dominante da psicologia cognitiva, o verbo "processar" é geralmente usado em um sentido transitivo para referir-se ao que a mente deve supostamente fazer com a maté-

---

2. Sobre esta distinção, cf. Jablonka (2000: 39) e Ingold (2002: 60-62).

ria-prima da sensação corpórea. Assim, o "processamento" cognitivo de dados sensoriais é equivalente à sua disposição nas categorias de uma classificação recebida. Em todos os casos começa com um objeto no mundo e termina com a sua representação na mente. Em termos da metáfora do processo complexo, no entanto, o fato de conhecer não se encontra no estabelecimento de uma correspondência entre o mundo e sua representação, mas é imanente à vida e à consciência do conhecedor, conforme se desdobra no campo da prática estabelecido através da sua presença como ser no mundo (INGOLD, 2001a: 143). Este desdobramento é o processo complexo ao qual a metáfora se refere. Aqui, "processar" é entendido em um sentido intransitivo. Como a própria vida, não começa aqui ou termina ali, mas está *acontecendo continuamente*. É equivalente ao próprio movimento – o *processamento* – da pessoa inteira, indivisivelmente corpo e mente, através do mundo da vida.

O ponto sobre processamento envolver movimento é crítico (INGOLD, 2000a: 18). Isso implica que o conhecimento seja integrado não pela adequação de elementos isolados encontrados aqui e ali a estruturas categóricas de generalidade cada vez mais ampla, mas circulando-se em um ambiente. O ponto tem sido bem colocado por David Turnbull. "Todo conhecer", escreve ele, "é como viajar, como uma jornada entre as partes de uma matriz" (TURNBULL, 1991: 35). Essa matriz é, com efeito, uma malha emaranhada de caminhos de idas e vindas, deixados pelas pessoas enquanto caminham de um lugar a outro. Nem mesmo os defensores de uma abordagem de estrutura complexa, obviamente, negariam que as pessoas se movimentam. Mas, de seu ponto de vista, esses movimentos são acessórios do processo pelo qual o conhecimento é integrado. Eles servem meramente para transportar o indivíduo de um local estacionário de observação a outro. Supõe-se então que os dados recolhidos e extraídos de cada local sejam introduzidos em centros de processamento mais elevados na mente, onde são separados e montados dentro de um sistema abrangente de classificação que é indiferente aos contextos em que foram encontrados. Da perspectiva de um processo complexo, ao contrário, movimento *é* conhecimento. A integração do conhecimento, em suma, não ocorre "para cima" dos níveis de uma hierarquia classificatória, mas "ao longo" dos caminhos que levam as pessoas de um lugar a outro dentro da matriz de sua viagem. Assim, como sugeri no capítulo 12 (p. 228), deveríamos dizer que, para os habitantes do mundo da vida, o conhecimento não é verticalmente, mas *longitudinalmente* integrado[3]. Já demonstrei que o epítome do conhecimento verticalmente integrado é a classificação. Nosso

---

3. Inicialmente, eu havia seguido Edward Casey (1996: 30) ao contrastar modos *verticais* e *laterais* de integração. "Lateral", no entanto, sugere deslocamentos laterais *através de* uma superfície. Aqui, no entanto, denoto o traçado de um caminho *através* do mundo. Por razões que ficarão claras mais tarde, é importante que estas não sejam confundidas.

próximo passo é mostrar que o epítome do conhecimento longitudinalmente integrado é a história.

Em uma classificação, como vimos, todos os elementos estão encaixados em seus lugares com base em características intrínsecas dadas de modo totalmente independente do contexto no qual são encontrados, e das suas relações com as coisas que presentemente os cercam, que precederam o seu surgimento, ou que os seguem no mundo. Em uma história, em contrapartida, é precisamente por este contexto e essas relações que cada elemento é identificado e posicionado (INGOLD, 2007a: 90). Portanto, *histórias sempre, e inevitavelmente, reúnem o que as classificações separaram*. Outra maneira de exprimir o mesmo contraste seria em termos de uma distinção sugerida pelo físico David Bohm (1980). O mundo de acordo com a classificação é o que Bohm chamaria de ordem *explícita*, na qual cada coisa é o que é devido à sua própria natureza dada, e está conectada a outras coisas somente através de um contato externo que deixa esta natureza inalterada. Portanto, não temos de atender a suas relações para saber o que as coisas são. Pois o que são é especificado independentemente daquilo que fazem, e somente no que fazem – em seu funcionamento – as coisas se conectam. No modelo genealógico, este mesmo princípio é estendido aos seres vivos, na distinção entre genótipo e fenótipo, e às pessoas, na distinção entre cultura transmitida e comportamento manifesto. O mundo narrativo, ao contrário, é uma ordem *implícita*, nos termos de Bohm. Trata-se de um mundo de movimento e devir, no qual qualquer coisa – capturada em lugar e momento determinados – envolve dentro da sua constituição a história das relações que a trouxeram até aí. Em um mundo assim, podemos compreender a natureza das coisas apenas assistindo as suas relações, ou em outras palavras, contando suas histórias.

Pois as coisas deste mundo *são* as suas histórias, identificadas não por atributos fixos, mas pelas suas trajetórias de movimento em um campo de relações em desdobramento. Cada uma é o foco de uma atividade em curso. No mundo narrativo, portanto, como já vimos (capítulo 12, p. 227), as coisas não existem, elas ocorrem. Onde as coisas se encontram, as ocorrências se entrelaçam na medida em que cada uma se torna ligada à história da outra. Cada uma dessas ligações é um lugar ou tópico. É nesta ligação que o conhecimento é gerado. Conhecer alguém ou alguma coisa é conhecer a sua história, e ser capaz de juntar essa história à sua. No entanto, é claro, as pessoas crescem em conhecimento não somente através de encontros diretos com outras pessoas, mas também por ouvirem suas histórias contadas. Contar uma história é *relacionar*, em uma narrativa, as ocorrências do passado, trazendo-as à vida no presente vívido dos ouvintes como se estivessem acontecendo aqui e agora. Aqui, e como vimos no capítulo 5 (p. 117s.), o significado da "relação" tem que ser entendido literalmente, não como uma conexão entre entidades predeterminadas, mas como o retraçar de um caminho através do terreno da experiência vivida[4]. Trilhando o caminho de um lugar a outro na companhia de outros mais experientes do que eles, e ouvindo suas histórias, os novatos aprendem a conectar os eventos e experiências das suas próprias vidas às vidas dos antecessores, tomando recursivamente os fios dessas vidas passadas no processo de fiar a sua. Mas, ao contrário do crochê ou do tricô, o fio que está sendo fiado agora e o fio tomado do passado são ambos o mesmo fio (figura 13.2). Não há nenhum ponto em que a história termine e a vida comece. As histórias não devem terminar pela mesma razão que a vida também não deveria. E na história, como na vida, é no movimento de lugar a lugar – ou de tópico a tópico – que o conhecimento é integrado.

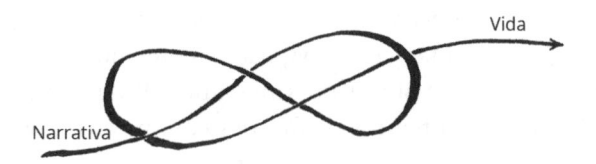

Figura 13.2 Narrativa e vida. Na narrativa, as ocorrências passadas são atraídas para a experiência presente. O presente vivido, no entanto, não é definido a partir do passado da história. Ao contrário, passado e presente são contínuos (redesenhado a partir de INGOLD, 2007a: 90).

Transporte e peregrinação

Mas, precisamente porque o conhecimento, neste sentido, é aberto e não fechado, porque se funde com a vida em um processo ativo de rememoração, em vez de ser posto de lado como um objeto passivo de memória, *ele não é transmitido*. Isto significa que o conhecimento não é transmitido como um compêndio de informações de uma geração a outra, mas antes subsiste na corrente da vida e da consciência. Ninguém colocou isso melhor do que V.N. Volosinov, em sua obra-prima de 1929, *Marxism and the Philosophy of Language*. A linguagem, argumentou Volosinov, não é lançada como uma bola de geração a geração. Ela perdura, "mas perdura como um processo contínuo de devir. Os indivíduos não recebem nenhuma linguagem pronta, ao invés disso, eles entram em um fluxo de comunicação verbal; na verdade, somente neste fluxo a sua consciência pela primeira vez começa a operar" (VOLOSINOV, 1973: 81). Como com a linguagem, em particular, assim como com o conhecimento, em geral, o que é desenvolvido é o processo e não os seus (mais ou menos efêmeros) produtos. Não podemos, portanto, considerar o conhecimento, segundo as linhas do modelo genealógico,

---

4. Aqui, e no restante deste parágrafo, recapitulo um argumento que já enunciei mais detidamente em outro lugar (INGOLD, 2007a: 90).

como uma espécie de propriedade hereditária que vem à posse de um indivíduo como um legado de seus antepassados. Certamente o especialista é mais entendido do que o novato. O que os distingue, no entanto, não é um maior acúmulo de conteúdo mental – como se a cada incremento de aprendizagem ainda mais representações fossem empacotadas na cabeça –, mas uma maior sensibilidade aos estímulos do ambiente e uma maior capacidade de responder a esses estímulos com bom-senso e precisão. A diferença, em outras palavras, não é do *quanto* você conhece, mas de quão *bem* conhece.

Alguém que conheça bem é capaz de *contar*. Pode contar, não só no sentido de ser capaz de recontar as histórias do mundo, mas também no sentido de ter uma consciência perceptual afinada de seus arredores. Portanto, conhecer *é* relacionar o mundo ao seu redor, e quanto melhor se o conhece, maior a clareza e a profundidade da sua percepção. Contar, em suma, não é representar o mundo, mas traçar um caminho através dele que outros possam seguir. Obviamente os antropólogos têm reconhecido, há muito tempo, as funções educativas de se contar histórias entre pessoas em todo o mundo. Mas eles têm se equivocado em tratar histórias como veículos para a transmissão intergeracional de mensagens codificadas que, uma vez decifradas, revelariam um sistema totalizante de categorias conceituais. Pois, como regra, histórias não vêm com seus significados já anexados, tampouco significam a mesma coisa para pessoas diferentes. O que elas querem dizer é, antes, algo que os ouvintes têm que descobrir por si mesmos, colocando-se no contexto de suas próprias histórias de vida[5]. Na verdade, pode ser que, apenas muito tempo depois de uma história ter sido contada, o seu significado seja revelado, quando alguém se encontra percorrendo exatamente o mesmo caminho que a história refere. Então, e somente então, é que a história oferece orientação sobre como proceder. Evidentemente, como Volosinov disse da linguagem, as pessoas não adquirem seu conhecimento pronto, mas sim *crescem nele*, através de um processo do que poderia ser melhor chamado de "redescoberta guiada". O processo é, antes, como o de seguir trilhas através de uma paisagem: cada história o levará a um ponto, até que você se depare com outra que o conduzirá mais adiante. Este trilhar é o que chamo de *peregrinar* (cf. capítulo 12, p. 219). E a minha tese, em poucas palavras, defende que seja através do peregrinar, e não da transmissão, que o conhecimento é realizado.

É usual dizer das pessoas de uma cultura que elas seguem um "modo de vida". Muito frequentemente isso é entendido como um código de conduta pres-

---

5. O mesmo acontece com os significados das palavras, que são, na verdade, altamente comprimidos e resumidos, histórias em miniatura. Como Jean Briggs mostrou em seu estudo sobre o significado das palavras na linguagem inupiaq, "o conhecimento é pessoal e experiencial, e pode ser melhor comunicado através da partilha da própria experiência e permitindo-se que os alunos participem da construção de significados de quaisquer maneiras que sejam capazes" (BRIGGS, 2002: 80).

crito, sancionado pela tradição, que os indivíduos são obrigados a observar no seu comportamento do dia a dia. A tarefa do peregrino, no entanto, não é encenar um roteiro recebido de antecessores, mas, literalmente, negociar um caminho através do mundo (INGOLD, 2000a: 146-147; INGOLD & KURTTILA, 2000: 192). Assim, o caminho da vida é um caminho a ser seguido, ao longo do qual se pode seguir em frente, em vez de chegar a um beco sem saída ou ser pego em uma recorrência infinita de ciclos. Na verdade, "prosseguir" pode envolver uma boa medida de improvisação criativa. É seguindo este caminho – *em seu movimento ao longo um modo de vida* – que as pessoas crescem em conhecimento. Talvez uma analogia possa ser estabelecida no mundo das plantas, com o crescimento de raízes e corredores que trilham atrás de suas pontas em avanço contínuo, enquanto estas procuram um caminho através do emaranhado de vegetação acima ou abaixo do solo. Seguindo o argumento exposto no capítulo anterior (p. 220-225), recorro a esta analogia com fazer uma distinção enfática entre peregrinação e transporte (figura 13.3). Por transporte, quero dizer o deslocamento ou transporte de uma entidade autônoma e constituída de um local a outro, um pouco como o "movimento", em damas ou xadrez, de um peão pelo tabuleiro. É assim que todo movimento é entendido nos termos do modelo genealógico. Na peregrinação, ao contrário, as coisas são exemplificadas no mundo como seus caminhos de movimento, não como objetos localizados no espaço. Elas *são* suas histórias. Aqui é o próprio movimento que conta, não os destinos que conecta. Na verdade, a peregrinação sempre ultrapassa seus destinos, uma vez que onde quer que você possa estar em qualquer determinado momento, você já está a caminho de algum outro lugar (INGOLD, 2007: 78-81).

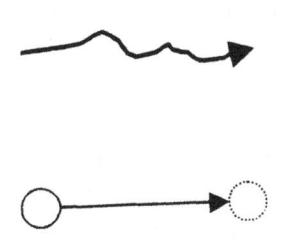

Figura 13.3 Peregrinação (em cima) e transporte (embaixo). No transporte, uma entidade pré-constituída é deslocada lateralmente através de uma superfície, de um local a outro. Na peregrinação, a coisa é um movimento feito longitudinalmente no mundo, criando-se a si mesmo infinitamente no processo.

A esta distinção entre peregrinação e transporte corresponde uma importante diferença em nossa compreensão do mundo no qual o movimento ocorre. A característica definitiva do modelo genealógico, como demonstrei, é que cada coisa viva é especificada em sua natureza essencial através da outorga de atributos transmitidos ao longo das linhas de descendência, independentemente e anteriormente à sua localização no mundo. Para a vida extirpada do mundo, o mundo não se apresenta como um campo de habitação, mas como uma superfície a ser ocupada. Onde as coisas são classificadas de acordo com as suas naturezas, nesta superfície elas são indexadas de acordo com suas localizações. Cada uma dessas localizações é especificada independentemente das coisas encontradas aí, assim como cada coisa é especificada independentemente de onde ela esteve ou onde se encontra atualmente. Portanto, enquanto a classificação organiza as coisas verticalmente em uma hierarquia de categorias taxonômicas, o transporte liga locais lateralmente, em uma rede de conexões ponto a ponto. Ao conhecimento classificatório das coisas (que constrói do particular para o geral) corresponde, portanto, um conhecimento em rede de localidades (que se estende do local para o global). Mas o conhecimento narrativo do peregrino não é nem verticalmente nem lateralmente integrado. Não é hierárquico, como uma classificação, nem é "chato" ou plano, como uma rede. No capítulo anterior argumentei que os caminhos da peregrinação, conforme costuram seu caminho através do mundo habitado, em vez de atravessá-lo de ponto a ponto, constituem uma malha. O conhecimento narrativo, portanto, não é nem classificatório nem em rede. É em malha.

A árvore e o globo

A concepção da unidade da vida, na principal corrente da biologia, é esmagadoramente genealógica. Diz-se que compartilhamos nosso mundo com outras criaturas porque – ou na medida em que – estamos relacionados a elas ao longo de linhas de descendência de putativos ancestrais comuns. Quando a primatologista Jane Goodall apertou a mão do chimpanzé David Graybeard, a imprensa popular divulgou o gesto como "o aperto de mãos que durou cinco milhões de anos" (GOODALL, 1990). Pergunto-me quantos milhões de anos você abrange, muito ordinariamente, cada vez que afaga o seu gato! A resposta, obviamente, é irrelevante. O grau de parentesco, ou ligação genética, não tem qualquer influência sobre os nossos envolvimentos materiais com os demais companheiros constituintes do mundo da vida, incluindo não apenas os animais não humanos de todos os tipos, mas também coisas como árvores, rios, montanhas e terra. A compreensão da unidade da vida em termos de parentesco genealógico é adquirida ao custo de se cortar todos os organismos individuais da matriz relacional em que vivem e crescem. Neste entendimento, a vida apresenta-se à nossa consciência não como a malha entrelaçada, famosamente invocada por Charles Darwin em sua imagem do "banco enredado" (DARWIN, 1950: 64; cf. capítulo 6, p. 138), mas sim como um imenso esquema de classificação – hoje conhecido pelo nome de "biodiversidade" – no qual é atribuído a cada indivíduo um táxon específico (espécie, gênero) com base em atributos implícitos, compreendendo o genótipo, que se acredita que possua antes da sua expressão fenotípica em um ambiente do mundo real (INGOLD, 2000a: 217).

Se a unidade da vida pode, portanto, ser compreendida em termos genealógicos apenas tratando-se todos os seres vivos como um objeto virtual, abstraídos do mundo no qual habitam, então como o pensamento moderno compreende a unidade do mundo? Introduzindo seu texto de 1802 sobre *Geografia Física*[6], Immanuel Kant argumentou que, enquanto a mente identifica todos os objetos possíveis encaixando-os dentro dos compartimentos de uma classificação abrangente, ela identifica todos os possíveis locais encaixando-os no que chamou de "um conceito alargado de toda a superfície da terra" (KANT, 1970: 262), que presume que esta superfície seja *esférica* na forma. Caracteristicamente, como vimos no capítulo 8 (p. 173), esta superfície esférica – ao mesmo tempo contínua, homogênea e finita em extensão – é imaginada como a de um globo (RICHARDS, 1974: 11; INGOLD, 2000a: 212). Assim, aos diagramas em árvore genealogicamente dispostos da filogenia evolutiva, descrevendo a unificação vertical da vida no eixo do tempo, correspondem as imagens globais da geografia física, descrevendo a integração lateral dos locais conforme são dispostos no espaço. Os primeiros, como vimos, nos fornecem a oposição entre o particular e o geral, os últimos, a oposição entre o local e o global. Há, então, uma correspondência essencial entre a modelagem biológica da vida como uma árvore e a modelagem geográfica do mundo como um globo, e não é nenhuma surpresa que os dois tão regularmente ocorram juntos nos cânones do pensamento moderno. Árvore e globo são imagens complementares: cada uma, de fato, pressupõe a outra.

Comecei com a distinção entre conhecimento inato e adquirido. Lembre-se que, de acordo com o modelo genealógico, um conjunto de capacidades geneticamente transmitidas condiciona a aquisição, por meios não genéticos, dos conteúdos culturais. Demonstrei, no entanto, que histórias não podem servir como veículos para a transmissão de conhecimento – isto é, para a sua importação para contextos de desenvolvimento – pela simples razão de que não há nenhuma maneira de "lê-los" que não seja dependente destes contextos. Precisamente a mesma objeção pode ser levantada contra a noção de transmissão genética. Para que essa transmissão ocorra, informação especificando o genótipo teria que ser copiada para o organismo incipiente antes do seu crescimento dentro de um ambiente. Até o momento, no entanto, nenhum mecanismo foi demonstrado que seja capaz de fazer com que isso aconteça. Na realidade, a "leitura" de estórias, como a do genoma, é equivalente ao próprio processo de desenvolvimento, do qual o conhecimento corporificado é o resultado sempre emergente. Demonstrei

---

6. O texto foi baseado em palestras que Kant originalmente apresentou em Königsberg em 1775. Cf. Richards (1974).

que as pessoas crescem em conhecimento, em vez de obtê-lo literalmente transmitido a elas. Esse crescimento, no entanto, é parte integrante do processo total de desenvolvimento da pessoa e do organismo humanos em seu ambiente. Assim como os poderes do corpo humano, as capacidades da mente não são dadas de antemão, mas são emergentes dentro deste processo. Se houver uma diferença a este respeito entre os seres humanos e os animais não humanos, ela se encontra não na medida em que, nos humanos, a pré-programação genética facilita a aquisição de instrução de um *corpus* complementar de categorias conceituais, mas nessa habilidade peculiarmente humana de tecer histórias do passado na textura das vidas presentes. É na arte da narrativa, não no poder de classificação, que a chave para a cognoscibilidade humana – e, por conseguinte, para a cultura – reside em última análise.

14

Nomear como contar histórias: falando de animais entre os Koyukon do Alasca

Diga o suave nome do pássaro, mas não
se surpreenda ao vê-lo cair
de cabeça, chocado sem céu, contra
o seu pombal –
columba palumbus *e você o tem morto,*
entalado, puro, sem asas em sua cabeça.
Alastair Reid (1978: 3)

Nomes e apelativos

De acordo com as regras da gramática que me ensinaram na escola, todas as palavras do tipo que chamamos de substantivos são de dois tipos: substantivos "comuns" ou apelativos e nomes ou substantivos "próprios". Um apelativo refere-se a todo ou qualquer número de membros de uma determinada classe de entidades; um nome destaca um referente particular, individual. Geralmente a distinção não nos causa problemas no decorrer do discurso comum, mas pode se tornar um problema para os autores de dicionários, que deveriam incluir apenas substantivos comuns, para jogadores de palavras cruzadas, entre os quais nomes próprios não são permitidos, e para os escritores que estejam tentando decidir se devem ou não começar uma palavra com letra maiúscula. Suas decisões podem às vezes ter consequências políticas, especialmente quando o que está em jogo é a denominação de grupos humanos. Palavras como nativos, aborígene ou negro, usadas como substantivos comuns, parecem depreciativos e quase negar a humanidade de seus referentes. Com letras maiúsculas, no entanto, podem designar uma identidade singular e valorizada na posse exclusiva de um grupo nomeado, particular. Com efeito, parece haver uma presunção generalizada nas sociedades ocidentais modernas de que ter um nome é ser humano. O fato de que, muitas vezes, damos nomes a animais domésticos, ou a personagens animais em histórias infantis, só dá apoio a esta presunção, pois estes são comumente entendidos como casos de antropomorfismo – isto é, da nossa tendência a tratar certos animais *como se* fossem humanos. Mas por que as palavras que conferem singularidade em seus referentes deveriam ser consideradas especialmente adequadas para seres humanos ou para quase humanos, tais como animais de estimação?[1] E por que, por outro lado, palavras que designam pertença a uma classe deveriam ser consideradas adequadas para tudo o mais, de animais selvagens a todos os tipos de objetos inanimados? Responder a esta questão exige um breve excurso por ideias ocidentais sobre pessoas, lugares e coisas.

Quero chamar a atenção, em particular, a duas características canônicas da tradição ocidental de pensamento. A primeira é a doutrina da singularidade do indivíduo; a segunda encontra-se na separação da sociedade humana do domínio da natureza. As duas estão ligadas, uma vez que é como seres sociais – isto é, como pessoas – que os seres humanos supostamente devem realizar a sua autoidentidade como indivíduos únicos. O nome próprio é, evidentemente, um marcador desta identidade. Mas é mais do que isso, pois também indexa o que é pensado como uma capacidade distintiva dos seres humanos *enquanto* pessoas de intervirem na natureza e, por meio do seu trabalho, deixar sua marca sobre a terra. Tomando partes específicas da superfície da Terra e transformando-as de acordo com o seu propósito, considera-se que os seres humanos as tenham transformado em lugares. E cada lugar tem o selo de seu criador no nome que lhe foi dado. Assim, nomes de lugares testemunham, no imaginário ocidental, a história da colonização e da apropriação da natureza pela humanidade. Os animais não humanos, ao contrário, são considerados incapazes de criar lugares. Suas vidas, ao contrário das dos seres humanos, estão totalmente embrulhadas no mundo da natureza; elas não podem, portanto, tomar posse deste mundo da mesma maneira que os seres humanos podem fazê-lo. Assim, para o animal selvagem, de acordo com os preceitos jurídicos ocidentais, a superfície da Terra apresenta-se como *terra nullius*, espaço vazio, sobre o qual nenhuma afirmação pode ser estabelecida. Os animais são destinados a vagar sobre esta superfície sem se apropriar de qualquer parte dela. Durante o auge do colonialismo esta mesma lógica foi estendida a populações de caçadores e coletores humanos. Imaginadas vivendo como animais selvagens em um estado de natureza, essas populações foram interpretadas como sem lugar, vagando nômades, sem maior direito sobre as terras que habitavam do que outras espécies de animais selvagens.

Ser propriamente humano, aos olhos ocidentais, é, portanto, ser uma pessoa com uma identidade única, nomeada, e ocupar um lugar específico, nomeado, de acordo com certos princípios de aquisição. Trata-se, em suma, de ter um nome e um endereço. Um ser humano sem nome ou endereço é um vagabundo ou

---

1. O semioticista Thomas Sebeok levantou a intrigante possibilidade de que em um comportamento lúdico, mesmo animais não humanos possam reconhecer e tratar uns aos outros pelos equivalentes não verbais de nomes próprios singulares (SEBEOK, 1986: 82-96).

fugitivo, um "homem selvagem", excluído da sociedade e reduzido de fato a uma existência animal. Por outro lado, através da atribuição de nomes e endereços a animais os introduzimos em nossas casas como companheiros quase humanos. Fora do domínio doméstico, na selva, os animais são apenas "coisas vivas". Situado *entre* pessoas e lugares, entre o plano da humanidade e a superfície da Terra, encontra-se todo um universo de coisas, tanto animadas quanto inanimadas, que não se distinguem nem pelo nome nem pelo endereço. Meu corpo, por exemplo, é considerado uma coisa, que tanto divide a pessoa-que-eu-sou (correspondente ao meu eu interior) do local onde resido, quanto media as relações entre eles. Eu e o lugar temos nomes, mas meu corpo não. Tampouco as roupas que uso, as ferramentas que uso, ou o mobiliário da minha casa. Mas quando se trata da própria casa, embora seja – em certo sentido – uma casa como outra qualquer, também é a minha casa. Portanto, uma coisa é dizer "eu moro em uma casa"; outra bem diferente é dizer "eu moro no número dezoito". Como um lugar, a casa é especificada exclusivamente por um número, que funciona exatamente da mesma maneira que um nome próprio e faz parte do meu endereço. Mas como uma coisa, é apenas um edifício de um tipo particular. Tal como acontece com edifícios, assim acontece com artefatos ou organismos: as coisas são invariavelmente identificadas como pertencentes a uma ou outra categoria ou espécie, cada uma conhecida por um apelativo ou substantivo "comum". Parece, portanto, que a designação de coisas, ao contrário daquela de pessoas e lugares, é regida por uma lógica de classificação. E esta lógica, por sua vez, baseia-se em uma ordem de conhecimento inteiramente contrária àquela subjacente ao nome e ao endereço. Minha hipótese é a de que a distinção gramatical entre substantivos próprios e comuns baseia-se, mais fundamentalmente, em uma distinção entre essas ordens de conhecimento. Deixe-me explicar essa distinção mais precisamente.

A rede e a taxonomia

Considere um livro de endereços, no qual você mantenha os contatos dos seus conhecidos. Pode ser que as entradas estejam dispostas por ordem alfabética, mas esta disposição é uma classificação de nomes, não das pessoas listadas. Ou seja, nada tem a ver com quaisquer semelhanças entre essas pessoas, nem com a sua proximidade residencial. Equipado com o meu livro de endereços, no entanto, posso *chegar a* qualquer um no meu círculo de contatos. E se eles, também, tiverem livros de endereços – que presumivelmente incluirão os meus dados – então eles por sua vez podem chegar aos seus contatos, e assim por diante. Com efeito, uma coleção de livros de endereços compreende uma *rede*, e uma vez que cada endereço estabelece uma associação entre uma pessoa específica e um lugar específico, a rede de conexões entre as pessoas também é uma rede de conexões entre os lugares. Poder-se-ia de fato imaginar toda a rede mapeada em um mapa, correspondendo à superfície da Terra. A partir de qualquer ponto do mapa, o conhecimento de pessoas e lugares se expande lateralmente conforme o círculo se alarga para abraçar um campo cada vez maior. Fundamentalmente, todos e todos os lugares neste sistema de conhecimento em rede têm um nome.

Mas agora, considere um guia de identificação de campo, do tipo usado por naturalistas para reconhecer diferentes espécies de animais e plantas. O guia não destaca indivíduos particulares, nem lhe diz como chegar a qualquer um deles, ou exatamente onde vivem. No máximo pode fornecer uma descrição geral do habitat no qual os animais ou plantas de tal e tal *tipo* podem ser encontrados. O que o guia lhe permitir fazer é atribuir um indivíduo, com base em observações de suas características distintivas, a uma determinada classe. A tarefa de reconhecimento, aqui, é bastante diferente daquela implicada no reconhecimento de pessoas. Identificar outra pessoa é *reconhecer* a sua singularidade, separá-la da multidão com base em um rosto, voz ou gesto familiares. Identificar um animal ou planta, ao contrário, é *negar* a sua singularidade, deixar de lado quaisquer idiossincrasias individuais a fim de destacar características compartilhadas com outros do mesmo tipo ou de tipo similar. Neste processo de identificação, o conhecimento não se estende *para fora* ao longo de cadeias de conexão, mas é antes construído *para cima*, incorporando particularidades observadas ao nível inferior em níveis cada vez mais elevados de inclusão categórica. Ou, dito de outra maneira – com base em uma distinção introduzida e elaborada nos dois últimos capítulos –, esse conhecimento não é lateral, mas verticalmente integrado. Estabelecer uma relação entre particulares não é seguir *através*, traçando uma linha de conexão de um ao outro, mas seguir *para cima*, para um nível no qual a sua particularidade é filtrada de tal modo que cada um deles pode ser considerado um exemplar da mesma classe. Por outro lado, recuperar a particularidade das coisas não é conectar, mas dividir, enfocando a diferença em vez da similaridade.

Em suma, o conhecimento verticalmente integrado – como o conhecimento oficial de história natural apresentado no guia de campo – assume a forma de uma taxonomia. E neste sistema de conhecimento classificatório, *não há nomes próprios*. Tudo é identificado como de uma classe. Temos, então, um conhecimento em rede de pessoas-em-lugares, no qual todos e todos os lugares são nomeados, e uma classificação de coisas conhecidas apenas por substantivos comuns. A rede *destaca* pessoas no mapa da humanidade como o faz com lugares sobre a superfície da Terra; a classificação *agrupa* coisas com base em seus atributos intrínsecos, independentemente de onde estejam. No primeiro caso – como vimos no capítulo anterior (p. 241), onde a distinção foi atribuída à filosofia de Immanuel Kant – a relação da parte com o todo é do local para o global; no segundo é do particular para o universal. A rede indexa posicionalidade por meio de nomes; a classificação indexa diversidade por meio de apelativos. A distinção entre essas duas ordens de conhecimento é incorporada em um discurso que resolutamente separa pessoas de coisas e que, por isso mesmo, ordena coisas sem levar em conta os lugares nos quais elas se encontram. Não há nada de absoluto, no entanto, acerca dessa divisão ontológica tripartite entre a superfície da Terra, o universo das coisas e a sociedade de pessoas. E se pensássemos a superfície da Terra não como já disposta, apenas aguardando ser descoberta e ocupada, mas sim desdobrando-se continuamente no curso da própria vida, através dos movimentos de pessoas e animais, vento e correntes, corpos celestes e assim por diante? E se pensássemos nas pessoas não como indivíduos cuja identidade está fixada antes da sua vida no mundo, mas como locais de atividade em curso, sem começo nem fim?

Todo lugar, nesse mundo, surgiria como um desdobramento particular das vidas das pessoas, um nexo na corrente perpétua de idas e vindas nas quais as suas atividades vivenciais consistem. E, inversamente, cada pessoa nasceria como um desdobramento da experiência dos lugares que habitou, e das viagens entre eles. Eu propositadamente usei a palavra "habitar" aqui, ao invés de "ocupar", já que, como vimos no capítulo 12, é esta constituição mútua de pessoas e lugares que distingue o processo de habitação da mera ocupação. O ocupante ocupa uma posição em um mundo já pronto; o habitante contribui através da sua atividade para a contínua regeneração do mundo (INGOLD, 2000a: 149). Mas agora que diminuímos o hiato entre pessoas e lugares, de modo a estarem intrinsecamente vinculados, em vez de externamente ligados, será que ainda há espaço para as coisas? Se nada existe em si e por si, mas é apenas a mais ou menos efêmera corporificação da atividade-em-relação-aos-outros, então todo o projeto de classificação – que agrupa e divide as coisas de acordo com atributos fixos – torna-se impossível. Não pode haver substantivos comuns. Tampouco, por outro lado, pode haver nomes próprios como no sentido convencional. Pois as pessoas não são seres que se movem, elas *são* os seus movimentos. É nos seus próprios padrões de atividade que a sua presença se encontra. E lugares não são tanto localidades para serem conectados quanto formações que surgem no processo de movimento, como redemoinhos em uma corrente de rio. Em suma, nesse mundo nomes não são substantivos, mas verbos: cada um descreve um acontecimento.

Então, que tipo de conhecimento essas palavras transmitem? Não pode ser conhecimento classificado, uma vez que não se referem a classes de coisas. Nem pode ser conhecimento em rede, uma vez que não se referem exclusivamente a indivíduos ou seus endereços. Na construção de uma rede começamos com uma matriz de pontos, denotando pessoas ou lugares. Então traçamos linhas para conectá-los. Mas no mundo que estou pedindo que você imagine, começamos com as próprias linhas. A vida de cada ser, como o rizoma de uma planta, cresce no mundo conforme prossegue. Estas linhas de vida não são traçadas, como poderíamos traçar linhas em um mapa cartográfico, *através de* um mundo já estabelecido, mas *por* um mundo em formação permanente. No capítulo 19, argumentarei que cada uma dessas linhas é uma *história*. Cada nome, então, é uma condensação dessa história. Portanto, o conhecimento que os nomes transmitem é conhecimento narrativo. Esse tipo de conhecimento não é nem verticalmente integrado como uma classificação, nem lateralmente integrado como uma rede. A divisão entre eixos verticais e horizontais de integração pertence ela mesma a um imaginário colonial que vê o mundo espalhar-se a sua frente como uma superfície a ser ocupada, e cujos conteúdos devem ser recolhidos, inventariados e classificados. As vidas dos habitantes, entretanto, não estão inscritas na superfície do mundo, mas tecidas em seu próprio tecido. Conforme encontram-se umas às outras e seguem suas várias trilhas, seus caminhos convergem e divergem para formar uma malha reticulada, que se estende continuamente. Esta é a malha do conhecimento narrativo.

Nomes de animais Koyukon

Até agora deixei à sua imaginação evocar um mundo suspenso no movimento, no qual nomes são verbos, e no qual conhecer é semelhante a contar histórias. Tentar imaginar um mundo assim no abstrato não é fácil. Felizmente, no entanto, podemos pedir à etnografia que venha em nosso auxílio. Pois *existem* sociedades que percebem o mundo desta maneira, e elas têm sido bem documentadas[2]. Refiro-me, em particular, às sociedades de povos aos quais observadores ocidentais têm tradicionalmente chamado de caçadores e coletores – descendentes dos selvagens nômades, supostamente anônimos, das primeiras literaturas antropológicas. A etnografia que conheço melhor é a dos caçadores circumpolares do norte, e quero apresentar material de um desses povos caçadores – o Koyukon do Alasca – para ilustrar meus argumentos. Escolhi enfocar os Koyukon porque eles têm sido objeto de um estudo maravilhoso pelo antropólogo Richard Nelson (1983), que tem muito a dizer sobre os nomes de animais. Além disso, assim como Nelson, tenho sido capaz de recorrer ao rico *corpus* de material coletado entre o mesmo povo pelo padre jesuíta Julius Jetté nas primeiras décadas do século XX (JETTÉ, 1908-1909, 1911, 1913). Jetté, no entanto, chama esse povo de Ten'a.

Os nomes de animais Koyukon parecem basear-se em três fontes. Em primeiro lugar, há descrições francas do comportamento do animal observado. Em segundo lugar, há as histórias do Tempo Distante, contos da era da criação do

---

2. Isso imediatamente invalida a afirmação de Scott Atran (1990: 47) de "que as espécies vivas são em toda parte classificadas em taxonomias transitivamente estruturadas". A alegação está fundada sobre uma circularidade, uma vez que é expressa em termos de uma oposição categórica entre universais cognitivos e particularidades culturais que – como vimos no capítulo 13 (p. 232) – já pressupõe que o conhecimento assume a forma de uma classificação.

mundo, quando os seres que viriam a tornar-se animais ainda tinham que assumir permanentemente as suas formas animais. Em terceiro lugar, há enigmas, que descrevem a impressão deixada por um animal de forma tão oblíqua ou metafórica que o ouvinte tem que adivinhar a sua identidade. Estas fontes não são mutuamente exclusivas, e é possível que um nome seja um descritor de comportamento, remeta a uma história do Tempo Distante, e seja colocado como um enigma, tudo de uma só vez. Deixe-me começar, então, com nomes do primeiro tipo.

Nomes descritivos

Eis alguns exemplos do mundo dos insetos. O nome do que chamamos de pernilongo se traduz como "pica", enquanto o nome da larva de mosca é "venha à vida" (referindo-se ao momento em que a larva se transforma em mosca). Uma borboleta ou mariposa é chamada de "tremula aqui e ali", e a espécie que se alimenta de roupas é chamada de "come roupas" (NELSON, 1983: 61, 64). Exemplos semelhantes podem ser aduzidos do mundo dos pássaros. O pássaro mergulhador que chamamos de mergulhão é chamado por um nome que se traduz como "seus pés funcionam apenas na água", referindo-se a falta de jeito da ave em terra (p. 87). O nome do maçarico manchado é "tremula em torno da costa", a águia-pescadora é "olha a água", a coruja boreal é "se empoleira na parte inferior de abetos", e o pardal da savana é "se senta em uma haste de grama" (p. 101, 104, 108, 119). Entre os mamíferos, o visom é chamado de "morde as coisas na água", e o esquilo voador "desliza para baixo" (p. 143, 127). Obviamente, uma lista de nomes deste tipo poderia ser estendida quase indefinidamente. De fato, embora não explicitamente declarado na etnografia, tem-se a impressão de que há uma certa arbitrariedade na nomenclatura, no sentido de que as pessoas são livres para inventarem os nomes que quiserem, destacando qualquer aspecto do comportamento de um animal que seja especialmente marcante para a narrativa do seu encontro com ele, e para deixar seus interlocutores basearem-se na sua própria experiência para adivinharem a identidade do animal em questão. Portanto, a fronteira entre nomes deste tipo e charadas é vaga. O significado de "pica" pode ser óbvio para qualquer um que tenha sido mordido por um mosquito, mas você pode não entender imediatamente o que quer dizer "voa para cima, tocando a campainha" (p. 60; JETTÉ, 1913: 189). Tendo ouvido este nome, no entanto, da próxima vez que você compartilhar um espaço confinado com um mosquito você vai saber o que a charada quis dizer!

Seja qual for o seu nome, em todos os casos o animal *é* o que *faz*, e é conhecido pela assinatura da sua atividade. Muitos animais da floresta boreal são criaturas reclusas, e é raro conseguir deles mais do que um olhar fugaz: a pincelada de um rabo na vegetação rasteira, sombras projetadas em uma árvore, um risco de asas no céu, um salpico na água. Os animais são de outro modo revelados pelas suas impressões ou trilhas, e, claro, por seus chamados ou alaridos, ou pelos sons que fazem quando se movem. Assim, para os Koyukon, contemplar um animal não é observar um objeto que seja então percebido agir. É antes vislumbrar um momento de atividade que pode posteriormente ser determinado – por exemplo, se o animal for caçado e morto – em uma forma objetiva. No oeste estamos acostumados a pensar nos animais como "coisas vivas", como se a vida fosse uma propriedade interior de uma classe de objetos considerados "animados" e isso os fizesse agir de determinada maneira. Na ontologia Koyukon, ao contrário, cada animal é a instanciação de uma determinada maneira de se estar vivo – uma concentração de potencial e um lugar de crescimento neste campo inteiro de relações que é a própria vida (INGOLD, 2000a: 95-98).

Os nomes dos animais, então, não se referem a classes de objetos, pois no mundo Koyukon não há objetos *como tais* para se classificar. Eles referem-se, antes, a modos de vida. Por exemplo, "empoleira-se na parte inferior de abetos" diz-nos algo sobre como a coruja boreal vive. O nome descreve um padrão de atividade que pode, então, resolver-se na forma de uma coruja. Isso ajuda a explicar o que de outro modo seria um fato etnográfico muito intrigante. Com uma exceção, os nomes de animais nunca assumem uma forma plural (NELSON, 1983: 191). Nós mesmos podemos falar de termos visto uma coruja, ou várias corujas. Mas o nome Koyukon não se refere realmente à coruja como objeto, mas ao que poderíamos chamar de a atividade de "corujar". Com cada coruja esta atividade parece estar acontecendo na floresta. Passa-se o mesmo, aliás, com todas as outras criaturas, com a única exceção do cão. Se os cães são diferentes é porque, como o único animal doméstico dos Koyukon, cada um é conhecido individualmente, exatamente como um avô conhece seus netos. O proprietário de cães é de fato chamado de "avô", e os cães seus "netos" (p. 191).

Nomes de história

No entanto, há outra razão pela qual nomes de animais geralmente assumem a forma singular, e isso me leva à segunda fonte na qual se baseiam – as histórias do Tempo Distante. Nesta época, enquanto o mundo ainda estava tomando forma, era habitado por seres com uma variedade de personalidades, caracteres e disposições, nenhum dos quais, no entanto, era inequivocamente humano ou animal. As histórias contam suas diversas ações e aventuras, mas invariavelmente acabam com os principais protagonistas sendo transformados, de uma vez por todas, nas formas de animais nas quais podem ser vistos hoje. Em sua aparência e comportamento, estes animais suportam todas as características de suas vidas anteriores. Por exemplo, uma das histórias registradas por Jetté apresenta o "homem-gaivota", um personagem lascivo, desgrenhado e repugnante cuja casa está uma bagunça, e que se refere ao muco viscoso que se acumula na pele dos peixes como a mais deliciosa gordura. Na verdade, não é difícil para os ouvintes adivinharem a partir da história, conforme ela se desenrola, que o velho sujo é uma gaivota, pois diz-se que suas encarnações atuais exibem os mesmos maus hábitos: elas são consideradas imundas, glutonas despenteadas que apreciam comida podre (JETTÉ, 1908-1909: 331-332). Outra história fala de um homem cuja esposa ciumenta o arrastaria pelos cabelos. Ele se tornou o pássaro cantor cujo nome comum, em inglês, é waxwing. Todo esse puxar de cabelos deixou sua marca na crista que coroa a cabeça da ave, e os gritos lamentáveis que o homem-waxwing soltou quando sua esposa o arrastou são preservados em seu gorjeio, que soa como um grito estridente. O nome Koyukon para o waxwing, que se traduz literalmente como "ele guincha", simultaneamente descreve este aspecto do seu comportamento e remete à história do Tempo Distante da sua origem (NELSON, 1983: 116).

Ora, obviamente não há limite para o número de gaivotas e waxwings existentes no mundo. Mas cada um está, no entanto, destinado a reencenar, em sua história de vida, o personagem da história do Tempo Distante original. Assim como a mesma história pode ser contada várias vezes, assim essas encenações podem ser reproduzidas indefinidamente. Assim, cada pássaro que voa é como cada narração da história: o personagem suporta em suas encenações vivas como a história suporta em suas recontagens. Esta correspondência entre a vida vivida e a história contada é mais convincentemente exemplificada nos casos em que as criaturas contam as suas próprias histórias. Uma dessas criaturas é o pardal-raposa, um visitante regular e notável ao país Koyukon. A ave é conhecida apenas pelo seu cântico, que diz: *"sitsoo gheeyits huldaghudla sidziy"*. Isso se traduz como "vovó enfiou uma sovela no meu ouvido". No Tempo Distante, o pardal-raposa fora uma bela mulher, que vivia com o marido e a avó. Mas a avó, com inveja dos favores do marido, matara a jovem esposa com uma sovela e – vestindo o seu escalpo – tentara fazer o marido pensar que ela fosse a sua esposa. Naturalmente o estratagema falhou, e quando o marido encontrou o corpo da esposa na floresta se tornou um pequeno pássaro que voou para longe. Desde então o pássaro continuou a cantar sobre o que aconteceu (NELSON, 1983: 119).

No entanto, não importa quantos pardais-raposa existam, ou quantos waxwings ou gaivotas, houve apenas uma mulher pardal-raposa, um homem waxwing e um homem-gaivota. E quando o nome do animal é extraído de uma história, é ao personagem singular que se refere. Por exemplo, o nome de outro pardal comum, o pardal de coroa branca, se traduz como "homem dentálio". Na história do Tempo Distante, o homem que se tornou um pardal estava dirigindo-se a um acampamento de primavera com um cordão de dentálios, mas morreu de fome antes de chegar. Transformado em um pardal, ele voou o resto do caminho, mas ao chegar ao acampamento ele só podia cantar *dzo do'o sik'its'eetee tl'ot* , "aqui é Tse'eetee tl'ot, mas é tarde demais". Hoje o pássaro ainda canta estas palavras, enquanto o cordão de dentálios que ele estava carregando é preservado como manchas brancas na cabeça (NELSON, 1983: 119-120). Outro exemplo de um nome de pássaro tirado do Tempo Distante é "abateu o cisne". O nome refere-se a um pequeno pato, a marrequinha-americana, muito valorizada pelo Koyukon pelo seu delicioso sabor. Na história, o pato derrotado em uma luta é muito maior do que o adversário, o cisne. A marrequinha é mais conhecida, no entanto, por outro nome que se traduz como "chicoteia ao redor", referindo-se a uma característica do movimento do pássaro na água (p. 94). Neste caso, o nome que serve como um descritor de comportamento é bastante diferente daquele tirado da história, pois a marrequinha – na vida cotidiana – não está sempre brigando com o cisne!

Gostaria de apresentar mais um exemplo para demonstrar o quanto as histórias de animais estão vinculadas à vida e às experiências das próprias pessoas Koyukon. Desta vez trata-se de um peixe, a bicuda aproveitadora. Seu nome Koyukon é "homem mau na água". Mais uma vez, o nome vem de uma história do Tempo Distante, quando o homem aproveitador era um ladrão que andava roubando uma variedade de coisas. Ele roubou um par de chifres de alce, dois pés de pato, dois pequenos pentes e um toco de árvore, embalando toda a pilhagem na sua cabeça. Mas não havia espaço para um monte de agulhas que ele também tinha roubado. Então, quando o homem aproveitador tornou-se um peixe, as agulhas tornaram-se os ossos de sua barbatana caudal. Todos os outros objetos, no entanto, foram transformados em uma estranha coleção de ossos que ainda se encontram no crânio da bicuda. Quando as pessoas comem o peixe cozido, um ancião vai catar os ossos do crânio, encontrando cada um dos itens que o homem aproveitador roubou, e contando a história enquanto o faz. Trata-se de um conto moral, sobre a indecência de se levar as coisas de outras pessoas. A bicuda era um homem mau. Na verdade, essa é a razão mesma pela qual algumas pessoas preferem não comer o peixe, preocupadas em não adquirir algo de sua personalidade ladra (p. 75-76). Uma vez que nos lembramos de que no mundo dos Koyukon, os seres – humanos ou não humanos – não vieram ao mundo com os seus atributos essenciais já predeterminados, mas sim envolvem, em qualquer momento do tempo, uma história pregressa de crescimento e movimento dentro de um campo de relações com os outros, esse tipo de preocupação, da qual há inúmeros exemplos, torna-se muito mais fácil de entender. Comer um animal contribui diretamente para o crescimento da pessoa; através deste ato a história do animal, na verdade, a própria trajetória da sua vida, se funde e se torna uma com a vida do comedor. Assim, quando você come uma bicuda, a história da bicuda também se torna sua. O seu passado de ladroagem torna-se parte do seu próprio passado, e, como tal, é susceptível de afetar o seu desenvolvimento futuro. Pelos mesmos motivos, as pessoas não comerão gaivotas, por medo de assumirem seus hábitos imundos, tampouco comerão mergulhões uma vez que fazê-lo é correr o risco de desenvolver a extrema falta de jeito tão característica dos movimentos do pássaro em terra. Por outro lado, elas estão ansiosas por comerem gansos e patos leves, que andam facilmente sobre a terra, na esperança de tornarem-se eles mesmos tão ágeis e ligeiros (NELSON, 1983: 99, 84, 88-89).

Seja ou não consumado pelo abate e pelo consumo, cada encontro com um animal é, como vimos, o equivalente a ouvir a sua história recontada. Portanto, conforme as pessoas fazem o que quer que seja na floresta, elas estão conectando continuamente histórias de outras vidas à sua própria. É nessas conexões que os significados das histórias são encontrados e, a partir deles, pessoas extraem orientação moral e prática sobre como prosseguir. Ora, se os nomes de animais, como sugeri, são histórias em miniatura, ou episódios de histórias, então, novamente, descobre-se o que cada nome significa apenas no momento em que é confirmado pela experiência, em um encontro subsequente com o animal em questão. Atendendo às próprias características da sua aparência e comportamento que o nome servira para destacar, também reflete-se sobre eles e sobre o seu significado para a própria vida. Esta característica de nomes baseados em histórias – que seus significados não vêm criptografados dentro das próprias palavras, mas são recursivamente revelados pela observação direta de aspectos do mundo para os quais direcionam a atenção – é comum também a nomes descritivos simples do tipo que eu já discuti. Suponha, por exemplo, que eu relate ter visto "tremula ao redor da costa". Você quer saber do que eu estou falando? Vá até a beira da água, olhe e descubra por si mesmo! Quando você notar tremulação acontecendo, só então você vai saber o que eu quis dizer (o maçarico pintado; cf. NELSON, 1983: 101). Eu poderia, no entanto, ter descrito a atividade da ave mais obliquamente, talvez através do uso de uma metáfora que ensejasse comparação com algum outro fenômeno de experiência familiar. Se eu tivesse feito isso eu teria recorrido à terceira fonte de nomes no repertório Koyukon: a linguagem de charadas.

Charadas
O Povo Koyukon, ao que parece, obtém um certo prazer em falar em charadas, e os nomes de animais, plantas e artefatos podem muitas vezes assumir esta forma. Como já observei, a distinção entre simples descritores e charadas não é clara. Com ambos, o significado é confirmado pela experiência, no traço efêmero de um encontro passageiro deixado no olho de quem vê. Pois o que descrevem, mais ou menos no sentido figurado, são os vislumbres mais básicos de movimento ou atividade. Assim o é para a raposa vermelha quando risca o mato: "lá longe parece um *flash* de fogo" (JETTÉ, 1913: 190). Por convenção, no entanto, charadas como essa são distinguidas por serem antecedidas pela frase

enigmática *tla-dzor-karas'ana*. Jetté não conseguiu obter de seus informantes nenhuma pista quanto ao significado original desta frase, e simplesmente a traduz por analogia com o uso costumeiro no folclore europeu, como "proponha-me uma charada" (p. 183). Nelson talvez se aproxime do entendimento Koyukon ao traduzir a mesma frase como "Espere, vejo alguma coisa" (p. ex., NELSON, 1983: 158). O proponente da charada, em suma, usa suas palavras e sua imaginação não para descrever uma cena estática difundida diante dele como um espetáculo, mas pegar um momento fugidio em um mundo no qual todos estão imersos, e no qual nada nunca fica parado. Este mundo não espera por ninguém. Ele não pode ser interrompido para permitir uma inspeção mais próxima, e a imagem que o proponente da charada evoca é do tipo que desaparece tão rápido quanto aparece. Trata-se, além disso, de uma imagem visual. Assim, as charadas, como o coloca Jetté, "são amigas e parentes da luz". Elas são propostas e resolvidas em horas de luz do dia e sua estação é a primavera, quando os dias são mais longos e as pessoas estão animadas com a aproximação do verão. Nisso elas contrastam com as histórias do Tempo Distante, que são sempre contadas no escuro, quando as noites escorrem em direção ao meio do inverno, e que – embora não sem humor – são um tanto quanto sombrias no tom (JETTÉ, 1913: 181).

Frequentemente, ao contar uma charada, o narrador assume a posição subjetiva do animal, descrevendo os seus movimentos como se os estivesse ele mesmo executando. Assim, o castor, "arrasto minha pá pela trilha", e o coelho, "carrego meu gancho atrás de mim pela trilha". A pá, é claro, é a larga cauda sem pelo do castor, e o gancho é o osso curvado da cauda ou cóccix do coelho (JETTÉ, 1913: 187-188, 195). O salmão é imaginado como pessoas que viajam de canoa, assim, "subimos rio acima em canoas vermelhas". A charada se refere às cores de reprodução do peixe, e à sua migração anual para as áreas de desova (p. 196). Às vezes o proponente de charada assume a posição de um animal que está ele mesmo imitando algo que ele lembra. Assim, a coruja cinzenta: "as extremidades dos meus ramos de abeto são redondas e brilhantes". Aqui, falando como uma coruja, o narrador compara as suas pernas cheias de penas, terminando em patas com chifres, com os ramos inclinados para baixo e densamente foliados do abeto vermelho do Alasca (p. 192). Outro caso de dupla substituição pode ser encontrado na charada do besouro de veado. "Em um pequeno buraco no chão, arrasta as orelhas uma através da outra." Isto, por si só, é uma descrição bastante precisa da maneira como o besouro, que muitas vezes ocupa pequenas depressões, carrega suas longas antenas calosas. Mas quando o proponente de charada fala de orelhas, é por comparação não com as antenas do besouro, mas com os chifres da rena, pois a analogia de chifres com antenas já está implícita no nome regular do besouro de veado, que é "retrato de rena" (JETTÉ, 1913: 188; NELSON, 1983: 63).

Estas charadas, e muitas outras[3], atestam um conhecimento observacional espantosamente preciso do mundo não humano. Juntos equivalem a algo semelhante a uma história natural abrangente. Mas ao contrário da nossa história natural ocidental, esse conhecimento compreende uma tapeçaria em desdobramento de histórias interligadas, em vez de uma classificação abrangente. Uma das maneiras pelas quais nomes próprios diferem de substantivos comuns, de acordo com a convenção ocidental, é que pessoas conhecem os seus nomes, podem pronunciá-los elas mesmas, e lhes responderão quando chamadas. Em contraste, um objeto que seja classificado como membro de uma categoria designada por um substantivo comum é totalmente insensível ao que é chamado. O povo Koyukon, no entanto, não ocupa um mundo de objetos imóveis e insensíveis; eles *habitam* um mundo de seres móveis e sensíveis, que estão não só sempre observando e sendo observados, mas também escutando uns aos outros. Os animais sabem seus nomes, e quando esses nomes são proferidos, eles, assim como as outras pessoas, podem ouvi-los. Há momentos, no entanto, quando por medo de cortejar o perigo ou causar ofensa, seria melhor se os animais *não* ouvissem o que estava sendo dito sobre eles. Nessas ocasiões, os Koyukon recorrem a circunlóquios.

A raposa vermelha, que nas charadas reluz como um *flash* de fogo na vegetação rasteira, é geralmente conhecida como "olhos torcidos". Mas, na sua presença, quando a raposa morta é trazida para dentro de casa para ser esfolada, ela é chamada de "muitas trilhas" (NELSON, 1983: 156). O mais poderoso e perigoso dos animais, o urso, é também o mais cercado por circunlóquios. O urso marrom, por exemplo, é normalmente conhecido por um termo que pode ser traduzido como "mau animal", mas o urso ficaria irritado ao ouvir uma mulher descrevê-lo assim. Assim, as mulheres chamam os ursos marrom de "grandes animais" ou "aqueles que estão nas montanhas", ou mesmo "mantenha-se fora do seu caminho" (p. 185). Da mesma forma, elas chamarão o urso preto de "aquela coisa preta" ou "lugar preto" (p. 174). Jetté observa que as mulheres são proibidas de pronunciar quaisquer nomes de lugares, incluindo sílabas que possam soar como o nome "real" do urso, e que possam levar o animal a pensar que está sendo falado com desrespeito (JETTÉ, 1911: 605). Mas se os animais são alertas para as declarações dos humanos, sejam nomes, histórias ou músicas, também os seres humanos, em contrapartida, ouvem o que os animais têm a dizer. Nenhum animal é mais comunicativo, ou mais atentamente ouvido, do que a coruja de chifres (JETTÉ, 1911: 247-248). Um nome para a coruja é *nodneeya*, que significa "diz-lhe coisas". Você pode fazer perguntas à coruja, às quais ela responde piando, *hoo [...] hoo*, um som considerado como sendo equivalente à palavra "sim" (*oho*). Mas as corujas também piam em padrões de tom que podem

---

3. Para outro exemplo, consulte o capítulo 9, p. 188.

ser interpretados como declarações na língua nativa, de bom ou mal presságio. Como a maioria dos augúrios são não auspiciosos, o pio da coruja é um som que o povo Koyukon preferiria não ouvir (NELSON, 1983: 105-106). Outros animais podem ser menos inteligentes, e menos informativos, do que a coruja de chifres. No entanto, o ponto geral permanece. Se os seres humanos respondem aos apelos de animais da mesma maneira que os animais respondem à sua invocação vocal pelos seres humanos, então não pode haver diferença absoluta entre vocalização animal e invocação de nomes humana.

Conclusão – Sobre a animalização linguajante

Existem três tipos de animais, explica Gilles Deleuze e Félix Guattari (2004: 265) – ou, antes, três maneiras de se considerar qualquer animal. Uma maneira, parafraseando o seu argumento em nossos termos, é tratá-lo como um animal de estimação da família, antropomorfizá-lo, ou sentimentalizá-lo e marcar a sua subjetividade com um nome. A segunda maneira é vê-lo como a encarnação viva de certos atributos ou características pelas quais possa ser classificado como de um ou outro tipo. Isso é fazer do animal um objeto, e agrupá-lo sob o anonimato de um apelativo. Essa é a maneira da ciência e do estado, parceiros inseparáveis no projeto colonial de controle por classificação. A terceira maneira é considerar o animal como um acontecimento: não como uma coisa viva de um certo tipo, mas como a manifestação de um processo de devir, de criação contínua, ou simplesmente de *estar vivo*. Desta perspectiva, o lobo, por exemplo, "não é fundamentalmente uma característica ou um certo número de características; é um *lobar*" (p. 265). Dizer que o lobo é um animal de matilha, argumentam Deleuze e Guattari, não é supor que ele viva em bandos, ou enumerar os indivíduos dos quais cada bando é composto. Pelo contrário, é dizer que o lobo é *ele mesmo* um bando. É, em outras palavras, o "acontecimento" de lobar, visto ora aqui, ora ali, em seus múltiplos exemplos. Falar assim do animalizar dos animais é, como vimos, seguir o caminho do Koyukon do Alaska. E também nos leva de volta às linhas com as quais abri este capítulo.

Elas são de um poema do escritor e tradutor escocês Alastair Reid, intitulado *Growing, Flying, Happening*. O pássaro que ele descreve,

> riscando a água do porto e, então, despencando
> para emergir, altivo,
> um arenque cunhado brilhando em seu bico.

Trata-se do que chamamos de *Guillemot*. No entanto, apenas falar o nome, declara Reid, é atingi-lo sem vida. Já não vislumbrada como um traço de atividade vital, a ave é reduzida a um objeto de classificação, trancada em uma grade de categorias cognitivas, "encravada, pura, sem asas em sua cabeça". O ponto, para Reid, é que testemunhar verdadeiramente um pássaro na asa é ver além do reconhecimento: não é identificar *o que* cresce e voa, mas abrir os nossos olhos para o crescimento, o voo, o acontecimento – ou seja, a vida – "além do alcance da linguagem, além do seu nome" (REID, 1978: 3).

Ora, se os nomes dos animais fossem substantivos, e se a natureza da língua exigisse que fosse assim, então ver de fato nos levaria além do nomear, e além da linguagem. É fundamental para a linguagem tal como a conhecemos – ou seja, para o que a maioria de nós, criados na tradição ocidental, axiomaticamente considera que linguagem seja – que sujeitos (que possuem e usam a linguagem) e objetos (que não o fazem, mas sobre o qual os sujeitos falam e escrevem) sejam conhecidos, respectivamente, por nomes próprios e comuns. Os primeiros são apontados como os nós de uma rede; os últimos são agrupados nos compartimentos de uma classificação. No entanto, a nomenclatura de animais entre os Koyukon nos mostra como é possível ir além dos substantivos *sem* ir além da língua. Falar de um animal entre os Koyukon não é – como diria Reid – "tê-lo morto". É, ao contrário, entrar no processo da sua vida. Ao invés de matar o animal, falar seu nome é parte do processo pelo qual a própria linguagem é trazida à vida: o animal pode ser animalizante em uma linguagem que é linguajante. Há muito tempo atrás, o pai da linguística antropológica, Edward Sapir (1944: 94), introduziu uma distinção entre palavras que ele chamou de *existentes* (tais como o substantivo *casa*) e aquelas que ele chamou de *ocorrentes* (como o verbo *correr*). Em uma linguagem linguajante – não semanticamente presa a um quadro categórico, mas criando-se infinitamente na narração inventiva de seus falantes – os animais não existem, nem como indivíduos nem como objetos; mas *ocorrem*[4]. O nome de um animal, quando é pronunciado, a história do animal, quando é contada, e a própria criatura nas atividades da sua vida, são todos formas dessa ocorrência. Os animais acontecem, eles fazem, eles *são* as suas histórias, e seus nomes – repito – não são substantivos, mas verbos.

---

4. Já apresentei e discuti esta distinção nos capítulos 12 (p. 227) e 13 (p. 235). Tomo a noção de "linguajante" de Alison Phipps (2007: 12).

Parte V
Desenho fazendo a escrita

Desenhar é fundamental para o ser humano – tão fundamental quanto andar e falar. Pois sempre que andamos ou falamos, gesticulamos com nossos corpos, e na medida em que esses gestos deixam vestígios ou pistas, na terra ou em alguma outra superfície, linhas são desenhadas. No entanto, a sociedade ocidental contemporânea atribui pouco valor ao desenho, e aqueles que foram educados em seus valores ficam felizes em admitir não só que "não são capazes de desenhar" (apesar de o serem e o fazerem), mas também que não haja nenhuma razão específica pela qual devessem sê-lo. Para todos, exceto os praticantes de poucas disciplinas especializadas, dentre as quais a arte, a arquitetura e a arqueologia, mas curiosamente não a antropologia, desenhar é considerado uma prática deixada para trás, na escola primária. Trata-se de uma atividade infantil. Com a escrita, obviamente, se passa o contrário, uma vez que a incapacidade de escrever – o chamado analfabetismo – é considerada um déficit vergonhoso que deve ser, a todo custo, corrigido. Além disso, a subestimação do desenho existe lado a lado com o que parece ser uma superestimação grosseira da importância de imagens de vários tipos. Parece que uma separação exaustiva entre a imagem visual e o texto escrito excluiu o desenho da maioria dos campos de atuação contemporâneos. Na verdade, por que desenhar? Se seu objetivo for descrever ou explicar, você pode fazê-lo melhor com as palavras. Se o seu objetivo for representar, ilustrar ou exibir, você pode fazê-lo mais rapidamente e mais precisamente por meios fotográficos. O desenho, na medida em que ainda persiste, parece um sobrevivente, tornado mais ou menos obsoleto pelo teclado e a câmera.

Nos capítulos que compõem esta parte mostro como a expulsão do desenho e da escrita do campo da sua convergência original para polos opostos de uma dicotomia entre imagem e texto é uma consequência da abrangência de ambos dentro de uma determinada visão genérica da fabricação, que, embora característica da era moderna, tem suas raízes na Antiguidade. Trata-se de uma visão que entende a fabricação como um *projeto*, pelo qual uma ideia, já moldada na imaginação, é realizada em um substrato material pré-preparado para recebê-lo. Assim, no desenho, supomos que a mente projete uma imagem em papel, que o desenhista então, "passa o lápis" traçando seus contornos. Ao fazê-lo, a imagem desliza como uma transferência da mente para a página. Se este for realmente o propósito do desenho, então não é difícil ver por que as pessoas devam ficar facilmente frustradas pelos seus esforços em emular as imagens que veem projetadas ao seu redor, e de bom grado recorreriam, quando pudessem, a meios representacionais alternativos. Da mesma forma, se o propósito da escrita fosse projetar sobre a página, de forma visível, pensamentos já concebidos em palavras, então é igualmente fácil entender por que o teclado deva servir tão bem quanto a caneta, se não melhor. O entendimento moderno do texto, como uma composição verbal, é aquele que não atribui nenhum significado especial ao trabalho ortográfico da mão. Nada se perde, e muito se ganha – em termos de velocidade e legibilidade – o dispensando.

Esta visão da fabricação como projeção, no entanto, não ressoa bem com o que os fabricantes realmente fazem. No capítulo 17 defendo que, na prática, a fabricação é menos uma questão de projeção do que de *encontro*, mais análoga, talvez, à costura ou à tecelagem do que ao tiro ao alvo. Ao fabricarem coisas, os praticantes vinculam os seus próprios caminhos ou linhas de devir à textura do mundo. Trata-se de uma questão não de impor forma à matéria, como no chamado *modelo hilemórfico* de criação, mas de intervir nos campos de força e fluxos de material onde surgem e são sustentadas as formas das coisas. Assim, a criatividade do fabricar encontra-se na própria prática, em um movimento de improvisação que realiza as coisas enquanto prossegue. Contra o pano de fundo desta última visão do fabricar, as práticas de desenhar e escrever assumem um significado bastante diferente.

No lado da escrita recuperamos o sentido original do texto: não é um aglomerado em rede de palavras impressas, mas uma malha de linhas entrelaçadas inscritas através de movimentos gestuais da mão. Com efeito, a linha da escrita manual traça letras individuais em sequência. No entanto, ela confere às palavras que estas letras soletram uma profundidade e ressonância expressivas equivalentes às que a melodia e o ritmo emprestam às palavras da canção. Este ponto é demonstrado no capítulo 15 por meio de uma série de experimentos com a letra **A**. Embora tenhamos sido ensinados, desde os tempos romanos, a tratar as letras (especialmente as maiúsculas) como os blocos de construção das palavras, e apesar de todas as letras que escrevemos serem uma cópia de letras escritas antes – elas próprias cópias de precursoras, e assim por diante até as brumas do tempo – em uma escrita cursiva as letras não são objetos, mas encontros, momentos de equilíbrio ou de duplicação em um fluxo contínuo. Ao contrário de letras que foram digitadas ou impressas, elas não estão encadeadas na página, mas continuam através de suas iterações. Entendida como uma tecelagem de fios em vez de um martelar de teclas, como melódica em vez de percussiva, a escrita é facilmente comparável à costura ou ao bordado, e a ideia do texto como algo tecido se mostra ser não uma metáfora solta, mas uma descrição precisa do que se passa.

No lado do desenho, também nos damos conta de que, a despeito do que quer que os teóricos e historiadores de arte possam ter a dizer sobre isso, a prática do desenho tem pouco ou nada a ver com a projeção de imagens e tudo a ver com peregrinação – com tomar um atalho e deixar um rastro, ao mesmo tempo na imaginação e no chão, de uma maneira muito semelhante ao que acontece quando se percorre um mundo de terra e céu. Na verdade, na arte do escriba, como mostro no capítulo 16, a escrita e o desenho, e até mesmo a pintura, tornam-se indistinguíveis. O escriba medieval era um pintor de manuscritos, em cujas páginas imagens e palavras entremeavam-se em fácil convivência. Não houve oposição radical, aqui, entre texto e imagem. Comparando-se as práticas monásticas da Europa medieval, a pintura tradicional do Yolngu, um povo aborígene do nordeste de Arnhem Land, na Austrália, e os escritos do grande pioneiro da arte abstrata moderna, Wassily Kandinsky, mostro que, em todos os casos, o objetivo da arte não é mediar um vaivém entre os domínios radicalmente opostos e mutuamente exclusivos da mente e do mundo, habitado respectivamente por imagens e objetos, mas sim ligar a mente e o mundo em um movimento contínuo. Esse movimento é nada menos que a própria vida, e é o impulso de vida que dá origem às formas que vemos. A arte, então, não imita a natureza, pois na raiz arte e natureza brotam da mesma fonte.

Retornando a este tema no capítulo 17, comparo o desenho com a carpintaria. Uma tarefa como serrar uma prancha de madeira, que já descrevi e analisei em detalhe no capítulo 4, implica um movimento gerador que é ao mesmo tempo itinerante, improvisado e rítmico. O mesmo se passa com o desenho. O mesmo não poderia ser dito, entretanto, da tradição de pintura a óleo que reinou no ocidente desde a Renascença até a revolução modernista instigada por Kandinsky e seus contemporâneos. Como mostro no capítulo 18, esta tradição de pintura apela para um ideal de "descrição densa", ou de cobertura completa, que está totalmente em desacordo com a abertura da linha desenhada. Este ideal é baseado em uma lógica de holismo como totalização. Seu objetivo é embrulhar as coisas, enquadrar, e, assim, fazer valer uma espécie de encerramento. O objetivo do desenho, ao contrário, é sempre premiar uma abertura, encontrar um caminho. É nesse sentido antitotalizante, e apela para um holismo de processo e não de estrutura. Neste espírito, avanço uma proposta no capítulo 18 para uma *antropologia gráfica* – ou "antropografia" – centrada na linha desenhada. Acoplando os movimentos de fazer, observar e descrever, essa antropologia nos chama a fazer três coisas: seguir os materiais, copiar os gestos e desenhar as linhas.

Seguir os materiais, como mostro no capítulo 17, significa mudar o foco de objetos prontos para processos de geração e dissolução. Em outras palavras, remontando ao argumento já avançado no capítulo 2, isso significa atender não à materialidade das coisas, mas aos materiais tornando-se coisas. Isso implica questionar, em vez de presumir, a sua "objetividade" – argumento que demonstro através do experimento de fazer e empinar uma pipa. Montada dentro de casa a partir de vários elementos, a pipa pode parecer um objeto inerte, mas assim que é levada para fora e tomada pelas correntes de ar que giram a nossa volta, ela se torna uma coisa viva. *Copiar os gestos* é seguir o mesmo conselho que seria dado a um praticante novato tanto nas artes performáticas quanto em qualquer ofício. Os novatos aprendem através da prática repetitiva na qual são obrigados a copiar exemplos mostrados a eles. Isso, entretanto, não é como fazer cópias idênticas a partir de um modelo. Não se trata de uma iteração. Copiar de um mestre significa alinhar a observação do desempenho do mestre com ações em um mundo que está ele próprio suspenso no movimento. E esse alinhamento exige uma boa medida de improvisação criativa. Há criatividade, portanto, mesmo (e talvez especialmente) na manutenção de uma tradição estabelecida.

Uma coisa, no entanto, é observar o que está acontecendo; outra bem diferente é descrevê-lo. Na prática da etnografia, observação e descrição se tornaram desconectadas: o etnógrafo *se afasta*, a fim de escrever. Voltando à ideia da escrita como uma espécie de reunião em vez de projeção, sugiro que uma possível maneira de se reconectar descrição e observação pode ser pensar nisso principalmente como um processo não de composição verbal, mas de delineamento. Isso, enfim, é o que quero dizer com a minha terceira regra para uma antropologia gráfica, *desenhar as linhas*. Como técnica de observação, o desenho é inigualável. No entanto, seu potencial para acoplar observação e descrição tem sido largamente eclipsado por sua decadência entre a imagem e o texto – uma dicotomia que permanece tão difundida na antropologia recente quanto em estudos de história da arte e da cultura visual. Da mesma forma que o texto é concebido para ser "não visual", o exercício da visão é identificado não com a prática da observação, mas com a habitação de um domínio de imagens. Ao substituir a oposição entre antropologia visual e etnografia escrita por uma antropologia gráfica que abrange todas as formas de delineamento, da escrita manual ao esboço de desenho, proponho que possamos escapar da polaridade da imagem e do texto, e mais uma vez restaurar a disciplina da antropologia para a vida.

15

Sete variações sobre a letra A

Em 2005, fui convidado a contribuir para uma pequena exposição intitulada *Fieldnotes and Sketchbooks: Challenging the Boundaries Between Descriptions and Processes of Describing*[1]. O objetivo da exposição era explorar semelhanças e contrastes nas práticas de inscrição de artistas, arquitetos e antropólogos. Os onze contribuintes foram tirados de todas as três disciplinas, e, assim como meus colegas expositores, fui encarregado de criar uma exibição que coubesse dentro de um grande armário de paredes e portas de vidro. Para a minha exposição, dividi a área emoldurada pelo o armário em doze painéis, cada um com aproximadamente o tamanho de uma folha de papel A4, e demarcados por ripas de madeira em uma grade de três horizontais e quatro verticais. Em cada painel coloquei um pequeno visor destinado a revelar uma das muitas possíveis respostas para a pergunta: O que é um **A**?

Sou fascinado pela letra **A**. Na verdade, sou fascinado por letras em geral, e em princípio, qualquer outra poderia ter servido aos meus propósitos igualmente bem. No entanto, como uma letra que as palavras "arte", "arquitetura" e "antropologia" têm em comum, **A** passou a significar na minha imaginação o que ademais é compartilhado pelas disciplinas nomeadas por estas palavras. A ideia por detrás da minha contribuição para a exposição foi a de que uma exploração das formas, funções e propriedades desta letra lançaria luz sobre uma série de questões sobre a relação entre superfície, linha, inscrição e notação que são de igual interesse para todas as três disciplinas. Algumas das quais são as seguintes:

• Quais são as diferenças entre um objeto, uma imagem, um desenho e um elemento de notação?

• As linhas podem aparecer como traços ou segmentos. Como estes diferentes tipos de linha se relacionam com a superfície?

---

1. Com curadoria de Wendy Gunn, a exposição foi realizada na Galeria de Arte de Aberdeen, de 6 de abril a 4 de junho de 2005, e sua inauguração foi programada para coincidir com a Conferência da Associação de Antropólogos Sociais daquele ano, organizada pela Universidade de Aberdeen, sobre *Criatividade e improvisação cultural* (cf. HALLAM & INGOLD, 2007; GUNN, 2009).

- Qual é a relação entre linhas e formas?
- Como, se for possível, podemos distinguir entre desenhar letras e escrever?
- No desenho e na escrita, qual é a relação entre o gesto manual e o traço inscrito?
- O que é uma linha de escrita? Qual é a diferença entre uma linha manuscrita e uma datilografada? Datilógrafos não escrevem?
- Se letras representam sons, qual é a relação entre som verbal e afinação musical?

Dos doze painéis originais que compõem a exposição, selecionei sete para enfocar neste capítulo. Estes incluem: uma silhueta feita na sombra de um recorte em forma de **A**; uma série de **A**s de um conjunto de letras do alfabeto em plástico moldado destinado a crianças da pré-escola; um diagrama que ilustra a evolução da letra **A** partir do hieróglifo egípcio de cabeça-de-boi; um **A** inscrito em uma caligrafia gótica com uma caneta de pena; uma linha de **A**s datilografados comparados com uma linha em escrita cursiva; um **A** fonético (com as correspondentes posições da língua e dos lábios) e um **A** musical (com um diapasão); e um **A** bordado com uma agulha[2]. Ordenei os parágrafos da maneira que penso melhor ressaltar as conexões entre eles. É possível, no entanto, estabelecer conexões entre quaisquer painéis, em qualquer ordem, e um dos meus propósitos ao dispor os painéis em uma grade foi incentivar os espectadores a fazê-lo. O texto deste capítulo deve ser abordado no mesmo espírito.

Isto não é um *A*

Fiz este painel cortando uma letra maiúscula **A**, a partir de um cartão fino, colocando-a sobre uma superfície de papel, e, então, pulverizando a superfície com corante vermelho cosmético. Por baixo, em uma alusão direta a uma célebre pintura de René Magritte, escrevi as palavras *Isso não é um A*. O cartão cortado original, agora pintado de vermelho, deslizou e agora está encostado contra a ripa inferior da moldura do painel (figura 15.1).

O paradoxo da pintura de Magritte, que apresenta uma imagem de um cachimbo com as palavras "Isto não é um cachimbo" (*Ceci n'est pas une pipe*) escritas sob ela, é que, embora as palavras estejam incorporadas à pintura, na *mesma* tela dentro da *mesma* moldura, elas contam uma verdade literal apenas se se supuser que *não* o estejam – isto é, se as levarmos ao pé da letra como palavras, em

---

2. Excluí a discussão dos restantes cinco painéis, uma vez que já considerei as questões que levantam em outro lugar (INGOLD, 2007a), e nada tenho a acrescentar. Os painéis excluídos são: um **A** formado a partir das bordas de folhas sobrepostas de papel de parede decorado; um **A** feito de varas – seguindo o exemplo de Bisonho em *The House at Pooh Corner*, um **A** feito de corda tripla; três **A**s em uma lousa – um adicionado com giz, os outros dois riscados com ponta de faca, e uma letra **A** esculpida a mão a partir de um conjunto de blocos de madeira para impressão.

vez de imagens de palavras. Ninguém no seu perfeito juízo confundiria a imagem pintada do cachimbo com o artefato real como pode ser exibido em uma vitrine de loja ou museu. Você não pode encher a imagem de tabaco, e muito menos pegá-la e fumá-la. Imaginemos, porém, que um cachimbo real, que se pode encher de tabaco e fumar esteja em exposição em um armário, acompanhado de uma etiqueta na qual esteja escrito o que é: "Isto é um cachimbo". E suponha, então, que façamos uma representação pictórica astutamente realista desta exposição, em uma tela. Nosso cachimbo pintado retrata o cachimbo na vitrine; as palavras pintadas retratam a escrita na etiqueta. No entanto, estas palavras proclamam o oposto daquelas que estão no quadro de Magritte!

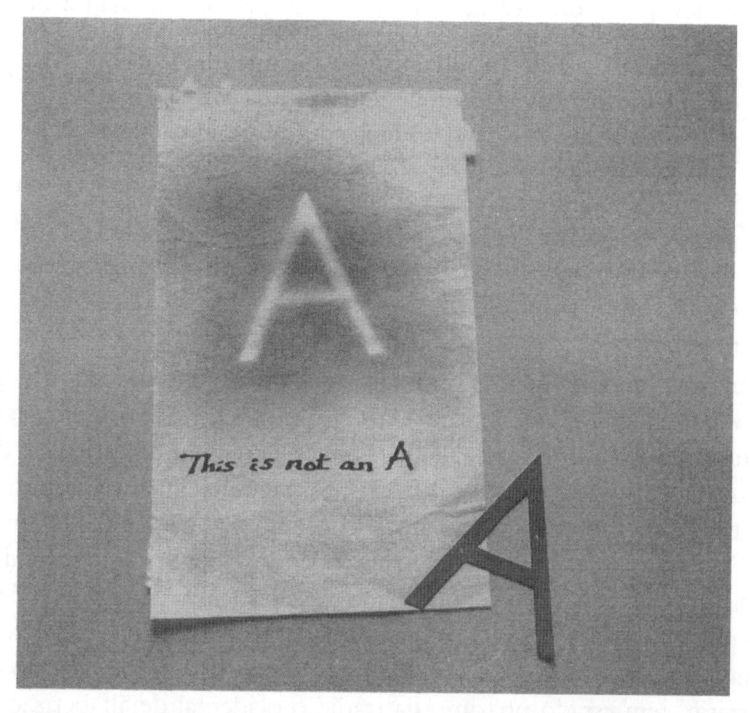

Figura 15.1 "Isso não é um *A*": cartão, papel, tinta e corante cosmético vermelho

Seguindo os passos de Michel Foucault (1973), os filósofos se têm emaranhado em nós cada vez mais complicados em suas tentativas de desemaranhar a significância (ou insignificância) da imagem. Mas, na verdade, Magritte confunde o espectador aplicando um truque de extrema simplicidade. Você não pode fumar um cachimbo pintado, por mais realisticamente que ele possa estar representado, mas você *pode* ler palavras pintadas. Se Magritte fosse um escultor, e se tivesse esculpido o cachimbo em madeira ou moldado em argila, ele poderia perfeitamente ser enchido de tabaco e fumado. O cachimbo teria sido tão real, em todos os sentidos, quanto aquele que ele copiara. Ele não poderia, então, ter aplicado o mesmo truque que aplicou com sua pintura. Exatamente da mesma maneira, "palavras pintadas são tão reais quanto as palavras pintadas". Nós não podemos distingui-las da maneira que podemos distinguir o cachimbo artefato de sua imagem pintada. Essa é a razão pela qual, se Magritte tivesse escolhido representar uma letra como um **A**, em vez de um artefato como um cachimbo, seu truque não teria funcionado. Pois o **A** pintado teria sido tão "real" quanto o cachimbo esculpido. De fato *seria* um **A**.

Perguntava-me, portanto, se o truque pode ser feito de outra maneira. Como eu poderia pintar um **A** e ainda escrever embaixo *Isso não é um A*? No painel, tentei fazer isso pintando o cartão que havia sido pré-cortado na forma da letra. Uma vez que usei um *spray*, não poderia impedir que a cor se espalhasse por todo o papel de fundo. Uma vez removido o cartão cortado, a letra foi revelada como uma silhueta. Nós a vemos apenas na forma da sua ausência. *Não* é um **A**, no sentido de que o **A** que não é (o cortado pintado) está afastado da imagem. O que resta é o *negativo* de um **A**. Assim, a relação entre o cortado e sua silhueta não é entre a "coisa real" e sua imagem ou entre verdade e ilusão, mas – como na gravura, na impressão e na fotografia – entre o positivo e o negativo.

*A*s em plástico

Neste painel montei quatro **A**s a partir de um conjunto de letras de plástico moldado destinadas a crianças do maternal (figura 15.2). O conjunto inclui vários exemplares de cada letra do alfabeto, e eles vêm em uma variedade de cores primárias. As letras são grandes e robustas, tornando fácil para a criança pegar e segurar. Crianças que brincam com essas letras, embora não ainda em uma idade em que possam ler ou escrever, já estão aprendendo a identificar letras individuais pelas suas formas. Seu *design* é informado pelo princípio pedagógico de que as crianças precisam ser capazes de reconhecer as letras pela forma ou delineamento antes que possam começar a reuni-las em palavras. Este princípio não é novo. Ao contrário, tem estado próximo da tradição ocidental de alfabetização pelos últimos dois milênios. No livro 1 de *A educação do orador*, compilado no século I d.C., o retórico e advogado romano Marcus Fabius Quintiliano escreveu com aprovação sobre a "prática bem conhecida de dar letras de marfim para brincar, de modo a estimular as crianças ao aprendizado [...] e as quais elas gostam de manusear, olhar, ou nomear" (QUINTILIANO, 2001: 77). Substitua marfim por plástico, e estas palavras poderiam ter sido entregues por qualquer pedagogo moderno! Assim como seus colegas modernos, Quintiliano preocupava-se especialmente que aprender as sequências de letras antes de suas formas pudesse realmente obstruir o desenvolvimento da capacidade das crianças escreverem. Mesmo já tendo as crianças alcançado o estágio de traçar os contornos das letras com as próprias mãos, ele recomendava que praticassem em tabletes já inscritos com ranhuras, de modo que a caneta – e a mão que a segurava – fossem forçadas a seguir formas de letras predeterminadas (p. 77-78).

Para as crianças de hoje, que vivenciam a escolaridade na tradição ocidental, assim como para suas antecessoras da antiguidade romana, a primeira experiência das letras é, muitas vezes, como objetos que podem segurar, e a primeira experiência das palavras é como conjuntos de tais objetos. Equipadas com conjuntos de letras de marfim do tipo recomendado por Quintiliano, ou com os equivalentes de plástico que usei para este painel, as crianças têm manipulado as letras – e, assim, ganhado uma apreciação da sua forma que é ao mesmo tempo visual e tátil – muito antes de começarem a copiá-las no papel, e têm reunido letras em palavras muito antes de começarem a escrever. Em si mesmas, seja de marfim esculpido ou plástico moldado, essas letras não revelam vestígio de movimento. Elas são absolutamente estáticas. Quando, mais tarde, as crianças são introduzidas nos gestos necessários para formar letras e palavras, o objeto destes exercícios não é reproduzir os gestos, mas para copiar as formas tão bem quanto possível na página. Assim, os formatos das letras precedem e prescrevem os gestos manuais necessários para traçá-los com caneta ou lápis, e sua justaposição sequencial precede a continuidade gestual da escrita a mão.

A este respeito, a experiência das crianças ocidentais é precisamente o oposto da das chinesas, que, antes de poderem escrever, aprendem e nomeiam cada elemento de um caractere como um gesto largo do braço ou na mão, e os caracteres inteiros como um conjunto gestual. Assim, os caracteres são aprendidos, lembrados e reproduzidos como movimentos ou sequências de movimentos, não como formas. É por isso que é fácil para as pessoas letradas na China se comunicarem "escrevendo no ar", mas quase impossível para aquelas educadas no ocidente. Enquanto para os leitores ocidentais, movimento equivale ao "ruído" que interfere na percepção da forma letrada, na tradição caligráfica da China, um caractere sem movimento é literalmente ilegível (INGOLD, 2007a: 135). Yuehping Yen descreveu como, na experiência de leitores chineses, se você olhar para um caractere por muito tempo, portanto, imobilizando-o, o caractere então parece desintegrar-se diante dos seus olhos (YEN, 2005: 110).

Figura 15.2 *A*s em plástico, a partir de um alfabeto definido para crianças da pré-escola

Nossos **A**s de plástico, no entanto, são objetos paradoxais. Magritte poderia ter se divertido muito com eles. Ele poderia, por exemplo, ter tentado pintá-los como fez com seu famoso cachimbo, mas a partir de vários diferentes ângulos. Sob cada imagem ele poderia ter escrito *Isso não é um A*. Assim como você não pode encher e fumar a imagem de um cachimbo, ele poderia ter observado, assim o **A** pintado – qualquer que seja o ângulo que descreva o modelo – não é algo que você possa realmente manipular, explorar com os dedos, ou examinar de frente, de trás, de lado, de cima e de baixo. Tampouco esse exame é possível, no entanto, com qualquer **A** que já tenha sido escrito na página. Devemos, então, dispensar todos os **A**s da escrita como uma ilusão? Será que o **A** que lemos é apenas uma imagem da "coisa real" que é segurada como um objeto nas mãos da criança? Certamente não. Talvez, invertendo o argumento, o **A** plástico seria melhor considerado uma projeção tridimensional de uma realidade bidimensional (que poderia, por sua vez, ser projetada em duas dimensões, como em algumas fontes decorativas sombreadas). No painel, montei um **A** com o ângulo agudo apontando para cima, outro apontando para baixo, e os dois outros inclinados para um lado e para o outro. Como objetos eles são idênticos. Mas como figuras posicionadas na superfície do papel não o são. Apenas aquele de pé, à esquerda, se qualifica como um "verdadeiro" **A**. Embora seja fácil mapear esta figura em relação às outras através de uma simples operação de rotação mental, esta operação requer que imaginemos a letra *como se* fosse um objeto sólido como o modelo de plástico, que poderia ser assim transformado. E uma transformação tão imaginativa é o equivalente exato, ainda que no sentido inverso, daquela que transforma o cachimbo sólido em sua representação pictórica.

De cabeça de boi a *A* maiúsculo

Este painel conta a história da letra **A** (figura 15.3). É extraordinário perceber que cada vez que casualmente escrevemos esta letra – aliás, qualquer outra letra do alfabeto – nosso pequeno gesto e a marca gráfica que deixa arrastam atrás de si um peso de precedente histórico que se estende por muitos milênios. Pense nos muitos milhares de gerações que, ao copiarem as marcas de seus antecessores, assim como você o faz hoje, contribuíram para as formas de letras que agora repousam sedimentadas em sua mão e cérebro. Imagine escribas europeus medievais escrevendo letras em pergaminho com uma caneta de pena, pedreiros romanos cortando-as com um cinzel nos capitéis dos monumentos, escritores gregos arranhando com um estilete tábuas enceradas e comerciantes fenícios gravando seus produtos mediante marcas – inclusive uma conhecida como ʾalef, da palavra cananeia ʾalp (correspondente ao hebraico ʾaluf) que significa "boi". Os últimos estavam simplesmente copiando uma figura representando a cabeça de boi que já estivera em uso entre os povos da Península do Sinai desde meados do segundo milênio a.C. (NAVEH, 1975: 63-65). E, embora a trilha esfrie um pouco antes disso, há evidências que sugerem uma linha direta de continuidade destas representações protossinaíticas até o hieróglifo cabeça de boi por meio do qual os escribas e funcionários do antigo Egito registrariam riqueza em bovinos.

Para o fundo deste painel reproduzi um detalhe de uma cena agrícola pintada na parede da capela de Djar, na antiga cidade egípcia de Tebas. Um par de bois é atrelado a um arado que é guiado pelas mãos do lavrador, enquanto um segundo homem persuade os animais puxando seus rabos e chicoteando seus traseiros com uma chibata. A cabeça do boi, nesta como em outras pinturas egípcias, é retratada de uma forma característica, que inclui um pronunciado focinho arredondado, um grande olho e enormes chifres. O hieróglifo que denota o boi, que reproduzi em uma sobreposição no centro do painel, é uma cópia bastante exata da cabeça retratada, provida de todas estas características. Quando ela reaparece no período protossinaítico, no entanto, está um tanto quanto simplificada, embora os três elementos básicos (focinho, olhos, chifres) ainda estejam presentes. Esta representação simplificada aparece no próximo diagrama do painel, à esquerda e abaixo do hieróglifo.

Os diagramas a seguir, situados ao longo do trajeto de uma espiral, indicam a subsequente evolução da letra. Primeiro o olho desaparece, enquanto a linha que antes descrevia os chifres é esticada e deslocada, de modo que intercepta a linha curva, em forma de U, do focinho. A linha do chifre é, então, girada de uma inclinação horizontal para uma quase vertical. Mas a forma de U contínuo não é apta a ser riscada em material duro. É mais facilmente feita em dois movimentos retos, reunidos em um ponto. Tornou-se uma forma de V, deitado de lado e entrecortado pela linha vertical. Esta era a forma do ʾalef fenício. Nas inscrições em grego arcaico dos séculos VIII e VII a.C. a orientação desta forma teve ainda que ser padronizada. Às vezes aparece invertida, com o ponto inclinado para a direita em vez de para a esquerda; às vezes o ponto adere à barra em uma inclinação, e às vezes ele aparece em uma orientação que – para nós – parece completamente de cabeça para baixo. Esta incerteza não significa que os gregos pensassem na letra como uma forma abstrata que pudesse ser girada em qualquer direção. Mas porque ainda não havia qualquer convenção estabelecida para a direção da escrita. Podia-se escrever da direita para a esquerda (como no hierático egípcio e na escrita etrusca), ou da esquerda para a direita, ou mesmo em espiral. A aparente rotação da letra foi provavelmente resultado de se manter a mesma postura e gesto na escrita enquanto se mudava a sua direção[3]. Foram os romanos que, finalmente, estabeleceram o **A** em sua orientação "correta", como o conhecemos hoje. Eles o fizeram por terem transferido as letras para estruturas arquitetônicas. O habitat natural da letra maiúscula romana era o monumento, não a página. E como o monumento, ela tinha literalmente que ficar de pé, em fundações sólidas. Foram os romanos também, como vimos a partir dos escritos de Quintiliano, que começaram a pensar nas letras, em primeiro lugar, como blocos de construção, e nas palavras como edifícios.

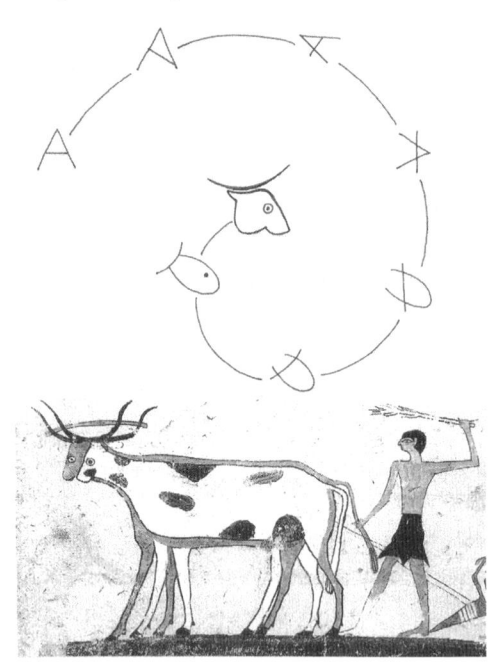

Figura 15.3 *A* cabeça de boi e uma cena pintada na parede da capela de Djar, na cidade de Tebas (a partir de INGOLD, 2007a: 126)

---

3. Gostaria de traçar um paralelo aqui com um período muito anterior, com a rotação de 90 graus dos sinais originalmente pictográficos da escrita cuneiforme suméria. Isso se deveu quase certamente à mudança da escrita em pequenos tabletes quadrados de argila para grandes tabletes retangulares (POWELL, 1981).

Hoje em dia, quando escrevemos um **A**, não temos consciência de que a barra pode ser atribuída aos chifres de um boi, e as laterais inclinadas ao focinho. No entanto, a forma da letra é resultado de uma série contínua de cooptações pelas quais, por exemplo, representações de animais ou partes de animais foram tornadas representações de sons (como na transição do egípcio para o sinaítico), e sinais de sons consonantais em uma língua foram tornados representações de vogais em outra (como naquela do fenício para o grego). O **A** maiúsculo moderno, no entanto, não é, em nenhum sentido, um *avanço* em relação aos seus antecessores. É por isso que eu desenhei propositadamente a evolução da letra como uma espiral.

A gótico com pena

Para este painel copiei três versões da letra **A** de uma mão-livro gótica, a partir de exemplos publicados, usando uma caneta de pena (figura 15.4). O desenho da mão segurando a caneta é reproduzido a partir de um manual do século XVI, e ilustra a maneira recomendada de segurar a caneta. Isto é digno de nota, já que é muito diferente daquela a que nos tornamos acostumados desde a substituição, no século XIX, da pena pela caneta com ponta de metal. Uma vez que a tinta flui melhor quando a pena está orientada quase ortogonalmente em relação à superfície do papel, a própria mão não repousa sobre a página, mas está levantada sobre ela. Portanto, a escrita envolve uma considerável habilidade de controle do pulso e do antebraço, bem como dos dedos (INGOLD, 2007a: 144-145). Como demonstra nosso desenho, o indicador e o dedo médio, que seguram a haste contra o polegar em um aperto preciso, estão de certa maneira estendidos ao longo da haste a fim de conferir uma maior fluidez ao movimento de escrita. Quanto à própria caneta, o que parece um objeto estático e separado, quando repousada, torna-se, na mão do escritor, uma extensão da sua própria pessoa conforme se derrama sobre a página. A pena que um dia enfeitara um pássaro em voo, agora arrancada e afiada, prolonga ou "destaca" uma mão humana em movimento.

Figura 15.4 *A gótico e eixo oco, mostrando o modo adequado de empunhar a pena*

Ao colocar o desenho da mão empunhando a caneta de tal modo que a sua ponta quase toca a extremidade da última linha do último **A** a ser concluído, esforcei-me em mostrar como o movimento precisamente controlado do antebraço e da mão é transmitido sem interrupção, através da caneta, para as curvas da linha-letra. Assim, no fluxo da tinta, o *ducto* da mão encontra o seu caminho para a página. O paralelo mais próximo é com tocar um instrumento de cordas, como um violino, onde o movimento do braço arqueado aflui, por meio do contato do arco com as cordas, para a correnteza do som melódico. Assim como a pressão sobre o arco é espelhada na amplitude do som, assim a pressão da caneta do escritor se reflete na espessura das suas linhas (KANDINSKY, 1982: 612). Embora tocar com arco exija a mesma destreza de pulso e braço que escrever com uma pena, há, no entanto, uma diferença fundamental. Ao contrário do arco, que pode ser movido tanto "para cima" quanto "para baixo", a caneta só pode ser arrastada em uma direção.

Os **A**s caligráficos que criei para este painel não poderiam ser mais diferentes dos **A**s de plástico, descritos acima, do conjunto do jogo infantil. Desenhadas em vez de moldadas, suas linhas são sinuosas, não retas, e cada uma é o traço de um gesto manual gracioso. A mão, aqui, sente as formas das letras no próprio processo de sua produção, em vez de como objetos acabados, e se lembra delas como gestos, não como formas. Isso é pensar na mão não como uma estrutura anatômica de carne e osso, mas sim como um compêndio de gestos[4], encarnado

---

4. Sobre a mão como um compêndio de gestos, cf. capítulo 4, p. 104.

através de práticas passadas, pelas quais o escritor desenha para formar as várias letras da sua escrita. Com efeito, no ofício do escriba, a escrita e o desenho são verdadeiramente inseparáveis. A arte do escritor, aqui, não é composicional, mas performativa: não se encontra na reunião de letras e palavras, mas na inscrição de belas linhas.

Esse é também o caso na escrita do calígrafo contemporâneo, feita com uma caneta tinteiro ou esferográfica. Ao mesmo tempo em que permite uma maior liberdade de manobra, no entanto, a caneta moderna é segurada em uma mão que – apoiada sobre uma superfície de papel – concentra o movimento na ponta dos dedos. Isso, por sua vez, induz a uma certa miniaturização dos gestos envolvidos. Para vê-los, os traços têm que ser ampliados. A artista Miranda Creswell experimentou pegar amostras pequenas de caligrafia e ampliá-las. Em um certo grau de ampliação, qualquer distinção entre a escrita e o desenho é dissolvida, revelando em vez disso uma linha que volteia e rodopia com uma inflexão melódica e uma pulsação rítmica que é quase musical em sua intensidade e força expressiva. Você pode tentar a experiência por si mesmo, como eu também o fiz. Abaixo, muito ampliada, está uma parte da palavra "abra*cadab*raca", que escrevi na minha escrita cursiva de costume, em papel comum, com uma caneta esferográfica barata:

As modulações da linha reveladas nesta escala foram, para mim, uma revelação. No entanto, é graças a estas modulações, das quais tanto o escritor quanto o leitor normalmente são inconscientes, que a caligrafia não só fala, mas canta.

Uma linha de escrita

O que então entendemos por uma linha de escrita? Será que a linha é um traço contínuo ou uma sucessão de marcas discretas? Neste painel mostro como a resposta depende, pelo menos em parte, de estarmos escrevendo a mão ou com um teclado (figura 15.5). Primeiro escrevi as palavras *não estou datilografando, mas escrevendo* a mão. Escrevi em papel com linhas, com uma margem esquerda, mas essas linhas pautadas – como aquelas que, no passado, eram marcadas nas páginas dos manuscritos – guiaram minha mão conforme formava as letras. Elas não eram o que escrevi. A linha que escrevi, a linha-letra, oscila para cima e para baixo dentro da "faixa" demarcada pelas pautas adjacentes, ao mesmo tempo mudando gradualmente da esquerda para a direita (INGOLD, 2007a: 70). Esta linha é o traço de um movimento gestual da minha mão direita. De vez em quando eu tinha que levantar a ponta da minha caneta da superfície do papel, por exemplo, para pontuar os **is**, cruzar os **ts** e deixar espaços entre palavras. Isso não interrompeu o movimento da minha mão, no entanto, que era contínuo. Da mesma forma, o movimento de caminhar é contínuo, apesar das lacunas entre as pegadas, como o é o movimento de remar, mesmo quando os remos são levantados da água.

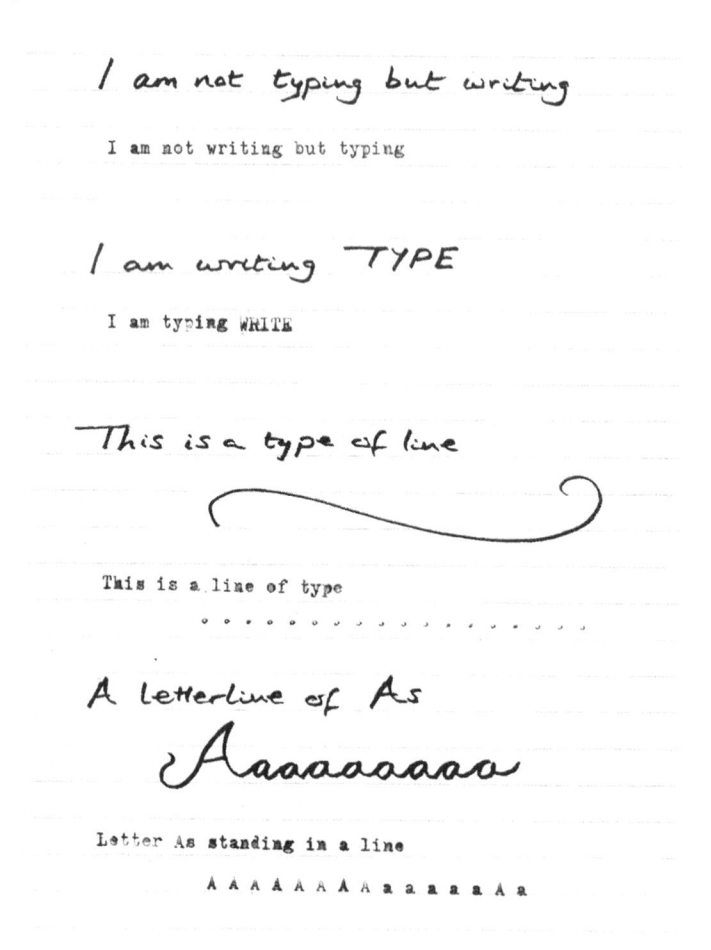

Figura 15.5 Uma linha de escrita: datilografada e manuscrita em papel pautado

Em seguida, usando uma velha máquina de escrever manual, datilografei as palavras "Eu não estou escrevendo, mas datilografando". O que apareceu na página foi uma sequência de marcas discretas, equidistantes. Cada uma dessas marcas pode ser identificada pela sua forma característica como uma letra em particular. Cada letra digitada, no entanto, é completa em si mesma: ao contrário de uma escrita cursiva, ela não cresce da precedente para a seguinte. Aqui nada há que corresponda à linha-letra. As formas das letras, além disso, não têm relação com os gestos da minha mão ao digitá-las. Estes gestos foram percussivos e, apesar de envolverem diferentes dedos em diferentes teclas, eram basicamente o mesmo para cada letra. Esta foi a essência da diatribe de Martin Heidegger contra a máquina de escrever em suas palestras sobre o *Parmênides*, onde alegou que a máquina "separa a escrita do âmbito essencial da mão" (HEIDEGGER, 1992: 81). Embora operada manualmente, a máquina de escrever rompe a ligação entre o gesto e o traço[5]. Ao datilografar uma letra, todo o movimento e toda a energia estão concentrados em um local, no ponto onde a barra do tipo martela a página. Além disso, a mudança lateral de uma letra para a seguinte não é gesticulado pela minha mão, mas efetuada pelo mecanismo da máquina, que, alimentado por dedos musculares, desloca o papel um pouco para a esquerda a cada digitação.

Não só as letras digitadas são autocontidas. As letras manuscritas também podem sê-lo, especialmente no tipo de escrita a mão que imita a impressa, como é muitas vezes exigido, por exemplo, no preenchimento de formulários burocráticos (INGOLD, 2007a: 93). Em tais formulários, cada letra sucessiva tem muitas vezes que ser colocada em uma caixa separada, ou a instrução pode ser "imprima com letras maiúsculas". Aqui, mais uma vez, a linha-letra é dividida em partes separadas, como descobri quando tentei escrever a mão, *estou escrevendo* DIGITAR. Quando mudei da escrita cursiva para a com letras maiúsculas, descobri que a minha mão, ao invés de traçar uma linha contínua, fez uma série de movimentos bastante distintos, cada qual confinado dentro de um bloco imaginário contendo a letra. Assim como quando estava usando a máquina de escrever, o deslocamento lateral de bloco em bloco não fazia parte do próprio ato de escrever. Mas quando, em vez disso, digitei as palavras "estou digitando ESCREVER", a mudança de letras minúsculas para maiúsculas, efetuada pressionando-se uma alavanca, não fez diferença alguma para a minha ação. Para digitar um **a** você pressiona a mesma tecla, com a mesma força, da mesma maneira que ao digitar um **A**. No entanto, com uma máquina antiga, como a que utilizei, o aparecimento das letras não é totalmente desprovido de expressão. Como ao tocar piano, a força com que as teclas são batidas se reflete no volume do som, de modo que na máquina de escrever, quanto mais forte a tecla for batida, mais preta e mais pesada será a marca que ela deixa. No entanto, o mesmo efeito pode ser atribuído a variações do desgaste da fita. E, com a substituição de teclados manuais por teclados eletrônicos, mesmo essa possibilidade de expressão foi retirada. Os dedos do digitador podem dançar, hábil e expressivamente, no espaço do teclado, mas nas teclas duras esta dança não deixa nenhum rastro, nem registra no papel.

---

5. Volto a esta separação no capítulo 18, p. 322.

A linha-letra manuscrita é um exemplo do tipo de linha que, como o pintor Paul Klee disse das linhas de desenho, "sai para passear" (KLEE, 1961: 105)[6]. Assim como quem passeia assinala a sua presença no terreno pela soma crescente dos seus rastros, também quem escreve a mão assinala a sua presença na página pela sua sempre crescente linha-letra. A linha continua, indo para onde vai, nunca diretamente e muitas vezes dando voltas, sem qualquer ponto definido de origem ou destino final. A linha de letra de forma, no entanto, não sai para passear. Na verdade ela simplesmente não sai. Sua essência reside no epítome da burocracia moderna, a linha pontilhada (INGOLD, 2007a: 94). Nesta linha, que não é uma linha, o próprio movimento da vida é contraído em uma série de instantes. Essa linha nem se move, nem fala. Ela está morta. No entanto, quando imaginamos uma linha de escrita, é muitas vezes este tipo de linha – ou seja, a linha de letra de forma – que temos em mente. Para destacar a diferença, escrevi uma linha de as com a mão, e digitei uma outra. A linha-letra escrita a mão parece uma fila de pessoas passando, cada uma com a mão no ombro daquela à frente. Assim, o leitor tem a impressão de ver as letras de lado, como veria as figuras dessa fila enquanto seguem o seu caminho (INGOLD, 2007a: 134). Estes as são itinerantes, peregrinos. Cada qual é um movente. Os As escritos a máquina, no entanto, não estão indo a lugar nenhum. Em vez disso, cada um permanece imóvel. Enquanto os as manuscritos *ocorrem* ao longo de um trajeto de movimento, um dos caminhos da malha que compõe um texto tecido, os As digitados *existem* sobre o espaço em branco da página, confrontando o leitor, imóvel a sua frente. Ler, então, não é reviver um movimento, mas identificar elementos particulados em sucessão, e as estruturas montadas a partir deles.

Em um miniensaio delicioso intitulado "Por que as máquinas de escrever fazem 'clique'?", o excêntrico filósofo de *design*, Vilém Flusser, compara escrita a mão com o cálculo numérico:

> Nos dias em que ainda se escrevia a mão, se fazia uma linha que ia da esquerda para a direita (i. é, se se vivesse no Ocidente) que trilhava o seu caminho de um lado do papel ao outro com intervalos ocasionais. Este era um movimento linear. Quando se calcula, pega-se pequenos pedaços de um grande monte e se os reúne em pequenos montes. Este é um movimento pontuado. Primeiro, calcula-se (pega-se) e depois se computa (reúne). Analisa-se a fim de sintetizar. Esta é a diferença radical entre a escrita e o cálculo: o cálculo é direcionado à síntese, mas a escrita não (FLUSSER, 1999: 64).

E quanto, então, aos digitadores? Será que eles escrevem? Será que calculam? Se, por escrita, nos referirmos ao tipo de construção qualificada de linha,

---

6. Sobre esse tipo de linha, e sua conexão com a peregrinação, consulte o capítulo 12, p. 221.

que distingue a arte do escriba, então eles não escrevem. Se por cálculo denotamos as operações aritméticas de adição, subtração, divisão e multiplicação, então eles tampouco calculam. No entanto, em certo sentido, eles fazem as duas coisas. Na operação, o digitador é um instrumento no qual a continuidade de escrita da caminhada linear vai de encontro à descontinuidade calculista da reunião de pontos. Essa, para Flusser, é a razão pela qual faz "clique" – a que poderíamos acrescentar que também é por isso que o relógio ou o relógio de pulso faz "tic". Cada clique ou tic sucessivo registra a torção, por assim dizer, entre o fluxo do movimento animado e a transitividade de sua reconstrução digital. Cada um resolve momentaneamente a tensão, apenas até que ela se construa novamente. Assim, a máquina gagueja em um mundo gaguejante (FLUSSER, 1999: 62).

O som de *A*

Franz Schubert começou uma das suas últimas sonatas para piano (D. 959), composta em setembro de 1828, com uma linha de cinco barras nas quais a tônica **A**, no meio da pauta da clave de sol, é vigorosamente repetida não menos do que treze vezes enquanto abaixo a harmonia varia. É como se ele quisesse perfurar este **A** em nossas cabeças, como a âncora em torno da qual gira toda a sonata. Neste painel (figura 15.6) montei uma cópia da primeira linha da partitura junto com um **A** clave de sol, escrito em notação musical padrão, e o diapasão de metal que uso para obter um som de afinação idêntico ao afinar meu violoncelo. Tomados em conjunto, estes estabelecem uma relação entre o A maiúsculo impresso no título da obra de Schubert (Sonata em A), o tom notado por um oval colocado entre a segunda e terceira linhas acima na pauta, e o som emitido pelo diapasão quando tocado.

No entanto, também incluí no painel um curto extrato copiado de um livro que foi leitura obrigatória para o curso de linguística que fiz como estudante de graduação em Cambridge no final de 1960. O livro, de Daniel Jones, foi intitulado *An Outline of English Phonetics*, e contou com um grande número de fotografias da boca do Dr. Jones com seu elegante bigode ilustrando as posições de lábio e língua para formar os vários sons do inglês. O extrato que copiei mostra essa boca proferindo os a/as vocálicos como seriam pronunciados por um inglês de classe média do sul em palavras tais como *banho, arte* e *grama*. A foto é acompanhada por um texto explicando precisamente como o som deveria ser formado: com a língua muito baixo na boca (o ponto mais alto antes do centro do "lado detrás") e sua ponta um pouco retraída dos dentes inferiores, os lábios em uma posição "neutra" – nem franzidos nem esticados, e as mandíbulas bem abertas (JONES, 1964: § 285).

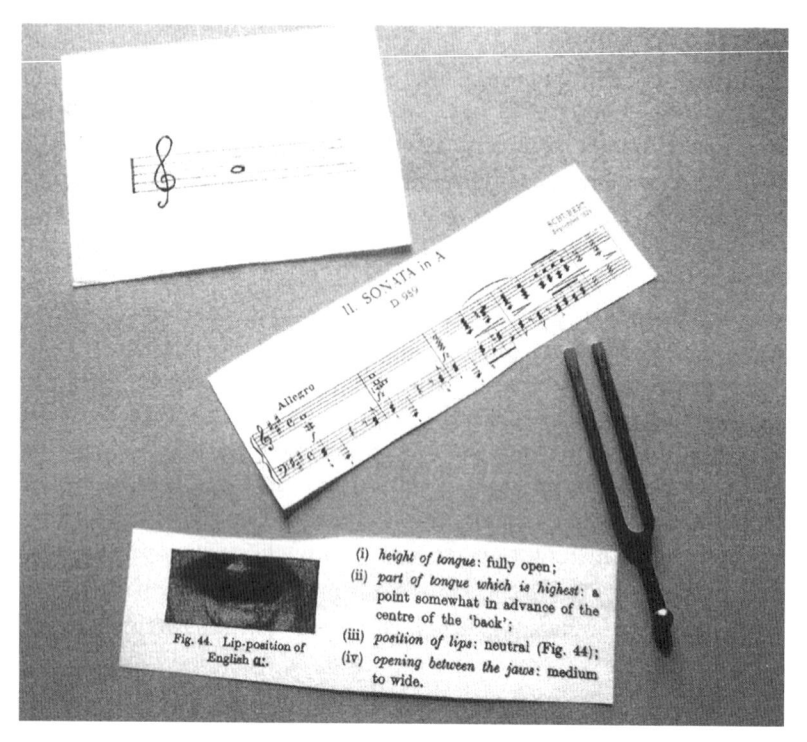

Figura 15.6 O som do *A*: nota musical, articulação fonética e diapasão

Ora, tanto na escrita quanto na notação musical, um **A** pode representar um som. De fato, se você pedisse a uma cantora para "cantar um **A**", ela poderia muito bem perguntar se o que se deseja é um som vocálico particular (como distinto daqueles convencionalmente denotados pelas letras **E, I, O** e **U**, sozinhas ou em diversas combinações), ou um som de um determinado tom (como distinto daqueles denotados pelas letras **B, C, D** etc., dentro da extensão de uma oitava), ou ambos ao mesmo tempo. Aparentemente, temos aqui dois sistemas de notação paralelos, mas bastante independentes – um linguístico, o outro musical – que aconteceu de usarem o mesmo repertório de elementos de notação extraídos do alfabeto. Alguém poderia cantar uma escala inteira de **A**s vocálicos mantendo os lábios e a língua na posição recomendada descrita por Jones. Mas então, mais uma vez, você poderia cantar um contínuo **A** agudo enquanto move continuamente os lábios e a língua para formar toda a gama de sons vocálicos.

A separação de voz e tom, no entanto, juntamente com a escrita musical em dois registros paralelos, respectivamente verbal e melódico, é peculiar à notação ocidental moderna. Mesmo no mundo ocidental, trata-se do resultado provisório de um longo processo histórico que começou com a notação prosódica da poesia lírica e os cantos litúrgicos, a fim de ajudar oradores com sua récita. Essas notações serviram a um propósito em grande parte mnemônico, lembrando os artistas de inflexões apropriadas da voz. Elas não eram essenciais à música, não mais do que dedilhar em uma placar moderno o é. Desde que o princípio foi enunciado por Platão, em *A República*, até o início da era moderna, tem sido suposto de que a essência musical de qualquer música está na sonoridade de suas palavras (STRUNK, 1950). Na verdade, há notáveis paralelos históricos aqui entre o Oriente e o Ocidente. No tradicional teatro *noh* do Japão, os cânticos eram notados por meio de caracteres tirados do silabário *katakana* denotando sons vocálicos. O canto, no essencial, compreende um fluxo de onomatopeia vocálica. Os sons melódicos que se seguem quando, por exemplo, uma flauta é segurada na boca e tocada com um certo dedilhado, apenas embelezando a música sem alterá-la fundamentalmente (IGUCHI, 2008: 258-259).

A maioria das pessoas nas sociedades ocidentais contemporâneas, ao contrário, está acostumada a subordinar a letra de uma canção à sua melodia, e a localizar aí a sua musicalidade. Elas pensam na música, idealmente, como uma canção *sem* letra, despojada de seu componente verbal. E assim, quando se considera uma letra como denotando um som, seu primeiro pensamento é provavelmente na música e não na fonética. Pois em sociedades dominadas pela palavra impressa, as letras não evocam sons específicos como marca das diferenças entre elas. A fonética tem sido marginalizada pela fonêmica. E, por isso mesmo, a linguagem – vista como um sistema de diferenças que existe na mente dos falantes de maneira totalmente independente de sua manifestação em atos de fala – foi silenciada. Como um marcador de fonemas, ou um elemento de linguagem, a letra não transmite nenhum som, apenas uma diferença que pode ser registrada tão bem pelo meio gráfico quanto pelo vocal. Em suma, o mesmo processo de purificação que removeu do som do **A** qualquer contaminação pela fala também deixou o **A** da linguagem totalmente mudo.

Um *A* bordado

Geralmente pensamos na escrita como algo que fazemos com um instrumento de escrita sobre uma superfície qualquer. E pensamos na linha escrita como um traço sobre essa superfície. Meu último painel teve como objetivo desafiar essas suposições. Como inscrições sobre uma superfície, traços são apenas alguns de muitos diferentes tipos de linha. Outros tipos incluem cortes, rachaduras e vincos e – mais importante – fios. Pode uma linha escrita ser criada a partir de um fio? Na verdade pode, se a linha for bordada como em uma tapeçaria. Para este painel pedi a Susanne Holland, assistente de pesquisa do Grupo de Pesquisa em Criatividade e Prática da Universidade de Dundee, para bordar um **A** com linha de algodão vermelha em um pedaço de tecido branco. Para trabalhar o material ela estendeu-o sobre uma moldura circular. No entanto, o trabalho não está ainda terminado, já que a perna direita ainda não foi concluída. A linha solta, ainda enfiada na agulha, pende da perna inacabada (figura 15.7).

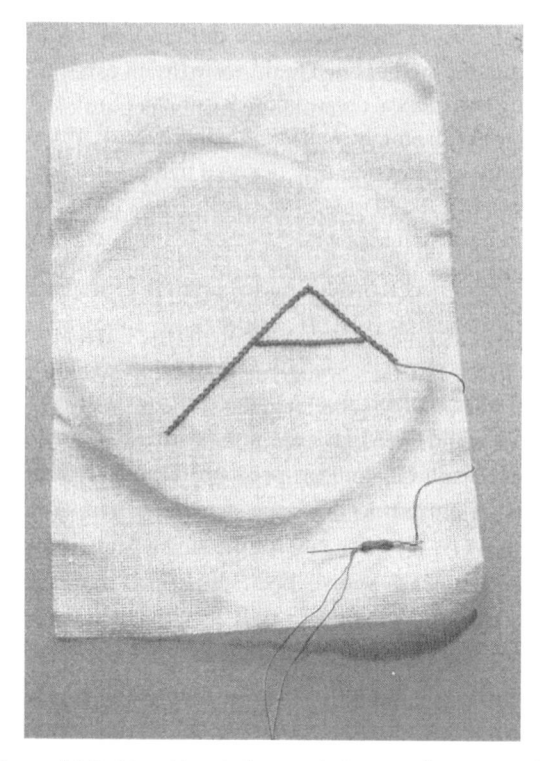

Figura 15.7 Um *A* bordado com linha e agulha em tecido

Como, então, a linha-fio difere do traço? Uma diferença óbvia é que o fio já foi fiado em toda a sua extensão antes do trabalho de bordado começar. A própria linha sai do fuso, não da agulha. Conforme gira, o fuso reúne e entrança as fibras que compõem o fio. Portanto, se estivermos preocupados com a *geração* da linha, então a escrita como fabricação de traços deveria talvez ser comparada com a fiação de fios, ao invés da sua posterior utilização em bordados (MITCHELL, 2006). Uma linha que tenha sido fiada em vez de traçada, no entanto, não está inicialmente ligada a qualquer superfície. Você pode lhe dar um nó ou enrolá-la em um carretel. Se ela se encontrar em uma superfície, então você pode movê-la da maneira que você quiser. Mas você não pode apagá-la. Uma linha traçada, ao contrário, não pode ser movida, mas geralmente pode ser apagada por uma fricção da superfície. Se você quiser mudar a linha, não há outra alternativa senão apagá-la e traçá-la novamente.

Voltando a nossa atenção para a agulha, seu funcionamento adequado é claramente muito diferente daquele de uma ferramenta de escrita como uma caneta ou um lápis. Você poderia, obviamente, utilizar a ponta afiada de uma agulha para arranhar marcas em uma superfície, mas esse não é o propósito para o qual ela foi projetada. Para compreender este propósito, o ponto deve ser considerado em relação ao olho. Por meio da agulha, a linha – enfiada no buraco da agulha – passa não *pela* superfície, mas *através dela*, puxada atrás do ponto. Assim, a superfície figura não como um substrato sólido, mas como uma membrana permeável, ela própria tecida como uma malha ou rede de fios finos, através dos interstícios pelos quais a agulha passa sem danos à sua integridade. Na formação de um ponto, a ponta da agulha é reinserida no tecido onde ou perto de onde a linha-fio emerge. A linha é enfiada no buraco da agulha, no entanto, um pouco mais. Entre o ponto e o buraco da agulha, por conseguinte, o fio forma um laço. Conforme a agulha é puxada para o outro lado da superfície do material, o laço é apertado para formar um ponto, ligando a linha-fio à urdidura e à trama do próprio tecido. A iteração deste laço e dessa costura forma a linha de bordado.

Em suma, enquanto na ação de uma caneta ou lápis a linha inscrita cresce a partir do ponto conforme o trabalho prossegue, na ação da agulha a linha bordada cresce através dos repetidos laços do fio-linha entre onde o ponto encontra a superfície e onde o fio encontra o buraco da agulha. Contar histórias envolve um laço semelhante da experiência presente para conectá-la àquela do passado (cf. capítulo 13, p. 237). Pergunto-me se a relação entre a vida como é vivida, e sua reencenação narrativa, é semelhante àquela que existe entre escrever e bordar.

Retrospectiva e perspectiva

Letras são coisas multiformes. Infinitamente copiadas de formas sempre diferentes, elas são a moeda ou o câmbio da linguagem escrita. Onde outrora representavam objetos – como o primeiro **A** representava uma cabeça de boi – são agora mais provavelmente representadas *por* objetos como os **A**s de plástico do conjunto infantil. Mas entre a sua representação *de* um objeto e *por* um objeto, cada letra é apenas uma representação de si mesma. Como tal, pode tanto ser desenhada quanto escrita: na verdade, enquanto a escrita for entendida como uma atividade artesanal, ela não pode ser claramente distinguida da arte de desenhar letras, como os **A**s caligráficos da escrita gótica. E em uma escala adequada de ampliação, mesmo a linha-letra de uma escrita cursiva normal reaparece como uma linha de desenho. Podemos usar letras para anotar a voz humana, no entanto, quanto mais elas vêm a indexar sons puros divorciados de palavras, como aquele do **A** produzido por um diapasão, mais – na linguagem – eles vêm a indexar o significado silencioso que supostamente está *por detrás* do som falado. As letras podem ser desenhadas como traços, bordadas como fios, e tocadas como teclas. Que as letras possam assumir tantas formas diferentes, ser feitas de tantas maneiras diferentes, e usadas para fazer tantas coisas diferentes, deveria ser uma questão não de preocupação, mas de comemoração. Pois mostra que há muito mais que podemos fazer com elas do que se poderia supor nas estreitas convenções do texto impresso. Na verdade, mal começamos a explorar o seu potencial descritivo e expressivo além dos limites dessas convenções textuais. Se pudéssemos ousar sermos tão inventivos com as letras quanto foram os nossos predecessores dos tempos medievais e da Antiguidade, e talvez como cartunistas e grafiteiros o são hoje, as possibilidades diante de nós são imensas.

16

Modos de caminhada mental: leitura, escrita, pintura

Questões de passear e observar

Em sua história do passeio, *Wanderlust*, Rebecca Solnit compara a escrita ao desbravamento de um caminho, e a leitura à viagem. "Escrever", ela sugere, "é desbravar um novo caminho através do terreno da imaginação [...]. Ler é viajar por esse terreno com o autor como guia" (SOLNIT, 2001: 72). Claramente, tanto o desbravamento de caminhos quanto as viagens guiadas implicam o exercício da visão. Conforme prosseguem em seu caminho, tanto o desbravador quanto o viajante devem andar com atenção e olhar para onde estão indo, o primeiro para fazer a trilha, o último para não tropeçar enquanto monitora as características do terreno conforme aparecem. Mas o que dizer do escritor e do leitor? Se a analogia de Solnit procede, então a escrita e a leitura também devem ser práticas visuais. A investigação que se segue é induzida em parte pela minha perplexidade acerca da inclinação de muitos antropólogos visuais, e de fato dos alunos da cultura visual de um modo geral, a descreverem o texto escrito como um meio *não* visual, em contraste com o meio da imagem[1]. Por exemplo, em sua introdução aos métodos visuais na pesquisa social, o antropólogo Marcus Banks assegura seus leitores novatos de que os materiais de pesquisa visual são imagens de vários tipos que são feitas para serem vistas, e que é precisamente olhando para essas imagens que as pessoas se envolvem em práticas visuais (BANKS, 2001). Irit Rogoff sustenta, aparentemente ao contrário, que o estudo da "cultura visual" não é de modo algum limitado a imagens, mas também engloba sons, delimitações espaciais e muito mais. No entanto, no mesmo fôlego, ela iguala o que é especificamente *visual* na cultura visual com a preocupação com as imagens. Na medida em que os estudos de cultura visual abrangem mais do que imagens, eles vão além da própria visão (ROGOFF, 2002: 24).

O que acontece, então, quando andamos? Ao prestarmos atenção aonde pisamos, mantemos nossos olhos no chão, não numa simulação virtual da superfície da terra com base em informação óptica já retransmitida para os olhos. Ao olharmos para aonde estamos indo, nós vasculhamos os horizontes do mundo ao

---

1. Volto a esse enigma no capítulo 18 (p. 320s.).

nosso redor, e não as suas representações imagéticas ou pictóricas. Na verdade, é mais provável que um pedestre excessivamente envolvido na leitura de imagens tropece ou se extravie. Devemos concluir que caminhar, na medida em que *não* depende do envolvimento de imagens, não é realmente uma prática visual afinal de contas? Ou se deve fazer alguma distinção entre a acuidade observacional da vista em observar e olhar, e a visualidade interpretativa do ver? Pode-se sugerir, por exemplo, que o pedestre certamente observa e olha, mas *vê* apenas quando os resultados desta observação e olhar, de alguma forma fixados nas formas de imagens, são submetidos a um subsequente processo de interpretação. Isto parece ser o que o teórico visual James Elkins tem em mente quando argumenta que somos todos cegos em alguma medida – mesmo quando nossa visão está funcionando perfeitamente – porque muito do que se passa diante dos nossos olhos não produz qualquer imagem que possa ser evocada à mente (ELKINS, 1996: 203-224). As implicações deste argumento, no entanto, são bizarras. Considere o pedestre cauteloso que olha à esquerda, à direita e novamente à esquerda antes de atravessar a rua. Não tendo nenhuma lembrança de como estavam, teríamos que concluir que estava cego para os carros que de outro modo o teriam atropelado!

Ao voltarmos do passeio para a leitura, mais perguntas surgem. Para Solnit, os leitores e escritores andam no terreno da imaginação. Qual é a diferença, então, entre o observar e o olhar que continuam à medida que se caminha, respectivamente, no terreno da imaginação e naquele da vida real? Podem estes terrenos sequer serem distinguidos? Se, por um lado, e como Elkins sustenta, a imaginação "é um lugar habitado por imagens" (p. 224), então talvez a leitura e a escrita se envolvam com imagens de uma maneira que o passeio normalmente não o faz. Mas, nesse caso, parece ainda mais peculiar que estudantes da cultura visual devam opor a leitura e a escrita a práticas que sejam propriamente visuais. Por outro lado, as letras e palavras inscritas na página de um manuscrito têm tanta presença material quanto as pegadas e trilhas imprimidas no chão, e ambas suscitam a questão da relação entre a observação de marcas e traços inscritos ou imprimidos em superfícies no mundo e a imaginação que é exercitada, por assim dizer, do lado de cá da vista, "na mente". A leitura e a escrita certamente envolvem o exercício tanto dos olhos quanto da mente, e o mesmo vale para o passeio. É possível, então, encontrar uma maneira de descrever a atividade imaginativa que se passa enquanto se caminha, lê ou escreve, sem se ter que supor que isso envolva a leitura cuidadosa de imagens? Talvez a própria noção de imagem tenha que ser repensada, da ideia de que as imagens representam, em outro plano, as formas de coisas no mundo, para a ideia de que são espaços reservados para estas coisas, que os viajantes prestam atenção, e a partir das quais se orientam. Será que as imagens não representam coisas, mas sim nos ajudam a encontrá-las?

Essas questões gerais podem, obviamente, ser colocadas acerca do trabalho imaginativo não só de andar, escrever e ler, mas também de atividades tais como desenhar e pintar e dos modos de ver que eles implicam por parte dos telespectadores. Será que o desenho ou a pintura devem ser entendidos como uma imagem final a ser inspecionada e interpretada, como é convencional em estudos de cultura visual, ou deveríamos na verdade pensar neles como um nó em uma matriz de trilhas a serem seguidas por olhos atentos? Será que são desenhos ou pinturas *de* coisas no mundo, ou será que são *como* as coisas no mundo, no sentido de que temos que encontrar nossos caminhos através e entre eles, habitando-os como fazemos com o próprio mundo? Não tenho a pretensão de que existam respostas finais, corretas para qualquer uma destas questões. Para um antropólogo como eu, no entanto, uma maneira de abordar esses problemas intratáveis é através de uma análise comparativa das respostas que as pessoas de proveniências radicalmente diferentes elaboraram. No que se segue irei explorar quatro dessas fontes. A primeira repousa sobre as práticas monásticas cristãs da Europa medieval, a segunda na tradição da pintura Yolngu, um povo aborígene do nordeste de Arnhem Land, na Austrália, a terceira da obra do grande pioneiro da arte abstrata moderna, Wassily Kandinsky, e a quarta em um tratado do paisagista chinês do século X, Ching Hao[2].

Estive lendo sobre o monaquismo medieval devido a um interesse nos ofícios da escrita e da construção civil, e estive especialmente encantado com os dois magníficos livros da historiadora Mary Carruthers: *The Book of Memory* e *The Craft of Thought* (CARRUTHERS, 1990, 1998). Isso trouxe-me à mente uma leitura muito anterior sobre arte aborígene australiana, em um momento em que eu estava principalmente interessado em como as diferenças entre as ontologias do animismo e do totemismo estiveram refletidas em modos de representar (INGOLD, 2000a: 111-131). Os monges da Europa medieval não eram nem animistas nem totemistas, mas pareceu-me que, na maneira como envolveram tanto os manuscritos quanto as paisagens em suas meditações ambulatoriais sobre a presença de Deus, havia grandes semelhanças com meditações aborígenes australianas sobre o sonhar, que também envolveram tanto as paisagens quanto as pinturas em empreendimentos igualmente ambulatoriais. Essas meditações estão baseadas em uma divisão fundamental entre formas de conhecimento "interior" e "exterior", uma divisão que também é proeminente nas reflexões de Kandinsky sobre a natureza da arte. Meu interesse na arte de Kandinsky foi reacendido por uma recente oportunidade de visitar uma grande exposição de suas pinturas no Centro Pompidou, em Paris. Na exposição comprei um livro sobre Kandinsky do

---

2. Sou o primeiro a admitir que minha escolha destas fontes é um acidente de circunstâncias absolutamente desconectadas da escrita deste capítulo. Mas, mais frequentemente do que o contrário, as justaposições acidentais lançadas por estes acidentes, em vez de exemplos cuidadosamente selecionados para provar um ponto, acabam sendo os mais produtivos dos *insights* inesperados.

filósofo Michel Henry, que li juntamente com a coleção de dois volumes de seus próprios escritos (KANDINSKY, 1982). Estes incluem o seu mais famoso ensaio, *Point and Line to Plane*, que eu já havia estudado enquanto pesquisava para o meu livro sobre a história da linha (INGOLD, 2007a). Mas agora encontrei mais inspiração em seu ensaio anterior, *On the Spiritual in Art*.

Através do meu trabalho sobre linhas interessei-me pelas artes gráficas da China antiga, e em uma recente visita ao Metropolitan Museum of Art, em Nova York, aconteceu de eu pegar um livro de textos de críticos de pintura chineses da dinastia Han até a Ch'ing, originalmente compilados pelo sinólogo sueco Osvald Sirén. Desde que o comprei, o livro ficara fechado na minha prateleira, até que um dia eu me deparei com ele e ele literalmente caiu aberto nas páginas dedicadas a Ching Hao, cujas *Notes on Brushwork* estão reproduzidas como apêndice IV do livro (SIRÉN, 2005: 234-238). E era uma observação de Ching Hao, nestas notas, que tinha a chave para o Graal que eu estava procurando, em torno do qual todas as quatro fontes pareciam convergir. Esta dizia que o mental e o material, ou os terrenos da imaginação e do ambiente físico, correm um dentro do outro a ponto de mal serem distinguíveis. São como países cujas fronteiras estão escancaradas para um tráfego de mão dupla que, passando de um país ao outro, não precisa atravessar nenhuma barreira ontológica. Essa livre passagem é uma ofensa ao pensamento moderno, que insiste em que o que chama de "ficções" da imaginação não pode ter qualquer relação com o mundo da nossa existência corpórea. O que une o monaquismo medieval, os sonhos do aborígene australiano, o espiritualismo de Kandinsky e a estética pictórica de Ching Hao, ao contrário, é a premissa de que o próprio mundo fenomenal, para usar o termo de Carruthers, é "inventado" (CARRUTHERS, 1998: 187). Seja encontrada através de um texto escrito, de uma pintura ou de um desenho, ou de um passeio pela paisagem, ou alternadamente de todas essas maneiras, cada ficção tem tanto direito de existir quanto qualquer outra. Isto não é tudo, no entanto, para que as nossas fontes convirjam para uma ideia ainda mais fundamental, ou seja, a de que estas ficções são exclusivamente externas, formas sensíveis que dão forma ao impulso generativo interior que é a própria vida.

Caminhando pelas escrituras

Nada há de novo na ideia de Solnit da leitura e da escrita como modalidades de viagem. Isso é precisamente o que monges de tempos medievais pensavam estar fazendo. Eles se viam como peregrinos, viajando em suas mentes de um lugar ao outro, e compondo seus pensamentos à medida que estes surgiam, desenhando, ou "puxando", as ideias alojadas em locais previamente visitados. A palavra em latim para este desenhar ou puxar era *tractare*, da qual é derivada a palavra portuguesa "tratado", no sentido de uma composição escrita. E o fluxo da mente pensante, que avançava pelas trilhas do texto escrito, era conhecido como seu *ductus*. Como a água em um aqueduto, o pensamento flui de uma fonte em direção a um objetivo. Mas embora o fluxo seja irreversível (não se pode fazer a corrente correr para trás), ele não é, de forma alguma, uniforme. É antes dividido – literalmente pontuado, punçando-se a superfície do pergaminho – em passagens de diferentes humores e cores. Em um tratado intitulado *On Affliction and Reading*, o beneditino do século XII Pedro de Celle aconselha os leitores das escrituras a prosseguirem como se andassem por uma paisagem, e chama a atenção para locais significativos ao longo do caminho, os eventos que aconteceram aí, e as vistas que propiciam, quase como se estivesse apresentando um guia. O humor, ele nos diz, deve sempre ser sensível a esses eventos e panoramas: agora luminoso e alegre; agora mais carregado, com um coração pesado e aflito. Portanto, o leitor, "vendo" a sua leitura conforme "anda" por ela, "está em constante movimento, todos os sentidos continuamente em jogo, diminuindo e acelerando, como um artesão usando seus vários instrumentos" (CARRUTHERS, 1998: 109-110).

Mas se alguém pudesse caminhar pela escritura como que por uma paisagem, então, em contrapartida, como geralmente na procissão litúrgica ou na peregrinação, poderia caminhar por uma paisagem como que pela escritura. Nisso a atividade física, de acordo com Carruthers, "espelha exatamente a atividade mental na qual os participantes estavam engajados" (p. 44). Para o peregrino na paisagem, como no texto escritural, lugares específicos marcados por características reconhecíveis serviriam como demarcações para personagens e histórias bíblicas – pois os personagens, na verdade, *eram* suas histórias (cf. capítulo 13, p. 235s.). Ao se visitar esses lugares se recordaria as histórias e conheceria os personagens como se estivessem vivos e presentes, atrelando sua sabedoria e poderes à tarefa de elaborar o próprio pensamento e experiência, e de conferir-lhe sentido e direção. Não só texto e paisagem eram ontologicamente equivalentes a este respeito, como o eram ambos aos edifícios, que também eram concebidos e construídos, deliberadamente, como instrumentos de meditação (p. 254-261). No edifício, cada degrau, arco ou claustro – assim como todos os aspectos da paisagem ou cada palavra do texto – oferecia um repositório para o pensamento. Os movimentos manuais controlados – o *ductus* – do escriba quando pinta letras e números na página têm os seus homólogos precisos no movimento intencional através de um edifício devocional expressamente concebido para canalizar e focar a inquieta agitação da mente humana (p. 258). O edifício, no entanto, não precisa ter sido construído, e muitos edifícios medievais não o foram, existindo apenas como planos, diagramas ou *picturae* arquitetônica que, em si mesmos, estabeleceram rotas e trilhas para composição meditativa. Longe de capturar toda a imagem em um relance, como nós modernos somos inclinados a fazer, o espectador era obrigado a se deslocar a sua volta – para realizar uma "perambulação mnemotécnica sobre o espaço da imagem" (p. 251, 354 fn. 77) – assim como alguém se movimentaria em um edifício real.

A imagem arquitetônica foi um exemplo do que os pensadores medievais consideravam ser um mapa (*mappa*). Fundamentalmente, no entanto, o mapa foi alcançado não por qualquer processo de observação e medição, mas através de uma experiência visionária de revelação. Ao invés de examinar as superfícies opacas, exteriores do mundo, o visionário – em cujos olhos estas superfícies foram tornadas transparentes – veria *dentro delas* que, depois do que era revelado a sua mente uma realidade interior, as formas visíveis do mundo exterior eram apenas aparências. Uma interpretação desta visão abrangente foi o *mapa-múndi* ou mapa do mundo. Longe de ser o esforço bruto de representação cartográfica que o consideramos hoje, o *mapa-múndi* era um modelo *para* (não *do*) o mundo fenomênico, cujo propósito não era tanto descritivo quanto prescritivo: estabelecer um modelo fundamental para a disposição ordenada de elementos figurativos – imagens, se você preferir – que demarcavam lugares ao longo de vias de pensamento, e que podiam ser atualizados tão bem nas formas de representações, características de paisagem ou dos componentes de edifícios como podiam em palavras. Convencionalmente, a capacidade das palavras evocarem imagens tem sido conhecida como *ekphrasis*, um termo derivado da retórica da Grécia clássica. Mas como Carruthers o demonstra, para retóricos medievais, edifícios e paisagens, assim como textos poderiam evocar as estruturas para meditação inventiva: eles também ofereceram uma variedade de *ekphrasis* (p. 222-223). Como foi, então, que o fizeram? Para uma resposta, podemos recorrer aos escritos de Richart de Fournival, cônego da Catedral de Amiens, em meados do século XIII e autor de um bestiário popular, *Li bestiaires d'amours*.

No prefácio a esta obra, Richart explicou que o conhecimento pode entrar na alma humana por meio de dois portões, da visão e da audição, através de cada uma das quais passa uma via. Estas vias eram a *painture* e a *parole*, a pintura e a fala. Com mais de 70 desenhos de animais, o bestiário de Richart era um compêndio de palavras e imagens. Mas as distinções, por um lado, entre a pintura e a fala, e, por outro, entre pintar e escrever, não são congruentes. Em vez disso, elas se entrecruzam. Quando a escrita era lida em voz alta, como frequentemente se fazia na Idade Média, era apreendida acusticamente nos sons da fala: a tarefa dos leitores e das audiências era, então, ouvir as "vozes das páginas" (p. 169-170). Essas vozes entraram na mente pela via da *parole*, pelo portão da audição. No entanto, as letras da escrita só existem porque foram pintadas (ou desenhadas) na página. De fato, como nota Carruthers (1990: 225), o escriba que escreveu as letras era muitas vezes identificado como o "pintor" do manuscrito. E quando a escrita era lida em silêncio entraria na mente pela outra via, a da *painture*, pelo portão da visão. Além disso, palavras escritas, mesmo se lidas em voz alta, como *paroles*, imagens pintadas na mente do ouvinte – imagens que, segundo Richart, são vistas com os olhos da mente. Assim, a escrita tanto pinta quanto é pintada, e tanto fala quanto é falada. Por outro lado, as imagens são pintadas na página, assim como as letras o são e, entrando através do portão da visão, elas pintam-se a si mesmas nas mentes dos espectadores-leitores. Mas imagens também falam e são faladas, elas têm *parole*. Em muitos textos sua fala é de fato redigida, na forma de pergaminhos mostrados saindo da boca de uma figura, e não como nas caricaturas contemporâneas (p. 229-230).

Os escritores medievais, em suma, não subscrevem a distinção ontológica moderna entre palavras e imagens, ou entre texto e imagem (CARRUTHERS, 1998: 212-213). Em seus manuscritos, imagens e palavras eram estritamente equivalentes e até mesmo intercambiáveis. As imagens não eram mais "visuais" do que as palavras; as palavras não menos do que as imagens (figura 16.1). Ambas eram acessadas através dos portões gêmeos da visão e da audição, pelas vias da pintura e da fala. Nada havia de incongruente, então, acerca da justaposição, nas páginas do bestiário, do que nos parecem representações fantasiosas ao lado de uma miscelânea de histórias alegóricas nas quais as criaturas descritas se apresentam em uma variedade de situações moralmente carregadas. Bestiários medievais, como Willene Clark enfatizou, têm que ser entendidos "como literatura espiritual, não como história natural degradada" (CLARK, 2006: 7). As cenas e histórias que apresentaram mobiliaram a mente com imagens que forneceram sentido e direção a correntes de experiência. A essas cenas e histórias, além disso, foram adicionadas aparições das próprias criaturas, e observações de seu comportamento, em contextos de vida cotidiana, tais como agricultura e caça. "O animal" era, na verdade, um nódulo ou nó em uma meada de representações, histórias, aparições e observações entrelaçadas, nenhuma das quais era ontologicamente anterior a qualquer outra, e todas – no seu conjunto – abriram caminhos para a experiência de Deus[3]. Assim, o viajante na paisagem, encontrando-se com criaturas da "vida real" em seu caminho, encontrou-as através dos portões da visão e da audição, assim como o faria nas páginas do bestiário, onde figuraram na escrita e na representação. Como, então, a leitura difere do caminhar na paisagem? Ela simplesmente não difere. Caminhar é viajar na mente, tanto quanto sobre a terra: é uma prática profundamente meditativa. E ler é viajar na página, tanto quanto na mente. Longe de serem rigidamente separados, há um tráfego constante entre estes terrenos, respectivamente mental e material, através dos portais dos sentidos.

---

3. No capítulo 14 chegamos a uma conclusão muito semelhante quanto à percepção dos animais entre o povo Koyukon do Alasca. Para eles, também, os animais são compêndios de histórias contadas, nomes proferidos, e avistamentos de criaturas reais envolvidas em suas atividades vitais características.

Figura 16.1 Palavras em imagens e imagens em palavras: a página do Bestiário de Aberdeen, escrito e iluminado na Inglaterra por volta do início do século XIII. O texto no topo da página fala de vários tipos de sapos, inclusive dizendo que cães não latirão se lhes forem dados sapos vivos para comer. O "A" inicial, que liga uma série de sapos em sua folhagem, e cujo caule é formado por uma vasta cauda de dragão, marca o início de uma nova seção sobre árvores e plantas.

Andando pelo Sonhar

Permita-me voltar-me, agora, para os Yolngu do nordeste de Arnhem Land. Os Yolngu não têm tradição de escrita como tal, mas eles fazem pinturas, principalmente nas superfícies de cascas de árvore, mas também em corpos humanos. Seu etnógrafo, Howard Morphy, distingue dois tipos – ou melhor, níveis – de pintura, respectivamente "figurativo" e "geométrico" (MORPHY, 1991: 150). A pintura figurativa é inconfundivelmente icônica, incluindo formas que são facilmente identificáveis como seres humanos, animais de vários tipos, equipamentos como lanças e pás, e aspectos da superfície, tais como árvores e pedras. A pintura, invariavelmente, conta a história de como seres ancestrais, na era da formação do mundo conhecida como o Sonhar, fizeram seu caminho de um lugar a outro, criando o país conforme passavam, e o povoando com os clãs que habitariam cada respectivo lugar. Alguém poderia "ler" a pintura como uma história, movendo-se em torno do espaço imagético conforme os acontecimentos da narrativa se desdobram. Na verdade, o povo Yolngu habitaria suas pinturas tanto quanto os monges da Europa medieval habitariam as escrituras, caminhando em suas mentes o caminhar original, criativo dos antepassados e, deste modo, atualizando-o no presente, de modo a dar sentido e direção às suas próprias vidas (p. 114). Da mesma forma, exatamente como no caso do texto medieval, pintar era um modo de caminhar e caminhar um modo de pintar. Viajando-se de um lugar a outro, encontram-se em cada lugar, e rememoram-se, determinados seres ancestrais e suas histórias (e como acontece com personagens bíblicos, os seres ancestrais *são* suas histórias).

Há uma diferença, no entanto. Pode-se virar as páginas de um manuscrito e ler algo novo em cada página. Da mesma forma, cada pintura figurativa Yolngu existe como parte de um conjunto, contando à sua maneira algum aspecto da história relacionado ao país, e os novatos, à medida que são apresentados a uma pintura após outra no conjunto, desenham sobre o que aprenderam de cada uma "lendo" a seguinte (p. 217). Mas se o conjunto de pinturas era comparado a um livro, então seria um cujas folhas, à medida que são sobrepostas, dobram-se umas sobre as outras. Ao fazê-lo, as diacríticas figurativas que marcam cada personagem como adequado a uma determinada leitura são absorvidas em um esquema generativo subjacente, ou modelo, a partir do qual todas são, em última análise, derivadas. Pinturas do tipo que Morphy chama de "geométricas" retratam esse modelo. Assim, a pintura geométrica é como um livro, cujas páginas se dobraram ou fundiram em uma. Essa pintura pode ser ponderada repetidamente, e lida diferentemente a cada vez. Para a vista não treinada, "geométrica" parece uma designação inteiramente apta a pinturas deste tipo, pois pelo valor nominal elas parecem ser tão desprovidas de conteúdo significativo quanto um desenho matemático. O que poderia ser mais abstrato, por exemplo, do que uma forma oblonga com uma linha reta pelo meio? (figura 16.2). No entanto, um Yolngu iniciado perguntaria: O que poderia ser mais denso? Pode ser lido de muitas maneiras. Em uma leitura, oblongas são as pedras sobre as quais o canguru saltou quando foi perseguido pela mulher ancestral Ganydjalala por um país rochoso, em outra é o corpo do próprio canguru (com a linha divisória como a espinha dorsal), e em ainda outra – referindo-se à invenção do canguru das pontas de lança de pedra – são os blocos de pedra, fendidos pela linha média, dos quais fragmentos foram atingidos na fabricação de lanças (p. 191-193, 207).

Figura 16.2 Motivos figurativos e geométricos na arte Yolngu. Esta pintura de Welwi do clã Marrakulu retrata a mulher ancestral Ganydjalala caçando um canguru pelas terras altas da floresta. Reproduzido a partir de Morphy (1991: 192), cortesia do Centro Buku-Larrnggay Mulka (em nome do clã Marrakulu) e com a permissão da University of Chicago Press.

Assim, no motivo da oblonga dividida, terra, animal e artefato são forjados em uma unidade que não se assemelha a nenhum deles, mas subscreve a todos. Não é que o motivo tenha muito pouco conteúdo. Tem na verdade muito – mais, pelo menos, do que pode ser apreendido de uma só vez. Por esta razão, o novato que inscreveria as pinturas em sua busca meditativa pelo conhecimento e pela sabedoria ancestrais tem que passar por uma longa indução, começando do conhecimento relativamente superficial, *exterior*, consagrado nas pinturas figurativas, e, gradualmente, construindo o caminho para o conhecimento mais fundamental, *interior*, do tipo que está concentrado na arte geométrica. Para o povo Yolngu, tudo tem um dentro e um fora, embora estes sejam termos relativos, visto que o que está no interior das formas mais superficiais permanece no exterior de coisas que são mais arraigadas (p. 78-80). A interiorização progressiva de aparições exteriores em necessidades internas, no curso da indução de um novato, concentra os poderes de múltiplas leituras do mundo fenomenal em uma atenção unitária que desce cada vez mais fundo, esforçando-se em conhecer uma realidade mais real do que aquela que pode ser adquirida a partir da superfície das coisas. É uma progressão que condensa, em formas geométricas, conhecimento que só é revelado aos poucos, uma fatia de cada vez, nas representações figurativas. Em essência, o conhecimento interior consiste em uma compreensão da unidade subjacente e da coerência de diferentes ordens de experiência. Essa unidade encontra-se no Sonhar. O paradoxo da arte Yolngu, como Morphy o demonstra, é que, por um lado, o significado de desenhos figurativos é relativamente transparente, enquanto o de desenhos geométricos é obscuro; e, por outro lado, os desenhos geométricos tornam transparente o ordenamento fundamental das coisas que é obscurecido, na pintura figurativa, pela sua concentração exclusiva em uma coisa em detrimento de outra (p. 296).

A análise de Morphy da arte Yolngu é um pouco prejudicada pelo seu compromisso inabalável com uma semiótica saussureana, segundo a qual pinturas são sistemas de signos cujos significados estão nas mentes de anciãos conhecedores como um conjunto de conhecimentos compartilhados ou "estruturas culturais intersubjetivas" (p. 143-144, 292). Esses significados, Morphy insiste repetidamente, são *codificados* nas pinturas, que servem principalmente como veículos para a transmissão de conhecimento ancestral dos mais velhos para os novatos, garantindo assim sua reprodução através das gerações. O efeito dessa lógica, no entanto, é virar pelo avesso a relação entre a arte e o seu significado. É dizer que o sentido, em vez de ser imanente na arte, é algo externo que foi implantado nela e que pode – por um processo inverso de decodificação – ser extraído dela. No entanto, os Yolngu mesmos, segundo relato do próprio Morphy, estão dizendo o contrário, ou seja, que as pinturas não codificam, mas revelam. No que lhes concerne, ele admite, pinturas *são* os seres do passado ancestral, apresentados e divulgados no presente (p. 102, 292). Tudo decorre deste passado, assim como todas as formas superficiais surgem a partir do que já está no lado de dentro. No entanto, a pintura é apenas uma das muitas maneiras nas quais os seres ancestrais podem se revelar, ou fazer sentir sua presença. Considere, por exemplo, o ancestral crocodilo, que foi queimado quando sua casca cabana pegou fogo e mergulhou no mar para apagar as chamas. Ainda queimando sob as ondas, o fogo marcou as costas do crocodilo com escamas. Na pintura, ele é revelado nos padrões de losangos distintivos dos desenhos dos clãs que surgiram a partir dele.

Ele pode revelar-se em padrões semelhantes de ondulações sobre a superfície da água. Mas ele – isto é, a sua história – pode igualmente bem mostrar-se no padrão de escamas nas costas do crocodilo vivo (p. 176-177).

Na verdade, existe um paralelo notável entre as maneiras pelas quais o Sonhar é tornado manifesto para os iniciados Yolngu através de pinturas, histórias e experiências de seres viventes; e as maneiras pelas quais a mão de Deus foi similarmente revelada aos leitores dos bestiários medievais. Os seres arquetípicos do seu mundo também se mostraram como grupos de representações, narrativas e observações diretas. No saber Yolngu, assim como no monástico medieval, o ser *é* o entrelaçamento de suas manifestações, que juntas revelam a sua essência interior, e a aparência do animal vivo como uma criatura da natureza é apenas uma dessas manifestações, ontologicamente equivalente às suas representações figurativas e às histórias que são contadas sobre elas. Além disso, essa equivalência, como já vimos, estende-se às relações entre pinturas e paisagem. Em trabalhos anteriores abri exceção para a caracterização de Morphy da pintura como um *mapa* da paisagem (p. 221-225). Embora certamente haja uma correspondência entre a forma da pintura e da morfologia da paisagem, argumentei, "não seria certo supor que uma *representa* a outra. Ao contrário, tanto a paisagem quanto a pintura existem no mesmo nível ontológico, como modos alternativos nos quais uma ordem ancestral subjacente é revelada à experiência humana" (INGOLD, 2000a: 118). Em retrospectiva, no entanto, e à luz do que aprendemos da prática monástica medieval, eu estaria disposto a aceitar que as pinturas Yolngu são mapas, mas somente com a condição de que o mapa seja entendido em seu sentido original, pré-cartográfico, que é como um instrumento para revelar a realidade interna do mundo, e não como uma representação da sua superfície exterior. Para os Yolngu, como Morphy o reconhece, tanto a paisagem tal como é exteriormente observada quanto as pinturas figurativas correspondentes têm sua fonte no mesmo modelo básico (MORPHY, 1991: 237). Como representação deste modelo, a pintura geométrica é a contrapartida exata do *mapa-múndi* medieval, e serve ao mesmo propósito, qual seja o de evocar os temas da reminiscência meditativa. Longe de refletir, ao nível da mente, uma realidade objetivamente dada, e, assim, reforçar a divisão entre o mental e o material, tanto a pintura geométrica quanto o *mapa* oferecem um lugar onde a mente e o mundo podem se mesclar forjando uma experiência interior da unidade da vida. O mesmo, como demostrei agora, pode-se dizer das pinturas nominalmente "abstratas" de Wassily Kandinsky.

Caminhando por uma exposição

Apresentando seu ensaio *On the Spiritual in Art*, Kandinsky apresenta uma paródia cativante de quadros em uma exposição:

Imagine um edifício grande, muito grande, pequeno ou médio, dividido em vários cômodos. Todas as paredes dos cômodos são decoradas com telas pequenas, grandes e médias. Muitas vezes, vários milhares de telas. Sobre elas, por meio da aplicação de pintura, peças de "natureza" são retratadas: animais em luz e sombra, de pé à beira da água, bebendo a água; deitado na grama ao lado deles um crucifixo de Cristo, retratado por um pintor que não acredita em Cristo, flores, formas humanas sentadas, de pé, caminhando, muitas vezes nuas, muitas mulheres nuas (muitas vezes vistas de costas em escorço), maçãs, e pratos de prata, um retrato do conselheiro privado fulano de tal, o sol da tarde, uma mulher de cor rosa, patos voando, um retrato da baronesa X, gansos voando, uma mulher de branco, bezerros à sombra salpicada de uma luz solar amarelo brilhante, um retrato de Sua Excelência Y, uma mulher de verde. Tudo isso é cuidadosamente impresso em um livro; nomes dos artistas, títulos dos quadros. Pessoas segurando esses livros nas mãos vão de tela em tela, folheiam e leem os nomes. E então saem, tão ricas ou pobres quanto quando entraram, imediatamente novamente absorvidas pelos seus próprios interesses, que nada têm a ver com arte. Por que foram? (KANDINSKY, 1982: 129-130).

Elas vão, provavelmente, ver as pinturas, e para que possam dizer que as viram. Pensam que artistas são pessoas que pintam coisas, qualquer coisa. E supõem que uma vez tenham verificado *de* que é a pintura, e talvez a intenção do artista ao pintá-la, então as viram. Elas podem, talvez, admirar a facilidade com que o tema foi expresso pelo artista, ou mesmo buscar situar a obra em um contexto social, cultural ou histórico. No entanto, tendo realizado tudo isso, diz-nos Kandinsky, elas não estão mais perto de experimentar a obra de arte como *pintura* do que estiveram no início (cf. HENRY, 2009: 73-74).

Para descobrir o que Kandinsky denotava por pintura, deixe-me voltar para outro exemplo de uma exposição imaginária. Neste caso os quadros, inclusive aquarelas e desenhos, realmente existiram, embora a maioria esteja agora perdida. Foram produzidos pelo artista e arquiteto russo Victor Hartmann. Foi após a morte prematura de Hartmann em 1873 que seu amigo, o compositor Modest Mussorsky, escreveu seu célebre conjunto de peças para piano, *Quadros de uma exposição*. Cada uma das dez peças refere-se a um dos quadros de Hartmann, que Mussorsky imaginou pendurados em uma galeria. São ligados *passeios* que conduzem o ouvinte musicalmente de quadro em quadro. Agora, para Kandinsky, a música de Mussorsky falou diretamente com o que a pintura realmente é. Não apela para aparências externas, sejam reais ou imaginárias, mas para uma vida interior – para emoção, sentimento e as pulsações da alma. Considere a peça no conjunto intitulado "O castelo medieval". Esta peça não pretende descrever o castelo em som – não é música de programa, pelo que Kandinsky nada teve além de desprezo (1982: 155). Ele busca, em vez disso evocar um sentimento comparável ao que se poderia experimentar na presença de uma antiga ruína na paisagem. Com o seu pulso lento, monótono no registro inferior do teclado, a música de "O castelo medieval" transmite uma aura que é cinza, pesada e pensativa. Assim também, podemos supor, o fazia a pintura de mesmo nome de Hartmann. Embora ostensivamente, a pintura fosse *do* castelo, ressoava internamente com precisamente a mesma aura evocada na música. Mas o que o compositor alcança por meio de ritmo e tom, o pintor alcança com forma e cor. Comparando o pintor com o compositor e pianista, Kandinsky declara que para o primeiro: "A cor é o teclado. O olho é o martelo. A alma é o piano com suas muitas cordas. O artista é a mão que propositadamente deixa a alma vibrando por meio desta ou daquela tecla" (p. 160).

Em 1928, Kandinsky encenou *Quadros de uma exposição*, de Mussorsky, no Teatro Friedrich, em Dessau, transformando os dez "quadros" em dezesseis cenas que combinam música, movimento de palco, iluminação e decoração. Seu objetivo ao fazê-lo era trazer as formas e cores, como ele o coloca, "que nadavam diante dos meus olhos ao ouvir a música" (p. 750). "O castelo medieval", por exemplo, começou na escuridão, exceto por três faixas longas, que desaparecem para dar lugar a uma grande mancha vermelha à direita, em seguida, uma mancha verde à esquerda. Quando a luz desaparece por volta do final, apenas as três faixas originais permanecem visíveis, e estas, por sua vez, desaparecem, de repente, com o final *forte* da peça. A encenação, por insistência de Kandinsky, foi inequivocamente "abstrata". Isto não significa, no entanto, que fosse desprovida de conteúdo. Bem ao contrário, por abstração Kandinsky denotava a remoção da obra de arte de todos os elementos figurativos que de outra forma a aprisionam ou nos escondem a sua verdadeira natureza, e que são inerentes à sua existência *como* arte, de modo a liberá-la na plenitude do ser. Na música, isto significa remover quaisquer sons que possam ser interpretados como imitativos ou programáticos; na pintura significa deixar de lado a ilusão de que ver uma pintura é ver *de* que é uma pintura. Se alguma coisa é vazia de conteúdo, é a imagem que serve apenas para representar um externo objeto, mas que carece de qualquer vida própria. Essa imagem depende de objetos para a sua existência no mundo. Mas a pintura, propriamente dita, não. Nem a música. Juntas, elas abrem a mente para verdades internas que são ontologicamente anteriores às formas exteriores das coisas. Por um princípio que Kandinsky chamou de "necessidade interior" (p. 160), estas verdades – o "conteúdo abstrato" da obra de arte – tocam diretamente a alma e a colocam em movimento. Este princípio corresponde, naturalmente, ao que o povo Yolngu chama de o Sonhar, e ao que os pensadores monásticos medievais viam como a mão de Deus.

Como os pintores Yolngu, Kandinsky enfatizou continuamente a distinção entre o interior e o exterior, entre os aspectos internos e externos das coisas. Ele começou seu ensaio *Ponto e linha sobre plano* com o enunciado: "Todo fenômeno pode ser experimentado de duas maneiras [...] Externa – Interna". Pode-se olhar para ele como que através de um painel, ou pode-se mergulhar nele, tornar-se parte ativa dele, e "experimentar a sua pulsação, com todos os nossos sentidos" (p. 532). Essa é a diferença entre a experiência de visitantes à exposição satirizada na paródia de abertura de Kandinsky, que olha para uma tela atrás da outra, mas não é movido por nenhuma, e aquela do espectador-ouvinte, cujo *passeio* é evocado na música de Mussorsky. Esta pessoa, que poderia ter sido o próprio Mussorsky, é profundamente comovida pelo que vê. As seções *passeio* da música traduzem em som suas mudanças de humor conforme ele vai de tela em tela: agora confiante, agora hesitante, agora triste, agora ansioso, e, finalmente, exultante. Ele é movido precisamente porque o que vê não são pinturas de coisas, ou imagens no sentido moderno, mas coisas que são pintadas. E ele habita essas coisas como habita o mundo, movendo-se através e entre elas, e ao participar com todo o seu ser do movimento gerador da sua formação – isto é, do que Michel Henry, em seu comentário sobre os escritos de Kandinsky, chama de "o devir da nossa vida" (HENRY, 2009: 83). Na verdade, a nossa caminhada pela exposição, enquanto ouvimos *Quadros* de Mussorsky, não é diferente de uma caminhada monástica pelas escrituras. Ele revive a história dos nossos sentimentos, como continua Henry, no "eterno movimento da passagem do sofrimento à alegria" (p. 122). Lembre-se do conselho de Pedro de Celle, de que os leitores devem estar sempre sensíveis no humor para as vistas abertas por letras, palavras e imagens. Na página de um manuscrito, como já vimos, mesmo a letra pintada poderia ser entendida como uma coisa de pleno direito, com aspectos tanto internos quanto externos. Em seu comentário sobre a teoria dos elementos que Kandinsky propôs em seu *Ponto e linha sobre plano*, Henry explica por que (p. 34-35).

Tome qualquer letra do alfabeto – digamos um "o". Normalmente, a letra designa um fonema, e serve ao seu propósito ao permitir-nos distinguir, tanto na fala quanto na escrita, entre uma palavra e outra. Isso, dizemos, é aquilo para que as letras *servem*, e são muito úteis. Mas e se deixarmos esta finalidade prática de lado e concentrarmos nossa atenção na letra mesma? Aí está, uma coisa com vida própria, orgulhosamente pintada na página. De repente ela se destaca como uma forma que nós mal havíamos notado antes, tão acostumados estivéramos com os aspectos práticos do seu uso diário. E como uma forma, ela evoca uma certa tonalidade afetiva, comparável àquela suscitada por um padrão tonal na música. Tem, então, um aspecto interno e outro externo: a forma pictórica, que pode ser vista, e a tonalidade afetiva, que pode apenas ser interiormente sentida. Como demonstra este exemplo, e como o aponta Henry, o "externo" pode ser entendido em dois sentidos, bem diferentes. Por um lado, refere-se à exterioridade do mundo de objetos, que inclui ferramentas, letras e palavras em seus usos comuns. O "o" a que estamos acostumados é externo neste sentido. Por outro lado, refere-se à externalidade de um elemento como forma pictórica pura, abstraída de qualquer significado cognitivo ou prático. Separado de sua atividade regular trabalhando com palavras, o "o" na página é ainda visível. Tem as qualidades essenciais de forma e cor. Em relação ao uso comum, é interno, mas, em relação ao afeto que evoca, é externo. Kandinsky estava consciente da ambiguidade, e tentou lidar com ela através do dispositivo bastante desajeitado de distinguir entre elementos e "elementos" (KANDINSKY, 1982: 548; HENRY, 2009: 36). O "elemento" é simplesmente um objeto ou uma imagem em um mundo de objetos e imagens. O elemento, por outro lado, é uma forma visível que vibra com vida interior. Por exemplo, o ponto ou *punctus*, desde que funcione como o ponto-final familiar da pontuação, é um "elemento". Mas o ponto, que se basta a si mesmo, "livrou-se de seu estado habitual e [...] emancipado da tirania do prático-proposital", tem vida própria, uma tensão interna, e é nessa qualidade – como elemento – que ele entra no mundo da pintura (KANDINSKY, 1982, 541-542).

Embora atrapalhada, esta distinção entre "elemento" e elemento não deveria ser para nós difícil de entender. Pois corresponde com bastante precisão àquela entre elementos figurativos e geométricos na análise de Morphy da arte Yolngu. Deixe-me rebitar o argumento com mais um exemplo. Em 1935, Kandinsky publicou um breve ensaio encantador, de menos de uma página, com o título *Linha e peixe* (p. 774-775). Em certo sentido, ele nos diz, não há diferença essencial entre uma linha e um peixe. Evidentemente, o que ele tinha em mente não era apenas qualquer tipo de linha. Ele não está, por exemplo, pensando na linha figurativa que se limitariam a imitar ou marcar o contorno de um objeto (HENRY, 2009: 53). O tipo de linha que ele tem em mente encarna a força de sua produção; ela vive e cresce. Assim, obviamente, faz o peixe. Sua equivalência reside no fato de que ambos são seres vivos, animados por forças internas a eles que encontram expressão em trajetórias de movimento. Assim, o peixe pode ser observado como uma linha estriando pela água, e a linha como um ponto móvel que poderia assumir a forma de um peixe. No entanto, apesar dessa equivalência, Kandinsky reconhece que, em um sentido mais fundamental, peixe e linha são bastante diferentes. Pois o peixe, *enquanto peixe*, é uma criatura do mundo fenomenal e depende deste mundo para existir. Ele precisa de um ambiente. Ele pode nadar, mas apenas em um rio; pode ser cozido e comido, mas apenas na cozinha e em um prato. A linha, por contraste, carece das capacidades de nadar, comer e ser comida. Mas então ela não precisa delas. As capacidades que são críticas para a existência do peixe são supérfluas para a existência da linha. E é precisamente por essa razão que a linha pode servir como elemento abstrato na arte, ao passo que o peixe não pode. O peixe está destinado a permanecer um "elemento" no mundo exterior de organismos e seus ambientes. "É por isso", confessou Kandinsky, que "gosto mais da linha do que o peixe – pelo menos na minha pintura" (1982: 775)[4].

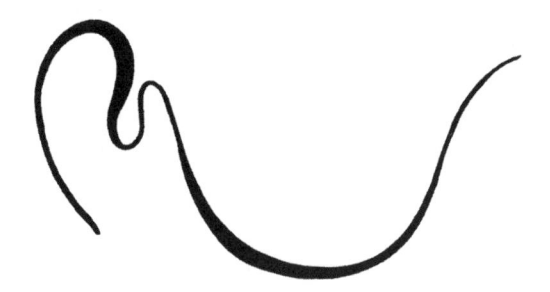

Caminhando pelo bosque

Voltando, por fim, a nossa pergunta original sobre a relação entre os terrenos da imaginação e da "vida real", podemos tirar duas conclusões. Primeiro, devemos dispensar, de uma vez por todas, a convenção de que a imaginação consiste no poder de produzir imagens, ou de representar as coisas em sua ausência. Não se trata, como diz Henry, de dar-nos nós "iscas para contemplar" (2009: 108). Pois mesmo se existissem apenas como imagens na mente, essas iscas pertenceriam – juntamente com as coisas faltantes que elas representam – ao mesmo mundo exterior de aparências, de "elementos", de música de programa, do figurativo. Ao contrário – e esta é a nossa segunda conclusão – devemos reconhecer no poder da imaginação o impulso criativo da própria vida gerando continuamente as formas que encontramos, seja na arte, através da leitura, escrita ou pintura, ou na natureza, através da caminhada na paisagem. Lembre-se: a linha não *representa* o peixe. Mas o peixe na água pode ser entendido como apenas uma das muitas emanações possíveis da linha, da qual outras incluiriam as palavras e as imagens pintadas ou inscritas sobre as superfícies de papel, casca ou lona. Será que isso não quer então dizer, pergunta retoricamente Henry, que, em última análise, *"a estrutura da arte e a estrutura do mundo são a mesma?"* (2009: 134). Voltando-nos finalmente para a nossa última fonte, nas *Notas sobre pinceladas*, de Ching Hao, encontramos esta pergunta respondida retumbantemente de modo afirmativo.

Ching Hao relata que um dia estava caminhando nas montanhas T'ai-hang quando chegou a uma clareira entre dois penhascos íngremes que proporcionava uma passagem para um lugar coberto de velhos pinheiros. Uma árvore destaca-

---

4. A linha reproduzida aqui é tomada do apêndice do ensaio de Kandinsky, *Point and Line to Plane*, diagrama 16.

va-se acima das demais, subindo para o céu como um dragão, enquanto outras estavam dobradas em torno dela, suas raízes enrolando-se e enroscando-se no musgo e em fragmentos de pedras. No dia seguinte ele voltou com seus pincéis para pintar a cena. Na primavera seguinte, enquanto caminhava entre os penhascos, teve a chance de conhecer um homem velho, que lhe perguntou o que estivera fazendo. Ching Hao explicou que estivera pintando, mas tomando seu interlocutor por um "camponês rude", não esperava muito como resposta. Ficou, portanto, surpreso quando o velho o desafiou em seu conhecimento de pintura. Há seis fundamentos da pintura, disse ele, quais sejam: o espírito, a ressonância, os pensamentos, o motivo, o pincel e a tinta. A isso, Ching Hao observou: "Pintar é fazer coisas belas, e o ponto importante é obter verossimilhança, não é?" O velho respondeu: "Não é":

> A pintura é pintar, estimar as formas das coisas e realmente obtê-las, estimar a beleza das coisas e alcançá-la, estimar a realidade das coisas e compreendê-la. Não se deve tomar a beleza externa por realidade; aquele que não compreende este mistério, não obterá a verdade, mesmo que suas imagens contenham verossimilhança.

O que, então, perguntou Ching Hao, é verossimilhança e o que é verdade? A "verossimilhança", respondeu o velho, "pode ser obtida por formas sem espírito, mas quando a verdade é revelada, espírito e substância são ambos totalmente expressos" (SIRÉN, 2005: 234-235). Acredito que não só os monges da Europa medieval, mas também os mais anciãos Yolngu do nordeste de Arnhem Land teriam concordado com esse velho. Assim, de fato, o teria feito Wassily Kandinsky. E assim, refletindo, eu o faço.

17

A textilidade do fazer

O modelo hilemórfico

Em seus cadernos, o pintor Paul Klee insistiu repetidamente que os processos de gênese e crescimento que dão origem a formas no mundo em que vivemos são mais importantes do que as formas mesmas. "A forma é o fim, a morte", escreveu ele. "Enformar é vida" (KLEE, 1973: 269). Isso, por sua vez, estava no cerne do seu célebre *Credo criativo* de 1920: "A arte não reproduz o visível, mas torna visível" (KLEE, 1961: 76). Ela não busca, em outras palavras, replicar formas acabadas, que já estejam estabelecidas, seja como imagens na mente ou como objetos no mundo. Ela procura, ao contrário, juntar-se àquelas mesmas forças que trazem a forma à existência. Assim, a linha cresce a partir de um ponto que foi posto em movimento, como a planta cresce a partir de sua semente. Partindo da pista de Klee, os filósofos Gilles Deleuze e Félix Guattari argumentam que a relação essencial, em um mundo de vida, não é entre matéria e forma, mas entre *materiais* e *forças* (DELEUZE & GUATTARI, 2004: 377). É acerca da maneira pela qual materiais heterogêneos, animados por forças de tensão e compressão e com propriedades variáveis, misturam-se e fundem-se uns aos outros na geração de coisas. E o que buscam superar em sua retórica é a influência persistente de uma maneira de pensar sobre as coisas e sobre como são feitas e usadas, que tem orbitado o mundo ocidental nos últimos dois milênios e além. Esse modo de pensar remonta a Aristóteles.

Para criar qualquer coisa, raciocinava Aristóteles, é preciso reunir forma (*morphe*) e matéria (*hyle*). Na história subsequente do pensamento ocidental, esse modelo hilemórfico de criação tornou-se cada vez mais profundamente enraizado. Mas ele também se tornou cada vez mais desequilibrado. A forma passou a ser vista como imposta por um agente com um projeto específico em mente, enquanto a matéria, assim apresentada como passiva e inerte, tornou-se aquilo sobre o que era imposta. Meu argumento crítico neste capítulo é que as discussões contemporâneas sobre arte e tecnologia, e sobre o que significa fazer coisas, continuar a reproduzir os pressupostos subjacentes do modelo hilemórfico, mesmo quando procuram restabelecer o equilíbrio entre os seus termos. Meu objetivo último, no entanto, é mais radical: com Deleuze e Guattari, consiste em derrubar o modelo mesmo, e substituí-lo por uma ontologia que atribui primazia aos processos de formação em relação aos seus produtos finais, e aos fluxos e transformações de materiais em relação aos estados da matéria. Forma, para lembrar as palavras de Klee, é morte, dar forma é vida. Quero argumentar que o que Klee disse da arte é válido para a prática hábil em geral, ou seja, que se trata de uma questão não de imposição de formas preconcebidas sobre a matéria inerte, mas de intervir nos campos de força e nas correntes de material nas quais as formas são geradas. Profissionais, afirmo, são andarilhos, viandantes, cuja habilidade está em sua capacidade de encontrar a corrente do devir do mundo e seguir seu curso enquanto a dobram ao seu propósito evolutivo.

Considere, por exemplo, a operação de rachar madeira com um machado. O experiente lenhador golpeia o machado de modo a que sua lâmina penetre o veio e siga uma linha já incorporada à madeira através de sua história anterior de crescimento, quando fazia parte de uma árvore viva. "Trata-se", escrevem Deleuze e Guattari, "de render-se à madeira, e seguir aonde ela leva" (p. 451). Talvez não seja por acaso que a palavra usada na antiguidade grega para descrever a habilidade do profissional, *tekhne*, é derivada das palavras em sânscrito para machado, *tasha*, e carpinteiro, *taksan*. O carpinteiro é "aquele que molda" (em sânscrito, *taksati*), um modelador ou fabricante. No entanto, o verbo latino para "tecer", *texere*, vem precisamente da mesma raiz (MITCHELL, 1997: 330). O carpinteiro, ao que parece, era tanto um tecelão quanto um fabricante. Ou mais precisamente, a sua fabricação era ela mesma uma prática de tecelagem: não a imposição de forma em uma substância flexível, mas o fatiamento e a ligação de material fibroso (INGOLD, 2000b: 64-65). Seu machado, enquanto encontra seu caminho através da madeira, dividindo-a enquanto prossegue, é orientado – como o dizem Deleuze e Guattari – "pelas ondulações variáveis e torções das fibras" (2004: 450). Quanto ao próprio machado, suponhamos que a lâmina tenha sido britada de uma pedra. O hábil britador trabalha destacando flocos finos e longos a partir de um núcleo, explorando a propriedade de fratura concoidal assumida pelo material lítico através da sua história de compressão geológica (PELEGRIN, 2005: 25). Antes de cada golpe do martelo, ele localiza ou prepara uma plataforma adequada aos impactos, de onde, com o impacto, a linha de fratura ondula através do material como uma onda. A superfície lavrada da pedra britada, pelo menos até ter sido tornada lisa, carrega as cicatrizes de múltiplas e sobrepostas fraturas[1].

---

1. Em seu ensaio *Sobre o modo de existência dos objetos técnicos,* o filósofo Gilbert Simondon avançou basicamente o mesmo argumento com o exemplo de outra ferramenta para trabalhar madeira, a plaina. "Esta ferramenta", escreve ele, "não é apenas um bloco de metal homogêneo moldado de uma forma particular. Ele foi forjado, o que significa que as cadeias moleculares no metal têm certa orientação que varia em diferentes lugares, tal como uma madeira com fibras dispostas de modo a conferir maior coesão e maior elasticidade" (SIMONDON, 1980: 83-84).

Na história do mundo ocidental, no entanto, o conhecimento tátil e sensorial da linha e da superfície que guiara profissionais através de seus materiais variados e heterogêneos, como peregrinos através do terreno, deu lugar a um olho para a forma geométrica, concebida no abstrato anteriormente à sua realização em um meio material agora homogeneizado. O que poderíamos chamar de *textilidade* do fazer tem sido progressivamente desvalorizada, enquanto o modelo hilemórfico ganhou em força[2]. Os escritos arquitetônicos de Leon Battista Alberti, em meados do século XV, marcam um ponto de viragem neste desenvolvimento. Até então, como David Turnbull (2000: 53-87) mostrou no caso da grande catedral medieval de Chartres, o arquiteto foi, literalmente, um mestre entre os construtores que trabalhavam no local, coordenando equipes de pedreiros cuja tarefa era cortar pedras seguindo as curvas de modelos de madeira, e colocar os blocos ao longo de linhas marcadas com um barbante. Não havia plano, e o resultado – longe de se conformar aos ditames de um modelo anterior – mais parecia uma colcha de retalhos (HARVEY, 1974: 33).

Para Alberti, ao contrário, a arquitetura era uma preocupação da mente. "É bastante possível", escreveu ele, "projetar formas inteiras na mente, sem qualquer recurso ao material, designando-se e determinando-se uma conjunção e orientação fixas para as várias linhas e ângulos" (ALBERTI, 1988: 7). Tais linhas e ângulos juntos compõem o que Alberti chamou de "lineamentos" do edifício. Esses lineamentos têm um estatuto completamente diferente das linhas que pedreiros cortam a partir de modelos ou colocam com corda. Eles compreendem uma precisa e completa especificação para a forma e a aparência do edifício, tal como concebido pelo intelecto, de forma independente e anterior à obra de construção. No papel, os lineamentos teriam sido inscritos como linhas desenhadas, que poderiam ser retas ou curvas. Com efeito, as linhas de Alberti têm sua fonte na geometria formal de Euclides. "A linha reta", explica ele, "é a linha mais curta possível que se pode traçar entre dois pontos", enquanto "a linha curva faz parte de um círculo" (p. 19). O que o historiador da arte Jean-François Billeter escreve sobre a linha da geometria euclidiana se aplica com igual força ao lineamento albertiano: "Não tem nem corpo nem cor nem textura, nem qualquer outra qualidade tangível: sua natureza é abstrata, conceitual, racional" (BILLETER, 1990: 47).

Seguindo materiais
Portanto, a textilidade da construção deu lugar a uma arquitetônica da forma pura. E a partir desse ponto em diante, apesar de sua origem etimológica

---

2. John Protevi (2001: 169) comenta igualmente sobre a forma como os preconceitos filosóficos "tenazmente arraigados" do hilomorfismo levaram ao "privilégio da visão do arquiteto e à invisibilidade ou depreciação da sensibilidade artesanal".

comum, o técnico e o textílico foram postos em caminhos radicalmente divergentes. Enquanto o primeiro foi alçado a sistema de princípios operacionais, *tecnologia*, o último foi rebaixado a mero ofício, revelando o quase residual ou intersticial "sentir" de um mundo concebido à luz da razão. Incorporada no próprio conceito de tecnologia estava uma afirmação ontológica, qual seja a de que as coisas são constituídas na transposição racional e governadas por regras de uma forma preconcebida sobre uma substância inerte, ao invés de em uma tecelagem de, e através de, materiais ativos (INGOLD, 2000a: 312)[3]. "Tecnologia", em outras palavras, é uma resposta para a questão: "O que significa fazer coisas?" É uma resposta, entretanto, que não se levanta prontamente no teatro da prática. Pois os fabricantes têm que trabalhar em um mundo que não fica parado até que o trabalho esteja concluído, e com materiais que têm propriedades próprias e não estão necessariamente predispostos a cair nas formas que lhes são exigidas, e muito menos ficar nelas indefinidamente (INGOLD & HALLAM, 2007: 3-4). Empreiteiros de construção, com a tarefa de implementação de projeto arquitetônico, sabem tudo isso muito bem – como Matisse Enzer, um empreiteiro com longa experiência de trabalho com arquitetos, explica:

> Arquitetos pensam em um edifício como uma *coisa* completa, enquanto construtores pensam nisso e o conhecem como uma *sequência* – buraco, depois fundação, enquadramento, telhado etc. A separação do projeto da construção resultou em um ambiente construído que não "flui". Simplesmente não se pode projetar uma improvisação ou uma adaptação. É a morte (apud BRAND, 1994: 64).

Ou, como Stewart Brand o coloca (BRAND, 1994: 2), há uma torção entre o mundo e a ideia que o arquiteto tem dele: "A ideia é cristalina, o fato fluido". Os construtores habitam essa torção.

A arquitetura contemporânea não está, entretanto, universalmente cega para a disjunção entre teoria e prática. O respeitado arquiteto português Álvaro Siza, por exemplo, admite que, embora possa construir e projetar casas, nunca foi capaz de construir uma *verdadeira* casa, pelo que denota "uma máquina complicada, na qual todo dia algo quebra" (SIZA, 1997: 47). Além dos construtores e reparadores de diversos tipos – pedreiros, marceneiros, telhadores, estucadores, canalizadores e assim por diante – os verdadeiros heróis da construção de casas, segundo Siza, são as pessoas que vivem nelas, que, através de esforço incessante, a conservam e mantêm a sua integridade em face da luz do sol, do vento e da chuva, do desgaste causado pela ocupação humana, e as invasões de aves, roedores,

---

3. Precisamente porque "tecnologia" *é* uma afirmação ontológica, não faz sentido tratar a tecnologia como um assunto *sobre* o qual afirmações ontológicas podem ser feitas. Se a afirmação incorporada no conceito é sem fundamento, então o é o próprio conceito.

insetos, aracnídeos e fungos (p. 48). Como a própria vida, uma casa de verdade é sempre um trabalho em progresso, e o melhor que os habitantes podem fazer é voltá-la para a direção desejada. Da mesma forma o jardineiro, armado de enxada, ancinho e pá, tem que lutar para impedir que o jardim transforme-se em uma selva. De modo mais geral, sempre que nos deparamos com matéria, como Deleuze e Guattari insistem, "é matéria em movimento, em fluxo, em variação". E a consequência, eles seguem afirmando, é que "esta matéria-fluxo só pode ser *seguida*" (DELEUZE & GUATTARI, 2004: 451). O que Deleuze e Guattari chamam de "matéria-fluxo", eu chamaria de *material*. Assim, reformulo a afirmação como uma regra simples: *seguir os materiais*[4].

Aplicar esta regra é intervir em um mundo continuamente "em ebulição". Talvez pudesse ser comparado a uma enorme cozinha. Na cozinha, coisas são misturadas em várias combinações, gerando novos materiais no processo que, por sua vez, são misturados a outros ingredientes em um processo interminável de transformação. Para cozinhar, recipientes têm que ser abertos, e seu conteúdo derramado. É preciso que tiremos as tampas das coisas. Confrontado com as inclinações anárquicas dos seus materiais, o cozinheiro ou a cozinheira tem que lutar para manter alguma aparência de controle sobre o que está acontecendo. Um paralelo ainda mais próximo pode ser traçado com o laboratório do alquimista. O mundo de acordo com a alquimia, como o historiador da arte James Elkins explica, não era um de matéria que pudesse ser descrita em termos da sua composição molecular, mas um de *substâncias* conhecidas por como pareciam e pela sensação que causavam, e seguindo-se o que acontece a elas quando são misturadas, aquecidas ou resfriadas. A alquimia, escreve Elkins, "é a velha ciência de lutar com os materiais, e não entender o que está se passando" (ELKINS, 2000: 19). O seu ponto é que isto, também, é o que os pintores sempre fizeram. Seu conhecimento também era de substâncias, e estes eram frequentemente pouco diferentes daqueles do laboratório alquímico. Como profissionais, o construtor, o jardineiro, o cozinheiro, o alquimista e o pintor não estão tanto impondo forma à matéria quanto reunindo diversos materiais e combinando ou redirecionando seu fluxo na expectativa do que pode surgir.

Em suas tentativas de reequilibrar o modelo hilemórfico, teoristas têm insistido que o mundo material não é passivamente subserviente aos projetos humanos. Eles o expressaram, entretanto, recorrendo não à vitalidade dos materiais, mas à agência dos objetos. Se as pessoas podem agir sobre os objetos em sua

---

4. Denoto seguir aqui em um sentido ativo, e não passivo. Não é cego. O caçador que segue uma trilha deve permanecer sempre alerta para sinais visuais e outros sinais sensoriais em um ambiente em constante mudança e deve ajustar o seu curso em conformidade. Ao seguir os materiais o profissional faz o mesmo. A consequência do fracasso seria que o trabalho sai dos trilhos e não pode ser levado adiante.

vizinhança, então, argumenta-se, os objetos podem "agir de volta", levando as pessoas a agirem de maneira diferente de como de outro modo poderiam ter feito (cf. capítulo 2, p. 62). A lombada na estrada, para tomar um exemplo familiar apresentado por Bruno Latour, faz com que o motorista diminua a velocidade, sua agência aqui substituindo a do guarda de trânsito (LATOUR, 1999b: 186-190). Podemos olhar para um objeto, explica Elkins (com reconhecimento à psicanálise de Jacques Lacan), mas o objeto também olha de volta para nós, de modo que nossa visão é pega em uma "cama de gato de linhas de visão cruzadas" (ELKINS, 1996: 70). E, em uma inversão precisa das convencionais relações sujeito-objeto do hilemorfismo, o arqueólogo Chris Gosden sugere que, em muitos casos, não é a mente que impõe suas formas sobre objetos materiais, mas sim os últimos que dão forma às formas de pensamento (GOSDEN, 2005: 196). Neste interminável vaivém entre a mente e o mundo material, parece que os objetos podem agir como sujeitos e que se pode agir sobre os sujeitos como objetos. Em vez de sujeitos e objetos há "quase objetos" e "quase sujeitos", conectados em redes relacionais (LATOUR, 1993: 89).

No entanto, paradoxalmente, essas tentativas de ir além da polarização modernista de sujeito e objeto permanecem presas dentro de uma linguagem de causalidade que se funda exatamente nas mesmas categorias gramaticais e que pode conceber a ação apenas como um *efeito* posto em marcha por um agente. "Agentes", segundo o antropólogo Alfred Gell, "iniciam 'ações' que são 'causadas' por si mesmas, pelas suas intenções, não pelas leis físicas do cosmos" (1998: 16). A intenção é a causa, a ação o efeito. Supondo-se que os seres humanos sejam os únicos capazes de iniciarem ações neste sentido, Gell, não obstante, reconhece que sua agência pode ser distribuída em torno de uma série de artefatos envolvidos na realização de suas intenções originais. Estes artefatos tornam-se então "agentes secundários" ao "agência primária" dos iniciadores humanos (p. 20-21). Nem todos concordariam com Gell que as ações sejam os efeitos de intenções prévias, muito menos com a identificação destas com estados mentais. Intencionalidade e agência, como o arqueólogo Carl Knappett argumenta, não são exatamente a mesma coisa: "artefatos, tais como semáforos, policiais dormindo ou portinholas de gato poderiam ser descritos como possuindo uma espécie de agência; no entanto, seria muito mais difícil argumentar que manifestem intencionalidade" (2005: 22). De fato, seria tolo atribuir intenções a portinholas de gato. Mas será menos tolo sugerir que "possuam agência"? Em vez de atribuir a ação à agência da portinhola (em conjunto com a do gato e a da dona do gato, que instalou a portinhola na porta para evitar ter que abri-la ela mesma), não faria mais sentido atribuir a operação da portinhola à ação para a qual foi destinada, permitir o gato caminhar para dentro ou para fora? Certamente, nem o gato nem a portinhola possuem agência; eles são antes *possuídos pela ação*. Como tudo mais, como vou mostrar agora, eles são levados pelas correntes geradoras do mundo.

Pipas

O mundo em que vivemos não é composto de sujeitos e objetos, ou mesmo de quase sujeitos e quase objetos. O problema não está tanto no *su-* ou o *ob-*, ou na dicotomia entre eles, como no *-jeito/jeto*. Pois os constituintes deste mundo não estão já lançados ou jogados antes que possam agir ou que se possa agir sobre eles. Eles *estão* no lançar, no jogar. O ponto pode ser melhor demonstrado por meio de um experimento simples que eu mesmo realizei com os meus alunos da Universidade de Aberdeen. Usando tecido, palito de bambu, fita, fita adesiva, cola e barbante, e trabalhando dentro de casa sobre mesas, cada um de nós fez uma pipa. Pareceu que estávamos montando um objeto. Mas assim que levamos nossas criações para fora, elas entraram em ação, girando, rodopiando, embicando e, ocasionalmente, voando. Como isso aconteceu? Teria algum princípio animador magicamente saltado nas pipas, fazendo-as agir mais frequentemente de maneiras que não intencionávamos? Estaríamos testemunhando, em seu comportamento rebelde, as consequências da interação entre – em cada caso – uma pessoa (o soltador de pipa) e um objeto (a pipa), que só pode ser explicado imaginando-se que a pipa tenha adquirido uma "agência" capaz de neutralizar a do soltador de pipa? Claro que não. As pipas comportaram-se da maneira como o fizeram porque, no momento em que saímos de casa, foram varridas, como de fato nós mesmos o fomos, nessas correntes de ar que chamamos de *vento*. A pipa que estivera sem vida sobre a mesa dentro de casa, agora imersa nessas correntes geradoras, tinha vindo à vida. O que pensáramos ser um objeto foi revelado como uma *coisa*.

"Um 'objeto'", escreve o filósofo do *design* Vilém Flusser, "é o que fica no caminho": em pé diante de nós como um fato consumado, completo em si mesmo, ele bloqueia o nosso caminho. Para continuarmos, ou temos que contorná-lo, ou removê-lo, ou conseguir rompê-lo (FLUSSER, 1999: 58). A coisa, ao contrário, nos atrai, pelos caminhos mesmos da sua formação. Cada um, por assim dizer, é um "acontecimento" – ou melhor, um lugar onde vários acontecimentos tornam-se entrelaçados[5]. Como Martin Heidegger o colocou, ainda que de modo bastante enigmático, a coisa se apresenta "em seu coisar desde fora do mundo, mundando" (HEIDEGGER, 1971: 181). Trata-se de uma reunião ou entrelaçamento especial de materiais em movimento. Assim, a própria "coisidade" da pipa está na maneira como reúne o vento em seu tecido

---

5. Outras reflexões nos levaram a concluir que a pipa nunca fora um objeto em primeiro lugar, embora tenha parecido um. Em vez disso, chegamos a pensar de forma diferente sobre o nosso processo de fabricação. Vimo-la menos como um conjunto de componentes elementares em um composto final, e mais como uma ligação de materiais cada qual com determinadas propriedades dinâmicas – de corrimento, viscosidade, rigidez, flexibilidade e assim por diante – chamando nosso trabalho para posturas corporais específicas, gestos e manobras.

e, em seu arrebatamento, descreve o curso de uma "linha de fuga" (DELEU-ZE & GUATTARI, 2004: 323). Esta linha não deve, em hipótese alguma, ser confundida com a linha que conecta a pipa com o soltador. Pois linhas de fuga, como Deleuze e Guattari insistem, não conectam (cf. capítulo 6, p. 136). Como os caules das plantas que crescem a partir de suas sementes, para retornar à imagem de Klee, tais linhas traçam os caminhos do mundo tornando-se – o seu "mundando-se" – em vez de conectando, em sentido inverso, sequências de pontos já percorridos. Além disso, o que se passa com a pipa-no-ar, em sua coisação, também vale para o soltador-de-pipa-no-chão. Se a pipa não é dotada de uma agência que faça com que ela aja, então tampouco o é o soltador de pipa humano. Assim como a pipa, o ser humano não é um ser que age – um agente –, mas um "ramo de atividade" (capítulo 2, p. 63), energizado pelo fluxo de materiais, incluindo as correntes de ar, que percorrem o corpo e, por meio de processos de respiração e metabolismo, o mantêm vivo[6]. Como a linha de voo da pipa, assim a trajetória de vida do soltador de pipa segue um curso ortogonal a qualquer linha que pudéssemos desenhar conectando a pipa como (quase) objeto com o soltador de pipa como (quase) sujeito.

Na prática, então, soltador e pipa devem ser entendidos não como entidades interagentes, alternadamente desempenhando o papel de agente para o outro como paciente, mas como trajetórias de movimento, respondendo um ao outro em contraponto, alternadamente como melodia e refrão. Poderíamos dizer o mesmo do construtor em relação ao tijolo e à argamassa de uma casa em construção, do jardineiro em relação ao solo em seus canteiros, da cozinheira em relação aos ingredientes de uma torta, e do pintor em relação a pigmentos e óleos. Daniel Miller, uma figura de destaque no estudo da cultura material, argumentou que é estudando "o que as pessoas fazem com objetos" que podemos melhor compreender como elas criam mundos de prática (MILLER, 1998: 19). No entanto, nem tijolo nem argamassa, nem solo, nem os ingredientes na cozinha, nem pigmentos e óleos, são objetos. Eles são materiais. E o que as pessoas fazem com materiais, como vimos, é segui-los, tecendo as suas próprias linhas de devir na textura do fluxo de materiais que compreende o mundo da vida. Disso emergem os tipos de coisas que chamamos de edifícios, plantas, tortas e pinturas. No primeiro movimento que isola essas coisas como objetos, no entanto, teoristas da cultura material inventaram a obstrução dos fluxos que os trouxeram à vida. O "problema da agência" é, portanto, aquele que eles criaram para si mesmos, nasce da tentativa de reanimar um mundo já tornado sem vida por um enfoque exclusivo na "objetividade" das coisas. O seu é um mundo não de coisas que existem

---

6. Nesse sentido, é claro, não há oposição entre pessoas e coisas. Em vez disso, as pessoas são coisas também, ou como Timothy Webmoor e Christopher Whitmore o colocam, "As coisas somos nós!" (WEBMOOR & WHITMORE, 2008).

no lançamento, mas no qual o dado já está lançado. É fato notório que, quanto mais os teoristas têm a dizer sobre agência, menos que eles parecem ter a dizer sobre a vida. Para reescrever a vida das coisas como a agência de objetos é efetuar uma dupla redução, de coisas a objetos, e de vida a agência. E a fonte desta lógica redutora reside no modelo hilemórfico.

Serrando tábuas

Meu objetivo é restaurar as coisas à vida e, ao fazê-lo, celebrar a criatividade do que Klee (1973: 269) chamou de "dar forma". Isto significa reverter o modelo hilemórfico. Mais especificamente, significa reverter uma tendência, evidente na maior parte da literatura sobre arte e cultura material, a ler a criatividade "retrospectivamente", a partir de um resultado na forma de um objeto novo e rastreá-lo, através de uma sequência de condições antecedentes, a uma ideia sem precedente na mente de um agente. Esta leitura retrospectiva é equivalente ao que Alfred Gell chamou de a *abdução de agência*. Toda obra de arte, para Gell, é um "objeto" que pode ser "relacionado a um agente social de uma maneira distintiva, 'como arte'" (1998: 13). Por "como arte", Gell denota uma situação na qual é possível traçar uma cadeia de conexões causais do objeto ao agente, pela qual pode-se dizer que o primeiro indexe o último. Para traçar estas conexões – olhar através do trabalho a agência *por detrás* dele (cf. KNAPPETT, 2005: 128) – é realizar a operação cognitiva de abdução. A partir do argumento exposto nos parágrafos anteriores, deve ficar claro por que acredito que este ponto de vista seja fundamentalmente equivocado. Uma obra de arte, insisto, não é um objeto, mas uma coisa e, como Klee argumentou, o papel do artista – como o de qualquer profissional qualificado – não é dar efeito a uma ideia preconcebida, nova ou não, mas aderir e seguir as forças e os fluxos de material que trazem a forma do trabalho à existência. A obra convida o espectador a juntar-se ao artista como companheiro de viagem, a olhar *com* ele enquanto desdobra-se no mundo, em vez de por detrás dele para uma intenção originária da qual ele é o produto final.

Seguir, Deleuze e Guattari observam, não é uma questão de *iteração*, mas de *itineração* (2004: 410). Artistas – assim como também artesãos – são peregrinos itinerantes. Eles fazem o seu caminho através da paisagem-da-tarefa (INGOLD, 2000a: 194-200), como o fazem caminhantes pela paisagem, produzindo seu trabalho à medida que prosseguem com suas próprias vidas. É neste movimento mesmo para a frente que a criatividade do trabalho deve ser encontrada. Ler a criatividade "para frente" implica um foco não na abdução, mas na *improvisação* (INGOLD & HALLAM, 2007: 3). Improvisar é seguir os caminhos do mundo, na medida em que se abrem, ao invés de recuperar a cadeia de conexões, desde um ponto-final para um ponto de partida, em uma rota já percorrida. Eis Deleuze e Guattari mais uma vez:

Alguém se lança para frente, arrisca um improviso. Mas improvisar é juntar-se ao mundo, ou se fundir com ele. Alguém aventura-se em casa no fio de uma melodia. Ao longo de linhas sonoras, gestuais, motoras que [...] enxertam-se ou começam a brotar "linhas de deriva", com diferentes ciclos, nós, velocidades, movimentos, gestos e sonoridades (2004: 343-344).

A vida, para Deleuze e Guattari, surge ao longo dessas linhas-fios ou linhas de deriva (cf. capítulo 6, p. 136). Ao longo delas, pontos não são conectados, mas ultrapassados na corrente de movimento. É assim mesmo se os profissionais estiverem seguindo instruções deixadas em um plano, partitura ou receita: na verdade, quanto mais estritamente qualquer desempenho for especificado, maior é a exigência de improviso sobre os profissionais para "acertarem"[7]. Qualquer semelhança formal entre cópia e modelo não é dada de antemão, mas é antes um horizonte de realização, a ser julgado em retrospecto (INGOLD & HALLAM, 2007: 5). O mesmo é verdade, no entanto, até mesmo de nossos movimentos mais comuns, rotineiros: "a caminhada de todos os dias", como Erin Manning observou, "é uma improvisação antes de ser uma coreografia" (2009: 19). Tal como acontece com a própria vida, o importante é que prossiga.

No capítulo 4 ilustrei a diferença entre iteração e itineração com o exemplo do serrar uma tábua de madeira. De um ponto de vista externo à ação, pode parecer que a cada golpe da serra o carpinteiro esteja apenas reproduzindo o mesmo gesto, repetidas vezes, ou que serrar é apenas a execução repetitiva de um único passo na sequência operacional envolvida em, digamos, fazer uma estante de livros. No entanto, como Charles Keller assinalou – através dos exemplos da ourivesaria e da tecelagem – "o que parece ao observador ser uma série linear de passos, uma *châine opératoire* [...] é um complexo processo recíproco para o profissional" (2001: 37). Assim, o próprio carpinteiro, obrigado a seguir o material e responder às suas singularidades, negocia "uma variação contínua de variáveis, em vez de extrair constantes a partir delas" (DELEUZE & GUATTARI, 2004: 410). Dois movimentos da serra nunca são muito parecidos, e cada um – longe de seguir seus antecessores como contas em um colar – crescem a partir do anterior e preparam o seguinte. Assim, o carpinteiro sensível ao que está fazendo é

---

7. Na prática, então, a ação planejada e o deslocamento não são procedimentos alternativos. O profissional não tem que escolher entre uma e outro, ou para encontrar alguma maneira de combiná-los. Isso ocorre porque as direções, por si mesmas, não dizem aos profissionais o que fazer. Um letreiro nada diz até que seja colocado em algum lugar do terreno. Da mesma forma, todas as direções extraem seu significado da sua colocação em uma paisagem de tarefas que já é familiar graças à experiência anterior. Só quando assim colocadas indicam uma trilha que pode ser praticamente seguida. E para seguir de um marcador de direção para outro, os profissionais têm que encontrar seu caminho, atenta e responsavelmente, mas sem recorrer a instrução explícita (INGOLD, 2001a: 137-138).

aquele capaz de harmonizar as variações simultâneas com as quais tem que lidar. Isto exige correção contínua, em resposta a um contínuo monitoramento perceptual da tarefa em desdobramento. É por isso que cada movimento é diferente, e por isso serrar tem uma qualidade rítmica.

Imaginemos agora o carpinteiro em sua oficina, em uma vila no alto dos Alpes Franceses, onde o crítico, romancista e pintor, John Berger, fez sua casa. A oficina, ou *charpente*, ocupa o segundo andar de um dos edifícios de uma antiga fazenda. Seu piso, paredes e vigas do telhado foram talhados em madeira, assim como as tábuas nas quais ele trabalha agora. Podem-se ver nas vigas traços dos movimentos do machado que as cortou, seguindo o veio que revela a procedência de cada viga de uma árvore crescida na floresta. O *charpente*, Berger observa, está "repleto de tempo". Há o tempo necessário para as árvores crescerem, o tempo necessário para deixar sua madeira secar, o tempo necessário para construir com elas e – agora que a construção chegou ao fim da sua vida útil e suas tábuas podem alcançar um bom preço em outro lugar – o tempo gasto descartando, removendo e derrubando (BERGER, 2005: 139). Mas por que Berger optou por incluir a história do *charpente* em um diálogo com sua filha Yves sobre o tema do *desenho*? A pista vem bem no final: *"Le dessinateur comme Charpentier. Le dessin comme forêt?"* (p. 144). Poderia ser que o desenho fosse uma atividade como a carpintaria, ou mesmo que existisse um paralelo entre as linhas desenhadas de um esboço e as linhas de crescimento de árvores vivas? Acredito que o paralelo seja apto, e que uma consideração do desenho possa servir muito bem para apresentar as qualidades itinerantes, de improviso e rítmicas do fazer como uma maneira de trabalhar com linhas.

Desenhando linhas

O ato de desenhar, Berger argumenta, é intrinsecamente dinâmico e temporal, deixando seus traços "como redemoinhos sobre a superfície da corrente do tempo" (p. 124). Trata-se de tornar-se em vez de ser. Você não pode *ser* uma montanha, ou um urubu voando no céu, ou uma árvore na floresta. Mas você pode *se tornar* um destes, alinhando os seus próprios movimentos e gestos com os da coisa que você quiser desenhar, como diria Heidegger, em sua "coisidade". "Trata-se de um fluir", diz Berger, e, ao mesmo tempo, um "contínuo corrigir" (p. 124-125). A desenhista com seu lápis, assim como o carpinteiro com sua serra, deve sentir onde está indo, e deve ajustar continuamente seus gestos de modo a se manter alinhado com um alvo em movimento. Além disso, assim como com a trilha da montanha, o voo do urubu ou a raiz da árvore, a linha desenhada não conecta pontos predeterminados em sequência, mas "se arremessa" de sua ponta, deixando um rastro atrás de si. Onde o caminho serpenteia, o pássaro voa e a raiz rasteja, a linha segue. No entanto, não há ponto-final, pois nunca se pode dizer quando um desenho está pronto. A este respeito, de acordo com o historiador da arte Norman Bryson, o desenho difere da pintura – ou pelo menos da pintura a óleo tal como se desenvolveu na tradição ocidental (BRYSON, 2003: 149)[8]. A densidade e a opacidade da tinta a óleo obscurecem os processos que levaram à obra de arte. Todas as revisões, alterações, rasuras e falsos começos que entraram na sua composição permanecem escondidos, enterrados sob a superfície que encontra o olho. Estamos, portanto, mais propensos a tratar a obra como um objeto acabado, e tratá-la como um índice das intenções do artista, como se este estivesse ligado ao primeiro por uma cadeia simples de causa e efeito. Em suma, a pintura predispõe os espectadores à lógica da abdução.

Mas com o desenho passa-se outra coisa. Pois a linha traçada é irretratável. Uma vez feita ela não pode ser desfeita. Outras linhas podem ser desenhadas sobre ou através dela, mas ela permanece para todos verem, um registro indelével da pressão dos dedos sobre o lápis que a fez, impulsionado pela impaciência, o controle ou a ansiedade do desenhista (ELKINS, 1996: 227). Portanto, o desenho não deixa onde se esconder (BRYSON, 2003: 149). Enquanto uma pintura existe "no tempo do passado concluído", no desenho o tempo de conclusão nunca chega. Está sempre acontecendo, sempre obra em andamento. Cada linha convida a sua continuação (p. 150). E assim o desenho prossegue, arriscando com os perigos da improvisação, traçando um caminho que não procede de uma imagem na mente do desenhista para a sua expressão no mundo material, mas ortogonalmente, enlaçando dentro e fora entre a mente e o papel, algo como um nadador que mergulha na água e volta ao ar (BERGER, 2005: 125), ou como o fio da bordadeira que se enlaça encima e embaixo na costura. A marca no papel, escreve Bryson:

> conduz tanto quanto é conduzida: se enlaça para dentro do papel para direcionar a decisão do artista sobre a próxima linha a ser desenhada, e se enlaça de volta para fora, como um novo traço no papel, *costurando* a mente na linha, ligando mente e linha em uma ação de sutura [...] em um nó que se torna cada vez mais apertado [...] Cada desenho que é feito reencena o mesmo ritmo fatal, seguindo uma extensão aberta [...] que produz gradualmente uma rede de linhas que se fecha no desenho e puxa firme a rede, imobilizando o desenho (2003: 154-155).

Sugiro que o que Bryson diz do desenho aplique-se geralmente à prática especializada de se fazerem coisas. Esta, por sua vez, oferece-nos uma resposta a uma questão-chave posta pela antropóloga Karin Barber. Em um mundo de processo fluido, como é possível fazer durarem formas emergentes? O que con-

---

8. Volto no capítulo XVI (p. 288s.) à elucidação de Bryson das diferenças entre o desenho e a pintura.

fere consistência às coisas? (BARBER, 2007: 25). Nossa resposta é que não é por causa da inércia dos materiais de que são feitas que as coisas suportam além do momento de sua emergência, mas por causa das forças contrárias de atrito que os materiais exercem uns sobre os outros quando são cada vez mais fortemente entrelaçados.

Para concluir volto, no entanto, aos "lineamentos" de Alberti. Pois, aparentemente, estas linhas abstratas, conceituais e intangíveis não poderiam ser mais diferentes das marcas feitas pela carpintaria, o desenho ou o bordado, com toda a sua presença vívida, dinamismo e tato. As linhas da arte e da arquitetura renascentista, de fato, repousam *entre* mente e mundo, projetadas sobre o papel como que sobre o vidro de uma janela através da qual o sujeito espectador fixa seu olhar nos objetos de sua atenção. No entanto, mesmo Alberti imaginou essas linhas como fios, como os de um véu esticado entre o olho e a coisa vista, e tão finos que não poderiam ser divididos (ALBERTI, 1972: 38). Com efeito, os lineamentos de Alberti eram fios esticados. O fio ou linha esticada, como afirmei em outro lugar (INGOLD, 2007a: 159), foi o precursor da linha desenhada do projeto arquitetônico, cuja retidão foi comparada à de um raio de luz. Tratados do século XVII sobre perspectiva chegavam a representar linhas de visão como linhas de fios firmemente esticados, mas com pontas soltas que traíam a sua natureza (MITCHELL, 2006: 348-353; cf. figura 17.1). O exemplo da Catedral de Chartres, no entanto, mostra que os mestres construtores da época medieval já esticavam linhas no chão, de modo análogo àquele como jardineiros metódicos procedem ainda hoje (TURNBULL, 2000: 53-87). Mas este fio teve primeiro que ser fiado. Fiar, como apontou Victoria Mitchell, é em si uma forma onipresente de fazer-linha, "desenhando-se através das ações dos dedos e do corpo uma trilha contínua de fio" (MITCHELL, 2006: 345). Na passagem de fiar um fio a esticá-lo de um ponto a outro está a "articulação" entre o movimento corporal e a razão abstrata, entre o textílico e o arquitetônico, entre o tátil e o ótico, entre improvisação e abdução, e entre devir e ser. Talvez a chave para a ontologia do fazer possa ser encontrada em um pedaço de barbante.

Figura 17.1 Linhas de visão como filamentos: duas gravuras de Abraham Bosse, um discípulo do engenheiro e matemático do século XVII Girard Desargues, a partir de sua obra de 1647, *Manière Universelle de M. Desargues* (Paris, 1647-1648). As pontas soltas das linhas traem a sua natureza análoga a de fio. Reproduzido por cortesia da Bibliothèque Nationale de France.

18

Desenhando juntos: fazer, observar, descrever

Pintura e desenho

Fui inspirado por um artigo do historiador de arte Norman Bryson (2003), escrito para acompanhar uma grande exposição sobre o tema do desenho. Nele, Bryson compara o desenho com a pintura, ou, mais especificamente, com a tradição ocidental da pintura a óleo[1]. Um aspecto particular da comparação chamou minha atenção. Começa com o pintor ou desenhista preparado, naquele momento inaugural, quando a mão está prestes a fazer seu primeiro traço em uma superfície inicialmente vazia. Pode-se pensar que este seja um momento em que o desenho e a pintura têm em comum. Mas, na realidade, argumenta Bryson, as percepções de vazio, e das potencialidades que detém, são radicalmente diferentes em cada caso. O pintor percebe uma superfície que tem que ser preenchida em toda a sua extensão, uma extensão que está, no entanto, limitada pelos quatro lados da moldura. Esta moldura exerce um tipo de pressão que repercute para o interior da composição de tal maneira que cada elemento adicionado – cada traço do pincel – tem que antecipar a totalidade do quadro completo do qual acabará por fazer parte. Está, em outras palavras, sujeitado ao que Bryson (2003: 150-151) chama de "a lei do por toda parte". O desenho, entretanto, não é obrigado a observar esta lei. Em vez disso, embora a superfície vazia do papel esteja perceptualmente presente, ela não tem que ser concebida *como* uma superfície, como uma área que necessita ser preenchida. Torna-se antes uma "reserva", uma espécie de seguro contra a finalidade e o enclausuramento.

Portanto, a linha desenhada pode desdobrar-se de uma maneira que responde ao seu meio temporal e espacial imediato, tendo em conta a sua própria continuidade e não a totalidade da composição. "A reserva", escreve Bryson, "introduz um princípio de não composicionalidade, uma força antitotalizante que alivia a linha traçada da responsabilidade de sempre colocar a totalidade em primeiro

---

1. Se a comparação de Bryson é estritamente precisa em termos de história da arte não é minha preocupação aqui. Sem dúvida, houve desenhistas que já "pintaram" com seus lápis e pintores que "desenharam" com seus pincéis. Para os fins do meu argumento, a chave para a comparação encontra-se na relação entre marca e superfície, e não nos aspectos técnicos dos instrumentos utilizados. "Pincel" e "lápis" valem, portanto, para diferentes formas desta relação.

lugar, para colocar a coletividade em primeiro lugar, e para assumir em relação à superfície de uma função secundária, derivada" (p. 151). Em comparação com a lógica do por toda parte da pintura, a lógica do desenho é a de um "espaço e tempo localizado". Operando com essas diferentes lógicas, o pincel do pintor e o lápis do desenhista seguem trajetórias distintas. O pincel, antes que possa tocar a superfície da tela, tem que pairar – hesitar – enquanto assimila a soma das marcas já feitas e procura um canal adequado de entrada que seja consistente com o objetivo composicional global. O lápis, ao contrário, livre deste "cálculo complexo da totalidade", não paira, mas prossegue em seu caminho a partir de onde a mão está agora posicionada, respondendo apenas às condições presentes na sua vizinhança e não a qualquer estado futuro imaginado. De fato, a concepção da superfície como uma reserva garante que nenhum desenho jamais seja concluído. A última linha a ter sido desenhada nunca é a última que *poderia* ter sido desenhada: mesmo essa última linha "está em si mesma aberta a um presente que barra o ato de encerramento" (p. 150). Enquanto a pintura se desloca até a conclusão, o desenho prossegue, manifestando em suas linhas uma história de devir, em vez de uma imagem do ser.

Lendo Bryson, pareceu-me que o que diz sobre os processos artísticos poderia ser facilmente transposto para os processos da vida social. Metaforicamente, o pincel e o lápis poderiam significar, respectivamente, duas maneiras de pensar sobre a ação humana e o contexto dessa ação. Uma maneira é imaginar que agir como um ser social responsável seja colocar a totalidade em primeiro lugar, "deixar sua marca na sociedade" (como se diz coloquialmente), contribuindo para a imagem como totalidade. Sociedade, aqui, cobre o mundo, dentro dos limites de um quadro institucional que repercute internamente sobre a constituição da pessoa ou do eu. Outra maneira é imaginar o mundo social como um emaranhado de fios ou caminhos de vida, sempre embaraçando-se aqui e desembaraçando-se ali, no qual a tarefa para qualquer ser é improvisar um caminho e seguir em frente. As vidas estão vinculadas *no* emaranhado, mas não estão vinculadas *por* ele, já que não há nenhum enquadramento, nenhum limite externo. O eu, portanto, não é formado na repercussão, mas sofre contínua geração ao longo de uma linha de crescimento.

A comparação entre essas duas maneiras de pensar é, obviamente, heurística, e não tenho nenhum desejo de criar uma dicotomia grosseira, muito menos de argumentar que uma maneira seja correta e a outra errada. Atrevo-me, no entanto, a dizer que a primeira tem sido a posição padrão na antropologia social durante muito de sua história no século XX, e que subscreve o ofício de longa data da disciplina de abordar a *totalidade* dos fenômenos sociais. A segunda certamente também tem seus antecedentes, mas sempre permaneceu uma espécie de corrente subterrânea em uma disciplina que parece determinada a enquadrar outras, pintá-las no quadro, e, assim, encerrar suas vidas. De minha parte, no entanto, considerei-a profundamente libertadora. Como Bryson disse do desenho, tem como premissa um princípio de não composicionalidade, e abriga uma força antitotalizante que nos permite entender melhor como as vidas são vividas não em mundos sociais fechados, mas no espaço *aberto*. Estas vidas são sociais não porque estão enquadradas, mas porque estão entrelaçadas. Toda vida é social neste sentido, uma vez que é fundamentalmente multifilamentada, um entrelaçamento de muitas linhas correndo concomitantemente.

O geógrafo Torsten Hägerstrand (1976) se refere a esta característica do processo da vida como o *princípio de união*. Não se trata, escreve ele, de "apenas *descansar* juntos. É também *movimento* e *encontro*". Não pode haver vida que *não* seja social, ou que fuja desse princípio, pois "o que está o tempo todo em repouso, em movimento e se encontrando são [...] seres humanos, plantas, animais e coisas, todos de uma só vez" (HÄGERSTRAND, 1976: 332). A união vincula todas as coisas, mas elas não são vinculadas em uma totalidade, ou situadas dentro de um quadro comum. Tal como as linhas de um desenho, as linhas da vida social manifestam histórias de devir em um mundo que nunca está completo, mas sempre em andamento. O chamado de Hägerstrand é a um holismo que, como o do desenho, é processual e aberto, e, por isso mesmo, tanto não composicional quanto antitotalizante. Minha proposta, então, consiste em redesenhar a antropologia *ao longo destas linhas*. O desenho é parte metafórico, mas também parte metodológico. Metaforicamente, é sobre a nossa compreensão de pessoas e outras coisas como desenhando juntas ou vinculando as trajetórias de vida. Cada um, poderíamos dizer, é um *juntador*. Metodologicamente, diz respeito ao potencial do desenho como uma maneira de descrever as vidas que observamos e das quais participamos, tanto em movimento quanto em repouso, no que é às vezes chamado de "encontro etnográfico"[2].

Rumo a uma antropologia gráfica

É extraordinário que em todo o debate sobre "escrever a cultura", a pressuposição tem sempre sido que a parte *gráfica* da etnografia é a escrita e não o desenho. "O que faz o etnógrafo?" Clifford Geertz perguntou retoricamente uma vez. "Ele escreve" (GEERTZ, 1973: 19). Que perspectiva limitante esta! Tendo em conta que, sob todos os aspectos, o desenho é um instrumento de observação imensamente poderoso, e dado ainda que ele combina observação e descrição

---

2. Por enquanto, vou adiar a questão da diferença entre etnografia e antropologia, que eu considero em profundidade no capítulo 19. Em breve, mostrarei que a antropologia gráfica é realmente um tipo de "antropografia", que difere da etnografia na medida em que é fundada em uma relação de correspondência. O desenho torna possível uma *correspondência descritiva*, distinta da *correspondência não descritiva* da antropologia escrita, e da *descrição não correspondente* da etnografia escrita.

em um único movimento gestual, por que tem sido praticamente esquecido em antropologia? Sugiro que a resposta encontre-se em um compromisso residual, dentro da principal corrente da disciplina, com uma estética pictórica que valoriza a composicionalidade e a totalização em detrimento da improvisação e do processo. A etnografia permanece em dívida com a "lei do por toda parte", que satisfaz através de meios que são antitéticos aos caprichos da linha desenhada. Ao invés de se juntar às uniões da vida, e levá-las adiante, sua tendência é a de querer retroprojetar a plenitude do mundo fenomênico, capturado em um momento particular, *de volta* sobre a superfície da página, como que sobre uma tela em branco.

Isto é o que Alfred Kroeber, em um artigo publicado em 1935, entende por "um empenho de integração descritiva" que tem como objetivo, como ele o coloca, apreender "a totalidade dos fenômenos" (KROEBER, 1935: 545-547; cf. capítulo 19, p. 335). Posteriormente endossado por E.E. Evans-Pritchard (1950: 122) e doravante passado para a principal corrente da antropologia social, o ideal de integração descritiva de Kroeber era um herdeiro direto da "arte de descrever" aperfeiçoada pelos pintores holandeses do século XVII (ALPERS, 1983). O objetivo era descrever um momento na vida coletiva de um povo com a mesma integridade e precisão com que os holandeses descreveram suas paisagens. Assim como a pintura cobre a tela inteira, sem deixar espaço não preenchido, também em um relato etnográfico que apreende a totalidade não deve haver lacunas. Cada detalhe deve ser preenchido. Na verdade, a própria "espessura" da descrição do etnógrafo, para usar o termo de Geertz (1973: 6, depois de RYLE, 1971), traz à mente a densidade e a opacidade da tinta a óleo que – como explica Bryson (2003: 149) – cobre mais e oblitera os funcionamentos da imagem. Todas as revisões, alterações e falsos começos que entraram na sua confecção permanecem escondidos, enterrados sob a superfície que encontra o olho, deixando a imagem como um todo completado que conserva na sua disposição composicional a totalidade dos fenômenos representados. E assim, também, a etnografia perfeita esconde os traços de sua inscrição, apresentando uma imagem do mundo da vida *como se* ele estivesse arrumado, completamente formado, sobre uma superfície.

Por outro lado, uma antropologia que toma o desenho como seu meio – ou seja, uma antropologia *gráfica* (AFONSO & RAMOS, 2004: 73) – apelaria para a abertura da reserva em vez do encerramento de uma superfície que tenha sido completamente preenchida. De fato, em suas paisagens, o mundo da vida não teria nenhuma superfície. Ao encontrar um caminho ao invés de recobrir, a linha desenhada conspira para fazer a superfície desaparecer, ou como Bryson o coloca (2003: 151), para estar "perceptivamente presente, mas conceitualmente ausente". Embora praticamente inscritas como traços em uma superfície, as linhas do desenho parecem fios em um vazio (INGOLD, 2007a: 57). Em alguma coisa elas tecem uma superfície, em vez de serem colocadas sobre ela. E como fios, elas não podem ser apagadas[3]. Uma vez que o desenho não cobre, tampouco pode ser encoberto. No desenho como na vida, o que é feito não pode ser desfeito. Trata-se, a cada momento, de um empreendimento arriscado, sem nenhuma garantia de como as coisas vão sair. Embora seja possível recuperar-se de erros, é impossível voltar e corrigi-los. Pode-se apenas prosseguir a partir de onde se está agora, deixando um rastro atrás de si como prova de onde se esteve. O desenho, escreve Bryson, é implacável: "Ele força todas as coisas ao espaço aberto, para um campo de exposição sem blindagens ou telas, sem esconderijos, uma zona radicalmente aberta que sempre opera em tempo real" (2003: 149).

Observação e descrição

Uma antropologia gráfica, então, não visaria a uma descrição completa do que já existe, ou já existiu, mas a se unir a pessoas e outras coisas nos movimentos de sua formação. Esta união é uma prática de observação. Por observação não me refiro à contemplação distanciada e desinteressada de um mundo de objetos, nem à tradução de objetos em imagens ou representações mentais. Refiro-me antes ao acoplamento íntimo do movimento da atenção do observador com correntes de atividade no ambiente (INGOLD, 2000a: 108). Observar não é tanto ver o que está "aí" quanto *observar o que está acontecendo*. Seu objetivo, portanto, não é representar o observado, mas participar com ele do mesmo movimento generativo.

Em seu ótimo estudo do poder da caligrafia na sociedade chinesa contemporânea, Yuehping Yen (2005: 89-90) explica que não se pode observar uma obra de caligrafia, muito menos compreender o seu significado, apenas olhando para ela. É preciso entrar *nela* e participar do processo de sua produção – em outras palavras, reunir-se ao calígrafo em seus "traços de tinta". A antropóloga e artesã Stephanie Bunn disse praticamente o mesmo sobre o compreender o padrão, por exemplo, do crochê, do tricô e da cestaria. "Podemos ver o padrão com os olhos da nossa mente, mas o fazemos, o conhecemos, o abraçamos através do movimento dos nossos corpos" (BUNN, 1999: 26). Passa-se algo semelhante com os padrões na música. Em um nível puramente intelectual, pode ser possível apreender, por exemplo, uma das suítes de Bach para cello desacompanhado como uma estrutura completa, perfeitamente formada. Mas, como um violoncelista praticante, não posso ouvir uma apresentação sem sentir a música fluindo através do meu corpo, braços e os dedos como se eu mesmo estivesse tocando. Ouvir é unir o processo de sua própria atenção sinestésica a uma trajetória de som.

---

3. É verdade que as linhas traçadas a lápis podem ser apagadas. Mas, como ação, isso tem uma qualidade bastante diferente do desenho. O movimento implicado é de fricção, e não de traçado, e está orientado para a superfície e não para a linha. É nesse sentido semelhante a pintar por cima. O completo apagamento, no entanto, é quase impossível, uma vez que o lápis deixa sua marca, como uma ranhura no papel.

O teorista visual James Elkins observa a mesma coisa em sua comparação das maneiras pelas quais o historiador da arte e o artista praticante poderiam responder a um desenho:

> Um historiador, treinado com livros e *slides* coloridos, ficará a uma distância respeitosa e olhará sem se mover. Um artista, à vontade com gestos, quererá passar a mão sobre o desenho, repetindo a suavidade das marcas que o fizeram, revivendo o arrastar do pincel ou o mover do lápis. O desenho *tornou-se* a sua resposta corporal, e o corpo se move em obediência cega ao que sente na página (ELKINS, 1996: 227).

Elkins exagera, no entanto, ao descrever a obediência do corpo como "cega". Como mostrarei em um momento, o exagero decorre de uma tendência peculiar, comum entre os teoristas da cultura visual, a reduzir a visão a interpretação de imagens. Graças a esta redução, observadores cujos olhos – como Hägerstrand o coloca (1976: 332) – estão sempre "olhando ao redor" e querendo saber para onde ir a seguir, parecem estar tateando no escuro, sua experiência é mais tátil do que visual. Meu argumento, ao contrário, é que é precisamente nesta itineração ocular pelos caminhos do devir do mundo que a essência da visão reside. Trata-se de uma prática de união. Assim, longe de haver alguma contradição entre participação e observação, como muitas vezes se supõe, uma – na modalidade visual, como em qualquer outra modalidade sensorial – é *condição* para a outra (cf. tb. capítulo 10, p. 313). O espectador que permanece a distância, a fim de fazer um estudo objetivo, é observacionalmente cego.

Uma coisa é observar o que está acontecendo; no entanto, outra bem diferente é descrevê-lo. Como tenho observado, os antropólogos há muito têm presumido que descrever coisas não é desenhá-las, mas para colocá-las por escrito. Supõe-se, ainda, que, como uma arte de composição verbal, a escrita descritiva implique um *afastamento* da observação (CLIFFORD, 1990: 52). Exploro a consequência desse desvio com maior profundidade no próximo capítulo (p. 344). Basta observar neste ponto que o convencional colocar entre parênteses da observação e da descrição sob a rubrica de "etnografia" tende a obscurecer o fato de que a produção de relatos etnográficos está mais frequentemente longe dos contextos de envolvimento observacional. Etnógrafos observam no campo, mas retiram-se no estudo para descrever. O verdadeiro problema com a etnografia, então, não reside na suposta contradição entre participação e observação, que é uma quimera, mas na desconexão da arte da descrição da prática observacional. Sugiro que uma maneira de reconectá-las possa ser pensar a descrição em primeiro lugar como um processo não de composição verbal, mas de fazer-linha. E isso leva-me de volta ao desenho.

Texto e imagem

O desenho é um modo de descrição que ainda não rompeu com a observação (cf. capítulo 19, p. 344). Ao mesmo tempo em que a mão que gesticula *tira* seus traços sobre uma superfície, o olho que observa é *atraído* pelas complicações labirínticas do mundo da vida, produzindo um senso de suas formas, proporções e texturas, mas acima de tudo de seus movimentos – da dinâmica geradora de um mundo em formação. Na antropologia recente, no entanto, o potencial do desenho para acoplar observação e descrição tem sido largamente eclipsado por uma dicotomia primordial entre o texto escrito e a imagem visual. A subdisciplina da antropologia visual, em particular, tem investido fortemente nesta dicotomia. Por exemplo, em seu influente livro *The Ethnographer's Eye*, Anna Grimshaw reclama de "antropólogos comprometidos com a linguagem e a escrita" que querem marginalizar, conter e suprimir o visual (GRIMSHAW, 2001: 172). Para esses antropólogos, ela alega, "imagens são condenadas como sedutoras, deslumbrantes, enganosas e ilusórias, e são consideradas capazes de causar todo tipo de estrago com a sobriedade da disciplina" (p. 5). Ela não apresenta nenhuma evidência para apoiar esta alegação, e eu não acredito que haja alguma. O que me interessa, no entanto, é que a antropologia visual à qual ela convida deve ser entendida como *alternativa* à antropologia na escrita. Será que nós não usamos os nossos olhos para ler e escrever, assim como fazemos para observar uma obra de caligrafia ou de desenho? Por que mais quase todo estudioso usa óculos? O que faz a caracterização da escrita como *não* visual diz-nos sobre a nossa compreensão da visão?

A única maneira de sustentar a visão de que o texto escrito é não visual, como vimos no capítulo 16 (p. 283s.), é supondo que a visão não tenha nada a ver com vista e tudo a ver com a leitura cuidadosa de imagens. Portanto: sem imagens, sem visão. Ver, então, não diz respeito ao rastreamento óptico de marcas e traços inscritos ou impressos sobre superfícies do mundo, seja do chão – como quando o caçador segue uma trilha – ou de um pergaminho ou papel, como na leitura de um manuscrito. Diz respeito a olhos que se abrem para um domínio de imagens. A visão só ocorre, segundo este ponto de vista, quando o que encontra os olhos é uma imagem do que já foi observado. Com isso voltamos ao pressuposto peculiar de Elkins, ou seja, o de que os olhos que olham ao redor, mas que não se abrem para as imagens, são cegos. Elkins está convencido de que o que não está fixado na memória, na forma do que ele chama de "imagem final", nós simplesmente não conseguimos ver (ELKINS, 1996: 219-224). Do mesmo modo, para Grimshaw, o olho do etnógrafo vem a ser não tanto um órgão de envolvimento observacional quanto um instrumento pelo qual momentos desse envolvimento podem ser fixados, emoldurados e devolvidos ao espectador para subsequente escrutínio. Isto é o que a câmera faz, e logo percebemos que o "olho" da alegoria de Grimshaw é na verdade uma câmera. Trata-se, em seus termos, de uma "tecnologia baseada em imagem" (2001: 3) que pode ter sucesso em capturar a plenitude do mundo em um instante, dentro dos limites de um quadro, e pode, então, *reproduzi-lo* para o espectador[4]. Preenchendo o quadro, a chapa fotográfica está sujeita à mesma "lei do por toda parte", como a pintura a óleo. Não há reserva.

No entanto, como já vimos, a "descrição densa" etnográfica, embora literária, também está sujeita a esta lei. Ela tem os mesmos antecedentes que a fotografia nas tradições de pintura de paisagem[5], e tem seus fundamentos nos mesmos compromissos com a composição e a totalização. Assim como, na imagem visual, o mundo é reproduzido para o espectador, assim, no texto literário, ele é reproduzido para o leitor. Seja de texto ou imagem, a superfície que cobre substitui a superfície do mundo da vida. O desenho, no entanto, subverte os pressupostos que sustentam a polaridade do texto e da imagem. Suas linhas nem solidificam-se em imagens nem se compõem nas formas verbais estáticas do texto impresso. Eles não captam o mundo em sua totalidade e o *reproduzem* para o espectador ou leitor. Em vez disso, são *transportados*, em tempo real, em conjunto com os movimentos do mundo mundando, em uma relação em contínuo desdobramento entre olhos observadores, mãos gesticulantes e seu traço descritivo.

Certamente não é por acaso ou descuido que uma antropologia visual, que tem tanto a dizer sobre a câmera, praticamente descartou o lápis. Em uma das únicas contribuições para a literatura florescente neste campo a dar qualquer crédito ao desenho, Ana Isabel Afonso e Manuel João Ramos (2004: 74) deploram a disposição dos antropólogos visuais a deixarem de lado o humilde e "artesanal" lápis em sua pressa para abraçar o que há de mais recente em tecnologias digitais de imagem. É um erro pensar que a câmera faça o mesmo que um lápis, só que mais rápido, ou que a imagem fotográfica atinja o mesmo que o desenho, só que com maior precisão[6]. Pois o lápis não é uma tecnologia baseada na imagem, nem o desenho é uma imagem. Ele é o traço de um gesto de observação que segue o que esteja acontecendo. A câmera interrompe este fluxo de atividade visual-manual e corta a relação entre gesto e descrição que está no cerne do desenho. Tampouco é um acidente, ou um descuido, que uma etnografia que afirme – na

---

4. Sobre a ideia de reprodução na apreensão de imagens visuais e gravações sonoras, e sua relação com as noções de paisagem e paisagem sonora, consulte o capítulo 11 (p. 206s.).

5. Sobre a derivação de fotografia da arte holandesa de descrever, cf. Jay (1988: 15).

6. Isto não implica negar que, em mãos hábeis, uma câmera possa ser usada como um lápis, para conduzir um envolvimento com o que está acontecendo, que seja ao mesmo tempo observacional e generativo. Na verdade, muitos antropólogos visuais descreveriam sua prática precisamente nestes termos (PINK, 2007; GRIMSHAW & RAVETZ, 2009). Mas, neste caso, a câmera deve ser considerada um instrumento de desenho e não uma tecnologia baseada em imagem.

expressão de James Clifford (1990: 53) – ser "grafocêntrica" faça toda sua escrita em um teclado. Pois o que a câmera faz para o desenho, o teclado faz para a escrita. O teclado rompe criticamente a ligação direta entre a percepção, os gestos e o seu traço, que é crucial para a descrição observacional. Seu efeito é o de transformar o significado da descrição, de uma prática de escrita na qual a mão que escreve deixa um traço contínuo que é sempre sensível, na qualidade da linha, às condições conforme se desdobram, a uma prática de composição verbal na qual o objetivo é oferecer um relato no qual cada palavra seja escolhida pela sua adequação dentro da totalidade (INGOLD, 2007a: 128)[7]. Um retorno ao desenho é, portanto, também um retorno à escrita manual, substituindo a oposição rígida entre imagem e texto por uma continuidade de práticas de escrita, ou processos de confecção de linha, variando desde a escrita manual, passando pela caligrafia até o desenho, sem pontos claros de demarcação entre eles.

Olhando para trás

Comecei com a diferença entre pintura e desenho e acabei contrastado o tipo de descrição etnográfica que configura uma oposição entre imagem e texto com o tipo que nos dá uma continuidade do desenho à escrita. O primeiro tipo, que tem sido convencional na antropologia desde que Kroeber introduziu sua noção de "integração descritiva" dos fenômenos, produz os estudos *de* pessoas que compõem a maior parte da literatura etnográfica. São relatos integradores, totalizantes que, em sua própria completude, estabelecem uma separação entre nós que os lemos e os outros cujas vidas são ali retratadas. Como os antropólogos estão todos muito conscientes, quase ao ponto da obsessão, este tipo de escrita, inevitavelmente, envolve um processo de "alteridade". Mesmo se as pessoas não fossem outras no começo, elas sempre se tornam outras ao final. Minha sugestão é que um esforço descritivo do segundo tipo, cujo instrumento é a caneta ou o lápis em vez da câmera e do teclado, renderia estudos que são *com* as pessoas, em vez *delas*. Onde o estudo *de* é um processo de alteridade, estudar *com* um processo de união. O primeiro é transitivo, o segundo intransitivo.

Acredito que a lógica do estudo *de* – a lógica do por toda parte – é a grande responsável pelo banimento da vida da antropologia, deixando a disciplina à deriva em um reino fantasmagórico de palavras e imagens. Como expliquei no capítulo 1, minha ambição o tempo todo tem sido trazer a antropologia de volta à vida. Uma antropologia assim restaurada à vida é uma antropologia *com*. Seu holismo reside em seu apelo não à totalidade de estruturas ou sistemas que este-

---

7. Em uma entrevista, que data de 1971, o poeta Pablo Neruda fala de como um dedo quebrado o compeliu a voltar à caligrafia. Ele descobriu que poesia escrita a mão era mais sensível. "A máquina de escrever me separou de uma intimidade mais profunda com a poesia, e minha mão me trouxe de novo para mais perto dessa intimidade" (NERUDA, 1971: 59).

jam totalmente integrados, mas à continuidade essencial do processo vital[8]. Sempre aberto e nunca completo, o processo, no entanto, está implicado em todos os momentos que produz. "O verdadeiro todo", como Henri Bergson escreveu: "poderia muito bem ser [...] uma continuidade indivisível. Os sistemas que eliminamos dentro deles [...] não seriam, então, *partes*; eles seriam visões *parciais* do todo" (BERGSON, 1911: 32). Meu argumento, então, não é contra o holismo em si, mas contra a concepção particular de relações parte-todo implícitas quando o holismo é equiparado à totalização (INGOLD, 2007c: 209). Que a tarefa da vida nunca esteja acabada, e que o mundo nunca cesse a sua mundanização, não significa que a vida esteja concluída pela metade ou que o mundo que habitamos esteja construído apenas pela metade. Também não significa que vidas estejam fragmentadas e mundos estejam em pedaços que, como Humpty Dumpty, nunca podem ser remontados. A alternativa à totalização não é fragmentação, ruptura e descontinuidade. É, antes, um holismo que seja anticomposicional, fluido, processual e de improvisação. E a sua prática descritiva-chave é o desenho.

---

8. Volto para o contraste entre os holismos alternativos de estrutura e processo no capítulo 19 (p. 337).

19

Antropologia *não* é etnografia

Generalização aceitável e história inaceitável

O objetivo da antropologia, creio eu, é buscar uma compreensão generosa, comparativa, mas, nada obstante, crítica do ser e saber humanos no mundo que todos habitamos. O objetivo da etnografia é descrever as vidas de outras pessoas além de nós mesmos, com uma precisão e sensibilidade afiada por uma observação detalhada e por uma prolongada experiência em primeira mão. Meu objetivo, neste capítulo final, é demonstrar que antropologia e etnografia são empreendimentos de tipos muito diferentes. Isso não quer dizer que uma seja mais importante do que a outra, ou mais honrosa. Tampouco negar que dependam uma da outra de maneira significativa. Trata-se simplesmente de afirmar que não são a mesma coisa. Na verdade pode parecer uma afirmação do óbvio, e o seria, não fosse o fato de se ter tornado banal – pelo menos durante o último quarto de século – para os que escrevem sobre esses temas tratar a ambas como praticamente equivalentes, trocando antropologia por etnografia mais ou menos por capricho, conforme o humor, ou mesmo explorando a suposta sinonímia como um dispositivo estilístico para evitar a repetição verbal. Muitos colegas para os quais tenho informalmente colocado a questão me disseram que na sua opinião há pouco ou nada a se distinguir a antropologia do trabalho etnográfico. A maioria está convencida de que a etnografia está no núcleo daquilo em que consiste a antropologia. Para eles, sugerir o contrário parece quase anacrônico. É como voltar aos maus velhos tempos – os dias, alguns podem dizer, de Alfred Reginald Radcliffe-Brown. Pois foi ele quem, ao lançar as bases do que – nas primeiras décadas do século XX – era a nova ciência da antropologia social, insistiu na distinção absoluta entre etnografia e antropologia.

Ele o fez nos termos de um contraste, muito debatido na época, mas pouco falado hoje, entre investigação *idiográfica* e *nomotética*. Uma investigação idiográfica, explicou Radcliffe-Brown, pretende documentar os fatos particulares de vidas passadas e presentes, enquanto o objetivo da investigação nomotética é chegar a proposições gerais ou declarações teóricas. A etnografia, então, é especificamente um modo de investigação idiográfica, diferenciando-se da história e da arqueologia por se basear na observação direta de pessoas vivas em vez de em registros escritos ou resquícios materiais atestando as atividades de pessoas no passado. A antropologia, ao contrário, é um campo da ciência nomotética. Como Radcliffe-Brown declarou em sua introdução a *Estrutura e função na sociedade primitiva* – em uma frase famosa que, como estudante de graduação começando meus estudos antropológicos na Universidade de Cambridge em 1960, esperava-se que eu soubesse de cor – "a sociologia comparativa, da qual a antropologia social é um ramo, é [...] um estudo teórico ou nomotético cujo objetivo é fornecer generalizações aceitáveis" (RADCLIFFE-BROWN, 1952: 3). Esta distinção entre antropologia e etnografia não admitia compromisso, e Radcliffe-Brown a reafirmou repetidas vezes. Voltando ao tema em sua conferência Huxley Memorial Lecture, de 1951, sobre "O método comparativo em antropologia social", mais conhecida pela sua revisão da teoria do totemismo, Radcliffe-Brown insistiu que "sem estudos comparativos sistemáticos a antropologia se tornará apenas historiografia e etnografia" (1951a: 16). E o objetivo da comparação, ele sustentava, é passar do particular ao geral, do geral ao mais geral, e, finalmente, ao universal (p. 22).

A distinção entre o idiográfico e o nomotético foi cunhada pela primeira vez em 1894 pelo filósofo-historiador alemão Wilhelm Windelband, figura de destaque na escola de pensamento então conhecida como neokantismo. O verdadeiro propósito de Windelband era estabelecer uma clara linha divisória entre o ofício do historiador, cuja preocupação é com juízos de valor, e o projeto da ciência natural, preocupado com o acúmulo de conhecimento positivo baseado na observação empírica. Mas ele o fez por meio da identificação da história com a documentação de eventos particulares, e da ciência com a busca de leis gerais. E isso deixou sua distinção aberta à apropriação pela ciência natural positivista que denotou não sua oposição à história, mas às duas fases sucessivas do seu próprio programa: em primeiro lugar, a coleta sistemática de fatos empíricos; e, em segundo lugar, a organização desses fatos dentro de um quadro abrangente de princípios gerais. Coube a Heinrich Rickert, aluno de Windelband e cofundador com ele da escola neokantiana, resolver a confusão apontando que há maneiras distintas, respectivamente, científicas e históricas, de se atender ao particular, às quais corresponde um sentido específico do idiográfico (COLLINGWOOD, 1946: 165-170). Uma maneira trata cada entidade ou evento como um fato objetivo, o outro lhe atribui algum significado ou valor[1]. Uma vez que um geólogo determinado a reconstruir a história de uma formação rochosa, ou um paleontólogo em busca da reconstrução de uma sequência filogenética com base em evidência fóssil, necessariamente lidam com dados, a recons-

---

1. Os leitores contemporâneos reconhecerão nisso imediatamente um precursor da chamada distinção ética/êmica.

trução poderia – no *primeiro* desses sentidos – ser considerada idiográfica. Além disso, o mesmo poderia ter sido dito (e de fato o foi), predominantemente, por pesquisadores norte-americanos e sob a rubrica de etnologia, de tentativas de se reconstruir sequências cronológicas de cultura sobre a evidência de distribuições do que era então chamado de "traços".

Foi neste sentido que Radcliffe-Brown podia separar a etnologia norte-americana, que ele associava principalmente à obra de Franz Boas e seus seguidores, como um empreendimento idiográfico totalmente distinto de sua antropologia social nomotética, concebida como uma busca de leis gerais que regem a vida social (RADCLIFFE-BROWN, 1951a: 15). Mas enquanto a etnologia boasiana estava, portanto, sendo retratada na Grã-Bretanha como histórica e não científica, no outro lado do Atlântico estava sendo criticada por ser científica e não histórica. Essa crítica veio de Alfred Kroeber. Completamente familiarizado com os escritos da escola neokantiana, Kroeber convidava a uma antropologia que seria plenamente histórica e, portanto, idiográfica no *segundo* sentido. Ela deve, em suma, atender aos particulares nos termos do seu valor e significado. No entanto, nenhum particular – nenhuma coisa ou acontecimento – pode ter valor e significado em si mesmo, separado do contexto mais amplo de sua ocorrência. Cada um tem antes que ser compreendido por meio do seu posicionamento dentro da totalidade à qual pertence. Assim, embora preserve a singularidade dos seus fenômenos, em vez de permitir que sejam dissolvidos em leis e generalizações, a abordagem histórica – nas palavras de Kroeber – "encontra sua satisfação intelectual em colocar cada fenômeno preservado em uma relação de contexto cada vez mais ampliado dentro do cosmos fenomenal" (KROEBER, 1952: 123). Ele caracterizou esta tarefa, de preservação através de contextualização, como "um empenho de integração descritiva" (1935: 545). Como tal, é totalmente diferente da tarefa de integração teórica que Radcliffe-Brown atribuíra à antropologia social. Pois a última, a fim de generalizar, deve-se primeiro isolar cada particular de seu contexto a fim de que, então, possa ser subsumido sob formulações independentes de contexto. O desdém de Kroeber pela compreensão de Radcliffe-Brown da história como nada além de uma tabulação cronológica desses particulares isolados aguardando as atenções classificatórias e comparativas do teorista, beirava o desprezo. "Não conheço a motivação de Radcliffe-Brown para sua depreciação da abordagem histórica", comentou causticamente em um artigo publicado pela primeira vez em 1946, "a não ser que, como o apóstolo ardente de uma genuína nova ciência da sociedade, ele talvez tenha deixado de se preocupar com a história o suficiente para aprender sua natureza" (apud KROEBER, 1952: 96).

O princípio sigma e a totalidade dos fenômenos

Embora eu não tenha certeza de que os termos sejam os melhores, a distinção entre integração teórica e descritiva é de grande importância. Pois as duas modalidades de integração implicam entendimentos completamente diferentes da relação entre o particular e o geral. O teórico que opera em um modo nomotético imagina um mundo que é, por natureza, particulado. Assim, a realidade do mundo social, para Radcliffe-Brown, compreende "uma imensa multiplicidade de ações e interações de seres humanos" (1952: 4). Desta multidão de eventos particulares o analista tem, então, que abstrair aspectos gerais que equivalham a uma especificação de forma. Uma das tentativas mais estranhas de se enunciar este procedimento aparece em um livro ameaçadoramente intitulado *The Theory of Social Structure* [*A teoria da estrutura social*], do grande etnógrafo e antropólogo Siegfried Nadel, publicado postumamente em 1957. Introduzido por seu amigo e colega Meyer Fortes (apud NADEL, 1957: xv) como um trabalho "destinado a ser um dos grandes tratados teóricos de antropologia social do século XX", foi logo esquecido. Sua peculiaridade repousa no uso por seu autor de notação extraída da lógica simbólica a fim de formalizar o movimento da concretude de um comportamento realmente observado para o padrão abstrato das relações.

Suponhamos, postulou Nadel, que entre as pessoas A e B observemos diversos comportamentos denotados pelas letras a, b, c, [...] n, mas que todas indexem uma condição de "agir em relação a" – de A agindo em relação a B e de B agindo em relação a A. Denotamos essa condição com dois pontos (:). Segue-se então que existe uma relação (r) formal entre A e B, sob a qual está subsumida a série comportamental a [...] n. Ou, em resumo:

$$A \ r \ B, \ se$$
$$A \ (a, b, c \ ... \ n): B, \ e \ \textit{vice-versa}$$
$$\therefore r \supset \sum a \ ... \ n$$

$$(\text{NADEL, 1957: 10})$$

Meu objetivo ao recuperar esta formulação do legítimo esquecimento no qual rapidamente caiu é apenas o de realçar o sentido de integração epitomado na última linha pelo "sigma" grego, o signo convencionalmente usado em matemática para denotar a soma de uma série. A relação abstrata, aqui, assume a forma de uma declaração abrangente que engloba cada termo concreto na série.

Quando Kroeber falou de "integração descritiva", no entanto, ele quis dizer algo muito diferente: mais semelhante, talvez, à integração da imagem de um artista sobre a tela quando pinta uma paisagem. Para o olhar do artista, a paisagem se apresenta não como uma multidão de particulares, mas como um campo fenomenal variegado, ao mesmo tempo contínuo e coerente. Dentro deste campo, a singularidade de cada fenômeno reside no seu envolvimento – em seu posicionamento e postura, e no aprumo de um movimento momentaneamente detido – das histórias emaranhadas das relações pelas quais vieram a estar ali, naquela posição e naquele momento. E como o artista tenta preservar essa singularidade no trabalho do pincel, assim, segundo Kroeber, o faz o antropólogo em empenho de descrição. Isto é o que quis dizer ao insistir que o objetivo da antropologia – como o da história – deve ser "integrar fenômenos como esses" (KROEBER, 1935: 546). A integração que ele buscava é de um mundo que já é coerente, onde coisas e eventos ocorrem ou *se realizam*, e não de um mundo de particulares desconexos que tem que ser tornado coerente, ou juntado após o fato, na imaginação teórica. Assim, o que Kroeber chamou de "nexo entre fenômenos" (p. 546) está lá para ser descrito, na coerência relacional do mundo; não é algo a ser extraído dele como se podem procurar os aspectos gerais de uma forma a partir da gama de suas instanciações concretas e específicas. Precisamente por essa razão, Kroeber pensou que seria errado considerar os fenômenos do mundo social como *complexos*. Ao contemplar a paisagem, seria improvável que o pintor exclamasse "que paisagem complexa é esta!" Ele pode ser atingido por muitas coisas, mas a complexidade não é uma delas. Tampouco o é uma consideração a respeito do antropólogo historicamente orientado. A complexidade surge apenas como uma questão na tentativa de remontar um mundo já decomposto em elementos, como uma imagem, por exemplo, pode ser cortada para se fazer um quebra-cabeça. Mas, como o pintor, e diferentemente do construtor de quebra-cabeça, o antropólogo de Kroeber busca uma integração "em termos da totalidade dos fenômenos" (p. 547), que é ontologicamente anterior a sua decomposição analítica.

No entanto, se o antropólogo descreve o mundo social como o artista pinta uma paisagem, então o que acontece com o tempo? O mundo não fica parado para ninguém, muito menos para o artista ou o antropólogo, e a descrição do último, como representação do primeiro, não pode fazer mais do que capturar um momento fugaz em um processo interminável. Nesse momento, no entanto, está comprimido o movimento do passado que o acarretou, e na tensão dessa compressão está a força que vai impulsioná-lo para o futuro. É este envolvimento de um passado gerador e de um futuro potencial no momento presente, e não a localização desse momento em qualquer cronologia abstrata, que o torna histórico. Raciocinando ao longo destas linhas, Kroeber chegou à conclusão de que o tempo, no sentido cronológico, não é essencial para a história. Apresentado como uma espécie de "corte transversal descritivo" ou como a caracterização de um momento, um relato histórico pode muito bem ser tanto sincrônico quanto diacrônico. Na verdade, é precisamente a essa descrição caracterizante que a antropologia aspira. "O que mais a etnografia pode ser", perguntou Kroeber retoricamente, "além de [...] um pedaço atemporal de história?" (1952 [1946]: 102). O outro lado deste argumento, é claro, é que a mera ordenação de eventos em sucessão cronológica, um após o outro, dá-nos não história, mas ciência. Boas, cujas tentativas meticulosas de reconstruir as linhas de transmissão e difusão cultural ao longo do tempo havia sido rejeitado por Kroeber como anti-histórico, ficou perplexo. Ele confessou ter considerado o raciocínio de Kroeber totalmente ininteligível (BOAS, 1936: 137). Na Grã-Bretanha, no entanto, o entendimento de Kroeber do que seria uma antropologia histórica ou ideográfica caiu nos ouvidos mais simpáticos de E.E. Evans-Pritchard.

Em sua Conferência Marett de 1950, "Social anthropology: past and present" (A antropologia social: passado e presente), Evans-Pritchard praticamente reiterou o que Kroeber escrevera 15 anos antes sobre a relação entre antropologia e história. Estas foram suas palavras:

> Concordo com o Professor Kroeber de que a característica fundamental do método histórico não é a relação cronológica dos eventos, mas a integração descritiva deles; e esta característica a historiografia partilha com a antropologia social. O que os antropólogos sociais, de fato, têm feito principalmente é escrever cortes transversais de história, relatos descritivos integradores de povos primitivos em um momento no tempo, que são, em outros aspectos, como os relatos escritos por historiadores sobre povos ao longo de um período de tempo... (EVANS--PRITCHARD, 1950: 122).

Retornando a este tema mais de uma década depois, em uma palestra sobre "Antropologia e história" ministrada na Universidade de Manchester, Evans-Pritchard condenou firmemente – como Kroeber o fizera – a visão míope daqueles como Radcliffe-Brown, para quem a história nada mais era do que "um registro de uma sucessão de eventos únicos" e a antropologia social nada menos do que "um conjunto de proposições gerais" (EVANS-PRITCHARD, 1961: 2). Na prática, afirmou Evans-Pritchard, os antropólogos sociais generalizam a partir de particulares não mais do que o fazem os historiadores. Em vez disso, "eles veem o geral no particular" (p. 3). Ou, dito de outra maneira, o fenômeno singular se abre conforme alguém se aprofunda nele, ao invés de ser eclipsado de cima. No entanto, Evans-Pritchard não era de forma alguma consistente neste ponto de vista, pois mal o declarara ele afirmou precisamente o oposto: "Eventos perdem muito, mesmo tudo, do seu significado se não são vistos como tendo algum grau de regularidade e constância, como pertencendo a um certo tipo de evento, cujas instâncias têm todas muitas características em comum" (p. 4). Esta é uma afirmação totalmente consistente com o que, seguindo Nadel, poderíamos chamar de princípio sigma de generalização comparativa, e vai de encontro ao projeto kroeberiano de integração descritiva, ou preservação através de contextualização.

Em defesa de Radcliffe-Brown

O problema é que uma vez tendo a tarefa da antropologia sido definida como integração descritiva ao invés de generalização comparativa, a distinção entre etnografia e antropologia social, que Radcliffe-Brown tanto valorizava, simplesmente desaparece. Além de etnografia, nada resta para a antropologia fazer. E o próprio Radcliffe-Brown estava mais do que consciente disso. Em uma resenha de 1951 do livro de Evans-Pritchard, *Antropologia Social*, no qual o autor havia proposto as mesmas ideias acerca da antropologia e da história que as enunciadas em sua Conferência Marett (cf. EVANS-PRITCHARD, 1951: 60-61), Radcliffe--Brown registrou sua forte discordância com "a implicação de que antropologia social consiste totalmente ou mesmo em grande medida de [...] estudos etnográficos de sociedades particulares. É na direção de algumas dessas posições que o Professor Evans-Pritchard e alguns outros parecem estar se movendo" (RADCLIFFE-BROWN, 1951b: 365). E foi de fato na direção de uma posição assim que a disciplina se moveu ao longo da década que se seguiu, tanto que em sua Conferência Malinowski de 1959, "Repensando antropologia", Edmund Leach sentiu-se movido a queixar-se dela. "A maioria dos meus colegas", ele resmungou, "estão desistindo da tentativa de fazer generalizações comparativas; em vez disso, eles têm começado a escrever etnografias históricas impecavelmente detalhadas de povos particulares" (LEACH, 1961: 1). Mas Leach, ao lamentar esta tendência, levanta-se para a antropologia social nomotética de Radcliffe-Brown? Longe disso. Apesar de completamente a favor da generalização, Leach lançou um ataque completo a Radcliffe-Brown por ter avançado da *maneira errada*. A fonte do erro, ele sustentou, não está na generalização em si, mas na comparação.

Há duas variedades de generalizações, argumentou Leach. Uma delas, o tipo de que ele reprova, funciona por comparação e classificação. Ela aloca as formas ou estruturas que encontra em tipos e subtipos, como um botânico ou um zoólogo, por exemplo, aloca espécimes de plantas ou animais em gêneros e espécies. Radcliffe-Brown gostava de se imaginar trabalhando deste modo. Como escreveu em uma carta a Claude Lévi-Strauss, estruturas sociais são tão reais quanto as estruturas de organismos vivos, e podem ser coletadas e comparadas basicamente da mesma maneira, a fim de chegar a "uma classificação tipológica válida" (RADCLIFFE-BROWN, 1953: 109). O outro tipo de generalização, que Leach aprovava, funciona explorando *a priori* – ou como ele o coloca, por "adivinhação inspirada" – o espaço de possibilidade aberto pela combinação de um conjunto limitado de variáveis (LEACH, 1961: 5). Uma generalização, então, assumiria a forma não de uma especificação tipológica que nos permitiria distinguir sociedades de um tipo das de outro, mas de uma afirmação das relações entre as variáveis que podem operar em sociedades de *qualquer* tipo. Esta é a abordagem, afirmou Leach, não do botânico ou do zoólogo, mas do engenheiro. Os engenheiros não estão interessados na classificação de máquinas, ou na delimitação de táxons. Eles querem saber como as máquinas funcionam. A tarefa da antropologia social, da mesma forma, é entender e explicar como as sociedades funcionam. Obviamente as sociedades não são máquinas, como Leach prontamente admitiu. Mas se você quiser saber como as sociedades funcionam, elas tanto podem ser comparadas a máquinas quanto a organismos. "As entidades às quais chamamos de sociedades", escreveu Leach, "não são espécies naturalmente existentes, tampouco são mecanismos feitos pelo homem. Mas a analogia com um mecanismo tem tanta relevância quanto a analogia com um organismo" (p. 6).

Tenho que discordar, e sobre este ponto específico quero levantar-me em defesa de Radcliffe-Brown, que penso ter sido gravemente malrepresentado pelos seus críticos, inclusive tanto por Leach quanto por Evans-Pritchard. De acordo com Leach, o recurso de Radcliffe-Brown à analogia orgânica baseou-se no dogma e não na escolha. Não foi bem assim. Baseou-se no compromisso de Radcliffe-Brown com uma filosofia do processo. Acerca disso ele foi absolutamente explícito. Sociedades *não* são entidades análogas a organismos, muito menos a máquinas. Na realidade, com efeito, tais entidades não existem. "O meu próprio ponto de vista", afirmou Radcliffe-Brown, "é que a realidade concreta com a qual o antropólogo social está preocupado [...] não é qualquer tipo de entidade, mas um processo, o processo da vida social" (1952: 4). A analogia, então, não é entre sociedade e organismo como entidades, mas entre *vida* social e *vida* orgânica entendidas como processos. Foi precisamente essa ideia do social como um processo vital, ao invés da ideia de sociedade como entidade, que Radcliffe-Brown extraiu da comparação. E também foi por esta razão que ele comparou a vida social ao funcionamento de um organismo e *não* ao de uma máquina, pois a diferença entre eles é que o primeiro é um processo vital, enquanto o segundo não o é. Na vida, a forma emerge continuamente, em vez de ser especificada desde o início, e nada é nunca exatamente o mesmo de um momento para o outro. Para sustentar seu ponto de vista processual da realidade, Radcliffe-Brown apelou para a imagem célebre do filósofo grego Heráclito, de um mundo onde tudo está em movimento e nada é fixo, e no qual não recuperar um momento que passa é tão impossível quanto entrar duas vezes nas mesmas águas de um rio que flui (RADCLIFFE-BROWN, 1957: 12).

O que seus críticos nunca poderiam entender, segundo W.E.H. Stanner (1968: 287), era que em sua ênfase na continuidade através da mudança, a compreensão de Radcliffe-Brown da realidade social era completamente histórica. Portanto, encontramos Evans-Pritchard, em sua Conferência Manchester de 1961, apontando um dedo acusador para Radcliffe-Brown, e ao mesmo tempo advertindo quanto aos perigos de se fazer analogias com as ciências biológicas e de se assumir que haja entidades, análogas a organismos, que possam ser identificadas como "sociedades". Uma pessoa pode ser capaz de compreender a fisiologia de um organismo sem levar em conta sua história – afinal, cavalos permanecem cavalos e não se transformam em elefantes – mas sistemas sociais podem sofrer, e de fato sofrem, transformações estruturais completas (EVANS--PRITCHARD, 1961: 10). No entanto, um quarto de século antes, Radcliffe--Brown fizera precisamente esta observação, ainda que com um par diferente de animais. "Um porco não se torna um hipopótamo [...]. Por outro lado, uma sociedade pode mudar, e de fato muda seu tipo estrutural sem qualquer quebra de continuidade" (RADCLIFFE-BROWN, 1952 [1935]: 181). Esta observação não escapou à atenção de Lévi-Strauss, que, em uma palestra ministrada em 1952, no Simpósio Wenner-Gren de Antropologia, lamentou "a relutância de Radcliffe-Brown em relação ao isolamento de estruturas sociais concebidas como totalidades autossuficientes e seu compromisso com "uma filosofia da continuidade, não da descontinuidade" (LÉVI-STRAUSS, 1968: 304). Pois Lévi-Strauss não tinha nada além de desprezo pela ideia da história como mudança contínua. Em vez disso, ele propôs uma imensa classificação das sociedades, cada uma concebida como uma entidade discreta, autossuficiente, definida por uma específica permutação e combinação de elementos constitutivos, dispostas nas coordenadas abstratas do espaço e do tempo (LÉVI-STRAUSS, 1953: 9-10). A ironia é que foi a partir de Lévi-Strauss, e não de Radcliffe-Brown, que Leach afirmou ter derivado o seu modelo de como a generalização antropológica deve ser feita. Enquanto Lévi-Strauss foi exaltado como um matemático entre os cientistas sociais, os esforços de Radcliffe-Brown foram descartados como não sendo melhores do que "colecionar borboletas" (LEACH, 1961: 2-3). No entanto, o plano de Lévi-Strauss para a elaboração de um inventário de todas as sociedades humanas, passadas e presentes, com vista ao estabelecimento de suas complementaridades e diferenças, é certamente a coisa mais próxima de uma coleção de borboletas que já encontrei nos anais da antropologia. Não surpreende, dada a sua ambição, que o plano não tenha dado em nada.

Não pretendo que a abordagem de Radcliffe-Brown não tenha tido as suas próprias contradições. Pelo contrário, estava atolada em contradição desde o início. Muito tem sido feito da dívida de Radcliffe-Brown para com a sociologia de Émile Durkheim (1982 [1917]), e para Durkheim, é claro, as sociedades *eram* entidades autônomas, cada uma com a sua própria individualidade, que poderiam, no entanto, ser classificadas nos termos das possíveis combinações de suas partes constitutivas[2]. Mas enquanto Lévi-Strauss levou este princípio de

---

2. Partindo das premissas (a) de que toda sociedade é uma combinação estruturada de partes, e (b) que estas partes podem se combinar apenas em um número limitado de maneiras possíveis, Durkheim pensava que deveria ser possível, em teoria, construir uma tabela de tipos sociais essenciais antes de procurar suas manifestações empíricas na forma de sociedades particulares. "Assim",

descontinuidade ao seu extremo lógico, Radcliffe-Brown – influenciado tanto pela filosofia do organismo de Whitehead (1929) quanto pela sociologia de Durkheim – moveu-se na direção oposta, para restabelecer o princípio da continuidade. Esta tentativa de refratar a ontologia processual de Whitehead através da epistemologia classificatória de Durkheim, embora corajosa, estava fadada ao fracasso. Inevitavelmente, vida social reapareceu como a vida da sociedade, forma emergente como estrutura preexistente, a continuidade da história, como a alternância de estabilidade e mudança (INGOLD, 1986: 153-154). Na verdade não havia nenhuma maneira pela qual a primeira regra do método sociológico de Durkheim, *considerar fatos sociais como coisas*, pudesse se conformar à ideia de Radcliffe-Brown da vida social como um processo contínuo e irreversível. No entanto, encontrei mais inspiração nessa ideia do social como um processo de vida do que em todas as críticas que têm sido feitas contra ele. Despojada do peso morto do sociologismo de Durkheim, acredito que seja uma ideia que podemos e devemos levar adiante a partir de Radcliffe-Brown ao forjarmos uma concepção mais adequada para nossos tempos daquilo que uma antropologia genuinamente aberta e comparativa poderia ser. Bastante simplesmente, seria uma investigação sobre as condições e possibilidades da vida social, em todos os momentos e em todos os lugares. Para ser mais preciso, preciso explicar o que quero dizer com "social" e "vida".

A vida social e a ordem implícita

Em uma série de seminários apresentados na Universidade de Chicago em 1937, posteriormente transcritos e publicados sob o título *A Natural Science of Society* [*Uma Ciência Natural da Sociedade*], Radcliffe-Brown se deteve durante algum tempo na distinção entre a ciência social e a psicologia (RADCLIFFE-BROWN, 1957: 45-52). A questão para ele era absolutamente clara. A psicologia estuda a mente, e a mente é um sistema de relações entre estados internos ao ator individual. Eles estão, por assim dizer, "sob a pele". A ciência social, no entanto, lida com relações entre indivíduos, e não dentro deles. "No momento em que você chega do lado de fora da pele do indivíduo", declarou Radcliffe-Brown, "você já não tem relações sociais, mas psicológicas" (p. 47). A suposição arraigada de que a mente é uma propriedade interna de indivíduos humanos, que pode ser estudada de maneira isolada do seu envolvimento uns com os outros ou com

---

concluiu Durkheim, "há espécies sociais pela mesma razão que há espécies biológicas. Estas últimas se devem ao fato dos organismos serem apenas combinações variadas de uma mesma unidade anatômica" (DURKHEIM, 1982 [1895]: 116). Durkheim estava se referindo aqui à biologia de Georges Cuvier. Um crente firme na fixidez das espécies, Cuvier propusera – sob o seu princípio da "correlação de partes" – que todos e cada um dos organismos naturalmente existentes manifestam uma do conjunto total de combinações logicamente possíveis de órgãos básicos.

o ambiente mais amplo, continua a repercutir dentro do campo da psicologia. Tem, contudo, sido amplamente contestada (cf. capítulo 6, p. 140). Um dos primeiros a propor esse desafio foi o grande pioneiro da antropologia psicológica, A. Irving Hallowell. Em um artigo extraordinariamente presciente sobre "O *self* e seu ambiente comportamental", publicado em 1954, Hallowell concluiu que nenhuma barreira física pode se colocar entre a mente e o mundo. "Qualquer dicotomia exterior-interior", afirmou ele, "com a pele humana como limite, é psicologicamente irrelevante" (HALLOWELL, 1955: 88). Quinze anos mais tarde, Gregory Bateson fez exatamente a mesma observação. A mente, insistiu Bateson, não está confinada dentro dos corpos individuais contra um mundo "lá fora", mas é imanente a todo o sistema das relações organismo-ambiente dentro do qual todos os seres humanos estão necessariamente emaranhados. "O mundo mental", como ele o coloca, "não é limitado pela pele" (BATESON, 1973: 429). Em vez disso, ele alcança o meio ambiente ao longo das múltiplas e cada vez mais longas vias sensoriais do envolvimento do organismo humano com os seus arredores. Ou, como Andy Clark observou, ainda mais recentemente, a mente tem uma maneira de vazar do corpo, misturando-se com o mundo ao seu redor (CLARK, 1997: 53).

Invoco a palavra "social" para denotar este entendimento da interpenetrabilidade essencial ou fusão de espírito e mundo. Longe de servir para demarcar um *domínio* particular de fenômenos, em oposição – digamos – ao biológico ou o psicológico, tomo a palavra para denotar uma certa ontologia: uma compreensão da constituição do próprio mundo fenomenal. Como tal, opõe-se a uma ontologia do particulado que imagina um mundo de entidades e eventos individuais, cada um dos quais está ligado através de um contato externo – seja de contiguidade espacial ou sucessão temporal – que deixa intacta a sua natureza básica. Nos termos do físico David Bohm (1980), a ordem desse mundo imaginado seria *explicar.* A ordem do mundo social, em contraste, é *implicar.* Ou seja, qualquer fenômeno particular no qual possamos escolher concentrar nossa atenção envolve em sua constituição a totalidade das relações das quais, em seus desdobramentos, é o resultado momentâneo[3]. Se cortássemos essas relações e tentássemos recuperar a totalidade de seus fragmentos agora isolados, algo estaria perdido que nunca poderia ser recuperado. Esse algo é a própria vida. Como o biólogo Paul Weiss o coloca, em um simpósio de 1969 sobre o futuro das ciências da vida, "a mera reversão da nossa anterior dissecação analítica do universo, recolocando juntos os pedaços [...] não pode render nenhuma explicação completa mesmo do sistema vivo mais elementar" (WEISS, 1969: 7). É por isso que, para voltar a minha crí-

---

3. Como vimos no capítulo 13, este contraste entre ordens implícita e explícita também distingue o mundo de acordo com a classificação do mundo contado, e seus modos de integração – respectivamente vertical e "longitudinal".

tica anterior de Leach, uma analogia mecânica não pode oferecer nenhum relato da *vida* social. Uma máquina pode ser construída de partes, mas máquinas não vivem. E isso me leva do significado do social ao segundo dos meus termos-chave, nomeadamente "vida". Por isso não quero denotar um princípio animador interno que esteja instalado em algumas coisas, mas não outras, distinguindo as primeiras como membros da classe de objetos animados. A vida, como Weiss observou, "é processo, não substância" (1969: 8), e este processo equivale ao desdobramento de um campo de relações contínuo e em constante evolução dentro do qual seres de todos os tipos são gerados e mantidos no lugar. Assim, enquanto Radcliffe-Brown traçou uma analogia entre a vida orgânica e a vida social, eu tracei uma identidade. A vida orgânica *é* social, e, portanto, o é a vida da mente, porque a ordem a que dá origem está implícita[4].

Nesta distinção entre ordens explícita e implícita encontra-se um eco do contraste que tracei anteriormente entre os modos teórico e descritivo de integração. Recapitulando: o modo teórico funciona através da soma de particularidades discretas, de acordo com o princípio sigma, de modo a chegar a cobrir afirmações da forma geral das relações sociais. O modo descritivo, por outro lado, busca apreender a coerência relacional do próprio mundo, conforme este é dado à experiência imediata, mirando as particularidades que enfocam, e momentaneamente condensam, os mesmos processos que o trouxeram à existência. Embora ambos os modos de integração aspirem a uma espécie de holismo, suas respectivas compreensões da totalidade são muito diferentes. A primeira é uma totalidade de *forma*: implica o encerramento e a realização de um sistema de relações que tenha sido totalmente aderido. A segunda, no entanto, é uma totalidade de *processos*, que, sendo contínua, está sempre em aberto e nunca completa, mas que, no entanto, encerra-se em todo momento que produz. Ora, como mencionei anteriormente, não estou convencido de que os termos "teórico" e "descritivo" sejam inteiramente apropriados para estas duas abordagens. O problema é que a própria noção de que a inscrição é uma tarefa de alguma maneira oposta ao projeto de teoria tem suas raízes no primeiro dos dois modos. Ela remete diretamente à divisão de Radcliffe-Brown entre etnografia e antropologia: respectivamente idiográfica e nomotética, descritiva e teórica. No entanto, na oposição entre dados descritivos e generalização teórica, o ato de inscrição está ele mesmo diminuído, reduzido a uma função mecânica de coleta de informações. O segundo modo, por outro lado, recusa esta redução, reconhecendo – como o primeiro não o faz – que qualquer ato de descrição implica um movimento de interpretação. O que é "dado" à experiência, neste modo, não inclui dados individuais, mas o próprio mundo. Trata-se de um mundo que não é tanto ma-

---

4. O inverso disso, como vimos no capítulo 18 (p. 316), é que não há vida que *não* seja social.

peado quanto assimilado a partir de um ponto de vista particular, tanto quanto o pintor assimila a paisagem que o rodeia a partir da posição em que firmou seu cavalete.

Segue-se que qualquer empenho da chamada integração descritiva, se quiser fazer justiça à ordem implícita da vida social, não pode ser nem descritiva nem teórica nos sentidos específicos constituídos pela sua oposição. Deve antes eliminar a própria oposição. O que acontece então com a minha distinção inicial entre etnografia e antropologia? Será que não argumentei de maneira contraditória com a própria posição a partir da qual comecei? Certamente argumentei contra os simples alinhamentos da etnografia com a coleta de dados e da antropologia com a teoria comparativa. Se há uma distinção entre etnografia e antropologia, então deve ser traçada em diferentes linhas. Deixe-me voltar por um momento a Radcliffe-Brown. Em sua conferência de 1951 sobre "O método comparativo na antropologia social", ele tinha uma ou duas palavras a dizer sobre poltronas. Conta-se que há muito tempo, antes que o trabalho de campo se tornasse prática estabelecida na pesquisa antropológica, os estudiosos sentavam-se em suas bibliotecas, instalados em poltronas confortáveis, enquanto desenvolviam seu trabalho comparativo. Por volta de meados do século XX, entretanto, o "antropólogo de poltrona" tornou-se objeto de escárnio, cujas vagas especulações foram deixadas de lado por uma nova geração para a qual o trabalho de campo foi primordial. Para Radcliffe-Brown isso era motivo de pesar. Uma antropologia social que aspire a comparação sistemática e não se contente em repousar sobre os seus louros etnográficos, pensava ele, deve dar espaço à poltrona (RADCLIFFE-BROWN, 1951a: 15). Ora, se os nossos antepassados antropológicos realmente sentavam-se em poltronas enquanto trabalhavam eu não sei. Mas a razão pela qual esta peça específica de mobiliário ganhou um lugar central na imaginação disciplinar é evidente. Pois parece encasular o estudioso em um confinamento sedentário que o isola quase completamente de qualquer tipo de contato sensorial com o seu entorno. "Ser-na-poltrona", por assim dizer, é o preciso inverso de ser-no-mundo[5].

Aqui é onde discordo de Radcliffe-Brown: não acho que possamos fazer antropologia em poltronas. Posso explicar melhor por que em termos da dificuldade que eu, juntamente com muitos colegas (SILLITOE, 2007: 150), rotineiramente enfrento ao introduzir aquilo de que trata a nossa matéria, especialmente para os alunos novatos. Talvez seja o estudo das sociedades humanas – não apenas da nossa própria sociedade, mas de todas as sociedades, em todos os lugares. Mas isso só demanda mais perguntas. Pode-se ver e tocar outro ser humano, mas alguém já viu ou tocou uma sociedade? Podemos pensar que vivemos em socie-

---

5. Sobre a história da cadeira, e sua contribuição para o isolamento imaginado do trabalho intelectual da atividade no chão, consulte o capítulo 3 (p. 78s.).

dades, mas pode alguém alguma vez dizer onde sua sociedade termina e outra começa? Admitindo-se que não tenhamos certeza do que sejam as sociedades, ou mesmo se existem, não poderíamos simplesmente dizer que a antropologia é o estudo das *pessoas*? Há muito a ser dito sobre isso, mas ainda não nos ajuda a distinguir a antropologia de todas as outras disciplinas que pretendem estudar pessoas de uma maneira ou de outra, da história e da psicologia aos vários ramos da biologia e da biomedicina.

O que realmente distingue a antropologia, ecoando nossa conclusão a partir do último capítulo, é que não se trata absolutamente de um estudo *de*, mas de um estudo *com*. Antropólogos trabalham e estudam *com* pessoas. Imersos com elas em um ambiente de atividade conjunta, eles aprendem a ver coisas (ou a ouvi-las ou tocá-las) das maneiras como seus professores e colegas o fazem. Uma educação em antropologia, portanto, faz mais do que nos prover conhecimento *sobre* o mundo – sobre pessoas e suas sociedades. Ela antes educa nossa *percepção* do mundo e abre os nossos olhos e mentes para outras possibilidades de ser. As questões que abordamos são filosóficas: sobre o que significa ser um ser humano ou uma pessoa, sobre conduta moral e o equilíbrio entre liberdade e restrição nas relações das pessoas umas com as outras, sobre confiança e responsabilidade, sobre o exercício de poder, sobre as conexões entre linguagem e pensamento, entre palavras e coisas, e entre o que as pessoas dizem e o que fazem, sobre percepção e representação, aprendizagem e memória, vida e morte e a passagem do tempo, e assim por diante. Na verdade, a lista é interminável. Mas é o fato de abordarmos estas questões no mundo e *não* da poltrona – de este mundo não ser apenas o que pensamos *sobre*, mas o que pensamos *com*, e de em seu pensamento a mente vagar ao longo de caminhos que se estendem muito além do invólucro da pele – que faz o empreendimento antropológico e, por isso mesmo, difere radicalmente da ciência positivista. Fazemos nossa filosofia do lado de fora. E nisso, o mundo e seus habitantes, humanos e não humanos, são nossos professores, mentores e interlocutores.

A antropologia como arte e ofício

Em um recente ensaio um tanto quanto melancólico, Maurice Bloch (2005) pergunta retoricamente: "Para onde a antropologia foi?" Ecoando uma queixa que tem repercutido desde o colapso das certezas de progresso evolutivo do século XIX, ele se preocupa que, na ausência de qualquer "quadro teórico generalizado", a antropologia seja deixada "sem o único centro que poderia ter: o estudo dos seres humanos" (p. 2, 9). Ele sugere um retorno ao funcionalismo, tomado em sentido lato como uma compreensão fundamentada nas circunstâncias de seres humanos reais, em locais específicos, e incorporada na ecologia mais ampla da vida. Sou simpático a isso, tendo eu mesmo apresentado algo semelhante sob a rubrica de "perspectiva da habitação" (INGOLD, 2000a). Como diz Bloch (2005: 16-17) do seu funcionalismo, não se trata tanto de uma teoria quanto de uma atitude – digamos, de um modo de conhecer e não de um quadro para o conhecimento como tal. Fundamentalmente, como um modo de conhecer é também uma maneira de ser. O paradoxo da poltrona é que a fim de *conhecer* já não se pode mais *estar* no mundo do qual se procura conhecimento. Mas a solução da antropologia, para fundamentar o conhecimento no ser, no mundo, e não na poltrona, significa que qualquer estudo *de* seres humanos deve também ser um estudo *com* eles. De fato, Bloch oferece um belo exemplo de como isso pode ser feito, lembrando uma discussão de natureza profundamente filosófica com seus anfitriões durante um trabalho de campo em uma pequena vila malgaxe. Ele descreve a discussão como um seminário (p. 4). Estou certo de que todos podemos nos recordar de conversas semelhantes. Elas moldam a maneira como pensamos.

Um momento atrás referi-me ao trabalho de Hallowell – uma profunda contribuição para a filosofia do *self*, da consciência e da percepção. Como se sabe, no entanto, esta filosofia foi moldada, mais do que qualquer coisa, por conversas intermináveis com seus anfitriões, o Povo Ojibwa do centro-norte do Canadá. Uma coisa que ele aprendeu com esse povo é particularmente digno de consideração aqui. Trata-se do sonhar. O mundo dos sonhos de uma pessoa, disseram-lhe os mentores de Hallowell, é precisamente o mesmo que o da vigília. Mas no sonho você o percebe com outros olhos ou através de diferentes sentidos, ao fazer e diferentes tipos de movimentos – talvez aqueles de outro animal, como uma águia ou um urso – e, possivelmente, mesmo em um meio diferente, como no ar ou na água, em vez de na terra. Quando você acorda após ter experimentado um modo alternativo de estar neste mesmo mundo no qual você atualmente se encontra, você está mais sábio do que estava antes (HALLOWELL, 1955: 178-181). Fazer antropologia, atrevo-me a dizer, é sonhar como um Ojibwa. Como em um sonho, trata-se de continuamente *abrir* o mundo, em vez de buscar uma conclusão. A tarefa é essencialmente comparativa, mas o que compara não são objetos delimitados ou entidades, mas modos de ser. É a constante consciência de modos alternativos de ser, e da sempre presente possibilidade de "saltar" de um para o outro, que define a atitude antropológica. Ela se encontra no que eu chamaria de "olhar enviesado". Onde quer que estejamos, e o que quer que estejamos fazendo, estamos sempre conscientes de que as coisas poderiam ser feitas de maneira diferente. É como se houvesse um estranho em nossos calcanhares, que vem a ser ninguém além de nós mesmos. Esta sensibilidade ao estranho à mão é, segundo creio, partilhada pela antropologia com a arte. Mas por isso mesmo, é radicalmente distinta daquela da ciência normal, que desfamiliariza o real ao removê-lo completamente do domínio da experiência humana imediata.

Passando de suas sensibilidades subjacentes às suas práticas de trabalho, a antropologia é talvez mais semelhante ao ofício do que à arte[6]. Pois é característico do ofício que tanto o conhecimento *das* coisas do profissional quanto o que ele faz *a* elas, estão baseados em relações intensivas, respeitosas e íntimas *com* as ferramentas e materiais do seu trabalho. De fato, os antropólogos há muito têm preferido enxergar-se como artesãos entre os cientistas sociais, orgulhando-se da qualidade de sua obra em contraste com os bens produzidos em massa do processamento de dados industrial feito por sociólogos e outros. Raramente, no entanto, eles procuraram exprimir exatamente o que o ofício implica. Em vez disso, ironicamente, introduzindo um volume editado intitulado *The Craft of Social Anthropology* (O ofício da Antropologia Social], publicado em 1967, Max Gluckman explicou que a sua finalidade é fornecer um guia para os métodos de trabalho de campo modernos. Os autores que contribuíram com a publicação, os quais amplamente representavam a chamada "Escola de Manchester" da antropologia social, todos tentaram, escreveu Gluckman, "definir técnicas na estrutura de problemas teóricos, de modo a que aqueles que usam o livro possam se lembrar daquilo que estão almejando quando coletam seu material" (GLUCKMAN, 1967: xi). A ironia é que a linguagem da coleta de dados, testagem de hipótese e construção de teoria usada ao longo do livro, não poderia estar mais distante da prática do ofício, e de fato o termo, tão proeminentemente visível no título do livro, nunca é mencionado novamente. Que a antropologia seja um ofício parece ter sido algo que seus colaboradores simplesmente tinham como certo. Uma década antes, no entanto, C. Wright Mills havia concluído seu livro *A imaginação sociológica* (1959), com um apêndice que aborda a questão de frente. Tirando a sua presunção de que todos os cientistas sociais são homens, o ensaio de Mills "Sobre o ofício intelectual" continua tão relevante hoje quanto o fora há cinquenta anos. Embora dirigido aos cientistas sociais em geral, e não aos antropólogos em particular, ele contém mais palavras de sabedoria do que qualquer número de tratados teóricos e manuais metodológicos.

Assim começa Mills:

> Para o cientista social individual, que se sente parte da tradição clássica, a ciência social é a prática de um ofício. Um homem que esteja trabalhando em problemas substanciais está entre os que ficam rapidamente impacientes e extenuados com discussões elaboradas sobre método-e-teoria-em-geral; de tanto que isso interrompe os seus verdadeiros estudos (1959: 215).

---

6. Esse não é o lugar para uma discussão sobre a diferenciação de arte e ofício, e eu não lhe atribuo nenhum significado especial aqui.

Assim, a primeira coisa acerca do ofício intelectual, para Mills, é que não há nenhuma divisão entre método e teoria. Contra a ideia de que se começa definindo uma agenda teórica, e, em seguida, a testando empiricamente, através de dados coletados de acordo com protocolos padrão, Mills declara: "Que cada homem seja o seu próprio metodólogo, que cada homem seja o seu próprio teorista, que teoria e método novamente se tornem parte da prática do ofício" (p. 246). A segunda coisa sobre o ofício intelectual, então, é que não há divisão, na prática, entre trabalho e vida. Trata-se uma prática que envolve a pessoa inteira, continuamente recorrendo à experiência passada conforme é projetada no futuro. O profissional intelectual, como Mills o coloca, "forma o seu próprio eu enquanto trabalha para a perfeição do seu ofício" (p. 216). O que ele molda, através do seu trabalho, é uma maneira de ser. E em terceiro lugar, para ajudá-lo neste projeto, ele mantém um diário, o qual periodicamente consulta em busca de novas ideias. Nele anota suas experiências, seus "pensamentos marginais" que lhe advieram como subprodutos da vida cotidiana, fragmentos de conversas ouvidas por acaso, e até mesmo sonhos (p. 216-217). É a partir deste repositório heterogêneo de matérias-primas que o profissional intelectual molda a sua obra.

O retrato de Mills da prática profissional certamente parece adequado, pelo menos no que concerne à antropologia. Estou confiante de que a maioria dos antropólogos ficaria feliz em endossá-lo, mesmo indo na contramão de grande parte do que tem sido publicado sobre o tema da teoria e do método. Mas o que aconteceu com a etnografia? Se teoria e método devem novamente andar juntos no ofício, como Mills recomenda, então não deveria todo antropólogo ser o seu próprio etnógrafo, e vice-versa? Ainda podemos reconhecer hoje a figura do "teorista social", afundado em sua poltrona ou, mais provavelmente, espiando por detrás da tela do computador, que presume ser qualificado, em virtude de sua posição como intelectual, para pronunciar-se acerca dos caminhos de um mundo com o qual se envolve o mínimo possível, preferindo interrogar as obras de outros de sua espécie. No outro extremo está o humilde "pesquisador etnográfico", encarregado de fazer entrevistas estruturadas e semiestruturadas com uma amostra selecionada de informantes e analisar seus conteúdos com um software apropriado, que está convencido de que os dados que recolhe são etnográficos simplesmente porque são qualitativos. Estes números são os fósseis de uma distinção obsoleta entre coleta de dados empíricos e especulação teórica abstrata, e espero que todos possamos concordar que não há espaço para nenhuma das duas na antropologia. Mas e quanto às descrições detalhadas das vidas de outras pessoas, informadas por trabalho de campo prolongado, que são características do que há de melhor na etnografia? Será que não deveríamos deixar-lhes algum espaço? Na verdade deveríamos. Mas algo acontece quando passamos do estar *com* a antropologia à descrição etnográfica *de*. E para explicar do que se trata devo voltar à própria noção de descrição.

Escrita e correspondência

Anteriormente comparei o modo antropológico de integração descritiva com a integração de uma pintura de paisagem na medida em que se forma sobre a tela do artista. Na pintura, assim como no desenho, observação e descrição andam de mãos dadas. Isto porque tanto a pintura quanto o desenho implicam um acoplamento direto do movimento da percepção visual do artista, conforme segue as formas e os contornos do terreno, e do movimento gestual da mão que segura o pincel ou o lápis, enquanto deixa um traço sobre uma superfície. Através do acoplamento de percepção e ação, o artista é atraído *para dentro* do mundo, mesmo quando ele ou ela o trazem *para fora* nos gestos de descrição e nos traços que produzem[7]. Como já mencionei, há muito em comum entre as práticas da antropologia e as da arte. Ambas são maneiras de conhecer que procedem ao longo dos caminhos de observação do estar *com*, e ambas, ao fazê-lo, exploram o que não seja familiar nas proximidades. Mas, em geral, os etnógrafos nem pintam nem desenham. Como foi observado no último capítulo, todo o debate que tem acompanhado a chamada "crise de representação" tem sido fundada na premissa de que a parte gráfica da etnografia não é o desenho, mas a escrita. Além disso, trata-se da escrita entendida não como uma prática de inscrição ou confecção de linha, mas de composição verbal, que poderia ser feita tão bem em um teclado quanto com um lápis ou caneta. É por esta razão que James Clifford, por exemplo, pode afirmar que a descrição envolve "um *afastamento* do diálogo e da observação em direção a um lugar reservado à escrita, um lugar para a reflexão, análise e interpretação" (CLIFFORD, 1990: 52).

Nada há de intrinsecamente errado com isso, mas a separação merece ser notada. Convencionalmente associamos a etnografia ao trabalho de campo e à observação participante, e a antropologia à análise comparativa que se segue após termos deixado o campo para trás. Quero sugerir, ao contrário, que a antropologia – como modo inquisitivo de habitar o mundo, de estar *com*, caracterizado pelo "olhar enviesado" da atitude comparativa – é ela mesma uma prática de observação baseada no diálogo participativo. Poderia talvez ser caracterizada como uma *correspondência*. Neste sentido, as observações do antropólogo respondem à sua experiência de habitação. A correspondência pode ser mediada por atividades descritivas, tais como a pintura e o desenho, que podem ser acoplados à observação. Ela também pode, naturalmente, ser mediada pela escrita. Mas ao contrário da pintura e do desenho, a escrita antropológica *não* é uma arte de descrição. Nós não a chamamos de "antropografia", e por boas razões. O antropólogo escreve – como, aliás, pensa e fala – *para* si mesmo, para os outros

---

7. Sobre o potencial do desenho para o acoplamento de observação e descrição, consulte o capítulo 18, p. 320s.

e para o mundo. Esta correspondência verbal está no cerne do diálogo antropológico. Pode ser realizada em qualquer lugar, independentemente de podermos ou não nos imaginarmos "no campo" ou fora dele. Os antropólogos, como tenho insistido, fazem o seu pensamento, o seu discurso e a sua escrita no e com o mundo. Para fazer a antropologia não é preciso imaginar o mundo como um campo. "O campo" é antes um termo pelo qual o etnógrafo imagina retrospectivamente um mundo do qual ele *se afastou* a fim de, muito especificamente, poder *descrevê-lo por escrito*. Sua prática literária não é tanto de *correspondência não descritiva* quanto de *descrição não correspondente* – ou seja, uma descrição que (ao contrário da pintura ou do desenho) rompeu com a observação. Assim, se alguém se retira na poltrona, não é o antropólogo, mas o etnógrafo. Ao passar da investigação à descrição ele tem necessidade de reposicionar-se do campo de ação para a margem.

Há muito tem sido habitual dividir o processo de pesquisa antropológica em três fases sucessivas: observação, descrição e comparação. Na prática, como Philippe Descola apontou, este modelo trifásico oferece "uma definição purificada de operações que estão frequentemente entrelaçadas" (DESCOLA, 2005: 72). Não se pode dizer onde uma termina e a seguinte começa. Um movimento geral é, entretanto, presumido a partir de particularidades etnográficas a generalidades antropológicas. Pode parecer do exposto que eu tenha revertido essa ordem, colocando a antropologia antes da etnografia e não depois dela. Mas essa não é realmente a minha intenção. Eu não acredito que a antropologia seja mais *anterior* à etnografia do que o contrário. Elas são apenas diferentes. Pode ser difícil exercer ambas ao mesmo tempo, devido aos diferentes posicionamentos que implicam, mas a maioria de nós provavelmente oscila entre elas, como um pêndulo, no curso de nossas vidas profissionais. O meu real propósito ao desafiar a ideia de uma progressão unidirecional da etnografia para a antropologia não tem sido o de menosprezar a etnografia, ou tratá-la como uma reflexão posterior, mas sim libertá-la, sobretudo da tirania do método. Nada tem sido mais prejudicial à etnografia do que a sua representação à guisa de "método etnográfico". Obviamente, a etnografia tem seus métodos, mas *não é* um método. Não é, em outras palavras, um conjunto de meios processuais formais concebidos para satisfazerem os fins da investigação antropológica. Trata-se de uma prática em seu próprio direito – uma prática de descrição verbal. Os relatos que produz, de vida de outras pessoas, são trabalhos acabados, não matérias-primas para posterior análise antropológica. Mas se a etnografia não é um meio para o fim da antropologia, então tampouco a antropologia é serva da etnografia. Repito, a antropologia é uma investigação sobre as condições e possibilidades de vida humana no mundo; não é – como tantos estudiosos em campos de crítica literária considerariam – o estudo de como escrever etnografia, ou da problemática reflexiva da mudança da observação para a descrição.

Esta é uma mensagem que tem implicações críticas para a maneira como a antropologia é ensinada. Parece-me que muitas vezes decepcionamos as expectativas dos nossos alunos. Ao invés de despertar sua curiosidade em relação à vida social ou acender neles um modo inquisitivo de ser, nós os forçamos a uma reflexão interminável sobre textos disciplinares que são estudados não pela luz que lançam sobre o mundo, mas pelo que revelam acerca das práticas dos próprios antropólogos e das dúvidas e dilemas que cercam o seu trabalho. Os alunos logo descobrem que tendo se curvado sobre si mesma, através de sua fusão com a etnografia, a antropologia tornou-se uma interrogação das suas próprias maneiras de trabalhar[8]. Como educadores baseados em departamentos universitários, a maioria dos antropólogos dedica grande parte de suas vidas ao trabalho com os alunos. Eles provavelmente gastam muito mais tempo em sala de aula do que em qualquer lugar que possam chamar de campo. Alguns gostam disso mais do que outros, mas, de modo geral, não consideram o tempo na sala de aula como parte integrante de sua prática *antropológica*. Os alunos são informados de que antropologia é o que fazemos com os nossos colegas, e com outras pessoas em outros lugares, mas não com eles. Trancado do lado de fora da casa de força da construção do conhecimento antropológico, tudo o que podem fazer é observar através das janelas aquilo que nossos textos e ensinamentos lhes oferecem. Levou quase um século, é claro, para que as pessoas, outrora conhecidas como "nativos", e, ultimamente, como "informantes", fossem admitidas na casa grande da antropologia como colaboradores principais, isto é, como pessoas *com* as quais trabalhamos. Agora é habitual que as suas contribuições para qualquer estudo antropológico sejam exageradamente reconhecidas. No entanto, os alunos permanecem excluídos, e a inspiração e ideias que fluem de nosso diálogo com eles permanecem não reconhecidas. Acredito que isso seja um escândalo, uma das consequências malignas da divisão institucionalizada entre pesquisa e ensino que tanto tem marcado a prática da pesquisa acadêmica. Porque, na verdade, a epistemologia que constrói o aluno como o mero receptor de conhecimento antropológico produzido em outros lugares – e não como um participante de sua contínua elaboração criativa – é exatamente o mesmo que constrói o nativo como um informante. E isso já não é defensável.

---

8. O mesmo dobrar também é por demais evidente em muitos campos da arte, e as consequências desta involução são tão prejudiciais à arte quanto o são para a antropologia. Uma arte que nada aborde além da sua própria prática contribuirá pouco para a compreensão humana. Se o escopo da colaboração entre a arte e a antropologia for marcado pela sua interrogação mútua, então ambas afundarão juntas. Grande parte do potencial inerente desta colaboração está, creio eu, sendo desperdiçado por conta da confusão entre antropologia e etnografia. Arte e etnografia não combinam bem. A primeira compromete os compromissos da etnografia com a precisão descritiva; a última foge do imediatismo de envolvimento observacional da arte. Misturar arte e etnografia é, provavelmente, uma receita para arte de má qualidade, e para etnografia de má qualidade. Combinar arte e antropologia, por outro lado, pode aumentar consideravelmente o poder de ambas.

Antropologia *não* é etnografia. Etnógrafos descrevem, principalmente através da escrita, como as pessoas de alguns lugares e tempos percebem o mundo e como agem nele. Em nossos sonhos podemos ter suposto alguma vez que acrescentando, comparando e contrastando as maneiras como pessoas de todos os lugares e tempos percebem e agem, podemos ser capazes de extrair alguns denominadores comuns – possíveis candidatos a universais humanos. Quaisquer desses universais, no entanto, são abstrações nossas, e, como Whitehead apontou pela primeira vez, é uma falácia imaginar que sejam concretamente exemplificados no mundo como um substrato para a variação humana[9]. Com seus sonhos de generalização despedaçados, para onde a antropologia deve ir? Deve continuar a acumular estudos de caso etnográficos díspares, mas orientados tematicamente entre as capas de volumes editados, na esperança de que alguns tipos de generalização ainda possam decair? Deve abandonar seu projeto pela obra de filósofos que nunca reuniram energia ou convicção para deixarem suas poltronas? Deve, por outro lado, juntar-se aos críticos literários em suas próprias ruminações arcanas sobre o projeto etnográfico? A antropologia tentou todas estas coisas. No entanto, todas as direções saíram pela tangente do mundo em que habitamos. Não é de admirar, então, que os antropólogos sejam deixados sentindo-se isolados e marginalizados, e que sejam rotineiramente tratados com descaso em discussões públicas sobre as grandes questões da vida social. Tenho defendido uma disciplina que voltaria a estas questões, não na poltrona, mas no mundo. Podemos ser nossos próprios filósofos, mas podemos fazê-lo melhor, graças à sua incorporação em nossos compromissos de observação com o mundo e em nossas colaborações e correspondências com os seus habitantes. De quê, então, devemos chamar esta nossa animada filosofia? Ora, de *antropologia*, é claro!

---

9. Esta é a "falácia da concretude deslocada", pela qual se vem "a confundir uma abstração conceitual com um agente vital verdadeiro" (WHITEHEAD, 1938: 66).

Referências

AFONSO, A.I. & RAMOS, J. (2004). "New graphics for old stories: representations of local memories through drawings". In: PINK, S.; KURTI, L. & AFONSO, A.I. (eds.). *Working Images*: Visual Research and Representation in Anthropology. Londres: Routledge, p. 72-89.

AGAMBEN, G. (2004). *The Open*: Man and Animal. Stanford, CA: Stanford University Press [Trad. de K. Attell].

ALBERTI, L.B. (1988). *On the Art of Building in Ten Books*. Cambridge, MA: MIT Press [Trad. de J. Rykwert, N. Leach e R. Tavernor].

_____. (1972). *On Painting*. Harmondsworth: Penguin [Trad. de C. Grayson; Org. de M. Kemp].

ALLEN, N.J. (1998). "The category of substance: a Maussian theme revisited". In: JAMES, W. & ALLEN, N.J. (eds.). *Marcel Mauss*: A Centenary Tribute. Nova York: Berghahn, p. 175-191.

ALPERS, S. (1983). *The Art of Describing*: Dutch Art in the Seventeenth Century. Londres: Penguin.

ANDERSON, D. (2000). *Identity and Ecology in Arctic Siberia*. Oxford: Oxford University Press.

APORTA, C. (2004). "Routes, trails and tracks: trail breaking among the Inuit of Igloolik". *Études/Inuit/Studies*, 28 (2), p. 9-38.

ASHIZAWA, K.; KUMAKURA, C.; KUSUMOTO, A. & NARASAKI, S. (1997). "Relative foot size and shape to general body size in Javanese, Filipinas and Japanese with special reference to habitual footwear types". *Annals of Human Biology*, 24, p. 117-129.

ATRAN, S. (1990). *Cognitive Foundations of Natural History*: Towards an Anthropology of Science. Cambridge: Cambridge University Press.

BACHELARD, G. (1983). *Water and Dreams*: An Essay on the Imagination of Matter. Dallas, TX: Pegasus [Trad. de E.R. Farrell].

_____. (1964). *The Poetics of Space*. Boston, MA: Beacon.

BALZAC, H. (1938). *Oeuvres diverses de Honoré de Balzac*. Vol. 2 (1830-1835). Paris: Louis Canard.

BANKS, M. (2001). *Visual Methods in Social Research*. Londres: Sage.

BARBER, K. (2007). "Improvisation and the art of making things stick". In: HALLAM, E. & INGOLD, T. (eds.). *Creativity and Cultural Improvisation*. Oxford: Berg, p. 25-41.

BATESON, G. (1973). *Steps to an Ecology of Mind*. Londres: Granada.

BERGER, J. (2005). *Berger on Drawing*. Cork: [Ed. de J. Savage].

BERGSON, H. (1991). *Matter and Memory*. Nova York: Zone Books [Trad. de N.M. Paul e W.S. Palmer].

_____. (1911). *Creative Evolution*. Londres: Macmillan [Trad. de A. Mitchell].

BERLEANT, A. (2010). *Sensibility and Sense*: The Aesthetic Transformation of the Human World. Exeter: Imprint Academic.

BERNSTEIN, N.A. (1996). "On dexterity and its development". In: *Dexterity and its Development*. Mahwah, NJ: Lawrence Erlbaum, p. 3-244 [Ed. de M. Latash e M.T. Turvey].

BIDNEY, D. (1953). *Theoretical Anthropology*. Nova York: Columbia University Press.

BILLE, M. & SØRENSEN, T.F. (2007). "An anthropology of luminosity: the agency of light". *Journal of Material Culture*, 12 (3), p. 263-284.

BILLETER, J.F. (1990). *The Chinese Art of Writing*. Nova York: Rizzoli [Trad. de J.-M. Clarke e M. Taylor].

BLOCH, M. (2005). *Essays on Cultural Transmission*. Oxford: Berg.

BOAS, F. (1936). "History and science in anthropology: a reply". *American Anthropologist*, 38, p. 137-141.

BOHM, D. (1980). *Wholeness and the Implicate Order*. Londres: Routledge and Kegan Paul.

BÖHME, G. (1993). "Atmosphere as the fundamental concept of a new aesthetics". *Thesis Eleven*, 36, p. 113-126.

BOIVIN, N. (2008). *Material Cultures, Material Minds*. Cambridge: Cambridge University Press.

BRADLEY, C. (2002). "Travelling with Fred George: the changing ways of Yup'ik star navigation in Akiachak, Western Alaska". In: KRUPNIK, I. & JOLLY, D. (eds.). *The Earth is Faster Now*: Indigenous Observations of Arctic Environmental Change. Fairbanks, AK: Arctic Research Consortium of the United States, p. 240-265.

BRAND, S. (1994). *How Buildings Learn*: What Happens to Them After They're Built. Harmondsworth: Penguin.

BRAVERMAN, H. (1974). *Labor and Monopoly Capital*: The Degradation of Work in the Twentieth Century. Nova York: Monthly Review.

BREMMER, J. (1992). "Walking, standing and sitting in ancient Greek culture". In: BREMMER, J. & ROODENBURG, H. (eds.). *A Cultural History of Gesture*. Oxford: Polity Press, p. 15-35.

BRIGGS, J.L. (2002). "Language dead or alive: what's in a dictionary?" In: NAGY, M. *The Power of Traditions*: Identities, Politics and Social Sciences. Quebec: Iassa, p. 69-82.

BROWN, L.B. & THOULESS, R.H. (1965). "Animistic thought in civilized adults". *The Journal of Genetic Psychology*, 107, p. 33-42.

BROWN, T. (1978). *The Tracker*: The Story of Tom Brown, Jr. as Told by William Jon Watkins. Nova York: Prentice Hall.

BRYSON, N. (2003). "A walk for walk's sake". In: ZEGHER, C. (ed.). *The Stage of Drawing*: Gesture and Act. Londres/Nova York: Tate/The Drawing Center, p. 149-158.

BUNN, S. (1999). "The importance of materials". *Journal of Museum Ethnography*, 11, p. 15-28.

_____. (1997). "Animal products". In: OLIVER, P. (ed.). *Encyclopedia of Vernacular Architecture of the World*. Vol. 1. Cambridge: Cambridge University Press, p. 195-197.

CANGUILHEM, G. (2008). *Knowledge of Life*. Nova York: Fordham University Press [Trad. de G. Geroulanos e D. Ginsburg].

CAPLAN, R. (1978). "His perspective, chairs as symbols of civilization and cultures". In: BRADFORD, P. (prod.) & PRETE, B. (ed.). *Chair*: The Current

State of the Art, with the Who, the Why and the What of it. Nova York: Thomas Y. Crowell, p. 8-19.

CARLSÖÖ, S. (1972). *How Man Moves*. Londres: Heinemann.

CARRUTHERS, M. (1998). *The Craft of Thought*: Meditation, Rhetoric and the Making of Images, 400-1200. Cambridge: Cambridge University Press.

_____. (1990). *The Book of Memory*: A Study of Memory in Medieval Culture. Cambridge: Cambridge University Press.

CASEY, E.S. (1996). "How to get from space to place in a fairly short stretch of time: phenomenological prolegomena". In: FELD, S. & BASSO, K.H. (eds.). *Senses of Place*. Santa Fé NM: School of American Research Press, p. 13-52.

CERTEAU, M. (1984). *The Practice of Everyday Life*. Berkeley, CA: University of California Press.

CLARK, A. (1998). "Where brain, body and world collide". *Daedalus*: Journal of the American Academy of Arts and Sciences, 127 (2), p. 257-280 [Edição especial sobre o cérebro].

_____. (1997). *Being There*: Putting Brain, Body and the World Together Again. Cambridge, MA: MIT.

CLARK, W.B. (2006). *A Medieval Book of Beasts*: The Second-Family Bestiary. Woodbridge, Suffolk: Bydell Press.

CLIFFORD, J. (1990). "Notes on (field)notes". In: SANJEK, R. (ed.). *Fieldnotes*: The Makings of Anthropology. Ithaca, NY: Cornell University Press, p. 47-70.

COLLINGWOOD, R.G. (1946). *The Idea of History*. Oxford: Clarendon.

COLLINS, S. (1985). "Categories, concepts or predicaments? – Remarks on Mauss's use of philosophical terminology". In: CARRITHERS, M.; COLLINS, C. & LUKES, S. (eds.). *The Category of the Person*: Anthropology, Philosophy, History. Cambridge: Cambridge University Press, p. 46-82.

CONNERTON, P. (1989). *How Societies Remember*. Cambridge: Cambridge University Press.

COONEY, G. (2003). "Introduction: seeing the land from the sea". *World Archaeology*, 35 (3), p. 323-328.

D'ANDRADE, R.G. (1981). "The cultural part of cognition". *Cognitive Science*, 5, p.179-195.

DARWIN, C. (1950). *On the Origin of Species by Means of Natural Selection, or, The Preservation of Favoured Races in the Struggle for Life*. Londres: Watts [Reimp. da 1. ed. 1859].

_____. (1874). *The Descent of Man, and Selection in Relation to Sex*. 2. ed. Londres: John Murray.

DELEUZE, G. (1984). "Michel Tournier and the world without others". *Economy and Society*, 13, p. 52-71.

DELEUZE, G. & GUATTARI, F. (2004). *A Thousand Plateaus*: Capitalism and Schizophrenia. Londres: Continuum [Trad. de B. Massumi] [Originalmente publicado como *Mille Plateaux* – Vol. 2: Capitalisme et Schizophrénie. Paris: Minuit, 1980].

DeMARRAIS, E.; GOSDEN, C. & RENFREW, C. (eds.) (2004). *Rethinking Materiality*: The Engagement of Mind with the Material World. Cambridge: McDonald Institute for Archaeological Research.

DERRIDA, J. (1974). *Of Grammatology*. Baltimore, MD: Johns Hopkins University Press [Trad. de G.C. Spivak].

DESCARTES, R. (1988). *Descartes*: Selected Philosophical Writings. Cambridge: Cambridge University Press [Trad. de J. Cottingham, R. Stoothoff e D. Murdoch].

DESCOLA, P. (2005). "On anthropological knowledge". *Social Anthropology*, 13 (1), p. 65-73.

DEVINE, J. (1985). "The versatility of human locomotion". *American Anthropologist*, 87, p. 550-570.

DIENER, P.; NONINI, D. & ROBKIN, E.E. (1980). "Ecology and evolution in cultural anthropology". *Man*, 15, p. 1-31.

DILLON, M.C. (2007). "Merleau-Ponty and the ontology of ecology or apocalypse later". In: CATALDI, S.L. & HAMRICK, W.S. (eds.). *Merleau-Ponty and Environmental Philosophy*: Dwelling on the Landscapes of Thought. Albânia, NY: State University of Nova York Press, p. 259-272.

DOBZHANSKY, T. (1965). "Mendelism, Darwinism, and evolutionism". *Proceedings of the American Philosophical Society*, 109 (4), p. 205-215.

DOWIE, J. (1839). "Observations on boots and shoes, with reference to the structure and action of the human foot". *Edinburgh New Philosophical Journal*, 26, p. 401-409.

DOWNEY, G. (2007). "Seeing with a 'sideways glance': visuomotor 'knowing' and the plasticity of perception". In: HARRIS, M. (ed.). *Ways of Knowing*: New Approaches in the Anthropology of Experience and Learning. Oxford: Berghahn, p. 222-241.

DOYLE, A.C. (1950). *The Memoirs of Sherlock Holmes*. Harmondsworth: Penguin.

DREYFUS, H.L. (1991). *Being-in-the-world*: A Commentary on Heidegger's "Being and Time, Division I". Cambridge, MA: MIT.

DURKHEIM, É. (1982). *The Rules of Sociological Method*. Londres: Macmillan [Trad. de W.D. Halls; Ed. De S. Lukes].

EISENBERG, L. (1972). "The human nature of human nature". *Science*, 176, p. 123-128.

ELDEN, S. (2006). "Heidegger's animals". *Continental Philosophy Review*, 39, p. 273-291.

ELKINS, J. (2000). *What Painting Is*. Londres: Routledge.

_____. (1996). *The Object Stares Back*: On the Nature of Seeing. Nova York: Simon & Schuster.

ENGELS, F. (1934). *Dialectics of Nature*. Moscou: Progress [Trad. de C. Dutt].

EVANS-PRITCHARD, E.E. (1961). *Anthropology and History*. Manchester: Manchester University Press.

_____. (1951). *Social Anthropology*. Londres: Cohen and West.

_____. (1950). "Social anthropology: past and present". *Man*, 198, p. 118-124.

FARNELL, B.M. (2000). "Getting out of the habitus: an alternative model of dynamically embodied social action". *Journal of the Royal Anthropological Institute*, 6, p. 397-418.

_____. (1994). "Ethno-graphics and the moving body". *Man*, 29, p. 929-974.

FELD, S. & BASSO, K.H. (eds.) (1996). *Senses of Place*. Santa Fé, NM: School of American Research.

FIENUP-RIORDAN, A. (1994). *Boundaries and Passages*: Rule and Ritual in Yup'ik Eskimo Oral Tradition. Norman, OK: University of Oklahoma Press.

FLESHER, M.M. (1997). "Repetitive order and the human walking apparatus: Prussian military scienc versus the Webers' locomotion research". *Annals of Science*, 54 (5), p. 463-487.

FLUSSER, V. (1999). *The Shape of Things*: A Philosophy of Design. Londres: Reaktion.

FOUCAULT, M. (1973). *This is not a Pipe*. Berkeley, CA: University of California Press [Trad. de J. Harkness].

FOX, J.J. (1997). "Genealogy and topogeny: towards an ethnography of Rotinese ritual place names". In: FOX, J.J. (ed.). *The Poetic Power of Place*: Comparative Perspectives on Austronesian Ideas of Locality. Canberra: Research School of Pacific and Asian Studies/Australian National University, p. 91-102.

FRIEDMAN, T. & GOLDSWORTHY, A. (1990). *Hand to Earth*. Leeds: W.S. Maney.

GAY, J. (1974). *Poetry and Prose*. Vol. I. Oxford: Clarendon [Ed. de V.A. Dearing].

GEERTZ, C. (1973). *The Interpretation of Cultures*. Nova York: Basic Books.

GELL, A. (1998). *Art and Agency*: An Anthropological Theory. Oxford: Clarendon.

GIBSON, J.J. (1979). *The Ecological Approach to Visual Perception*. Boston, MA: Houghton Mifflin.

GLUCKMAN, M. (1967). "Introduction". In: EPSTEIN, A.L. (ed.). *The Craft of Social Anthropology*. Londres: Tavistock.

GODELIER, M. (1989). "Incest taboo and the evolution of society". In: GRAFEN, A. (ed.). *Evolution and its Influence*. Oxford: Clarendon Press, p. 63-92.

_____. (1986). *The Mental and the Material*. Londres: Verso [Trad. de M. Thom].

GOFFMAN, E. (1971). *Relations in Public*: Microstudies of the Public Order. Londres: Allen Lane.

GOODALL, J. (1990). *Through a Window*: My Thirty Years with the Chimpanzees of Gombe. Nova York: Houghton Mifflin.

GOSDEN, C. (2005). "What do objects want?" *Journal of Archaeological Method and Theory*, 12 (3), p. 193-211.

_____. (1999). *Anthropology and Archaeology*: A Changing Relationship. Londres: Routledge.

GRAVES-BROWN, P.M. (ed.) (2000). *Matter, Materiality and Modern Culture*. Londres: Routledge.

GRIFFIN, D.R. (1984). *Animal Thinking*. Cambridge, MA: Harvard University Press.

GRIMSHAW, A. (2001). *The Ethnographer's Eye*: Ways of Seeing in Modern Anthropology. Cambridge: Cambridge University Press.

GRIMSHAW, A. & RAVETZ, A. (2009). "Rethinking observational cinema". *Journal of the Royal Anthropological Institute*, 15 (3), p. 538-556.

GUNN, W. (ed.) (2009). *Fieldnotes and Sketchbooks*: Challenging the Boundaries Between Descriptions and Processes of Describing. Frankfurt am Main: Peter Lang.

GUTHRIE, S. (1993). *Faces in the Clouds*: A New Theory of Religion. Oxford: Oxford University Press.

HÄGERSTRAND, T. (1976). "Geography and the study of the interaction between nature and society". *Geoforum*, 7, p. 329-334.

HALLAM, E. & INGOLD, T. (eds.) (2007). *Creativity and Cultural Improvisation*. Oxford: Berg.

HALLOWELL, A.I. (1955). *Culture and Experience*. Filadélfia, PA: University of Pennsylvania Press.

HAMEL, C. (1992). *Scribes and Illuminators*. Londres: British Museum Press.

HARRISON, P. (2007). "The space between us: opening remarks on the concept of dwelling". *Environment and Planning D*: Society and Space, 25, p. 625-647.

HARVEY, J. (1974). *Cathedrals of England and Wales*. Londres: B.T. Batsford.

HEIDEGGER, M. (1995). *The Fundamental Concepts of Metaphysics*: World, Finitude, Solitude. Bloomington, IN: Indiana University Press [Trad. de W. McNeil e N. Walker].

_____. (1992). *Parmenides*. Bloomington, IN: Indiana University Press [Trad. de A. Schuwer e R. Rojcewicz].

_____. (1971). *Poetry, Language, Thought*. Nova York: Harper and Row [Trad. de A. Hofstadter].

HELANDER, E. & MUSTONEN, T. (eds.) (2004). *Snowscapes, Dreamscapes*: Snowchange Book on Community Voices of Change. Vaasa: Fram Oy [Tampere Polytechnic Publications, Series C, Study Materials, 12].

HENRY, M. (2009). *Seeing the Invisible*: On Kandinsky. Londres: Continuum [Trad. de S. Davidson] [Originalmente publicado como *Voir l'invisible*. Éd. François Bourin, 1988].

HETHERINGTON, K. (2003). "Spatial textures: place, touch, and praesentia". *Environment and Planning A*, 35, p. 1.933-1.944.

HILL, M.R. (1984). *Walking, Crossing Streets, and Choosing Pedestrian Routes*: A Survey of Recent Insights from the Social/Behavioral Sciences. Lincoln, Nebraska: University of Nebraska Studies [New Series 66].

HILLMAN, M. & WHALLEY, A. (1979). *Walking is Transport*. Vol. XLV, n. 583. Londres: Policy Studies Institute.

HODGES, H. (1964). *Artefacts*: An Introduction to Early Materials and Technology. Londres: Duckworth.

HOPKINS, G.M. (1972). *Look Up at the Skies!* Londres: Bodley Head [Ed. de R. Warner].

HUXLEY, T.H. (1894). *Man's Place in Nature, and Other Anthropological Essays*. Londres: Macmillan.

IGUCHI, K. (2008). "Reading music/playing music: the musical notations of the Kyoto Gion festival and the *Noh* flute". *Ethnomusicology Forum*, 17 (2), p. 249-268.

INGOLD, T. (2010). "Footprints through the weather-world: walking, breathing, knowing". *Journal of the Royal Anthropological Institute*, 2010, S121-S139 [Ed. especial].

_____. (2007a). *Lines*: A Brief History. Londres: Routledge.

_____. (2007b). "Earth, sky, wind and weather". *Journal of the Royal Anthropological Institute*, 2007, S19-S38 [Ed. especial].

_____. (2007c). "Movement, knowledge and description". In: PARKIN, D. & ULIJASZEK, S. *Holistic Anthropology*: Emergence and Convergence. Oxford: Berghahn, p. 194-211.

_____. (2006). "Review of Doreen Massey". *For Space – Journal of Historical Geography*, 32 (4), p. 891-893.

_____. (2005a). "The eye of the storm: visual perception and the weather". *Visual Studies*, 20 (2), p. 97-104.

_____. (2005b). "Landscape lives, but archaeology turns to stone". *Norwegian Archaeological Review*, 38 (2), p. 122-126.

_____. (2004). "Buildings". In: HARRISON, S.; PILE, S. & THRIFT, N. (eds.). *Patterned Ground*: Entanglements of Nature and Culture. Londres: Reaktion, p. 238-240.

_____. (2003). "Two reflections on ecological knowledge". In: SANGA, G. & ORTALLI, G. (eds.). *Nature Knowledge*: Ethnoscience, Cognition, Identity. Nova York: Berghahn, p. 301-311.

_____. (2002). "Between evolution and history: biology, culture and the myth of human origins". *Proceedings of the British Academy*, 112, p. 43-66.

_____. (2001a). "From the transmission of representations to the education of attention". In: WHITEHOUSE, H. (ed.). *The Debated Mind*: Evolutionary Psychology Versus Ethnography. Oxford: Berg, p. 113-153.

_____. (2001b). "From complementarity to obviation: on dissolving the boundaries between social and biological anthropology, archaeology and psychology". In: OYAMA, S.; GRIFFITHS, P.E. & GRAY, R.D. (eds.). *Cycles of Contingency*: Developmental Systems and Evolution. Cambridge, MA: MIT, p. 255-279.

_____. (2000a). *The Perception of the Environment*: Essays on Livelihood, Dwelling and Skill. Londres: Routledge.

_____. (2000b). "Making culture and weaving the world". In: GRAVES-
-BROWN, P.M. (ed.). *Matter, Materiality and Modern Culture*. Londres: Routledge, p. 50-71.

_____. (1999). "'Tools for the hand, language for the face': an appreciation of Leroi-Gourhan's *Gesture and Speech*". *Studies in the History and Philosophy of Biological and Biomedical Science*, 30, p. 411-453.

_____. (1997). "Life beyond the edge of nature? Or, the mirage of society". In: GREENWOOD, J.B. *The Mark of the Social*. Lanham, MD: Rowman and Littlefield, p. 231-252.

_____. (1994). "Humanity and animality". In: INGOLD, T. (ed.). *Companion Encyclopedia of Anthropology*: Humanity, Culture and Social Life. Londres: Routledge, p. 14-32.

_____. (1993). "The art of translation in a continuous world". In: PALSSON, G. (ed.). *Beyond Boundaries*: Understanding, Translation and Anthropological Discourse. Oxford: Berg, p. 210-230.

_____. (1992). "Culture and the perception of the environment". In: CROLL, E. & PARKIN, D. (eds.). *Bush Base*: Forest Farm. Culture, Environment and Development. Londres: Routledge, p. 39-56.

_____. (1989). "The social and environmental relations of human beings and other animals". In: STANDEN, V. & FOLEY, R.A. (eds.). *Comparative Socioecology*. Oxford: Blackwell Scientific, p. 495-512.

_____. (1986). *Evolution and Social Life*. Cambridge: Cambridge University Press.

_____. (1983). "The architect and the bee: reflections on the work of animals and men". *Man*, 18, p. 1-20.

INGOLD, T. & HALLAM, E. (2007). "Creativity and cultural improvisation: an introduction". In: HALLAM, E. & INGOLD, T. (eds.). *Creativity and Cultural Improvisation*. Oxford: Berg, p. 1-24.

INGOLD, T. & KURTTILA, T. 2000. "Perceiving the environment in Finnish Lapland". *Body and Society*, 6 (3/4), p. 183-196.

JABLONKA, E. (2000). "Lamarckian inheritance systems in biology: a source of metaphors and models in technological evolution". In: ZIMAN, J. (ed.). *Technological Innovation as an Evolutionary Process*. Cambridge: Cambridge University Press, p. 27-40.

JAMES, W. (1982). *Psychology*. Nova York: Henry Holt.

JÄRPE, A. (2007). *"Ever against the wind…"*: lifescapes and environmental perception among Sámi reindeer herders in Västerbotten. Aberdeen: University of Aberdeen [Tese de doutorado não publicada].

JARVIS, R. (1997). *Romantic Writing and Pedestrian Travel*. Londres: Macmillan.

JAY, M. (1988). "Scopic regimes of modernity". In: FOSTER, H. (ed.). *Vision and Visuality*. Seattle, WA: Bay Press, p. 3-23 [Dia Art Foundation Discussions in Contemporary Culture, n. 2].

JETTÉ, J. (1913). "Riddles of the Ten'a Indians". *Anthropos*, 8, p. 181-201, 630-651.

_____. (1911). "On the superstitions of the Ten'a Indians". *Anthropos*, 6, p. 95-108, 241-259, 602-615, 699-723.

_____. (1908-1909). "On Ten'a folklore". *Journal of the Royal Anthropological Institute*, 38, p. 298-367; 39, p. 460-505.

JOHANSON, E. (1994). "Gait laboratory: structure and data gathering". In: ROSE, J. & GAMBLE, G.G. (eds.). *Human Walking*. 2. ed. Baltimore, MD: Williams and Wilkins, p. 201-224.

JOHNSON, S. & BOSWELL, J (1924). *Johnson's Journey to the Western Islands of Scotland, and Boswell's Journal of a Tour to the Hebrides with Samuel Johnson, LL.D.* Londres: Oxford University Press [Ed. de R.W. Chapman].

JONES, D. (1964). *An Outline of English Phonetics*. 9. ed. Cambridge: Heffer.

KANDINSKY, W. (1982). *Kandinsky*: Complete Writings on Art, Vols. 1 (1901-1921) and 2 (1922-1943). Londres: Faber & Faber [Ed. de K.C. Lindsay e P. Vergo].

KANT, I. (1970). "A translation of the Introduction to Kant's *Physische Geographie*". In: MAY, J.A. (ed.). *Kant's Concept of Geography and its Relation to Recent Geographical Thought*. Toronto: University of Toronto Press, p. 255-264.

_____. *Immanuel Kant's Critique of Pure Reason*. Londres: Macmillan [Trad. de N.K. Smith].

KAWADA, J. (s.d.). "Postures de portage et de travaux manuels – En rapport avec d'autres domaines de la vie japonaise". *Colloquium Culture et Usages du Corps*. Saint Germain en Laye, 01-04/03/1996 [Não publicado].

KELLER, C.M. (2001). "Thought and production: insights of the practitioner". In: SCHIFFER, M.B. (ed.). *Anthropological Perspectives on Technology*. Albuquerque, NM: University of New Mexico Press, p. 33-45.

KIRBY, P.W. (ed.) (2009). *Boundless Worlds*: An Anthropological Approach to Movement. Oxford: Berghahn.

KLEE, P. (1973). *Notebooks* – Vol. 2: The Nature of Nature. Londres: Lund Humphries [Ed. de J. Spiller; Trad. de H. Norden].

_____. (1961). *Notebooks* – Vol. 1: The Thinking Eye. Londres: Lund Humphries [Ed. de J. Spiller; Trad. de R. Manheim].

KNAPPETT, C. (2005). *Thinking Through Material Culture*: An Interdisciplinary Perspective. Filadélfia, PA: University of Pennsylvania Press.

KROEBER, A.L. (1952). *The Nature of Culture*. Chicago, IL: University of Chicago Press.

_____. (1935). "History and science in anthropology". *American Anthropologist*, 37 (4), p. 539-569.

LARSON, F.; PETCH, A. & ZEITLYN, D. (2007). "Social networks and the creation of the Pitt Rivers Museum". *Journal of Material Culture*, 12 (3), p. 211-239.

LATASH, M. (1996). "The Bernstein problem: how does the central nervous system make its choices?" In: LATASH, M. & TURVEY, M.T. (eds.). *Dexterity and its Development*. Mahwah, NJ: Lawrence Erlbaum Associates, p. 277-303.

LATOUR, B. (2005). *Reassembling the Social*: An Introduction to Actor-Network Theory. Oxford: Oxford University Press.

_____. (1999a). "On recalling ANT". In: LAW, J. & HASSARD, J. (eds.). *Actor Network Theory and After*. Oxford: Blackwell, p. 15-25.

_____. (1999b). *Pandora's Hope*: Essays on the Reality of Science Studies. Cambridge, MA: Harvard University Press.

_____. (1993). *We Have Never Been Modern*. Hemel Hempstead: Harvester Wheatsheaf [Trad. de C. Porter].

LAZIER, B. (s.d.). "Earthrise, or the globalization of the world picture". In: LEACH, E.R. *Rethinking Anthropology*. Londres: Athlone Press, 1961.

LEE, J. & INGOLD, T. (2006). "Fieldwork on foot: perceiving, routing, socializing". In: COLEMAN, S. & COLLINS, P. (eds.). *Locating the Field*: Space, Place and Context in Anthropology. Oxford: Berg, p. 67-85.

LEFEBVRE, H. (2004). *Rhythmanalysis*: Space, Time and Everyday Life. Londres: Continuum.

_____. (1991). *The Production of Space*. Oxford: Blackwell [Trad. de D. Nicholson-Smith].

LEROI-GOURHAN, A. (1993). *Gesture and Speech*. Cambridge, MA: MIT [Trad. de A. Bostock Berger; Intr. de R. White].

LEUDAR, I. & COSTALL, A. (1996). "Situating action IV: planning as situated action". *Ecological Psychology*, 8, p. 153-170.

LÉVI-STRAUSS, C. (1968). *Structural Anthropology*. Harmondsworth: Penguin.

_____. (1953). *Race and History*. Paris: Unesco.

LEWIS, N. (2001). "The climbing body, nature and the experience of modernity". In: MacNAGHTEN, P. & URRY, J. (eds.). *Bodies of Nature*. Londres: Sage, p. 58-80.

LEWONTIN, R.C. (1982). "Organism and environment". In: PLOTKIN, H.C. (ed.). *Learning, Development and Culture*. Chichester: Wiley.

LINGIS, A. (1998). *The Imperative*. Bloomington, IN: Indiana University Press.

LÖFGREN, O. (2000). "Motion and emotion: the microphysics and metaphysics of landscape experiences in tourism". In: HORNBORG, A. & PÁLSSON, G. (eds.). *Negotiating Nature*: Culture, Power, and Environmental Argument. Lund: Lund University Press, p. 17-35.

LORIMER, H. (2006). "Herding memories of humans and animals". *Environment and Planning D*: Society and Space, 24, p. 497-518.

LOW, C. (2008). "Khoisan wind: hunting and healing". In: LOW, C. & HSU, E. (eds.). *Wind, Life, Health*: Anthropological and Historical Perspectives. Oxford: Blackwell, p. 65-83.

LOW, C. & HSU, E. (eds.) (2008). *Wind, Life, Health*: Anthropological and Historical Perspectives. Oxford: Blackwell.

MACAULEY, D. (2005). "The flowering of environmental roots and the four elements in presocratic philosophy: from Empedocles to Deleuze and Guattari". *Worldviews*: Environment, Culture, Religion, 9 (3), p. 281-314.

MALAFOURIS, L. & KNAPPETT, C. (eds.) (2008). *Material Agency*. Berlim: Springer.

MALPAS, J.E. (1999). *Place and Experience*: A Philosophical Topography. Cambridge: Cambridge University Press.

MANNING, E. (2009). *Relationscapes*: Movement, Art, Philosophy. Cambridge, MA: MIT.

MARX, K. (1973). *Grundrisse*. Harmondsworth: Penguin [Trad. de M. Nicolaus].

_____. (1930). *Capital*. Vol. 1. Londres: Dent [Trad. de E. Paul e C. Paul].

MARX, K. & ENGELS, F. (1978). "Manifesto of the Communist Party". In: TUCKER, R.C. (ed.). *The Marx-Engels Reader*. 2. ed. Nova York: W.W. Norton, p. 469-500.

_____. (1977). *The German Ideology*. Londres: Lawrence & Wishart [Ed. de C.J. Arthur].

MASSEY, D. (2005). *For Space*. Londres: Sage.

MAUSS, M. (1979). "Body techniques". *Sociology and Psychology*: Essays. Londres: Routledge and Kegan Paul, p. 97-123.

MEDAWAR, P. (1960). *The Future of Man*. Londres: Methuen.

MERLEAU-PONTY, M. (1964). "Eye and mind" [Trad. de C. Dallery]. In: EDIE, J.M. (ed.). *The Primacy of Perception, and Other Essays on Phenomenological Psychology, the Philosophy of Art, History and Politics*. Evanston, IL: Northwestern University Press, p.159-190.

_____. (1962). *Phenomenology of Perception*. Londres: Routledge & Kegan Paul [Trad. de C. Smith].

MELVILLE, H. (1972). *Typee*: Narrative of a Four Months' Residence Among the Natives of a Valley of the Marquesas Islands; or, a Peep at Polynesian Life. Harmondsworth: Penguin [Publicado originalmente em 1846].

MILLER, D. (1998). "Why some things matter". In: MILLER, D. (ed.). *Material Cultures*: Why Some Things Matter. Londres: UCL, p. 3-20.

MILLER, D. (ed.) (2005). *Materiality*. Durham, NC: Duke University Press.

_____. (1995). *Acknowledging Consumption*. Londres: Routledge.

MILLS, C.W. (1959). *The Sociological Imagination*. Nova York: Oxford University Press.

MILNE, A.A. (1936). *When We Were Very Young*. 28. ed. Londres: Methuen.

MITCHAM, C. (1978). "Types of technology". *Research in Philosophy and Technology*, 1, p. 229-294.

MITCHELL, V. (2006). "Drawing threads from sight to site". *Textile*, 4 (3), p. 340-361.

_____. (1997). "Textiles, text and techne". In: HARROD, T. (ed.). *Obscure Objects of Desire*: Reviewing the Crafts in the Twentieth Century. Londres: Crafts Council, p. 324-332.

MOL, A. & LAW, J. (1994). "Regions, networks and fluids: anaemia and social topology". *Social Studies of Science*, 24, p. 641-671.

MORPHY, H. (1991). *Ancestral Connections*: Art and an Aboriginal System of Knowledge. Chicago, IL: University of Chicago Press.

MULLIGAN, H. (1997). "Cave shelter". In: OLIVER, P. (ed.). *Encyclopedia of Vernacular Architecture of the World*. Vol. 1. Cambridge: Cambridge University Press, p. 238-240.

NADASDY, P. (1999). "The politics of TEK: power and the 'integration' of knowledge". *Arctic Anthropology*, 36, p. 1-18.

NADEL, S.F. (1957). *The Theory of Social Structure*. Londres: Cohen and West.

NAPIER, J. (1967). "The antiquity of human walking". *Human Variations and Origins*: Readings from the Scientific American. São Francisco, CA: Freeman.

NAVEH, J. (1975). *Origins of the Alphabet*. Londres: Cassell.

NELSON, R.K. (1983). *Make Prayers to the Raven*: A Koyukon View of the Northern Forest. Chicago, IL: University of Chicago Press.

NERUDA, P. (1971). "Interview in 'Writers at work'". *The Paris Review*, 5ª série.

NOBES, G.; MARTIN, A.E. & PANAGIOTAKI, G. (2005). "The development of scientific knowledge of the Earth". *British Journal of Developmental Psychology*, 23, p. 47-64.

NOBES, G. & PANAGIOTAKI, G. (2009). "Mental models or methodological artefacts? – Adults' 'naïve' responses to a test of children's conceptions of the earth". *British Journal of Psychology*, 100, p. 347-363.

_____. (2007). "Adults' representations of the Earth: implications for children's acquisition of scientific concepts". *British Journal of Psychology*, 98, p. 645-665.

OGBORN, M. (1998). *Spaces of Modernity*: Londres Geographies, 1680-1780. Londres: Guildford.

OLSEN, B. (2003). "Material culture after text: re-membering things". *Norwegian Archaeological Review*, 36 (2), p. 87-104.

OLWIG, K. (2008). "Performing on the landscape versus doing landscape: perambulatory practice, sight and the senses of belonging". In: INGOLD, T. & LEE VERGUNST, J. (eds.). *Ways of Walking*: Ethnography and Practice on Foot. Aldershot: Ashgate, p. 81-91.

_____. (2002). "The duplicity of space: Germanic 'raum' and Swedish 'rum' in English language geographical discourse". *Geografiska Annaler*, 84 B (1), p. 1-17.

ORTEGA Y GASSET, J. (1941). *History as a System and Other Essays Towards a Philosophy of History*. Nova York: Norton.

OYAMA, S. (1989). "Ontogeny and the central dogma: do we need the concept of genetic programming in order to have an evolutionary perspective?" In: GUNNAR, M. & THELEN, E. (eds.). *Systems in Development*: The Minnesota Symposia on Child Psychology. Vol. 22. Hillsdale, NJ: Erlbaum.

_____. (1985). *The Ontogeny of Information*: Developmental Systems and Evolution. Cambridge: Cambridge University Press.

PEARSON, K.A. (1999). *Germinal Life*: The Difference and Repetition of Deleuze. Londres: Routledge.

PELEGRIN, J. (2005). "Remarks about archaeological techniques and methods of knapping: elements of a cognitive approach to stone knapping". In: ROUX, V. & BRIL, B. (eds.). *Stone Knapping*: The Necessary Conditions for a Uniquely Hominin Behaviour. Cambridge: McDonald Institute for Archaeological Research, p. 23-33.

_____. (1993). "A framework for analysing prehistoric stone tool manufacture and a tentative application to some early stone industries". In: BERTHELET, A. & CHAVAILLON, J. (eds.). *The Use of Tools by Humans and Non--Human Primates*. Oxford: Clarendon, p. 302-314.

PELS, P. (1998). "The spirit of matter: on fetish, rarity, fact, and fancy". In: SPYER, P. (ed.). *Border Fetishisms*: Material Objects in Unstable Spaces. Londres: Routledge, p. 91-121.

PHIPPS, A. (2007). *Learning the Arts of Linguistic Survival*: Languaging, Tourism, Life. Bristol: Multilingual Matters.

PICKERING, A. (1995). *The Mangle of Practice*: Time, Agency and Science. Chicago, IL: University of Chicago Press.

PINK, S. (2007). "Walking with video". *Visual Studies*, 22 (3), p. 240-252.

POLLARD, J. (2004). "The art of decay and the transformation of substance". In: RENFREW, C.; GOSDEN, C. & DeMARRAIS, E. (eds.). *Substance, Memory, Display*. Cambridge: McDonald Institute for Archaeological Research, p. 47-62.

POWELL, M.A. (1981). "Three problems in the history of cuneiform writing: origins, direction of the script, literacy". *Visible Language*, 15, p. 419-440.

PRESTON, B. (2000). "The functions of things: a philosophical perspective on material culture". In: GRAVES-BROWN, P.M. (ed.). *Matter, Mind and Modern Culture*. Londres: Routledge, p. 22-49.

PROTEVI, J. (2001). *Political Physics*: Deleuze, Derrida and the Body Politic. Londres: Athlone.

PYE, D. (1978). *The Nature and Aesthetics of Design*. Londres: Herbert.

_____. (1968). *The Nature and Art of Workmanship*. Cambridge: Cambridge University Press.

QUINTILIAN, M.F. (2001). *The Orator's Education*. Livros 1 e 2. Cambridge, MA: Harvard University Press [Ed. e trad. de D.A. Russell].

RADCLIFFE-BROWN, A.R. (1957). *A Natural Science of Society*. Nova York: Free.

_____. (1953). "Letter to Lévi-Strauss". In: TAX, S. (ed.). *An Appraisal of Anthropology Today*. Chicago, IL: University of Chicago Press.

_____. (1952). *Structure and Function in Primitive Society*. Londres: Cohen and West.

_____. (1951a). "The comparative method in social anthropology". *Journal of the Royal Anthropological Institute*, 81, p. 15-22.

_____. (1951b). "Review of E.E. Evans-Pritchard's Social Anthropology". *British Journal of Sociology*, 2, p. 364-366.

RAWSON, P. (1979). *Seeing Through Drawing*. Londres: British Broadcasting Corporation.

RAYNER, A.D.M. (1997). *Degrees of Freedom*: Living in Dynamic Boundaries. Londres: Imperial College Press.

RÉE, J. (1999). *I See a Voice*: A Philosophical History of Language, Deafness and the Senses. Londres: Harper Collins.

REED, E.S. (1982). "Darwin's earthworms: a case study in evolutionary psychology". *Behaviourism*, 10, p. 165-185.

REID, A. (1978). *Weathering*: Poems and Translations. Edimburgo: Canongate.

RENFREW, C. (2004). "Towards a theory of material engagement". In: DeMARRAIS, E.; GOSDEN, C. & RENFREW, C. (eds.). *Rethinking Materiality*:

The Engagement of Mind with the Material World. Cambridge: McDonald Institute for Archaeological Research, p. 23-31.

_____. (2001). "Symbol before concept: material engagement and the early development of society". In: HODDER, I. (ed.). *Archaeological Theory Today*. Cambridge: Polity, p. 122-140.

REULEAUX, F. (1876). *The Kinematics of Machinery*: Outline of a Theory of Machines. Londres: Macmillan.

REVEL, N. (2005). "Palawan Highlanders and Dayaks of Borneo: human beings and birds, their relation". In: MINELLI, A.; ORTALLI, G. & SANGA, G. (eds.). *Animal Names*. Venice: Istituto Veneto di Scienze, Lettere ed Arti, p. 401-417.

RIBEIRO, G. (1996). "Action, dwelling and squatting: an ecological approach to the relation between person and urban environment". *Ecological Psychology*, 8, p. 131-151.

RICHARDS, P. (1974). "Kant's geography and mental maps". *Transactions of the Institute of British Geographers*, 11, p. 1-16.

RICHERSON, P.J. & BOYD, R. (1978). "A dual inheritance model of the human evolutionary process, I: Basic postulates and a simple model". *Journal of Social and Biological Structures*, 1, p. 127-154.

ROGOFF, I. (2002). "Studying visual culture". *The Visual Culture Reader*. 2. ed. Londres: Routledge, p. 24-36.

ROSEN, M. (1989). *We're Going on a Bear Hunt*. Londres: Walker Books [Ilustr. de H. Oxenbury].

RUBIN, D. (1988). "Go for the skill". In: NEISSER, U. & WINOGRAD, E. (eds.). *Remembering Reconsidered: Ecological and Traditional Approaches to the Study of Memory*. Cambridge: Cambridge University Press, p. 374-382.

RYLE, G. (1971). "The thinking of thoughts: what is 'le penseur' doing?" *Collected Essays*. Vol. 2. Londres: Hutchinson, p. 480-496.

SAHLINS, M. (1976). *Culture and Practical Reason*. Chicago, IL: University of Chicago Press.

SANTO AGOSTINHO (1943). *The Confessions of Saint Augustine*. Nova York: Sheed and Ward [Trad. de F.J. Sheed].

SAPIR, E. (1944). "Grading: a study in semantics". *Philosophy of Science*, 11, p. 93-116.

SCHAFER, R.M. (1994). *The Soundscape*. Rochester, VT: Destiny.

SCOTT, C. (1989). "Knowledge construction among Cree hunters: metaphors and literal understanding". *Journal de la Société des Américanistes*, 75, p. 193-208.

SEBEOK, T. (1986). "Naming in animals, with reference to playing". *I Think I am a Verb*: More Contributions to the Doctrine of Signs. Nova York: Plenum, p. 82-96.

SHEETS-JOHNSTONE, M. (1998). *The Primacy of Movement*. Amsterdã: John Benjamins.

SHEPHERD, N. (1977). *The Living Mountain*: A Celebration of the Cairngorm Mountains of Scotland. Aberdeen: Aberdeen University Press.

SIGAUT, F. (1994). "Technology". In: INGOLD, T. (ed.). *Companion Encyclopedia of Anthropology*: Humanity, Culture and Social Life. Londres: Routledge, p. 420-459.

_____. (1993). "How can we analyse and describe technical actions?" In: BERTHELET, A. & CHAVAILLON, J. (eds.). *The Use of Tools by Humans and Non--human Primates*. Oxford: Clarendon Press, p. 381-397.

SILLITOE, P. (2007). "Anthropologists only need apply: challenges of applied anthropology". *Journal of the Royal Anthropological Institute*, 13, p. 147-165.

SIMONDON, G. (1980). *On the Mode of Existence of Technical Objects*. University of Western Ontario [Ed. de J. Hart; Trad. de N. Mellamphy] [Não publicado] [Trad. de *Du Mode d'existence des Objects Techniques*. Paris: Aubier Montaigne, 1958].

SIRÉN, O. (2005). *The Chinese Art of Painting*: Texts by the Painter Critics, from the Han Through the Ch'ing Dynasties. Mineola, NY: Dover [Originalmente publicado por Henri Vetch, Beijing, 1936].

SIZA, A. (1997). *Architecture Writings*. Milan: Skira [Ed. de A. Angelillo].

SLOTERDIJK, P. (2005). "Forward to the theory of spheres". In: OHANIAN, M. & ROYAUX, J.C. (eds.). *Cosmograms*. Nova York: Lukas and Sternberg, p. 223-241.

SOLNIT, R. (2001). *Wanderlust*: A History of Walking. Londres: Verso.

SPERBER, D. (1996). *Explaining Culture*: A Naturalistic Approach. Oxford: Blackwell.

STANNER, W.E.H. (1968). "A.R. Radcliffe-Brown". *International Encyclopaedia of the Social Sciences*, 13, p. 285-290. Nova York: Crowell Collier/Macmillan.

STEWART, S. (1972). "Footgear – its history, uses and abuses". *Clinical Orthopaedics and Related Research*, 88, p. 119-122.

STOCZKOWSKI, W. (2002). *Explaining Human Origins*: Myth, Imagination and Conjecture. Cambridge: Cambridge University Press [Trad. de M. Turton].

STRUNK, O. (ed.) (1950). *Source Readings in Music History*: From Classical Antiquity Through the Romantic Era. Nova York: W.W. Norton.

SUZUKI, T. (1986). *The Way of Acting*: The Theatre Writings of Tadashi Suzuki. Nova York: Theatre Communications Group [Trad. de J.T. Rimer].

TENNER, E. (2003). *Our Own Devices*: The Past and Future of Body Technology. Nova York: Alfred A. Knopf.

THELEN, E. (1995). "Motor development: a new synthesis". *American Psychologist*, 50, p. 79-95.

THOMSON, J.A. (1911). *Introduction to Science*. Londres: Williams and Norgate.

THORNES, J. (2008). "Cultural climatology and the representation of sky, atmosphere, weather and climate in selected works of Constable, Monet and Eliasson". *Geoforum*, 39, p. 570-580.

_____. (1999). *John Constable's Skies*. Birmingham: University of Birmingham Press.

TILLEY, C. (2007). "Materiality in materials". *Archaeological Dialogues*, 14 (1), p. 16-20.

_____. (2004). *The Materiality of Stone*: Explorations in Landscape Phenomenology. Oxford: Berg.

_____. (1994). *A Phenomenology of Landscape*: Places, Paths and Monuments. Oxford: Berg.

TOREN, C. (1999). *Mind, Materiality and History*. Londres: Routledge.

TURNBULL, D. (2000). *Masons, Tricksters and Cartographers*. Amsterdã: Harwood Academic.

_____. (1991). *Mapping the World in the Mind*: An Investigation of the Unwritten Knowledge of Micronesian Navigators. Geelong: Deakin University Press.

TUTTLE, R.H.; WEBB, D.M.; TUTTLE, I. & BAKSH, M. (1992). "Footprints and gaits of bipedal apes, bears, and barefoot people: perspectives on Pliocene tracks". In: MATANO, S.; TUTTLE, R.H.; ISHIDA, H. & GOODMAN, M. (eds.). *Evolutionary Biology, Reproductive Endocrinology and Virology*. Tóquio: University of Tokyo Press, p. 221-242 [Topics in Primatology, vol. 3].

TYLOR, E.B. (1881). *Anthropology*: An Introduction to the Study of Man and Civilization. Londres: Macmillan.

UEXKÜLL, J. (1992). "A stroll through the worlds of animals and men: a picture book of invisible worlds". *Semiotica*, 89 (4), p. 319-391 [Originalmente publicado em 1934].

_____. (1982). "The Theory of Meaning" [Trad. de *Bedeutungslehre*, por B. Stone e H. Weiner]. In: UEXKÜLL, T. *Semiotica*, 42 (1), p. 25-82 [Originalmente publicado em 1940].

URRY, J. (2000). *Sociology Beyond Societies*: Mobilities for the Twenty-First Century. Londres: Routledge.

VERNANT, J.P. (1983). *Myth and Thought Among the Greeks*. Londres: Routledge and Kegan Paul.

VICO, G. (1948). *The New Science of Giambattista Vico* [1744]. Ithaca, NY: Cornell University Press [Ed. e trad. de T.G. Bergin e M.H. Fisch].

VOLOŠINOV, V.N. (1973). *Marxism and the Philosophy of Language*. Cambridge, MA: Harvard University Press [Trad. de L. Matejka e I.R. Titunik].

VOSNIADOU, S. (1994). "Universal and culture-specific properties of children's mental models of the earth". In: HIRSCHFELD, L.A. & GELMAN, S.A. (eds.). *Mapping the Mind*: Domain Specificity in Cognition and Culture. Cambridge: Cambridge University Press, p. 412-430.

VOSNIADOU, S. & BREWER, W.F. (1992). "Mental models of the earth: a study of conceptual change in childhood". *Cognitive Psychology*, 24, p. 535-585.

VOSNIADOU, S.; SKOPELITI, I. & IKOSPENTAKI, K. (2004). "Modes of knowing and ways of reasoning in elementary astronomy". *Cognitive Development*, 19 (2), p. 203-222.

WAGNER, R. (1986). *Symbols that Stand for Themselves*. Chicago, IL: University of Chicago Press.

WALLACE, A.D. (1993). *Walking, Literature and English Culture*. Oxford: Clarendon.

WARNER, M. (1996). "Forms into time: the works of David Nash". *David Nash*: Forms into Time. Londres: Academy.

WATANABE, H. (1971). "Running, creeping and climbing: a new ecological and evolutionary perspective on human evolution". *Mankind*, 8, p. 1-13.

WEBER, K. (2004). *Unfold!* – You cul de sac. Frankfurt: Revolver.

WEBMOOR, T. & WHITMORE, C.L. (2008). "Things are us! – A commentary on human/thing relations under the banner of a 'social' archaeology". *Norwegian Archaeological Review*, 41 (1), p. 53-70.

WEISS, P. (1969). "The living system: determinism stratified". In: KOESTLER, A. & SMYTHIES, J.R. (eds.). *Beyond Reductionism*: New Perspectives in the Life Sciences. Londres: Hutchinson.

WENDRICH, W. (1999). *The World According to Basketry*: An Ethno-archaeological Interpretation of Basketry Production in Egypt. Leiden: University of Leiden, CNWS.

WHATMORE, S. (2007). "Hybrid geographies: rethinking the 'human' in human geography". In: KALOF, L. & FITZGERALD, A. (eds.). *The Animals Reader*. Oxford: Berg, p. 337-348.

WHITEHEAD, A.N. (1938). *Science and the Modern World*. Harmondsworth: Penguin [Publicado originalmente em 1926].

_____. (1929). *Process and Reality*: An Essay in Cosmology. Cambridge: Cambridge University Press.

WIEBE, R. (1989). *Playing Dead*: A Contemplation Concerning the Arctic. Edmonton, Canadá: NeWest.

WOLFF, M. (1973). "Notes on the behavior of pedestrians". In: BIRENBAUM, A. & SAGARIN, E. (eds.). *People in Places*: The Sociology of the Familiar. Nova York: Praeger, p. 35-48.

WOLIN, R. (ed.) (1993). *The Heidegger Controversy*. Cambridge, MA: MIT.

WYLIE, J. (2002). "An essay on ascending Glastonbury Tor". *Geoforum*, 33, p. 441-454.

YEN, Y. (2005). *Calligraphy and Power in Contemporary Chinese Society*. Londres: Routledge Curzon.

ZUCKERKANDL, V. (1956). *Sound and Symbol*: Music and the External World. Princeton, NJ: Princeton University Press [Trad. de W.R. Trask – Bollingen Series XLIV].

Índice

figurativa 289
versus objeto 28s., 33, 35, 40s., 54, 204, 206, 235, 261, 263, 296s., 301
Imaginação 283-286, 299
Imersão 34, 56, 132, 179, 195, 199, 205, 208
Impressão 260, 275
Improvisação 35, 110, 137, 239, 260-262, 318, 324
   versus abdução 309, 313
Inscrição 260, 279
   versus bordado 281
Inuit
   do Ártico canadense 121, 220s.
Invariantes 175
Inversão 111, 117-120, 123, 156, 182, 215, 218s., 223, 228
Itineração
   versus iteração 310

kairos 99
Kandinsky, W. 261, 285s., 294-300
Kant, I. 154, 171-173, 180, 241, 246
Khoisan, sul da África 187
Klee, P. 186, 222, 276, 301, 308s.
Koyukon, Alasca 121, 184, 188, 213, 248-257
Kroeber, A. 318, 329-332

Latour, B. 112, 139s., 306
Leach, E. 333-335, 338
Lefebvre, H. 107s., 138
Leitura 283s., 299
Leroi-Gourhan, A. 104, 107
Letras 260, 263, 281, 288s., 297
   evolução das 269, 271
   formas das 265s., 272, 275, 284
Lévi-Strauss, C. 333, 335
Lingis, A. 177, 179, 195
Linguagem 237s., 257, 279, 281
   dos animais 255
Linha(s) 25s., 38, 40, 111s., 218-222
   como filamentos 312s.
   como lineamentos 303, 313
   de crescimento 121, 186, 221, 301, 316

Mundo
   material 198
     definição de 52s., 65, 67
   -tempo 154-156, 179, 186, 200s., 204
     cf. tb. tempo
Música 136s., 279, 295-297, 319
Mussorsky, M. 295-297

Nadel, S. 330, 332
Nash, D. 60s.
Natureza 138
   e arte 261, 299s.
   versus sociedade 25s., 32, 34, 51, 66s., 244
Neve 52, 184s., 188-190, 198s.
Nicho ecológico 130, 132, 136, 141
Nomear 214, 243-257
Nomotética
   versus idiográfico 327s., 338
Notação 263
   lógica 330
   musical 277-279
Nuvens 163, 166-168, 180-184, 188, 194s.

Objetividade 225
Objetos
   agência de 44s., 62s., 305-309
   como mobiliário 135, 141, 181
   e sujeitos 306-309
   externalidade de 298
   materialidade de 45, 51, 59, 63
   mundo sem 181s., 200s.
   nuvens como 182, 195
   sobre e da Terra 199s.
   versus
     clausuras 55-57, 141s.
     coisas 261, 308
     imagens 28s., 33, 35, 41, 54, 204, 206, 234, 262-264, 296s., 301
Observação 37, 43, 126, 197s., 207, 262, 284, 319
   e descrição 261, 317, 320, 345
   e participação 319s., 344

Ocorrência
versus
disponibilidade 133
existência 211, 214, 227, 236, 257, 276
Ocupação
versus habitação 34, 37, 121, 190-192, 215, 218, 220-223, 238, 247, 255
Ofício 304, 340, 342s.
Ojibwa
do centro-norte do Canadá 341
Olho
como
instrumento corporal 103
tela 207
e imagem visual 321s.
e mente 284
e postura no andar 80, 83s., 86
na visão háptica 203
treino do 153
cf. tb. visão
Olwig, K. 211, 217
Ordem
explícita
versus implícita 236, 336, 338s.
implícita
versus explícita 236, 336, 338s.
Orelhas 153, 207s.
Ortega y Gasset, J. 25, 31
Oyama, S. 33

Paisagem 52s., 66
como cenário 77s., 225
e espaço de 215
etimologia de 193
formação de 90
luminosa 204, 208
percepção da 198s., 203s., 206s.
pintura de 125, 194, 330s., 339
sentidos medievais e modernos de 193-195, 203s.
sonora 156, 204, 206-209
versus mundo-tempo 123s., 155s., 201s., 205, 209, 286-289
cf. tb. meio ambiente

Conecte-se conosco:

 facebook.com/editoravozes

 @editoravozes

 @editora_vozes

 youtube.com/editoravozes

 +55 24 2233-9033

www.vozes.com.br

Conheça nossas lojas:

www.livrariavozes.com.br

Belo Horizonte – Brasília – Campinas – Cuiabá – Curitiba
Fortaleza – Juiz de Fora – Petrópolis – Recife – São Paulo

  Vozes de Bolso

EDITORA VOZES LTDA.
Rua Frei Luís, 100 – Centro – Cep 25689-900 – Petrópolis, RJ
Tel.: (24) 2233-9000 – E-mail: vendas@vozes.com.br